中國學術思想 研究輯刊

三 編

林 慶 彰 主編

第 7 冊

《莊》《列》思想比較研究（上）

林 秀 香 著

花木蘭文化出版社

國家圖書館出版品預行編目資料

《莊》《列》思想比較研究（上）／林秀香 著 — 初版 — 台北
縣永和市：花木蘭文化出版社，2009〔民98〕
目 6+294 面；19×26 公分
（中國學術思想研究輯刊 三編：第 7 冊）
ISBN：978-986-6528-77-4（精裝）
1.（周）莊周 2.（周）列御寇 3.學術思想 4.比較研究
121.3 98001661

ISBN - 978-986-6528-77-4

9 789866 528774

中國學術思想研究輯刊
三 編 第 七 冊 ISBN：978-986-6528-77-4

《莊》《列》思想比較研究（上）

作　　者　林秀香
主　　編　林慶彰
總 編 輯　杜潔祥
出　　版　花木蘭文化出版社
發 行 所　花木蘭文化出版社
發 行 人　高小娟
聯絡地址　台北縣永和市中正路五九五號七樓之三
　　　　　電話：02-2923-1455／傳真：02-2923-1452
網　　址　http://www.huamulan.tw 信箱 sut81518@ms59.hinet.net
印　　刷　普羅文化出版廣告事業
封面設計　劉開工作室
初　　版　2009 年 3 月
定　　價　三編 28 冊（精裝）新台幣 46,000 元

《莊》《列》思想比較研究（上）

林秀香　著

作者簡介

畢業於國立高雄師範大學國文研究所博士班。現任教於高雄市三民家商綜合高中科。著有學位論文：《《莊子》寓言及其美學義涵研究》（碩士論文）、《《莊》《列》思想比較研究（博士論文）。期刊論文：〈試論《莊子》審美歷程與精神美〉（《國文學報》創刊號）、〈從《南華真經》中談莊子的逍遙人生〉（《宗教與心靈改革研討會論文集》）、〈試論《莊子》中體道的境界〉（《問學》第八期）、〈試論《莊子》處世之道與理想社會〉（《所友論文學術討論會》）等。

提　要

　　先秦道家，創始於老子，「道」是道家學派及其哲學思想的中心概念。《莊子》與《列子》在老子思想的基礎上，同樣以「道」作為其哲學的最高範疇，對於道家思想的繼承與發展具有重大的貢獻。莊子和列子雖同為道家思想的代表者，《莊子》與《列子》二書雖並列為道家重要經典之一，但歷來給予的關注卻明顯不同。《莊子》一書不論是精神自由、體道境界、人生哲學、處世哲學等方面皆有獨特的見解，有對老子思想的繼承與開創。除了在先秦文學史上大放異彩，也影響了兩千多年來的許多哲學家與文學家。

　　至於《列子》一書則由於本文的真偽及作者問題，多年來爭論不休，反而使人忽略了書本身的價值。近年來有不少學者，致力於論證《列子》一書並非完全為偽，認為它成書於先秦時期，中間流傳的過程十分複雜，因此不排除雜有其他思想的可能，但基本上仍是保存著列子及其後學的思想。本論文希望藉由《莊》《列》思想的研究探討，除了對《莊》《列》思想及其彼此間的相互關係有更進一層的認識之外，對道家思想亦能有更具系統且深入的了解。並將此思想吸收轉化為生活之能量，使吾人在面對現實生活，尤其是面對困境時，得以更為從容自得，展現人生高度的智慧。

目

次

第一章　緒　論

　　道家對中華文化的發展具有極大的推動作用，「尤其是戰國中後期，在學術界影響最大的當首推道家的思想。」〔註1〕漢代司馬談〈論六家要旨〉中即將其視爲一家學派，並論及其基本特徵：

> 道家使人精神專一，動合無形，贍足萬物。其爲術也，因陰陽之大順，采儒墨之善，撮名法之要。與時遷移，應物變化；立俗施事，無所不宜。指約而易操，事少而功多。〔註2〕

> 道家無爲，又曰無不爲，其實易行，其辭難知，其術以虛無爲本，以因循爲用。無成勢，無常形，故能究萬物之情；不爲物先，不爲物後，故能爲萬物主。〔註3〕

司馬談文中所論有六家，其中一家便是道家。各家有其優缺點，但道家能兼備各家之長，而避其短。因此稱道家之含弘恢博，軼於諸家之上，可謂至矣。〔註4〕《漢書‧藝文志》則說：

> 道家者流，蓋出於史官，歷記成敗存亡禍福古今之道，然後知秉要執本、清虛以自守，卑弱以自持。〔註5〕

道家以「道」作爲該學派的思想核心、基本精神和最高範疇，〔註6〕強調天道

〔註1〕　見許抗生：《老子與道家》（北京：新華出版社，1993 年 12 月），頁 2。
〔註2〕　見司馬遷：《史記》（台北：七略出版社，1985 年 9 月），頁 1349。
〔註3〕　同註2，頁 1350。
〔註4〕　見吳康：《老莊哲學‧緒言》（台北：臺灣商務印書館，1955 年 2 月），頁 1。
〔註5〕　見班固：《漢書》（台北：新陸書局，1964 年 1 月），頁 584。
〔註6〕　道家的「道」實際上是指，囊括人類社會在內的大宇宙的整體性統一性和它自身固有的生命力與創造力。道家把宇宙看成一個彼此聯絡的大生命體，它的統

自然無爲，人應順任自然本性，反對人爲造作，認爲聖人、巧智、仁義等便是對本性最大的破壞，故皆在反對之列。具有超邁脫俗，追求反璞歸眞的獨特精神。

第一節　研究動機與目的

　　先秦道家，創始於老子，「道」是道家學派及其哲學思想的中心概念。〔註7〕《莊子》與《列子》在老子思想的基礎上，同樣以「道」作爲其哲學的最高範疇，對於道家思想的繼承與發展具有重大的貢獻。莊子和列子雖同爲道家思想的代表者，《莊子》與《列子》二書雖並列爲道家重要經典之一，但歷來給予的關注卻明顯不同。

　　《莊子》一書自古以來便受到極大的重視，在思想境界的展現與拓展上，匠心獨具，不論是精神自由、體道境界、人生哲學、處世哲學等方面皆有獨特的見解，有對老子思想的繼承與開創。而書中所談論的美學，更與其哲學緊密聯繫，扣緊思想的主體「道」來談。在中國文學的發展上，影響遍及漢朝、魏晉南北朝到唐宋元明清各朝；在中國文藝的創作上，則發展出了坐忘說、意境說；在語言文字的運用上，更有其影響力及創見，尤其是成語的運用等等。

　　當然，《莊子》也有受爭議的部分，主要是內、外、雜篇作者的問題。但目前學界一般同意內篇作者爲莊子本人的說法，有爭議者僅外、雜篇的部分。而《莊子》一書的主要思想見於內篇，外、雜篇可視爲內篇思想的輔助說明。因此，對於整部書的思想內容在理解上不會有太大的問題。而《莊子》一書除了在先秦文學史上大放異彩，也影響了兩千多年來的許多哲學家與文學家。至於《列子》一書則由於本身的眞僞及作者問題，多年來爭論不休，反

　　　　一性正在於它具有生生不息的生命力，能創造出無窮無盡的萬事萬物。這個宇宙大生命體的生機便是道，它連續不斷進行著創造活動，然而不受支使，它無形象而人們時刻感受到它的存在，它的力量強大無比，萬物卻樂意接受它，從中得到活力。道就其本性來說，是超越萬物的，卻又內在於萬物。道家對「道」的歌頌就是對偉大的自然造化之力的歌頌。見牟鍾鑒、胡孚琛、王葆玹：《道教通論──兼論道家學說》（濟南：齊魯書社，1991年11月），頁71～72。

〔註7〕　丁四新說：「《列子》……與《莊子》一書具有同樣推明《老子》在當時存在狀況的證明效力。」見丁四新：《郭店楚墓竹簡思想研究》（北京：東方出版社，2000年10月），頁30。

而使人忽略了書本身的價值。〔註8〕或以為《列子》一書不如《莊子》、《老子注》和《莊子注》，具有鮮明的思想或理論個性。〔註9〕更甚者，視《列子》為偽書，認為根本不值一讀，更遑論做深入研究。因此，歷來研究《列子》相關思想者並不多。

其實一家思想自有一家思想之優缺點，此正為其思想學說之獨特性，在做比較的同時，應做更為深入且客觀之認識，才不致流於偏頗。若只是懷疑其書為偽作，便一概否定其思想內容的價值，如此作法實是有欠公允。于省吾在《諸子新證》一書中，便肯定《列子》的價值，他說：

> 《列子》一書……至于其書多存古義古名，克資考證，設譬取喻，
> 發人深省，善讀之，自係有益之籍。〔註10〕

近年來有不少學者，致力於論證《列子》一書並非完全為偽，〔註11〕認為它成書於先秦時期，中間流傳的過程十分複雜，因此不排除雜有其他思想的可能，但基本上仍是保存著列子及其後學的思想。如周紹賢、〔註12〕嚴靈峰、〔註13〕許抗生、〔註14〕馬達、〔註15〕陳鼓應、〔註16〕蕭登福〔註17〕等人，便是積極從

〔註8〕 見楊伯峻：《列子集釋》附錄三「辨偽文字輯略」（台北：華正書局，1987年9月），頁287。

〔註9〕 見李季林、錢耕森：〈論列子「貴虛」的人生哲學〉，《孔孟月刊》第33卷第7期，頁40。

〔註10〕 見于省吾：《諸子新證》（台北：樂天出版社，1970年9月），頁417。

〔註11〕 丁四新說：「《列子》其書久已被人判定為偽書，不過今天學術界稍有鬆動的迹象，去偽返真的工作取得一些成績。」見丁四新：《郭店楚墓竹簡思想研究》（北京：東方出版社，2000年10月），頁30。

〔註12〕 周紹賢說：「張注之《列子》，雖非先秦之全書，然與劉向所校者無大異，其來歷甚明，實為一脈真傳。雖有後人會萃補綴之迹，然其中蘊藏列子之真言。」見周紹賢：《列子要義》（台北：臺灣中華書局，1983年7月），頁16。

〔註13〕 嚴靈峰所著《列子辯誣及其中心思想》一書，極力為《列子》辯誣。見嚴靈峰：《列子辯誣及其中心思想》（台北：文史哲出版社，1994年8月）。

〔註14〕 許抗生說：「先秦的老莊學重在宇宙的生成論，而魏晉玄學則重在宇宙的本體論。」「張湛是位魏晉時期的玄學家，他的思想深深地打上了魏晉玄學的烙印。而《列子》則不然，它沒有受到玄學的洗禮。它的哲學不同於玄學的宇宙本體論，而仍然是先秦道家傳統的有生於無的宇宙生成論思想。以此不少學者斷定《列子》為魏晉玄學的產物，甚至有些學者斷定它是張湛所偽作，顯然是站不住腳的。」「《列子》基本上是一部先秦道家典籍，基本保存了列子及其後學的思想。它大約作於戰國中後期，並非一時一人所著，而是列子學派後學所為，並夾雜有道家楊朱學派後學的著作（《楊朱篇》）。」許抗生：〈《列子》考辨〉，陳鼓應主編：《道家文化研究》第一輯（上海：上海古籍出版社，1992年6月），頁345、347、358。

事研究，試圖還予《列子》應有的歷史地位。

本文以今日所見文本及相關史料，從哲學及文學的角度考察其所表現的學說思想及彼此間的異同，以此作爲研究重心。《莊子》與《列子》兩部書，其不朽的價值體現在於以文學寫哲學，將哲學文學化。因此，我們要研究《莊子》與《列子》寓言文學的內涵，必先明確其中所蘊含的道論、人生哲學、處世哲學等觀點。這也正是作爲文學和思想大家的《莊》、《列》，有別於眾家的獨特之處。〔註18〕

《莊》《列》二書同爲道家重要著作，〔註19〕其哲學思想宏闊深廣，且多

〔註15〕 馬達針對馬敍倫〈列子僞書考〉舉證二十事，進行考辨匡正。並從源流關係上考證《列子》眞僞，進而從思想史、文學史、漢語史及《列子》的成書和流傳等多種角度，進行考察分析。見馬達：《〈列子〉眞僞考辨》（北京：北京出版社，2000年12月）。

〔註16〕 陳鼓應說：「當今學者受三十年代疑古之風影響，多從梁啓超等人以《列子》爲魏晉時人僞託……這些理由都是靠不住的……，我們認爲《列子》保存了先秦的材料，後人或有增益之處。」見陳鼓應：《老莊新論》（香港：中華書局，1991年4月），頁118～119。

〔註17〕 蕭登福認爲《列子》雖然有些部分爲張湛所僞竄，但不能斷言全書皆爲張氏之作品。他同時列舉了一些理由，以說明《列子》爲先秦舊書。見蕭登福：《列子探微》（台北：文史哲出版社，1990年3月），頁52～54。

〔註18〕 見董華：〈莊子寓言文學的內涵〉，《青海師範大學學報》（哲學社會科學版）第2期，2001年。

〔註19〕 關於《莊子》與《列子》二書，誰先誰後的問題，目前尚無定論。有學者謂《列子》當在《莊子》之後。姚際恒說：「後人不察，咸以《列子》中有《莊子》，謂《莊子》用《列子》；不知實《列子》用《莊子》也。莊子之書，洸洋自恣，獨有千古，豈蹈襲人作者！其爲文，舒徐曼衍中仍寓拗折奇變，不可方物；《列子》則明媚近人，氣脈降矣。又《莊子》之敍事，迴環鬱勃，不即了不，故爲眞古文；《列子》敍事，簡淨有法，是名作家耳！後人反言《列》愈于《莊》。」見姚際恒：《古今僞書考》（台北：臺灣開明書店，1969年4月），頁56。梁啓超則以《莊子·應帝王》與《列子·黃帝》皆有「巫相壺子」一事，認爲《列子》有根據《爾雅》補入的部分，故當爲晚出之證。見楊伯峻：《列子集釋》（台北：華正書局，1987年9月），頁300。有的學者認爲《列子》並不比《莊子》爲晚。柳宗元認爲《莊》、《列》相同之文，爲《莊子》仿自《列子》，謂「要之莊周爲放依其辭，其稱夏棘、狙公、紀渻子、季咸皆出《列子》，不可盡紀。」見楊伯峻：《列子集釋》（台北：華正書局，1987年9月），頁287。嚴靈峰在《列子辯誣及其中心思想》一書中，有〈列子書與莊子書中雷同文字之比較與分析〉一文，對兩書有精細的比對，書末附錄有〈辯列子書不後於莊子書〉一文，所得出的結論是：「《莊》襲《列子》，不當謂：《列》在《莊》後也。」見嚴靈峰：《列子辯誣及其中心思想》（台北：文史哲出版社，1994年8月），頁255。其實，關於書籍產

處透過寓言故事表現出來，以具體之事例說明抽象之哲理，較之其他道家書籍，實更令人印象深刻且回味無窮。以之作爲文學散文，想像飛馳遼闊，筆觸豐富多變，情感強烈感人，不僅塑造許多光怪鮮明的藝術形象，更表現了獨特的看法見解。

　　筆者正是著眼於此，在仔細閱讀《列子》一書後，發現與《莊子》中的寓言數量所佔比例極高，其思想方面亦有許多共通處，而同中又可見異，這當中必有值得深入探究之處。因此，在寫作上除以碩士論文〈《莊子》寓言及其美學義涵研究〉爲基礎之外，主要是以《莊子》、《列子》文本所呈現的內容作爲探討的重點，著力於探究二書在思想內容上的關係，以期能更深入了解《莊》《列》二書及其思想上的同異。除了對《莊子》再一次肯定，亦能還給《列子》一個公道。

　　而《莊》《列》所代表的道家思想，對於整個中國傳統文化來說更是極其重要的，許抗生曾說：

> 中國古代如果沒有道家的存在，也就不可能有中國道教的形成與發展，也不可能有佛教的興旺發達，沒有道家的哲學，中國的儒家，尤其是宋明理學，就不可能有這樣的豐富多彩。道家思想是中國傳統文化中的一個極其重要的組成部分，中國傳統文化應以儒、道兩家思想爲其主要代表的。〔註20〕

在整個文化發展的過程中，道家思想不斷與其他文化思想互相補充、制衡，使中國文化呈現更多元的發展。其深刻的思想內涵和瀟灑飄逸的精神，增加了生命的厚度和深度，使人民於儒家價值系統下，開出另一條嶄新的思維。這一股道家精神，至今仍延續著，時刻影響著我們對生活的觀念與態度。因此，本論文希望藉由《莊》《列》思想的研究探討，除了對《莊》《列》思想及其彼此間的相互關係有更進一層的認識之外，對道家思想亦能有更具系統且深入的了解。並將此思想吸收轉化爲生活之能量，使吾人在面對現實生活，尤其是面對困境時，得以更爲從容自得，展現人生高度的智慧。

生的先後問題，不能僅以相同或相近之文作爲證據，如此作法似乎欠缺周延。因此，或有學者認爲在目前條件下，難以判別，是莊學利用了前人的有關材料，還是列子的後學抄襲了莊學，但相信兩者間存在著繼承發展的關係。見強昱：《知止與照曠──莊學通幽》（北京：宗教文化出版社，2004年10月），頁529。

〔註20〕見許抗生：《老子與道家》（北京：新華出版社，1993年12月），頁4。

第二節　文獻探討

　　歷來研究《莊子》的學術論文不少，包括學位論文及期刊論文，實是不勝枚舉。此外，還有許多專書及其他相關書籍的研究。但是對於《列子》的研究，則明顯減少許多。本論文擬於前人的研究基礎及成果下，重新認識《莊子》與《列子》二書，並對其相互關係作一分析比較。因此，在方法的使用上著重在分析比較，將詳細分析《莊》《列》在學術研究上被討論過的部分，包括學位論文、期刊論文及專著論述三方面，試圖尋找出研究的新方向，期能爲《莊》《列》的研究貢獻一己之力。以下先分別從《莊子》、《列子》各自的研究成果做文獻探討，再進一步推到《莊》《列》研究的探討。

一、《莊子》思想研究

　　《莊子》一書內容含攝範圍廣大，思想恢弘，學者研究、寫作方向甚多，不論是專著、博碩士論文或是期刊論文，皆爲數眾多。以下分別論述之：

（一）專著論述

　　有關《莊子》研究的專門書籍非常多，針對各種議題論述。如註解類，有郭慶藩《莊子集釋》、宣穎《莊子南華經解》、憨山《莊子內篇注》、王夫之《莊子解》、陳壽昌《南華眞經正義》、陳鼓應《莊子今注今譯》、王先謙《莊子集解》、劉武《莊子集解內篇補正》等等；如思想類，有陳鼓應《莊子哲學探究》、張希烽《莊子的智慧》、葉海煙《莊子的生命哲學》、陳品卿《莊學新探》、崔宜明《生存與智慧——莊子哲學的現代闡釋》、王德有《以道觀之——莊子哲學的視角》、徐克謙《莊子哲學新探——道·言·自由與美》等等；如文學類，有黃錦鋐《莊子及其文學》、蔡宗陽《莊子之文學》、黃繩《莊子——先秦文學的奇葩》等等；如美學類，有顏崑陽《莊子藝術精神析論》、董小蕙《莊子思想之美學意義》、陶東風《從超邁到隨俗——莊子與中國美學》、包兆會《莊子生存論美學研究》、王凱《逍遙游：莊子美學的現代闡釋》等等。

　　當然有些專著，是不能以單一主題作爲區分的，而是含有思想、文學，甚至是美學的部分，如楊儒賓《莊周風貌》、白本松、王利鎖《逍遙之祖——《莊子》與中國文化》、孫以昭、常森《莊子散論》、唐文德《莊子研究》、朱榮智《莊子的美學與文學》等等。以下列舉數本《莊子》的專著加以說明：

　　郭慶藩《莊子集釋》一書，收錄有郭象注、成玄英疏及陸德明《經典釋

文》，前兩者在闡發義理，後者在考釋音義上，各有擅長，爲閱讀《莊子》重要參考依據。〔註21〕

　　崔大華《莊學研究》一書，對於「莊子其人其書」、「莊子思想」及「莊子思想與中國歷代思潮」三方面，均有詳細論述。在現存資料的基礎上，從自然哲學、人生哲學、社會批判、莊子思想的認識結構、莊子思想的文學特質和古代科學背景等方面，展現論述《莊子》思想的內容。並深入了解到《莊子》思想以其眾多而深邃的思想觀念，對中國文化發揮了重要的作用。因此，對《莊子》思想做系統的研究，是深入理解和研究中國文化與思想的重要環節。〔註22〕

　　崔宜明《生存與智慧——莊子哲學的現代闡釋》一書，從「邏輯的知與詩意地說」、「眞知論」、「坐忘論」、「齊物論」到「逍遙論」五個脈絡，分別說明《莊子》中的重要思想觀點，從哲學的理論內涵、邏輯架構等方面去解讀《莊子》文本。在資料的使用上，特別重視內篇的材料，對於〈讓王〉、〈盜跖〉、〈說劍〉、〈漁父〉等篇，因有疑慮，故不予引用。莊子處於亂世之中，卻能悟出一套獨特的人生處世觀，並將其人生哲學美學化，這正是本書作者欲深究理解之處，從中學習經驗教訓，以幫助現代的人們解決問題。〔註23〕

　　黃繩《莊子——先秦文學的奇葩》一書，全文分爲三大部分，依序爲「遐思宇宙與細察人生」、「彩色繽紛的人物畫廊」及「窮形極態的生花妙筆」，各從不同層面描述《莊子》的文學成就。第一部分爲《莊子》在題材上的提煉、構想、開掘，可見其思想之弘闊，不受拘限；第二部分重在《莊子》中各種形象的描寫刻畫，鮮明而生動，令人印象深刻；第三部分專注於《莊子》語言藝術上的成就與創作上的努力，修辭多方變化，創意無限。透過這三大部分的詳細描述，能使人對《莊子》於哲學思想之外，增添不同之印象。〔註24〕

　　王凱《逍遙游：莊子美學的現代闡釋》一書，全書共分爲六章：「逍遙游的基本闡析」、「逍遙游的心靈維度」、「逍遙游的自然維度」、「逍遙游的語言維度」、「逍遙游的人生維度」及「逍遙游的生態維度」。本書作者從美學的角度去審視《莊子》，以「逍遙遊」爲《莊子》要旨，《莊子》所希望達到的人生境界，便是可以逍遙自在地生活，而沒有任何外物束縛的逍遙境界，這種

〔註21〕見郭慶藩輯：《莊子集釋》（台北：華正書局，1994年8月）。
〔註22〕見崔大華：《莊學研究》（北京：人民出版社，1992年7月）。
〔註23〕見崔宜明：《生存與智慧——莊子哲學的現代闡釋》（上海：上海人民出版社，1996年12月）。
〔註24〕見黃繩：《莊子——先秦文學的奇葩》（香港：中華書局，1991年5月）。

逍遙自由的人生，也就是美的人生。所以《莊子》哲學與其美學是分不開的，誠如《中國美學史》中所說：「莊子很少單獨討論美的問題。……他的美學同他的哲學是渾然一體的東西，他的美學即是他的哲學，他的哲學也即是他的美學。」〔註25〕因此，可以這樣說，《莊子》一書的美學思想，就是由其哲學思想發展而來。〔註26〕

白本松、王利鎖《逍遙之祖——《莊子》與中國文化》一書，討論了「莊子其人與《莊子》其書」、「《莊子》思想概述」、「《莊子》與中國傳統思想」、「《莊子》與傳統思想」、「《莊子》與傳統文士的人格心理」、「《莊子》與中國傳統宗教」、「《莊子》與中國藝術精神」、「《莊子》與中國文學」及「《莊子》與中國醫學傳統」等問題。從這些標題中，便可得知此書所談論的範圍非常地廣，從書的作者、辨偽，到哲學、美學、文學與醫學，皆有所論述。作者希望能將先民的智慧、富於原創性的思想，及對社會、人生等普遍性問題的討論、非凡的文學成就及對後世的深遠影響，透過此書，加以傳遞發揚。〔註27〕

（二）學位、期刊論文

《莊子》三十三篇，包含許多的思想內容，學者亦從不同方面進行研究。或以某一、二個主題、或以書中某一篇、幾篇，或以寓言故事，或以其引伸運用為研究主題。〔註28〕

1. 以某一思想為研究主題

（1）學位論文

以學位論文而言，有論養生思想，如謝靜惠〈莊子養生主研究〉（中國文化大學哲學研究所碩士論文，1993）、盧建潤〈莊子養生思想研究〉（輔仁大學哲學研究所碩士論文，1996）等篇；論人生哲學，如林文琪〈莊子去知的意義研究〉（中央大學哲學研究所碩士論文，1990）、李玫芳〈莊子人生哲學研究〉（輔仁大學哲學研究所碩士論文，1992）、楊寶綢〈莊子齊物思想的探討〉（東海大學哲學研究所碩士論文，1995）、楊文良〈莊子的生命哲學〉（中

〔註25〕 見李澤厚、劉綱紀：《中國美學史》第一卷（台北：谷風出版社，1986 年 10 月），頁 259。

〔註26〕 見王凱：《逍遙游：莊子美學的現代闡釋》（武漢：武漢大學出版社，2003 年 12 月）。

〔註27〕 見白本松、王利鎖：《逍遙之祖——《莊子》與中國文化》（開封：河南大學出版社，1995 年 8 月）。

〔註28〕 有關《莊子》思想研究之學位論文，請參考附錄一。

央大學哲學研究所碩士論文，1996）、林靜茉〈莊子人學研究〉（臺灣師範大
學國文研究所碩士論文，1997）等篇；論體道修養功夫，如張子昂〈莊子之
體道與工夫論問題研究〉（輔仁大學哲學研究所碩士論文，1992）、沙慶強〈心
齋與道──莊子功夫論所展現之境界〉（香港新亞研究所哲學組碩士論文，
1997）等篇；論政治思想，如郭應哲〈莊子明王之治思想〉（臺灣大學政治學
研究所碩士論文，1911）、黃源典〈莊子之治道觀〉（南華大學哲學研究所碩士
論文，2000）、林鈺清〈莊子淑世思想之研究〉（南華大學哲學研究所碩士論
文，2003）等篇；論美學思想，如李宣侚〈莊子的生命理境及其藝術精神〉（中
國文化大學中國文學研究所博士論文，1990）、林世奇〈莊子美學思想研究〉
（淡江大學中國文學研究所碩士論文，1999）等篇。

　　以李玫芳〈莊子人生哲學研究〉一文為例，說明其研究成果及困境：《莊子》
的哲學思想，重在落實於現實人生。論文從莊子其人其書談起，接著在第二章
談「人生的形上基礎──道」。道是《莊子》思想核心，先對這萬有的本源─
─道做一基本介紹，將之與萬物的關係做說明，由萬物推進到人，則人為萬物
之一，人亦以道為本源。第三章寫「人生的問題與困境」，一般人皆有樂生物惡
之迷思，此迷思從何而來，作者從生死之惑、得失之患與是非之爭三方面探討。
對於這些困擾人生的種種問題，要如何處理，作者在第四章「人生的修養與實
踐」中，分層處理，提出心齋、坐忘、兩行、安時處順等等方法，以期解決人
在現實生活中的困境。然後在第五章「理想人生與風範」一章中，提出人生的
理想。現實雖難以改變，仍可有理想藍圖的劃規，求精神之解脫，以達逍遙之
境。作者以此提醒世人，重新找回生活的重心，實現人生的意義。

　　一般論《莊子》者，在提及有關道及其哲學思想時，大都會論及老子。
本文作者亦不例外，論《莊子》之道，便以其繼承、發揮老子之道，故人生
哲學受有老子的影響。可惜的是，作者並未關注到與《莊子》思想有許多相
近處的《列子》，尤其在人生哲學的部分，二者思想相似處頗多，可互為補充。
此外，文中談到人生問題的困境，主要來自於生死、得失、是非三方面，整
體來說便是來自人有分別心，而生這許多區別紛爭，而未能站在道的高度去
看問題。因此，問題就在是否能齊一萬物，則第四章中第一節「喪我無己」
與第二節「萬物一齊」順序可對換。

　　再來，語言問題亦是造成人生困境的重要原因之一，文中並未論及。語言
本是人與人之間溝通的重要工具，但得意之後便要忘言，不拘泥於言，否則會

有名實與隱蔽眞相等問題。人生的困境是存在的事實，《莊子》提出具體的方法，即心齋、坐忘、見獨、吾喪我等方法，亦可視爲體道的方法，目的正是在解決問題，此當爲人生哲學重要主題之一。作者著墨不多，或有未提及者，如吾喪我之論，至爲可惜。最後，作者在第五章談到人當回到人世間，看實際的生活問題及處世之道，卻只粗淺談「無情」與「無用」兩個小點。其實「無用之用」正是《莊子》爲人民所開出的人生指導方針，絕不是只用一個小點帶過即可。《莊子》關於人生哲學與處世哲學問題的思想，並非截然可劃分爲二，其中是有緊密關聯性的。本文作者將處世部分納入人生哲學討論，則應再詳加說明。

（2）期刊論文

陳貞吟〈試論莊子之養生哲學〉、孫寶琛〈莊子的生命哲學〉、葉海煙：〈莊子的人的哲學〉、顏清梅〈從「逍遙遊」談莊子的人生觀〉、林麗星〈莊子價值思想研究〉、何保中〈死亡問題在莊子思想中的意義與地位〉、沈翠蓮〈莊子修養工夫及其理想境界〉、王邦雄〈莊子思想及其修養工夫〉、黃漢青〈莊子「離形」說研析〉、林聰舜〈《莊子》無爲政治思想的幾層意義〉、劉挺生、劉方〈大順群生、不治天下 —— 《莊子》治安思想〉、羅思美〈莊子自然美學之意義〉、羅堅〈生命的困境和審美的超越 —— 莊子美學的生命意義〉、史向前〈莊子命運觀初探〉、郭道榮〈生命哲學：莊子哲學之基礎〉等篇。

2. 以某篇或某幾篇為研究主題

（1）學位論文

黃漢青〈莊子內篇與外雜篇比較研究〉（中國文化大學哲學研究所博士論文，1991）、呂基華〈《莊子》內七篇修養論研究〉（中央大學中國文學研究所碩士論文，1996）、巫永剛〈從莊子《齊物論》看莊子思想〉（香港新亞研究所哲學組碩士論文，1997）、張修文〈莊子內七篇的義理析論〉（中國文化大學哲學研究所碩士論文，1998）、陳奕孜〈莊子〈德充符〉研究〉（中國文化大學哲學研究所碩士論文，1999）、王櫻芬〈莊子〈逍遙遊〉研究〉（中正大學中國文學研究所碩士論文，1999）、董錦燕〈莊子內七篇「氣」的思想研究〉（彰化師範大學國文教育研究所碩士論文，1999）等篇。

以張修文〈莊子內七篇的義理析論〉一文爲例，說明其研究成果及其困境：《莊子》內七篇爲全書主要想核心，外雜篇亦依此開展。故作者以此爲題，有其用心之處。論文內容以內篇七篇爲主題，從第二章至第八章依序討論〈逍遙遊〉、〈齊物論〉、〈養生主〉、〈人間世〉、〈德充符〉、〈大宗師〉、〈應帝王〉

各篇的主要思想內容。作者試圖通過各篇的分析，重建其關聯性，以之證明《莊子》哲學思想有其系統性。

　　作者用意雖佳，但是題目所涵蓋之範圍非常廣，在寫作手法上採分篇論述的方式，各自討論各篇的內容，對於整部書的思想連結，實是欠缺系統。前一篇中所提出的觀點，與後一篇是有聯繫的，但是從文中看不出其連接與統整性，因爲作者過度拘泥於分篇之討論。如第五章「人間世」中討論「心齋」，第七章「大宗師」第三節「道與時間中」談「坐忘」，則同爲體道方法，卻將之切割，未見系統。其實，依照作者的寫法，也許對於各篇章之觀點，解說較爲詳盡，但在理解《莊子》思想時，反而造成破碎、片斷與零散之感。

　　（2）期刊論文

　　徐俊民〈從莊子「齊物論」談平常心〉、趙明媛〈「莊子‧德充符」析論〉、葉海煙〈齊物論與人間世──一場知識與權力的對話〉、袁長瑞〈莊子〈人間世〉研究〉、高柏園〈莊子齊物論析論〉、張善穎〈論「莊子」內篇中的「道」〉、呂欣怡〈莊子內七篇所述殘疾者象徵意義初探〉等篇。

3. 以寓言故事爲研究主題

　　（1）學位論文

　　鄭振復〈南華經寓言釋義〉（政治大學中國文學研究所碩士論文，1978）、連清吉〈莊子寓言研究〉（東海大學中國文學研究所碩士論文，1980）、周景勳〈莊子寓言中的生命哲學〉（輔仁大學哲學研究所博士論文，1990）、羅賢淑〈莊子書寓言故事研究〉（中國文化大學中國文學研究所碩士論文，1995）、陳玉玲〈《莊子》寓言之生命價值觀研究〉（玄奘大學中國語文研究所碩士論文，2004）等篇。

　　以羅賢淑〈莊子書寓言故事研究〉一文爲例，說明其研究成果及其困境：本文以《莊子》書中的寓言爲研究主題，在第二章中先爲「寓言」下一定義，並論及《莊子》書中寓言的涵義與分類問題。第三章至第五章，分別討論《莊子》寓言的題材、文學性與思想問題。以題材來說，作者較爲詳細地說明了四種來源，包括古代神話、歷史傳說、民間故事及作者自創四部份。作者爲《莊子》寓言故事做整理，並討論其寫作技巧與內容思想的用心是值得肯定的，但是仍有些問題值得商榷。

　　如第四章「文學性」一章，分爲修辭與寫作技巧二節，其實修辭即包含在寫作技巧之中，分爲兩個不同標題去討論，有不當處，仍須再做統整。至

於第五章有關《莊子》寓言故事所包含的思想內容，所討論的篇幅相較於第四章談外在形式的寫作技巧，比例上有明顯落差。仔細研讀《莊子》一書，會發現寓言的使用是爲了說明其哲學思想，使其更爲具體化，而不僅在於故事的呈現。這個部分應是全書的主要重點，可惜的是作者本文較爲注重寓言故事的提出，與文學技巧的表現，則有捨本逐末之嫌。建議作者當再思考，有關《莊子》寓言所欲彰顯的實質內涵究竟爲何，此部分不論是對於莊子本身或身處現代的我們來說，應該是意義較爲重大的部分。

（2）期刊論文

張琦、張炳成〈試論莊子寓言個性〉、鄭世明〈試論莊子的寓言世界〉、李仁質〈試論莊子寓言的藝術特色〉、吳懷東〈試論《莊子》「寓言」〉、張亞君〈《莊子》寓言的文學性〉、李永平〈試論莊子哲學的寓言形式、陳龍〈神來靈氣、文彩天成——簡論《莊子》寓言〉、董華〈莊子寓言文學的內涵〉、張文彥〈先秦諸子寓言的一面旗幟——莊子寓言與其他諸子寓言的異同〉、馬漢欽〈淺析《庄子》寓言創作理論〉等篇。

4. 以《莊子》引伸運用為研究主題

（1）學位論文

劉秋固〈莊子的人學與超個人心理學〉（輔仁大學哲學研究所博士論文，1994）、謝麗卿〈莊子哲學及其教育蘊義〉（東海大學哲學研究所碩士論文，1996）、張月娥〈莊子思維方式的教育功能研究〉（中國文化大學哲學研究所碩士論文，1998）等篇。

（2）期刊論文

孫明君〈《莊子》與中國詩史之源〉、汪芳啓〈試論老莊思想對元散曲的積極影響〉、張瑞明〈莊子思想與陶淵明的人生境界〉、李建中〈《莊子》人格理想與魏晉文學的人格起點〉等篇。

二、《列子》思想研究

至於《列子》一書的相關研究，專著論述的部分較少，多爲單篇論文的發表。以下分別論述之：

（一）專著論述

至於書籍方面，研究《列子》思想的專書並不多，如周紹賢《列子要義》、

楊伯峻《列子集釋》、嚴靈峰《列子辯誣及其中心思想》、蕭登福《列子探微》、嚴北溟、嚴捷《列子譯注》、王強模《列子譯注》、莊萬壽《新譯列子讀本》、陳冠蘭《飄逸之仙——列子》、周兵《列子處世大智慧——列子今讀》、東方橋《走進列子理想的大世界》、張清華《道經精華——列子》、曾傳輝《沖虛至德真經注譯》、羅肇錦《列子快讀——御風而行的哲思》、何淑貞《展現生命芬芳的神話傳說——列子的智慧》、應涵《虛靜人生——列子》等書。

　　楊伯峻《列子集釋》一書除《列子》正文之外，註釋考證分爲四類：依次爲張湛注、盧重玄解、有關《列子》本文、張注、盧解之校勘、訓詁與考據及殷敬順所纂與陳景元所補之釋文與有關釋文之考證。此外，還有「張湛事迹輯略」、「重要序論匯錄」、「辨僞文字輯略」等附錄，其中「辨僞文字輯略」收錄了包括柳宗元在內的二十餘家辨《列子》眞僞的不同說法，可資參考。〔註29〕

　　嚴北溟、嚴捷鑑於歷來學者對於《列子》的輕忽，對其註釋整理遠不及其他古籍，加上訓詁和句義上紛歧。於是極力校勘歷代有關《列子》的考釋，在每段正文前點明主旨、結構與思想脈絡，並於篇末加上白話今譯，成此《列子譯注》一書。〔註30〕

　　周紹賢曾以老莊列爲本，撰述三書要義，此《列子要義》一書，即是專爲《列子》所作。書中詳細論述《列子》思想，包括「天道觀」、「生死觀」、「力命論」、「達生論」、「修養論」、「政治論」等內容，並輔以《莊子》思想，以爲對照。雖論及《莊子》的部分不多，然能將《莊》《列》思想並論比較，已屬難得。且在以《列子》爲主題的專著論述中，能有如此系統且全面論述，實爲少見。〔註31〕

　　《列子》一書自宋人高似孫疑其爲僞書以來，同稱其爲僞者排山倒海而來，眾口鑠金，使《列子》受到極深的誤解。《列子辯誣及其中心思想》一書作者——嚴靈峰以客觀之立場爲《列子》辯僞，從文本及張湛注做嚴密之解剖與考證，以期還《列子》本來面目。在一片稱僞聲浪中，此書可視爲爲《列子》辯僞之重要著作。全書主要內容爲「列子成書年代及其流傳」、「辯誣」、「列子書大歸同於老莊——列子的中心思想」等篇章。在「列子成書年代及其流傳」部分，除了詳細說明《列子》成書流傳經過，並以列表方式輔助說

〔註29〕見楊伯峻：《列子集釋》（台北：華正書局，1987年9月）。
〔註30〕見嚴北溟、嚴捷：《列子譯注》（台北：書林出版社，1995年8月）。
〔註31〕見周紹賢：《列子要義》（台北：臺灣中華書局，1983年7月）。

明；「辯誣」部分，則以張湛注及《莊》《列》二書中雷同文字進行分析比較；「列子書大歸同於老莊——列子的中心思想」部分，則將《列子》思想作一系統而簡要的說明。全文處處可見作者之用心。〔註32〕

何淑貞《展現生命芬芳的神話傳說——列子的智慧》一書，亦專治《列子》之學。書中結構井然，從列子其人其書談起，先分析《列子》一書形成的時空背景，使吾人在進入《列子》的虛靜世界之前，能先對其人與書有一基本了解。接著分述書中所展現的宇宙觀與人生觀，以了解全書中重要的思想脈絡。可說是以平易之言，傳達表述出《列子》書中重要的哲學理念。之後，以寓言方式呈現書中各種人物形象，及其所反映的深刻內涵，加強對於哲理的掌握。書中最後章節，以「理想的人生取向」為題，試圖在這茫茫宇宙中，為人生找到安身立命之處，重回和諧自然的生命狀態。〔註33〕

蕭登福《列子探微》一書內容主要針對《列子》相關問題進行討論，全書共分為六章，分別探討「列子其人及《列子》成書年代」、「列子與佛經」、「列子天道觀——兼論魏晉之『自生』說」、「列子生死觀」、「列子人生觀」及「列子與漢魏六朝道教之關係」等問題。作者肯定列子的存在，認為《列子》書有部分為張湛等人所竄入偽作，有些部分則為先秦之舊，至於與佛經相合者，可能為偶然或有意抄襲。關於天道方面的思想，則分道與物的關係、萬象生化之狀態——自生和宇宙之生成三項加以說明，以為道生物，物變滅復返於道，皆為自生現象，是自然而然且不得不然。並以太易、太初、太始、太素配以形、氣、質來解說萬物生成過程。生死觀和人生觀方面，則討論了生命的形成、生命的階段、生死相循環和對生死所應持的態度和處世態度等問題。人的死生變化，都是自然現象，萬物都是天地一氣之轉，因此不必樂生惡死。生死觀念是如此，是非、善惡、美醜等皆是如此，泯除一切差別性，和同於萬物。最後一章，則是論述列子與漢魏六朝道教的關係。此書大致上對《列子》的重要思想，如天道觀、生死觀和人生觀做了說明，可以作為研究《列子》思想的重要參考。〔註34〕

此外，《列子》思想還見於其他道家相關書籍之中，如張成秋《先秦道家

〔註32〕見嚴靈峰：《列子辯誣及其中心思想》（台北：文史哲出版社，1994年8月）。
〔註33〕見何淑貞：《展現生命芬芳的神話傳說——列子的智慧》（台北：圓神出版社，2006年3月）。
〔註34〕見蕭登福：《列子探微》（台北：文史哲出版社，1990年3月）。

思想研究》、李炳海《道家與道家文學》、孫以楷《道家與中國哲學・先秦卷》、強昱：《知止與照曠 —— 莊學通幽》、羅安憲《虛靜與逍遙 —— 道家心性論研究》等書。而《列子》中有關夢與寓言神話的部分，也散見於其他書籍，如陳蒲清《中國古代寓言史》、公木《先秦寓言概論》、譚達先《中國神話研究》、傅正谷《中國夢文學史》、李富軒、李燕《中國古代寓言史》、白本松《先秦寓言史》、汪乾明、丁麗潔《夢說》等書。

（二）學位、期刊論文

以學位論文而言，目前僅有碩士論文，未有博士論文之提出。目前有關《列子》的學位論文及期刊論文的研究方向，大致可分為幾種情形：

1. 以某一思想為研究主題

（1）學位論文

余若昭〈列子語法探究〉（臺灣師範大學國文研究所碩士論文，1971）、陳月婷〈列子人生哲學研究〉（文化大學哲學研究所碩士論文，1995）、陳瑞麟《《列子》自然思想研究〉（華梵大學東方人文思想研究所碩士論文，1998）、謝如柏《《列子》「命」概念及其相關問題研究〉（臺灣大學中國文學研究所碩士論文，1998）、楊玉如《《列子》達生思想研究〉（政治大學中國文學研究所碩士論文，1999）、蔡政翰《《列子》生命哲學研究〉（高雄師範大學國文教學碩士論文，2003）。

以陳月婷、楊玉如、蔡政翰等人之學位論文，說明前人研究的成果及其困境：

A. 陳月婷〈列子人生哲學研究〉

（A）研究成果

作者認為「《列子》乃為魏晉時期重要的哲學著作之一，而其人生哲學不僅是此書的核心，而且能反映魏晉時人的心態和人生觀，因此，了然《列子》的人生哲學，即可掌握其思想精華及魏晉時人的人生觀，然其思想大多頹廢、悲觀之言。」此段文字中指出，《列子》為魏晉時期作品，明言「《列子》產生的時代相當於東漢末葉至東晉滅亡之間」〔註35〕因此在時代背景的探討上，主要關注於東漢末至東晉時期政治局勢、社會環境與學術文化的影響。

〔註35〕見陳月婷：〈列子人生哲學研究〉，文化大學哲學研究所碩士論文，1995 年，頁 39。

在此時代因素影響下，去探討《列子》一書的人生哲學所欲呈顯的思想是什麼，並希望能進一步了解其與老莊思想的關係。

（B）研究困境

作者將《列子》為魏晉時期作品,忽略書中所表達出的先秦道家思想。《莊》《列》二書孰先孰後,至今仍是未決的問題,二書中思想頗多相同相近之處,也是無庸置疑的。如果將《列子》完全視之為魏晉時期作品,則是忽略混亂了《列子》在整個道家思想中的地位與重要性。

而作者本欲透過《列子》人生哲學之研究,進一步了解其與老莊思想的關係。此一用意很好,可惜文中僅在第五章第三節「《列子》『道』的闡析及老莊對《列子》的影響」中,可見老莊列三者在道論上的關係,其他部分則未能加以發揮。

此外,作者談到《列子》書時說其「思想大多頹廢、悲觀之言」,則是有失公允且識《列子》思想不深之言。《列子》一書,不論是道論、生死觀、人生觀、認識論、處世之道等等,皆有明顯道家自然之主張。以道論為例,主張道無形無象雖不當名,卻是真實的存在;先天地生且為萬物之本根,萬物得其作用而生化卻不居功等等說法,皆與老莊之論道相同。再以生死觀為例,主張站在道的高度去看生死問題,認識生死變化也是一種自然而然的現象,無須對生命的消逝感到悲傷哀痛。這是何等豁達的思想,而作者竟以之為頹廢、悲觀之言,實是極深的誤解。

論文第八章「《列子》論苦和樂的探討」,將〈楊朱〉「縱欲享樂」列為《列子》人生哲學之一部分,則有欠周延且於理上有說不通之處,與道家自然無為思想出入亦大。綜觀整部論文,架構上雖尚明確,然而內文部分的陳述則明顯不足,篇幅簡短,可再說明補充處仍多。

B. 楊玉如〈《列子》達生思想研究〉

（A）研究成果

作者以《列子》的達生思想作為研究主題,並以周紹賢《列子要義》中〈達生論〉一段文字,為「達生」下定義:

> 達者,通也,達生者,言通人生之理,明人生之道,不為俗物所拘,
> 不為情欲所累,此即知天命、超生死之人生理想。〔註36〕

周氏之作雖已點出「達生」之要義,但礙於篇幅簡短,仍有可發揮處。於是

〔註36〕見周紹賢:《列子要義》（台北:臺灣中華書局,1983年7月）,頁45。

本文作者欲做更深入的探討，希望通過對生命根源的詳盡詮釋，對生命本質與意義的深刻探討，有助於世人掌握生命，並藉此反省生命的價值。全文先從《列子》達生思想興起的時代與社會背景著手，探討思想產生的淵源，進而探究達生思想的修持功夫，最後希望達到天人合一、自在通達的境界。

（B）研究困境

《列子》一書的真偽問題，至今為學界所討論，因此仍存有爭議。書的真偽問題，便影響到書的產生年代。或以《列子》為偽書，可能為魏晉人或張湛所偽造，認為此書為托名先秦古籍，實則應為魏晉時偽書，其中〈力命〉、〈楊朱〉二篇，更是晉人思想和言行的反映。或以為《列子》非偽書。先秦諸子之作，大都為一學派整體之創作，非一時一人之作，《列子》也不例外。且《列子》曾在西漢失傳，又經魏晉亂世，成書過程較為曲折，難免有後人增補修改之處，此為古書中常見現象。若以此說《列子》為偽書，實欠缺有力證據。

而本文對於《列子》的真偽問題並未加以說明探討，而是直接將其置於魏晉時代加以探討，似是將《列子》視為偽書。既然認為《列子》為魏晉時期的作品，於是斷論《列子》達生思想吸收《莊子》、《呂氏春秋》與《淮南子》等書。尤其本文作者在研究方法上，是從魏晉的政治局勢、社會風氣與學術轉變方向，去尋找與《列子》達生思想相關的歷史意義和思想特徵，進一步探討論述達生思想的意旨與內涵。若是一開始未將書的真偽及產生年代問題釐清，必然造成架構及思想傳承先後順序上的混亂，嚴重者恐將影響整篇論文之可信度與價值。因此，本文作者在研究《列子》達生思想的結構與方法上顯然是不夠周延。

C. 蔡政翰〈《列子》生命哲學研究〉

（A）研究成果

作者肯定《列子》一書的內容包含有列子本人的思想，是屬於道家思想內涵的一部份，位居於上承老子，下啟莊子的時空地位。欲從《列子》內容的整理、闡述，了解其傳承脈絡之重要關鍵所在，並進一步探討其生命哲學的實質內涵，最後還給《列子》應有的歷史地位，並肯定其時代的意義與價值。

（B）研究困境

全文在架構上，從第四章至第五章，共分七個章節分別討論《列子》生死觀、力命觀、苦樂觀、身物觀、情性觀、養生觀與知行觀。每個章節皆是

先談論「境界」，而後論及「達到此境界的途徑」，則有先後順序倒置之嫌。加以論述「境界」時，分條列項過多，每項標題之下實際論述內容太少，繁瑣而混雜，建議可以再做整合，做更有系統之呈現。對於「達到此境界的途徑」一節的陳述，也有同樣的問題。

此外，第四章第三節談《列子》的「苦樂觀」，將樂與苦分別談論，說明人生有知足、達觀、身體享樂、神人眞人至人之樂等四種樂與世俗之苦。其中「身體享樂」一文，主要以〈楊朱〉爲主，認爲此篇中描寫耽於逸樂的內容，如「公孫朝與公孫穆好酒好色」一段，主要是謂凸顯子產所代表的法家之治——禮義名位的鄙陋，與帶出「人是可以逍遙自主的」意旨，並希望主張此篇爲享樂主義的學者，能對此篇內容有新的看法。作者之動機想法固然是好，但針對此部分並未多做著墨，僅幾語帶過，實是欠缺說服力。加以〈楊朱〉篇有關享樂主義的部分，歷來多認爲與道家自然無爲的思想差異較大，作者若欲提出個人見解，實需更多強而有力的論述與佐證。

第四章第四節談《列子》的「身物觀」，作者認爲身、物乃楊朱「爲我」學說中重要的兩個觀念。所謂「身」包括個人身體與生命，「物」指的是名利、權位、夭壽、物質享受等一切外物。在了解了身與物的意義之後，欲以事物價值之判斷，作爲了解《列子》「身物觀」的一環。上文中提到，〈楊朱〉中有關享樂主義的思想，較難以道家的角度加以解說。筆者不認爲《列子》道家思想中，有所謂的「身物觀」。《列子・天瑞》說：「是天地之委形也；生非汝有，是天地之委和也；性命非汝有，是天地之委順也；孫子非汝有，是天地之委蛻也。」〔註37〕所有的一切都是天地自然所賦予的，哪裡有什麼可以說是自己的擁有物呢？這才是對生命更爲豁達的看法。

同篇中又說：「萬物皆出於機，皆入於機。」天地萬物都只是暫存的現象，雖然外在形式不斷變化，其實其本源皆來自於道，並沒有根本上的差異。所以世俗中的價值判斷都是有所偏頗，而沒有固定不變的標準存在著的。〈天瑞〉說：「故生不知死，死不知生；來不知去，去不知來。壞與不壞，吾何容心哉？」生死、是非都只特定時空下的相對性概念，並不存在絕對的價值。則欲以事物價值之判斷，作爲了解《列子》「身物觀」的一環，實是緣木求魚。《列子》生命哲學研究〉一文的作者，也發現到〈楊朱〉的「身物觀」與《列子》書

〔註37〕見張湛注：《列子》，《四部備要子部》（台北：臺灣中華書局，1966 年 3 月）。本論文所引《列子》原文，出處皆同於此。

中觀點是有出入，卻主張同中有異，異中有同，又未做明確之分析比較，實令人難以理解。

（2）期刊論文

譚家健〈《列子》的理想世界〉、李季林、錢耕森〈論列子「貴虛」的人生哲學〉、戴建平〈《列子》自然觀初探〉、陳宏銘〈列子的生死觀〉、〈列子的宇宙論〉、〈列子的政治思想〉、彭自強〈《列子》的名實觀〉、譚家健〈《列子》書中的先秦諸子〉、楊汝舟〈列子神秘思想之意旨〉（一）──（六）、奚亞麗〈《莊子》與《列子・楊朱》篇人生理論再認識〉、劉見成〈死亡與生命的意義：《列子》中的觀點〉、林義正〈論列子之「虛」〉、林明照〈《列子》天人思想試析〉、李季林〈論列子的有無、名教自然觀〉、鄭曉江〈論《列子》的人生哲學與特質〉、陳宗賢〈列子思想概述〉、吳瑞文〈《列子・天瑞篇》義理結構試詮〉等篇章，為針對某一主題或某一篇進行研究，如人生觀、自然觀、生死觀、名實觀等。

另外還有一些是以《列子》的真偽問題為主題而作的文章，如馬達〈《列子》非張湛所偽作〉、〈張湛《列子注》與《列子》在義理上的矛盾〉、〈對清代關於《列子》辨偽的匡正〉、〈劉向《列子敘錄》非偽作──馬敘倫《列子偽書考》匡正之一〉、馬振亞〈從詞的運用上揭示《列子》偽書的真面目〉、鄭良樹〈《列子》真偽考述評〉等。

2. 以寓言神話為研究主題

（1）學位論文

此類論文為針對《列子》寓言加以研究，如黃美煖〈列子神話、寓言研究〉（臺灣師範大學中國文學研究所碩士論文，1985）、黃翔〈列子寓言思想研究〉（臺灣大學中國文學研究所碩士論文，2001）。以黃翔〈列子寓言思想研究〉為例：

A. 研究成果

作者認為《列子》豐富的寓言內容是其受到學者重視的原因之一，全書中寓言故事約一百多則，占全書內容超過一半的比例。而目前對於《列子》寓言的研究多散見於期刊論文，專著研究並不多見，實為可惜。於是作者在前人的研究基礎下，希望透過與諸子寓言的交叉比對，凸顯《列子》寓言的形式特色與論述面向，進而討論其寓言思想內容，包括性命、體道、認識政教等方面，以其還原《列子》應有之價值地位。

B. 研究困境

作者在第二章「《列子》寓言與諸子寓言互見篇章取材重點比較」文中，著墨甚多，篇幅幾乎是整部論文的二分之一，寫《列子》與《莊子》、《呂氏春秋》、《淮南子》、《說苑》、《新序》等書中寓言之互見篇章。大量列出互見篇章之原文，原文之下稍做解釋，但未做深入的分析比較。以如此巨大之篇幅，僅做原文陳列及寓言主旨之簡單說明，不知所欲呈現與其他諸子互見寓言比較之意義何在。第三章至第六章分別論述《列子》寓言的思想內容，的思想內容，架構陳述上條理尚明，但並未與其他諸子寓言就相關思想主題進行討論。則第二章所作《列子》寓言與其他諸子寓言互見篇章之取材未有進一步的意義。

（2）期刊論文

有關論述《列子》書中寓言神話的期刊論文有：戴吾三〈《列子》三則寓言體現的古代技術觀念〉、馬達〈「偃師獻技」是列子獨創的科學幻想寓言〉、宣建人〈從「朝三暮四」說「列子」〉、林志鵬〈從神話素材的再創造論《莊子》的文學表現〉、星舟〈夸父追日的深層敘事原型〉、劉湘王〈中國神話與古代思想間的關係〉等。

3. 以張湛《列子注》為研究主題

此類論文的主題以張湛《列子注》為主，而與《莊》《列》思想之研究相距較遠，影響也較小。

（1）學位論文

吳慕雅〈張湛《列子注》貴虛思想研究〉（政治大學中國文學研究所碩士論文，1994）、鄭宜青〈張湛《列子注》與《列子》思想關係之研究〉（政治大學中國文學研究所碩士論文，1999）、周美吟〈張湛《列子注》研究〉（臺灣師範大學國文研究所碩士論文，2000）。

A. 吳慕雅〈張湛《列子注》貴虛思想研究〉

主要研究張湛《列子注》中的貴虛思想，並探討張湛的「貴虛」思想與《列子》的貴虛有什麼不同，藉「貴虛」所建構的觀念世界，掌握其理論在東晉所呈現出的時代風貌。

B. 鄭宜青〈張湛《列子注》與《列子》思想關係之研究〉

主要研究《列子注》與《列子》之間的關係，當張湛在註解的過程中，他的註解究竟對《列子》原文的闡發有怎樣的成果，與《列子》是否存在著

差異性。透過《列子》與《列子注》的對照中，一方面使兩者的關係表現出來，另一方面也希望對張湛的思想有所處理。

（2）期刊論文

封思毅〈列子張湛注纂要〉（《中國國學》第 23 期，1995）、馬達〈張湛《列子注》與《列子》在義理上的矛盾〉（《北方工業大學學報》第 9 卷第 4 期，1997）、馬良懷〈張湛對人生的思考〉（《華中師範大學學報》第 37 卷第 1 期，1998）、田永勝〈論《列子注》與張湛思想〉（《哲學研究》第 1 期，1999）、張文江〈《管錐篇・列子張湛注》解讀〉（《學術月刊》第 12 期，1999）等。

三、《莊》《列》思想研究

國內目前個別研究《莊子》、《列子》思想者有之，而研究兩者之關聯者則少見。以博碩士論文為例，透過「全國博碩士論文索引系統」，以「莊列」為篇名或關鍵詞加以查詢，這十年間並無作品出現。在「中華民國期刊論文索引系統」中，再以「莊列」為篇名或關鍵詞加以查詢，這十年間也無作品出現。只能在某些專著或單篇文章中，提及彼此之思想，能相互對照。

（一）專著論述

以專著而言，如李炳海《道家與道家文學》、〔註38〕羅安憲《虛靜與逍遙——道家心性論研究》、〔註39〕李霞《生死智慧——道家生命觀研究》、〔註 40〕強昱《知止與照曠——莊學通幽》、〔註41〕茅盾《茅盾說神話》、〔註42〕傅正谷

〔註38〕書中提及生死觀、道家文學經常採用夢（遊）的表現方式、浪漫的寫作手法、語言特色等，兼論《莊》《列》思想，並相類比。見李炳海：《道家與道家文學》（長春：東北師範大學出版社，1992 年 5 月），頁 318～324、325、401、423。

〔註39〕書中第六章命論、第七章生死論，兼論《莊》《列》思想。見羅安憲：《虛靜與逍遙——道家心性論研究》（北京：人民出版社，2005 年 9 月），頁 238～295。

〔註40〕書中論述「道論」，說明《莊》《列》繼承老子的道性自然思想。又論述「人與天之間的平等」之論點時，以《莊》《列》同有「天地萬物與我並生」的博大胸襟，高揚了天人平等意識。見李霞：《生死智慧——道家生命觀研究》（北京：人民出版社，2004 年 5 月），頁 43、75、388。

〔註41〕本書主要論述《莊子》思想，在附篇第七章「先秦道家的其它主要流派」第二節兼論《列子》的思想學說，但是並未對《莊》《列》思想做比較對照。見強昱：《知止與照曠——莊學通幽》（北京：宗教文化出版社，2004 年 10 月），頁 500。

《中國夢文學史》等書。〔註 43〕

（二）學位、期刊論文

以單篇論文而言，如李季林、錢耕森〈論列子「貴虛」的人生哲學〉、
〔註 44〕楊儒賓〈道家的原始樂園思想〉、〔註 45〕張廣保〈原始道家道論的展
開——道家形而上的夢論與生死論〉、〔註 46〕鄒大海〈先秦時期時空無限思
想的若干研究〉、〔註 47〕陳宏銘〈列子的宇宙論〉及〈列子的生死觀〉等文
章。〔註 48〕

從以上論述中，可以知道目前對於《莊》《列》相關思想之研究，是極度
缺乏的，即使偶有提及兩者之相關處，但終究是不夠詳盡且沒有系統。

反觀學界對於《老》《莊》相關思想之研究，則較《莊》《列》多出許多。
以學位論文而言，透過「全國博碩士論文索引系統」，以「老莊」為篇名或關
鍵詞加以查詢，發現這十年間有關的博士論文四篇、碩士論文十六篇。如方
連祥〈老莊形上思想與人生哲學〉（華梵大學東方人文思想研究所碩士論文，
1999）、蘇慧萍〈《老》《莊》生死觀研究〉（中山大學中國語文研究所碩士論
文，2001）、柳秀英〈先秦道家老莊生命思想研究〉（高雄師範大學國文研究
所博士論文，2003）、馬耘〈論老莊哲學中「道」之無限性與人之自主問題〉

〔註 42〕說明《莊》《列》中含有豐富神話材料。見茅盾：《茅盾說神話》（上海：上海
　　　　古籍出版社，1999 年 7 月）。

〔註 43〕《莊》《列》書中有關於夢的論述，如《莊子·齊物論》的「莊周夢蝶」和《列
　　　　子·黃帝》的「華胥夢」同樣為夢喻之作；又如《莊子》有真人無夢說，《列
　　　　子·周穆王》有六夢之說」。見傅正谷：《中國夢文學史》（北京：光明日報出
　　　　版社，1993 年 5 月），頁 9、41、154。

〔註 44〕有關生死觀、齊物觀部分，論述《列子》的同時，亦提及《莊子》。見李季林、
　　　　錢耕森：〈論列子「貴虛」的人生哲學〉，《孔孟月刊》第 33 卷第 7 期，1995
　　　　年 3 月。

〔註 45〕說明《莊》《列》神話中的共同主題——原始樂園。見楊儒賓：〈道家的原始
　　　　樂園思想〉，《中國神話與傳說學術研討會論文集》，1996 年 3 月。

〔註 46〕《莊》《列》以夢論來現實地展開其道論，也是後世道家對老子道家哲學的一
　　　　種創造性的詮釋。通過夢，衝破人類現實生命的拘限，領悟到宇宙和人生的
　　　　真相。見張廣保：〈原始道家道論的展開——道家形而上的夢論與生死論〉，
　　　　《中國哲學史》第 3 期，2002 年。

〔註 47〕說明道家對時空無限的認識，兼論《莊》《列》宇宙觀。見鄒大海：〈先秦時
　　　　期時空無限思想的若干研究〉，《自然辯證法通訊》第 22 卷第 1 期，2000 年。

〔註 48〕論述《列子》思想為主，參酌《莊子》以為佐證。見陳宏銘：《中華道教學院
　　　　南台分院學報》第 2 期，2001 年 10 月、《中華南台道教學院學報》第 1 期，
　　　　2003 年 3 月。

（臺灣大學哲學研究所博士論文，2005）等等。

　　而在「中華民國期刊論文索引系統」中，再以「老莊」為篇名或關鍵詞加以查詢這十年間有關老莊之期刊論文，出現約一百三十二篇的文章。老莊之相關期刊論文之多，在其他學術刊物中亦為數不少。

　　從上述學位論文、期刊論文及專著等方面的研究分析來看，關於《莊子》或老莊思想研究者多，研究成果亦十分豐盛。尤其《莊子》一書歷來受到學界極大的重視，除了為數不少的學位論文及期刊論文之發表，還有專論《莊子》各種思想之書籍發行。

　　而有關《列子》之研究，不論是學位論文、期刊論文或專著方面，在整體的量上，顯然較《莊子》少了許多，更遑論是《莊》《列》研究。筆者認為可能原因有三點：一是由於《列子》書的真偽問題備受爭議，懸而未決，影響學者對書本身內容的注意，而多從事考證工作。二是《莊子》內容廣博精深，自古以來從事相關研究者本眾多，《莊子》與《列子》二書同質性頗高，於是《列子》易被忽略，其受到的重視遠不及《莊子》。三是《列子》一書歷來研究者不多，專書論著少，或附錄於老莊思想之下，或散見於期刊論文，在資料的參考、取得上極為困難，且缺乏系統，恐造成研究上的困境。

四、筆者碩士論文

　　筆者曾以「《莊子》寓言及其美學義涵研究」一題，作為碩士論文之研究主題。論文共分八章，依序為：「緒論」、「先秦寓言的發展」、「千古奇葩《莊子》」、「《莊子》寓言內容析論」、「《莊子》寓言中的美學思想」、「《莊子》寓言藝術成就」、「《莊子》寓言對後世的影響」及「結論」。

（一）研究與成果

　　文中先討論了《莊子》寓言產生的時代背景，包括政治、經濟、社會與學術四方面，以了解當時環境對寓言發展的影響，並對「寓言」文體的根源及傳承，與文體本身的特色、藝術特徵，做一番追溯與說明。接著說明莊子其人及其書的問題，兼採史傳記載，並以《莊子》書中所提及的內容加以佐證。之後，探討《莊子》寓言所含的內容主旨，分為五個章節：「精神自由」、「體道境界」、「人生哲學」、「處世哲學」及「批判精神」等五方面。依次說明逍遙的人生與理想人格的境界、道與道的境界、萬物與我為一的人生觀、

處亂世的生存之道及對社會現實、昏庸君王的批判。

在討論過這五方面的內容主題後，接著探討其所蘊涵的美學義涵及藝術成就。《莊子》一書的美學概念，蘊涵於其哲學思想，也就是「道」之中，同時是透過寓言的方式加以展現的。雖然書中並未有獨立的篇章來談美，但書中所包含的美學義涵卻是可以尋見的。筆者擬就審美歷程、審美情感、審美態度及審美類型等四方面，探討《莊子》書中有關美學思想的部分。至於藝術成就的部分，則分別從形象、語言及文學三方面來探究。

最後論及《莊子》寓言對後世所產生的影響。莊子其人其書對後世的影響是極其深遠的，不論處在哪一個朝代中，都或多或少受其影響。筆者由各朝代中，列舉代表人物或主要文學成就加以說明。在文藝創作與語言文字的運用上，也有著啓發與實用的價值。筆者希望透過此篇論文的寫作，能對《莊子》寓言有更深入的了解與認識。

（二）檢討與改進

由於本篇論文主要針對《莊子》寓言作爲研究主題，因此在介紹《莊子》寓言之前，先說明先秦寓言的發展概況。然以論文比例而言，實佔了太多的篇幅，可以更爲精簡。此部分在博士論文第六章「《莊》《列》寓言藝術成就」時，不再重複說明「寓言」文體的發展與相關問題，而是直接就《莊》《列》寓言在藝術成就上的表現分析說明。

再來，爲了說明《莊子》寓言的產生深受環境影響，因此對時代背景做了詳盡的介紹，卻過於繁瑣冗長。但是筆者深知時代背景，對於研究《莊》《列》學說思想實不可或缺，因爲既是當時所創建起來學術思想，自然深受整個大環境的影響。於是在經過一番整理思索之後，更爲精簡扼要地說明《莊》《列》思想產生的時代因素，並盡量以不同史料作爲論證依據，以避免重複。

接著，在碩士論文中談到的《莊子》寓言內容，包括精神自由、體道境界、人生哲學、處世哲學及批判精神等節，於博士論文中重新整合。由於博士論文主要以《莊》《列》思想爲研究主題，因此於《列子》思想中資料較少難以立論的部分，如「逍遙遊」釋義、有待無待人生等問題並不多談。而是根據《莊》《列》思想相關議題，加以說明比較。因此，相較於碩士論文，博士論文中有關《莊子》思想的部分，經過大規模地重整，將資料重新閱讀，並加入新進資料，做更爲詳盡的補充。

至於寓言藝術成就的部分，在碩士論文中同樣以過多的篇幅介紹《莊子》

寓言的藝術成就，缺乏系統，淪於繁瑣。但是由於《莊》《列》皆以大量的寓言表現其思想，豐富的藝術表現手法與內涵是不容忽視的，絕對有談論之必要。因此，在注意到碩論爲文的缺點之後，在博士論文中將更爲有系統、精要地討論《莊》《列》寓言藝術上的關係，以呈顯其輝煌且重要的成就。

　　筆者在閱讀過《莊子》與《列子》二書之後，發現其思想學說有密切之關聯處。因此在碩士論文〈《莊子》寓言及其美學義涵研究〉的研究基礎下，除了將《莊子》做更進一步的了解，並將《列子》列爲研究範圍，希望能將兩書之間的關係加以釐清，從書的眞僞、作者、思想內容及藝術成就等方面，作一系統的分析研究，以期還原《列子》應有之歷史位置，並了解道家重要著作──《莊》《列》間的重要關係。

第三節　研究方法與架構

　　研究方法一般是指用來搜集與處理資料的重要手段，以及其進行的程序。研究架構則是研究內涵的主要部分，對於所探討的主題，能有更深入明確的分析與理解。

一、研究方法

（一）比較法

　　比較法著眼於「一哲學思想之本身之內容或系統，與其他哲學思想之內容或系統之異同。」〔註 49〕也就是將兩種以上的哲學思想，做有計劃、有目的的敘述，對照、分析找出其中的異同。在相互比較之中，歸納出趨勢或原則，提供後人正確的觀念與運用方法。

　　比較法因係以具體事物爲對象，亦使我們最能不抹殺一具體事物與其他具體事物之一切同異之性質者。在人類各種思想中，我們又可說只有哲學家之哲學思想，最是各人自成一系統者。而研究人之哲學思想，則必須就其各爲具體之個體存在而比較之。比較是兼較同與較異，然一切思想中恆有異，異中又恆有同。〔註 50〕吾人在經過比較、分析之後，能對哲學思想與內容有更清楚的了解。

〔註49〕見唐君毅：《哲學概論（上）》（台北：臺灣學生書局，1996 年 9 月），頁 201。
〔註50〕同註49，頁 201〜202。

　　道家其實是一個非常複雜的學派，若要細分其內部各家的學說思想，是存有差異性的。〔註51〕根據《漢書‧藝文志》所列資料，道家有三十七家，但思想體系是以「道」為核心的。因此，若就整個道家學派來說，「道」是其哲學的最高範疇，「合於道」是他們追求的最終目標，道家學說的其他部分都是圍繞著「道」而逐層展開。〔註52〕本論文所討論者，即是以《莊》《列》二家思想為主，比較其異同，並論及老子相關思想。

（二）歸納法

　　歸納法，或稱歸納推理、歸納邏輯。它基於對特殊的代表（token）的有限觀察，把性質或關係歸結到類型；或基於對反覆再現的現象的模式（pattern）的有限觀察、公式表達規律。〔註53〕其步驟如下：

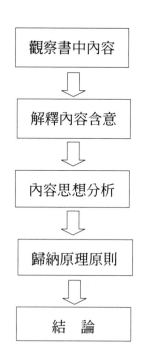

　　先觀察書中所要表達的內容，並進一步理解、解釋內容的含意。經由內容思想的分析，可以發現書中所呈現的思路脈絡，進而歸納出原理原則，並

〔註51〕有關道家的演變與流派，可參考牟鍾鑒、胡孚琛、王葆玹：《道教通論──兼論道家學說》（濟南：齊魯書社，1991 年 11 月），頁 77～94。
〔註52〕同註 51，頁 70。
〔註53〕見維基百科全書：http://zh.wikipedia.org/w/index.php。

將之運用於生活中。《莊》《列》二書所表達的思想哲理，具有深刻的意義，在探討分析、反覆咀嚼之後，將獲得更深的體驗。

（三）歷史研究法

歷史研究法，是指「凡人對於現在或過去社會上種種事物的沿革變化，有瞭解的必要，而即搜集一切有關的材料，更很精細緻密的去決定其所代表或記載的事實的眞僞、殘闕完全與否，然後再用極客觀的態度加以系統的整理，使能解釋事物間的相互關係和因果關係，以透澈明白其演進的眞實情形及所經歷的過程。」〔註54〕其步驟如下：

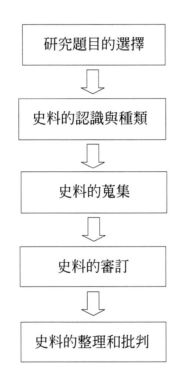

《莊子》一書，唐以後，以郭象注本最爲通行。唐初道士成玄英撰《南華眞經注疏》，亦本郭注本。後世將郭注與成疏合併刊行，或把郭注與陸德明《經典釋文》合併刊行。三者各有所長，郭注和成疏於闡發義理最爲擅長，《釋文》則長於考釋音義，後人讀《莊子》皆有所推重。

對於《列子》一書，歷來學者對於其眞僞問題爭論不斷，或主張《列子》

〔註54〕見楊鴻烈：《歷史研究法》（台北：華世出版社，1975年4月），頁15～16。

是偽書，或認為《列子》非偽書。其實，今傳《列子》中還保留有若干本原《列子》的資料，〔註55〕我們不能完全否定今傳《列子》，對研究列子有重要參考價值。本論文正是在這樣的觀點下進行研究，對於一部具有研究價值的經典，絕不因有人懷疑其為偽作，或以此為理由，而完全加以忽略，否則將陷於狹隘。筆者在處理《列子》一書真偽的問題時，先是對不同的主張進行了解，在經過一番整理探究之後，筆者認為將《列子》視為非一人一時之作是較為適合的說法，在立場上不有所偏頗，而進行研究，同時以今本《列子》的思想內容為主要探討重點，即以張湛的注本為主。

（四）詮釋學研究法

西方的詮釋學（Hermeneutics）原為如何解讀聖經等經典文本的學問，自施萊爾馬赫（F.E.D Schleiermacher）創立詮釋學之後，經過狄爾泰（W. Dilthey）、海德格（M. Heidegger）、伽達默爾（H.-G. Gadamer）等人的闡揚發展，詮釋學遂成為一哲學體系。詮釋對於文本是不可或缺的，從文本中找出隱藏在文字後面的意義，而作者文本和讀者之間的相互關係構成詮釋學的重要主題。

人們解釋文本，最理想的當然是能夠排除自己的「先入之見」，以便客觀地分析文本，達到正確的理解。但是在人們開始理解之前，已經擁有了一個「理解的前視界」，或可稱之為「前理解領域」。這個領域不是毫無根基的憑空出現，它代表了我們的傳統，是融合了歷史傳統和我們自己的時代精神之新的傳統，它是歷史傳統的沈澱，在這一點上表明了它與以往歷史的銜接，同時又包含了新的時代精神。〔註56〕研究《莊》《列》思想時，以二書文本為主，在吸取前人的研究成果之下，奠定論文的基礎，分析思想，講究證據，不做過度臆測，對道家思想有較深入的認識，並運用於現實人生，使之更具時代精神與意義。

在進行詮釋時，必須把握一重要原則：部分必須置於整體之中才能被理解，而對部分的理解，又加深對整體的理解，部分與整體在理解中互為前提，相互促進，形成了理解的循環運動。〔註57〕本論文在研究《莊》《列》思想時，

〔註55〕見白本松：《先秦寓言史》（開封：河南大學出版社，2001年8月），頁188。
〔註56〕見潘德榮：《詮釋學導論》（台北：五南圖書，1999年8月），頁203～204。
〔註57〕見 Gesammelte Schriften：《狄爾泰全集》。轉引自潘德榮：《詮釋學導論》（台北：五南圖書，1999年8月），頁41。

將其分為自然哲學、人生哲學、處世哲學與藝術思想四個部份，分別討論。希望透過各部分的探討，更深入了解《莊》《列》思想，在分析探討的過程中，亦僅僅聯繫文本，使之不離主題，在互為補充理解下，獲得更為豐富充實的體悟與心得。

二、研究架構

　　本篇論文研究共分九章，第一章「緒論」、第二章「《莊》《列》的時代背景」、第三章「莊列其人其書」、第四章「自然哲學」、第五章「人生哲學」、第六章「處世哲學」、第七章「藝術思想」、第八章「《莊》《列》思想對後世的影響」及第九章「結論」。

　　第一章「緒論」，說明研究動機與目的、文獻探討和研究方法。從道家學派的來源與發展說起，指出代表道家學派的二部重要經典——《莊》《列》二書。

　　第二章「《莊》《列》的時代背景」，分析《莊》《列》思想產生的時代背景，包括政治、經濟與社會三方面的因素。

　　第三章「莊列其人其書」，分為兩節。第一節探討莊列其人的問題，包括生平事蹟與生卒年代。《史記》記載：「莊子者，蒙人也。」莊子究竟為何處的「蒙人」，或說是今河南商丘，或說是今安徽蒙城，至今說法尚未有定論。關於莊子生卒年，《史記》中沒有明言莊子生卒年代，近來研究的學者甚多，時代的斷定也不盡相同。列子則約活動於春秋末到戰國初期或中期，但正確年代亦難詳定。《史記》中關於莊子的記載不多，《莊子》書中有關莊子的部分記載甚多，大多以寓言方式表現，亦可提供後人作為參考。此外，《莊子》書中還多處提及列子，如〈逍遙遊〉、〈應帝王〉、〈至樂〉、〈達生〉、〈田子方〉、〈讓王〉等篇，甚至有〈列禦寇〉一篇，可作為列子生平事蹟之補充。

　　第二節討論《莊》《列》其書的問題，分為書籍真偽、作者、重出篇章三方面加以分析。書籍真偽的問題：《莊子》一書的真偽並未被質疑過，《列子》的真偽問題則是歷來學術界聚訟不休的問題。或主張《列子》是偽書，或認為《列子》非偽書，各自有所堅持。作者問題：二書的作者雖同有爭議，但一般認同《莊子》內篇是莊子自己寫的；至於外雜篇或為莊子弟子所作，或為後世學莊者推衍莊義，或為後人增補，或為後人誤竄。而列子其人，或以為列子為虛構人物，或認為確有其人，大致同意有列子其人之說。《列子》一書的作者是否為列子，則說法紛紜。重出篇章的問題：《列子》中記載的寓言，有些互見於其他

古籍，尤其與《莊子》重複的更多。二書篇章有重出之處，〔註58〕有內容幾乎相同者，如《莊子‧達生》與《列子‧黃帝》中「醉者之墜車」一段、「操舟若神」一段、「呂梁丈人蹈水」一段；有內容相似，文字更動較多者，如《莊子‧齊物論》與《列子‧黃帝》中「狙公養狙」一段，但兩則寓言說明有些不同。前者說明「勞神明爲一，而不知其同也」、「凡物無成與毀，復通爲一」，後者揭示出「聖人以智籠群愚」。因此互見重出，並不減低寓言的意義與價值。

第四章「自然哲學」，探討有關「道」的問題。道雖不可名，不可見，卻是眞實的存在，不僅具有普遍性，且是超越時空的存在，萬物皆因之而得以生長。第五章「人生哲學」，探討人生觀、生死觀、認識論與命觀等問題，試著以道來詮釋人生。人的生命、形體有限，只有道是無窮盡的。世俗之人以各自的價值標準去判斷是非、善惡，實爲多餘且不必要。《莊》《列》要人們通過不斷地自我超越，由修養功夫的實踐體驗，達到精神的絕對自由。第六章「處世哲學」，探討政治觀、處世之道與理想社會等問題。《莊》《列》告誡世人，不可因外物損害自然本性，並勸告統治者要施行無爲之治，同時勾勒了理想中的社會、國家藍圖。

第七章「藝術思想」，探討《莊》《列》二書二種最重要的藝術表現形式，及其所表達的思想內涵 —— 神話與寓言的表現形式。《莊子》文章活潑而具有蔥籠的想像力，其中編制或選錄的寓言多達二百則左右，所以在《莊子‧寓言》中稱「寓言十九」。司馬遷《史記‧老莊申韓列傳》中說：「其著書十餘萬言，大抵率寓言也。」〔註60〕《列子》中記載的寓言亦是非常豐富，共有一百餘則。《列子新書目錄‧序》中說《列子》：「且多寓言，與莊周相類。」〔註61〕「至於書中許多附有價值的寓言故事，如『愚公移山』、『鮑氏之子』等，皆爲他書所無，全賴《列子》得以保存至今。」〔註62〕這四章在架構上，先說明《莊子》的部分，再說明《列子》部分，以觀其主要思想，並可清楚看出其思想特色及相異處。最後將兩者分析比較，將其相通近似之思想互爲對照。除了清楚了解《莊》《列》思想上的主要觀點之外，也能對兩者間的關係做進一層的理解。

〔註58〕有關《莊》《列》二書寓言重出、互見之篇章，請參考附錄二。
〔註60〕見司馬遷：《史記》（台北：七略出版社，1985 年 9 月），頁 859。
〔註61〕見楊伯峻：《列子集釋》（台北：華正書局，1987 年 9 月），頁 278。
〔註62〕見嚴北溟、嚴捷：《列子譯注》（台北：書林出版社，1995 年 8 月），頁 7。

　　第八章「《莊》《列》思想對後世的影響」，分為精神意志、藝術創作、漢賦文體及萬物平等四節。第一節描寫《莊》《列》所推崇的理想人格，強調重視精神的自由。《莊子》一書，描寫了許多形體殘缺，相貌醜陋，卻有著高尚的品德，重視整體的人格生命。《列子》對於這類外貌醜陋，但內在精神充實的人物，雖然沒有特別的描寫，但也有其所推崇的理想人格。第二節說明從事藝術創造時，要能擺脫世俗、時空的束縛與侷限，使主體進入形如槁木的虛靜狀態。並透過長時期的反覆實踐的功夫來積累技藝，透過技藝的提升，由技來進道。第三節描寫《莊》《列》對漢賦此一文學體裁，所造成的廣泛且深刻的影響。第四節強調萬物平等的觀念，使人類重新思考與自然的關係，學習尊重與共生共融，萬物能夠和諧地生存與發展。

　　第九章結論，總結全文。《莊子》與《列子》在老子思想的基礎上，進一步發揮闡揚道家思想，以「道」作為其哲學的核心思想。其哲學思想宏闊深廣，對於自然、人生與處世方面的問題，有深入的思考，並提供解決之道。藝術思想亦為二書特出之處，書中大量使用神話與寓言故事，將抽象的哲理透過具體的事例加以說明，表現手法的運用亦多變化，使人更易於接受、理解其所蘊含的深刻哲理，實是令人印象深刻、回味無窮。透過《莊》《列》二書的思想研究，不僅對於《莊》《列》思想有更深的認識，對於所體認到的哲理，更可將之與現實生活結合，對自己的人生進行思考與反省，能更清楚地知道自己存在的意義與價值，也能有更高的智慧去面對、處理生活中的各種挑戰。

第二章 《莊》《列》的時代背景

在我國歷史的發展過程中，周王朝的建立，是一個重要的里程碑。西周初，制度上行封建、立宗法、定井田，輔以禮樂教化，奠定數百年根基。《禮記‧曲禮》說：「君臣上下，父子兄弟，非禮不定」。〔註1〕《左傳》所記載春秋時代的思想觀念也認為「夫禮，所以整民也」（《左傳‧莊公二十三年》），〔註2〕「禮也者，小事大，大字小之謂」（《左傳‧昭公三十年》）。〔註3〕爾後春秋與戰國時代的出現，〔註4〕代表了周王朝的沒落，這是我國歷史上一個重大的轉型期——一個充滿變革的時代。

在春秋晚期至秦統一以前的階段，在政治、經濟與社會方面，都產生了劇烈的震盪。封建的崩潰，帶來社會階級的流動，使新興的士階層有了不同的發展機會。生產力的提高、商業與手工業等的發展，衝擊了井田制度，使土地走向私有制。各國的軍事競爭，不僅為人民帶來繁苛的賦稅及流離的痛苦，同時也導致了新的變法改革。尤其到了戰國中晚期，以禮為根本制度而綿延了數百年的政治局勢，處在最後崩潰的前夕，社會的生活處於激烈的變動之中，正如《莊子‧駢拇》所說：

　　自三代以下者，天下何其囂囂也？〔註5〕

〔註1〕 見孫希旦：《禮記集解》（台北：文史哲出版社，1990年8月），頁8。
〔註2〕 見李夢生：《左傳譯注》（上海：上海古籍出版社，1998年6月），頁150。
〔註3〕 同註2，頁1194。
〔註4〕 春秋時期為西元前七二二年至西元前四六四年，戰國時期為西元前四六三年至西元前二二二年。
〔註5〕 見郭象注、成玄英疏：《南華真經注疏》，續修四庫全書編纂委員會編：《續修四庫全書》九五五冊（上海：上海古籍出版社，2002年3月）。本論文所引《莊

在這轉變的時代中，政治、經濟與社會各方面，都面臨重大的變化與挑戰，更加刺激了百家爭鳴學術盛況的來臨。

　　因此，當我們在研究某個哲學家或學派的學說思想時，必須先將其置身於當時的時代背景中去加以探討，因為既是當時所創建起來的文化和學術思想，自然深受整個大環境的影響。以下分別說明影響當時環境的幾個重要因素：

第一節　政治因素

　　封建制度主要建立在血緣關係上，所依據的是宗法。在宗法制度下，每一家族，上起天子下至士人，都以嫡長子為繼承人。即天子為大宗，是嫡長子，其他子弟封在各地為諸侯，是小宗。而各地諸侯在本國為大宗，其嫡長子繼承君位，其他子弟為大夫，封在國內各地，依此方式逐層分封。除了周天子是絕對的大宗外，其他大宗、小宗的稱呼都是相對的。由於血緣相近，較能共體安危。《詩經‧大雅‧板》說：

> 大邦維屏，大宗維翰。懷德維寧，宗子維城。〔註6〕

但是隨著制度施行時間的長久，後代子孫的繁衍眾多，血緣關係的淡薄疏離，彼此之間的聯繫不再緊密，最後導致對周天子向心力的喪失。柳宗元曾評論封建制度說：

> 周有天下，裂土田而瓜分之，設五等邦，群后布履星羅，四周于天下，輪運而輻集。合為朝覲會同，離為守臣扞城。……陵夷迄於幽厲，王室東徙，而自列為諸侯矣。……天下乖盭，無君君之心。余以為周之喪久矣，徒建空名於公侯之上耳。得非諸侯之盛彊，末大不掉之咎歟？遂判為十二，合為七國。威分于陪臣之邦，國殄於後封之秦。則周之敗端，其在乎此矣。〔註7〕

封建制度的本身，就有其缺點，而這也是導致周朝淪亡的原因之一。加以春秋末年禮樂崩壞之後，周天子的地位已不如前，不再受到各方擁戴，於是各諸侯間爭戰不斷。不僅列國兼併，如越滅吳，楚滅越；在諸侯國內也是紛亂不已，政權旁落卿大夫，如齊田和篡位取代了姜姓的齊國，晉國被韓、趙、

子》原文，出處皆同於此。

〔註6〕　見屈萬里：《詩經詮釋》（台北：聯經出版社，1983年2月），頁506。

〔註7〕　見柳宗元撰、蔣之翹輯注：《柳河東全集‧封建論》卷三，《四部備要集部》（台北：臺灣中華書局，1970年6月），頁3～4。

魏三家所瓜分。

　　各國爲了進行兼併戰爭，內部開始進行了不同程度的變法改革，這時出現了一批政治改革家，如秦國的商鞅、楚國的吳起、韓國的申不害等人，先後推行變法運動。司馬遷《史記・孟子荀卿列傳》說：

　　當是之時，秦用商君，富國疆兵；楚、魏用吳起，戰勝弱敵敵；齊
　　威王、宣王用孫子、田忌之徒，而諸侯東面朝齊。天下方務於合從
　　連衡，以攻伐爲賢。〔註8〕

各國內部的政局變化頻繁，各國之間的兼併戰爭激烈。《史記・平準書》說：

　　天下爭於戰國，貴詐力而賤仁義。〔註9〕

這些戰爭的發動，也反映了新的統治力量的崛起。他們獲得統治權，以戰爭作爲兼併他國土地的手段，不斷擴大自己領域範圍，並且重新組合人民與資源，以謀富強。戰國變法運動的成功，帶來更爲激烈的軍事競賽。而隨著社會生產力的發展，戰爭規模日益增大，造成百姓生活顛沛流離，甚至難以爲生。《孟子・梁惠王上》中記載：

　　彼奪其民時，使不得耕耨以養其父母。父母凍餓，兄弟妻子離散。
　　〔註10〕

　　今也制民之產，仰不足以事父母，俯不足以畜妻子；樂歲終身苦，
　　凶年不免於死亡。此惟救死而恐不贍，奚暇治禮義哉？〔註11〕

至此周天子可以說完全喪失控制諸侯的能力，只能讓各諸侯國不斷出現爭霸的局面。統治者爲了滿足自己的私欲，以得「土地之博」（《墨子・非攻中》），〔註12〕於是不斷發動戰爭。戰爭頻繁所造成的結果，便是造成百姓「轉死溝壑中者，不可勝計也」（《墨子・非攻下》）、〔註13〕「死者破家而葬，夷傷者空財而共藥」（《戰國策・齊策五》），〔註14〕到處充斥著「殊死者相枕也，桁楊者相推也，刑戮者相望也」的悲慘景象（《莊子・在宥》）。戰爭也使社會生產力遭到極大破壞，《戰國策・齊策五》說：

〔註8〕見司馬遷：《史記》（台北：七略出版社，1985年9月），頁105。
〔註9〕同註8，頁571。
〔註10〕見朱熹：《四書章句集注・孟子集注》（濟南：齊魯書社，1992年4月），頁7。
〔註11〕同註10，頁11。
〔註12〕見墨翟：《墨子》卷五，《四部備要子部》（台北：臺灣中華書局，1966年3月），頁3。
〔註13〕同註12，頁8。
〔註14〕見劉向：《戰國策》上冊（台北：九思出版社，1978年11月），頁436。

> 軍之所出，矛戟折，鐶弦絕，傷弩，破車，罷馬，亡矢之大半。甲
> 兵之具，官之所私出也，士大夫之所匿，廝養士之所竊，十年之田
> 而不償也。〔註15〕

戰爭所消耗的財力、物力，不僅難以數計，也為人民帶來了無止盡的苦難與
災害。

第二節　經濟因素

早在商周時期，土地、奴隸都歸天子，諸侯、卿、大夫都受封有土地。
制度上實行井田制度，《孟子・滕文公上》說：

> 方里而井，井九百畝，其中為公田。八家皆私百畝，同養公田，公
> 事畢然後敢治私事，所以別野人也。〔註16〕

井田制度在殷商時已有，定型於姬周。這是土地制度大致的分法，奠定了封
建制度的經濟基礎。在這種制度下，土地只可使用，不能進行買賣。《禮記・
王制》說：

> 田里不粥，墓地不請。〔註17〕

鄭注說：「皆受於公，民不得私也。」但是隨社會生產力的發展，貴族生活日
趨腐化奢侈，壓榨剝削百姓的情形日益嚴重。到了西周末年，政治愈加混亂，
井田制度開始受到嚴重的破壞。而因貴族的沒落及戰敗失國，也造成土地的
轉讓或掠奪，加上豪族、農民的私墾荒地，皆是破壞井田制度的原因。《孟子・
滕文公上》說：

> 經界不鄭，井地不鈞，穀祿不平，是故暴君汙吏必慢其經界。〔註18〕

又《漢書・食貨志》說：

> 周室既衰，暴君污吏，慢其經界，繇役橫作，政令不信，上下相詐，
> 公田不治。故魯宣公初稅畝，春秋譏焉。於是上貪民怨，災害生而
> 禍亂作，陵夷至於戰國，貴詐力而賤仁誼，先富有而後禮讓。〔註19〕

周天子的權力越來越小，諸侯勢力越來越大，分裂割據的局面日益形成。由

〔註15〕見劉向：《戰國策》上冊（台北：九思出版社，1978年11月），頁436。
〔註16〕見朱熹：《四書章句集注・孟子集注》（濟南：齊魯書社，1992年4月），頁66。
〔註17〕見孫希旦：《禮記集解》（台北：文史哲出版社，1990年8月），頁357。
〔註18〕同註16。
〔註19〕見班固：《漢書》（台北：新陸書局，1964年1月），頁395。

於諸侯國之間爭奪統治範圍的大小，互相兼併以擴大封土的現象已司空見慣，因土地糾紛而引起的戰爭也愈來愈多。而面對這種混亂的局面，周王室卻無力加以制止。《孟子‧離婁上》說：

> 爭地以戰，殺人盈野；爭城以戰，殺人盈城。[註20]

因為土地關係著人民生活與經濟條件，農業生產力提高的結果，對於土地的需求也相對提高，則原有的土地制度必然發生變化。

至於土地的買賣現象，則從春秋末年即有此現象，《韓非子‧外儲說左上》記載趙襄子在位時，「中牟之人棄其田耘、賣宅圃，而隨文學者邑之半」。[註21] 到戰國時期就更普遍，如《史記‧廉頗藺相如列傳》記載趙括：

> 日視便利田宅，可買者買之。[註22]

「私田」的大量出現，是從春秋到戰國的一個極為普遍的現象，於是，新的封建生產關係慢慢形成。[註23]

隨著商業經濟的迅速發展，逐漸形成商業中心，《戰國策‧趙策三》說：

> 且古者，四海之內，分為萬國。城雖大，無過三百丈者；人雖眾，
>
> 無過三千家者。……今千丈之城，萬家之邑相望也。[註24]

作為商業中心，人口數量非常多，《戰國策‧齊策一》描寫當時的齊國首都臨淄：

> 臨淄之中七萬戶。……甚富而實，其民無不吹竽、鼓瑟、擊筑、彈
>
> 琴、鬥雞、走犬、六博、蹹踘者；臨淄之途，車轂擊，人肩摩，連
>
> 衽成帷，舉袂成幕，揮汗成雨，家敦而富，志高而揚。[註25]

臨淄有七萬戶人家，其地民眾是「家敦而富，志高而揚」，街市上「車轂擊，人肩摩，連衽成帷，舉袂成幕，揮汗成雨」，百姓生活優裕：「吹竽鼓瑟、擊

〔註20〕見朱熹：《四書章句集注‧孟子集注》（濟南：齊魯書社，1992 年 4 月），頁102。
〔註21〕見楊家駱主編：《增補中國思想名著——韓非子集釋》下冊（台北：世界書局，1963 年 1 月），頁652。
〔註22〕見司馬遷：《史記》（台北：七略出版社，1985 年 9 月），頁988。
〔註23〕具有了一定經濟實力的新興地主不斷提出與貴族享受同等權力的要求，引起各諸侯國的重視和制定新的辦法。其辦法就是制定一套法律，規定貴族、國人都要遵守。西元前五三六年，子產在鄭國作刑書；西元前五一三年，范宣子在晉國鑄刑鼎，就是採納新興地主階級要求的結果。見孫以楷：《道家與中國哲學‧先秦卷》（北京：人民出版社，2004 年 6 月），頁3。
〔註24〕見劉向：《戰國策》下冊（台北：九思出版社，1978 年 11 月），頁678。
〔註25〕見劉向：《戰國策》上冊（台北：九思出版社，1978 年 11 月），頁337。

筑彈琴、鬥雞走犬、六博、蹹踘」，無所不有。

在這種「千金之家比一都之君，巨萬者乃與王者同樂」的商業社會，〔註26〕可以看見商人對社會產生了前所未有的影響力：

> 周人之俗，治產業，力工商，逐什二以爲務。〔註27〕（《史記·蘇秦列傳》）

> 鄒魯濱洙泗……好賈趨利甚於周人。〔註28〕（《史記·貨殖列傳》）

> 其流至於士庶人，莫不離制而棄本，稼穡之民少，商旅之民多，穀不足而貨有餘。〔註29〕（《漢書·貨殖傳》）

商業中心同時也是貨物聚集之地，貨幣使用的情形日趨興盛，《荀子·王制》說：

> 北海則有走馬吠犬焉，然而中國得而畜使之。南海則有羽翮齒革曾青丹干焉，然而中國得而財之。東海則有紫紶魚鹽焉，然而中國得而衣食之。西海則有皮革文旄焉，然而中國得而用之。〔註30〕

而商業的發展是建立在農業和手工業發展的基礎上。戰國時期，以家庭爲中心的農業經濟已經形成。《孟子·盡心上》說：

> 五畝之宅，樹墻下以桑，匹婦蠶之，則老者足衣帛矣。五母雞，二母彘，無失其時，老者足以無失肉矣。百畝之田，匹夫耕之，八口之家可以無飢矣。〔註31〕

《荀子·大略》也說：

> 故家，五畝宅，百畝田，務其業，而勿奪其時，所以富之也。〔註32〕

人民的生活方式以自耕自食、自給自足爲主，也反映了戰國時期農業的生產力已達一定程度的發展。而這種生產力的發展，又與當時已有鐵耕、肥田的技術相關：

> 許子以釜甑爨，以鐵耕乎？〔註33〕（《孟子·滕文公上》）

〔註26〕見司馬遷：《史記·貨殖列傳》（台北：七略出版社，1985年9月），頁1345。
〔註27〕同註26，頁896。
〔註28〕同註26，頁1340。
〔註29〕見班固：《漢書》（台北：新陸書局，1964年1月），頁1205～1206。
〔註30〕見李滌生：《荀子集釋》（台北：臺灣學生書局，1979年2月），頁176。
〔註31〕見朱熹：《四書章句集注·孟子集注》（濟南：齊魯書社，1992年4月），頁195。
〔註32〕見李滌生：《荀子集釋》（台北：臺灣學生書局，1979年2月），頁615。
〔註33〕同註31，頁70。

掩地表畝，刺屮殖穀，多糞肥田，是農夫眾庶之事也。〔註34〕（《荀子・富國》）

戰國時期在經濟的發展上，除了農業的進步，手工業也日趨發達。《莊子》書中便記載了當時的一些手工生產情形，如金工、木工、漆工等：

今之大冶鑄金，金踴躍曰「我且必爲鏌鋣邪」，大冶必以爲不祥之金。（〈大宗師〉）

陶者曰：「我善治埴，圓者中規，方者中矩。」匠人曰：「我善治木，曲者中鉤，直者應繩。」（〈馬蹄〉）

漆可用，故割之。（〈人間世〉）

此外，人也是生產力中最重要的因素之一，因此如何招徠人民使其從事生產，也是當時政治家所重視的一個問題。如《商君書》中專門有一篇〈徠民〉，講不僅要「取其地」，而且要「奪其民」，並提出了奪其民的方法：

意民之情，其所欲者田宅也，晉之無有也（按三晉地少人多），信秦之有餘也。必如此，而民不西者，秦士戚而民苦也。……今利其田宅，而復之三世。此必與其所欲，而不使行其所惡也。然則山東之民，無不西者矣。〔註35〕

這裡主要反映著社會的變化，生產力的發展。戰國之時，隨著農業和手工業生產的發展，社會分工日趨精細，商業經濟的發展日趨發達，則「紛紛然與百工交易」的情形日益增多，人與人之間的往來，必然較過去更加頻繁。《孟子・滕文公上》說：「一人之身，而百工之所爲備，如必自爲而後用之，是率天下而路也。」〔註36〕而生產力的發展，也爲文化思想的發展提供了基礎和條件。

第三節　社會因素

周的封建宗法所構成的上下等級，依天子與諸侯有所不同，《孟子・萬章下》說：

天子一位，公一位，侯一位，伯一位，子、男同一位，凡五等也。

〔註34〕見李滌生：《荀子集釋》（台北：臺灣學生書局，1979 年 2 月），頁 207。

〔註35〕見楊家駱主編：《增補中國思想名著——商君書解詁》（台北：世界書局，1966 年 7 月），頁 54～55。

〔註36〕見朱熹：《四書章句集注・孟子集注》（濟南：齊魯書社，1992 年 4 月），頁 70。

> 君一位，卿一位，大夫一位，上士一位，中士一位，下士一位，凡
> 六等。〔註37〕

《左傳·昭公七年》也記載說：

> 故王臣公，公臣大夫，大夫臣士，士臣皂，皂臣輿，輿臣隸，隸臣
> 僚，僚臣僕，僕臣台。〔註38〕

每人所隸屬的地位高低不同，所擔任的事也不相同，有勞心、勞力者之分。《孟子·滕文公上》說：

> 勞心者治人，勞力者治于人。治于人者食人，治人者食于人，天下
> 之通義也。〔註39〕

在分工合作的情形下，大家各服其勞，所謂「天子建國，諸侯立家，卿置側室，大夫有貳宗，士有隸子弟，庶人工商各有分親，皆有等衰。是以民服事其上而下無覬覦」（《左傳·桓公二年》）。〔註40〕人民安居樂業，世代相承。

在西周以禮為規範的社會生活中，非常注重倫理關係和上下等級之分。《左傳》記載：

> 君子尚能而讓其下，小人農力而事其上，是以上下有禮。〔註41〕（《左
> 傳·襄公十三年》）

> 在禮，家施不及國，民不遷，農不移，工賈不變，士不濫，官不滔，
> 大夫不收公利……君令臣共，父慈子孝，兄愛弟敬，夫和妻柔，姑
> 慈婦聽，禮也。〔註42〕（《左傳·昭公二十六年》）

在禮法制度可以明確落實的時代，社會中不論任何階級、地位、職業的人民，皆有其必須遵行的倫理義務與等級服從，這也是生活的重要內容之一。但是，這些禮法制度，到了戰國時代卻不再講究了，此時出現「邦無定交，士無定主」的現象。〔註43〕甚至有了以下犯上的情形，《左傳·襄公十三年》說：

> 及其亂也，君子稱其功以加小人，小人伐其技以馮君子，是以上下

〔註37〕 見朱熹：《四書章句集注·孟子集注》（濟南：齊魯書社，1992 年 4 月），頁143。

〔註38〕 見李夢生：《左傳譯注》（上海：上海古籍出版社，1998 年 6 月），頁 986。

〔註39〕 同註37，頁 70。

〔註40〕 同註38，頁 54。

〔註41〕 同註38，頁 705。

〔註42〕 同註38，頁 1165。

〔註43〕 見顧炎武撰、黃汝成集釋：《日知錄集釋》卷十三，《四部備要子部》（台北：臺灣中華書局，1966 年 3 月），頁 11。

無禮，亂虐並生，由爭善也。〔註44〕

在上位者的荒淫無度，造成人民生活困苦，使得社會已失去原有的秩序與安定。劉向在《戰國策·書錄》對當時的社會狀況描述如下：

> 仲尼既沒之後，田氏取齊，六卿分晉，道德大廢，上下失序。至秦
> 孝公，捐禮讓而貴戰爭，棄仁義而用詐譎，苟以取強而已矣。夫篡
> 盜之人，列爲侯王，詐譎之國，興立爲強。是以傳相放效，後生師
> 之，遂相吞滅，并大兼小，暴師經歲，流血滿野，父子不相親，兄
> 弟不相安，夫婦離散，莫保其命，潸然道德絕矣。晚世益甚，萬乘
> 之國七，千乘之國五，敵侔爭權，蓋爲戰國。貪饕無恥，競進無厭；
> 國異政教，各自制斷；上無天子，下無方伯；力功爭強，勝者爲右；
> 兵革不休，詐僞并起。當此之時，雖有道德，不得施謀；有設之強，
> 負阻而恃固；連與交質，重約結誓，以守其國。故孟子、孫卿儒術
> 之士，棄捐於世，而游說權謀之徒，見貴於俗。〔註45〕

在這種黑暗的亂世之中，尋求自我保全就不能不成爲首要的任務。

一、教育普及

周室東遷，朝廷亂弱，百官失職。孔子說：「天子失官，學在四夷。」〔註46〕貴族子弟普遍不再悅於求學，《左傳·昭公十八年》記載周大夫原伯魯不愛學習，閔子馬感嘆說：「周其亂乎！夫必多有是說，而後及其大人。……夫學，殖也，不學將落。」〔註47〕王室學術衰落，王官分散在四方諸侯。以史官爲例，司馬遷《史記·太史公自序》中說：

> 司馬氏世典周史，惠襄之間，司馬氏去周適晉。晉中軍隨會奔秦，
> 而司馬氏入少梁。自司馬氏去周適晉，分散或在衛、或在趙、或在
> 秦。〔註48〕

這是周天子屬下史官分散到各諸侯國的情形。自孔子開私人講學之風，施行有教無類，從此推展並開擴了學術的領域。自此，學術不再爲王室所專屬，

〔註44〕見李夢生：《左傳譯注》（上海：上海古籍出版社，1998 年 6 月），頁 705。

〔註45〕見劉向：《戰國策》下冊（台北：九思出版社，1978 年 11 月），頁 1196。

〔註46〕見李夢生：《左傳譯注·昭公十七年》（上海：上海古籍出版社，1998 年 6 月），頁 1080。

〔註47〕同註44，頁 1088。

〔註48〕見司馬遷：《史記》（台北：七略出版社，1985 年 9 月），頁 1348。

而是更爲普及了。《史記‧儒林列傳》說：

> 自孔子卒後，七十子之徒，散游諸侯，大者爲師傅卿相，小者友教
> 士大夫，或隱而不見。故子路居衛，子張居陳，澹臺子羽居楚，子
> 夏居西河，子貢終於齊。如田子方、段干木、吳起、禽滑釐之屬，
> 皆受業於子夏之倫，爲王者師。〔註49〕

過去爲貴族所專有的學術，隨著時代與現實社會的轉變有了轉移，人才的啓
用也有了不同的對象與標準。就這樣，從春秋末戰國初，開啓了中國學術史
上一個大躍進的時代，思想活躍，學派林立，百家爭鳴，蔚爲大觀。

二、士的活躍

知識階層在中國古代的名稱是「士」，但「士」不是一開始就被當作是知
識階層，這中間有一個發展過程。〔註50〕封建秩序的解體，使社會階層出現
了大量的流動現象，也造成了士階層的興起。春秋末年，貴族沒落，淪落於
民間的貴族愈來愈多。而受過教育的士階層，憑著個人的能力，尋找發展的
機會，因爲一旦「適當世明主之意，則有直任布衣之士，立爲卿相之處」（《韓
非子‧姦劫弑臣》）。〔註51〕余英時說：

> 士階層在春秋戰國時代所發生的變化，這種變化的一個最重要的方
> 面是起於當時社會階級的流動，即上層貴族的下降和下層庶民的上
> 升。由於士階層適處於貴族與庶人之間，是上下流動的匯合之所，
> 士的人數遂不免隨之大增。〔註52〕

加以春秋戰國爭霸爭雄，各國君主竭力發展經濟擴充軍備，同時爲了壯大自
己的實力，削弱敵人的力量，不斷招納各種人才爲自己效勞。因此士日益受
到重視，養士之風盛行。《戰國策‧燕策一》中記載：

> 燕昭王收破燕後即位，卑身厚幣，以招賢者，欲將以報讎。故往見

〔註49〕見司馬遷：《史記》（台北：七略出版社，1985年9月），頁1273。
〔註50〕從歷史的觀點討論士的起源問題，多數近代學者認爲「士」最初是武士，經
過春秋、戰國時期的激烈的社會變動然後方轉化爲文士。見余英時：《士與中
國文化‧近代有關「士」之起源諸說》（上海：上海人民出版社，1987年12
月），頁3～6。
〔註51〕見楊家駱主編：《增補中國思想名著──韓非子集釋》上冊（台北：世界書
局，1963年1月），頁250。
〔註52〕同註50，頁12。

郭隗先生曰：「齊因孤國之亂，而襲破燕。孤極知燕小力少，不足以報。然得賢士與共國，以雪先王之恥，孤之願也。敢問以國報讎者奈何？」……昭王曰：「寡人將誰朝而可？」郭隗先生曰：「臣聞古之君人，有以千金求千里馬者，三年不能得。涓人言於君曰：『請求之。』君遣之。三月得千里馬，馬已死，買其首五百金，反以報君。君大怒曰：『所求者生馬，安事死馬而捐五百金？』涓人對曰：『死馬且買之五百金，況生馬乎？天下必以王爲能市馬，馬今至矣。』於是不能期年，千里之馬至者三。今王誠欲致士，先從隗始；隗且見事，況賢於隗者乎？豈遠千里哉？」〔註53〕

燕昭王採納了郭隗的建議，使人們了解他求賢若渴的願望，於是各國優秀人才紛紛來燕，輔佐他完成復國大業。《管子‧霸言》說：

夫爭天下者必先爭人。明大數者得人，審小計者失人。得天下之眾者王，得其半者霸。是故聖王卑禮以下天下之賢而王之，均分以釣天下之眾而臣之，故貴爲天子，富有天下。〔註54〕

對於君王來說，統治天下，成就其功業，爲最重要之務。因此，當然希望能得賢才，以其智力的運作，爲國謀事，進而爭奪天下。對此，《管子‧霸言》也有很好的論述：

夫欲臣伐君、正四海者，不可以兵獨攻而取也，必先定謀慮，便地形，利權稱，親與國，視時而動，王者之術也。〔註55〕

「定謀慮，便地形，利權稱，親與國，視時而動」，皆爲「王者之術」，而這幾項謀略方法，所依憑的正是人的智力，於此也反映了統治天下時對於智力有一定程度上的需求，也反映了對士的重視。東漢王充曾對此概括地指出：

六國之時，賢才之臣，入楚楚重，出齊齊輕，爲趙趙完，畔魏魏傷。

〔註56〕

既然有求賢的需求，士人也就四處遊說，形成了遊說的風氣。當時，諸侯爭養士人，特別突出的有所謂的四公子，齊有孟嘗君，趙有平原君，魏有信陵君，楚有春申君，各自養士多達數千人，「方爭下士，招致賓客，以相傾奪，

〔註53〕見劉向：《戰國策》下冊（台北：九思出版社，1978年11月），頁1064～1065。
〔註54〕見楊家駱主編：《增補中國思想名著——管子校正》（台北：世界書局，1966年7月），頁142。
〔註55〕同註54，頁145。
〔註56〕見王充：《論衡‧效力》卷十三（台北：臺灣中華書局，1966年3月），頁5。

輔國持權」。〔註57〕

三、百家爭鳴

　　春秋後期以來，隨著社會巨大的轉型，文化教育不再壟斷於貴族之手。戰國時代，新崛起的士階層不僅成爲當時政治舞台的重要力量，而且亦爲文化創造的主力。他們的思維活躍，不拘於一隅，並且爲不同的政治需要，提出不同的學術觀點和政治主張，形成了「百家之說」，〔註58〕造成百家爭鳴的局面，不僅諸說林立，彼此之間的競爭性也高。

　　那麼百家爭鳴的局面是怎樣出現的，它形成的原因是什麼，《漢書・藝文志・諸子略》的最後總結說：

> 諸子十家，其可觀者九家而已。皆起於王道既微，諸侯力政，時君世主，好惡殊方，是以九家之術蠭出並作，各引一端，崇其所善，以此馳說，取合諸侯。〔註59〕

呂思勉《先秦學術概論》中有幾句概括說：

> 世變既亟，賢君良相，競求才智以自輔；仁人君子，思行道術以救世；下焉者，亦思說人主，出其金玉錦繡，取卿相之尊。社會之組織既變，平民之能從事于學問者亦日多，而諸子百家，遂如雲蒸霞蔚矣。〔註60〕

「聖王不作，諸侯放恣，處士橫議」（《孟子・滕文公下》）的時代，〔註61〕百家蜂起，各種學說主張各有不同，爭相競逐。此時也就開始了對學術的批判，如《莊子・天下》、《荀子・非十二子》有不同的劃分法。《莊子・天下》說：

> 天下大亂，賢聖不明，道德不一，天下多得一察焉以自好。譬如耳目鼻口，皆有所明，不能相通，猶百家眾技也，皆有所長，時有所

〔註57〕見司馬遷：《史記・春申君列傳》（台北：七略出版社，1985年9月），頁964。《史記》對四公子養士之盛有生動記載，見〈孟嘗君列傳〉、〈平原君虞卿列傳〉、〈春申君列傳〉、〈魏公子列傳〉。

〔註58〕《荀子・解蔽》說：「今諸侯異政，百家異說」。見李滌生：《荀子集釋》（台北：臺灣學生書局，1979年2月），頁472。

〔註59〕見班固：《漢書》（台北：新陸書局，1964年1月），頁588。

〔註60〕見呂思勉：《先秦學術概論》（上海：東方出版中心，1985年6月），頁17。

〔註61〕見朱熹：《四書章句集注》（濟南：齊魯書社，1992年4月），頁87～88。

用，雖然，不該不偏，一曲之士也。判天地之美，析萬物之理，察
古人之全，寡能備於天地之美，稱神明之容，是故內聖外王之道闇
而不明，鬱而不發，天下之人各爲其所欲焉，以自爲方。悲夫，百
家往而不反，必不合矣！後世之學者，不幸不見天地之純，古人之
大體，道術將爲天下裂。

隨著學術派系的衍生增多，各自「是其所非而非其所是」（〈齊物論〉），結果造
成了道術的分裂。不僅諸子百家爭鳴，士人更是爲求君王青睞，各逞所能，一
時學說紛雜。〈天下〉指出了古代道術由合而分的歷史趨勢，《莊子》將由諸子
百家體現出的學術繁榮，學派分立稱爲「道術將爲天下裂」的過程。〔註62〕又
如《荀子‧非十二子》說：

假今之世，飾邪說，文姦言，以梟亂天下，喬宇嵬瑣，使天下混然
不知是非治亂之所存者有人矣。〔註63〕

批評十二子「其持之有故，其言之成理，足以欺惑愚眾」，但「不足以合文通
治」。司馬談雖僅著重對六家學說思想進行評論，但可說是對戰國百家爭鳴的
一種總結。他說：

《易大傳》：「天下一致而百慮，同歸而殊途。」夫陰陽、儒、墨、名、
法、道德，此務爲治者也，直所從言之異路，有省不省耳。〔註64〕

由此可見諸子百家的共同目的，是「務爲治」，而司馬談的表述是較爲簡明扼
要的。在先秦諸子建立學派的人物中，他們的思想都具有相當的獨創性。但
隨著各家「辟猶水火，相滅亦相生」（《漢書‧藝文志‧諸子略》）的激烈論爭
與融合，〔註65〕許多學派也不斷吸收別家不同的學說思想，進一步使百家爭
鳴的發展逐漸走向兼容並包的趨勢，《呂氏春秋‧不二》說：

有金鼓所以一耳，必同法令所以一心也。智者不得巧，愚者不得拙，

〔註62〕余英時說：「這一『道術將爲天下裂』的過程正是古代文明發展史上一個最重
　　　要的關鍵，即所謂『哲學的突破（philosophic breakthrough）』。」「哲學的突破」
　　　此一觀念借用西方學者的說法，可以上溯至韋伯（Max Weber）有關宗教社會
　　　學的論著之中。而美國當代社會學家帕森思（Talcott Parsons）發揮得更爲詳
　　　盡。「哲學的突破」與古代知識階層的興起有極密切的關係，爲古代知識階層
　　　興起的一大歷史關鍵。見余英時：《士與中國文化》（上海：上海人民出版社，
　　　1987年12月），頁27～31。
〔註63〕見李滌生：《荀子集釋》（台北：臺灣學生書局，1979年2月），頁93。
〔註64〕見司馬遷：《史記‧太史公自序》（台北：七略出版社，1985年9月），頁1349。
〔註65〕見班固：《漢書》（台北：新陸書局，1964年1月），頁588。

> 所以一眾也。勇者不得先，懼者不得後，所以一力也。故一則治，
> 異則亂；一則安，異則危。夫能齊萬不同，愚智工拙，皆盡力竭能，
> 如出乎一穴者，其唯聖人矣乎。〔註66〕

各家學說的融合與總結，是符合時代需求的。而呂不韋當時所處的秦國，政治穩定，經濟繁榮，軍備強盛，更是爲《呂氏春秋》的總結先秦諸子學說，提供了非常有利的條件。

春秋戰國時期，政治動盪混亂，諸侯爭戰攻伐不斷；經濟形態面臨轉變，商業發展提高生產力；社會階級急遽變化，產生許多變革。這些因素造就了我國文學史、思想史上一個輝煌燦爛的時代，開闢了百家爭鳴的新局面。徐漢昌說：

> 政治的崩潰，社會的解體，經濟的變動，在在影響了那個時代，更影響了人心。政治的衰弱，使王官學術廢絕，保氏失守；社會的劇變，使貴族沒落，平民興起；更由於經濟的解體，人心惶惶，急求有以解決之道。種種因素的促成，遂使許多大思想家應運而生。〔註67〕

這也正是莊子、列子所生活的時代，在對現實社會、環境有了深切體會，並對現實人生有了切膚感受之後，進而開創了重要的學說思想，以期對現實人生的苦難尋求解脫之道。

〔註66〕見楊家駱主編：《增補中國思想名著——呂氏春秋集釋》中冊（台北：世界書局，1966 年 2 月），頁 803～804。

〔註67〕見徐漢昌：《先秦諸子》（台北：臺灣書店，1997 年 9 月），頁 34～35。

第三章　莊列其人其書

　　在先秦諸家的著作中，少有人提到過莊子。《荀子》中曾批評莊子「蔽於天而不知人」（〈解蔽〉），[註1] 其他書中則幾乎沒有評論留下來。因此，後世了解莊子，主要是通過《史記・老莊申韓列傳》及《莊子》一書。《莊子》原有五十二篇，今僅存三十三篇，分爲內、外和雜篇，今日通行爲郭象所注之本。至於列子，歷史上對其究竟是虛構人物，抑或是眞有其人，一直存在著爭論。各方爭論不休，亦皆提出相關論證。但是由今日更多的資料顯示，列子是的確存在過的人物。此外，《列子》一書的眞僞，亦存在爭議，至今尚無定論。

第一節　莊列其人

一、莊子其人

　　戰國時社會動盪不安，人心惶惶，莊子正是處在這樣的時代中。面對統治者的壓迫剝削，莊子是不輕易妥協的，不爲世俗名利所誘，以保有本性的自然，並試圖尋求一條自我解脫的人生道路。

（一）莊子的生平事蹟

　　《史記・老莊申韓列傳》中簡要地記載莊子的生平事蹟：

　　　　莊子者，蒙人也，名周。周嘗爲蒙漆園吏，與梁惠王，齊宣王同時。

〔註1〕 見李滌生：《荀子集釋》（台北：臺灣學生書局，1979 年 2 月），頁 478。

其學無所不闚，然其要本歸於老子之言，故其著書十餘萬言，大抵率寓言也。作漁父、盜跖、胠篋，以詆訿孔子之徒，以明老子之術。畏累虛、亢桑子之屬，皆空語無事實。然善屬書離辭，指事類情，用剽剝儒墨，雖當世宿學不能自解免也。其言洸洋自恣以適己，故自王公大人不能器之。楚威王聞莊周賢，使使厚幣迎之，許以爲相，莊周笑謂楚使者曰：「千金，重利；卿相，尊位也。子獨不見郊祭之犧牛乎？養食之數歲，衣以文繡，以入太廟。當是之時，雖欲爲孤豚，豈可得乎？子亟去，無污我。我寧游戲污瀆之中自快，無爲有國者所羈，終身不仕，以快吾志焉。」〔註2〕

最早對於莊子其人有較爲詳細紀錄的是司馬遷。在有關莊子的研究討論中，莊子的故里（籍貫）是經常被討論的問題。《史記》記載：「莊子者，蒙人也。」由於司馬遷未明確說明莊子籍貫，引起後世許多紛爭。關於「蒙」地究竟指的是哪裡，說法尚未有定論。今日對於莊子故里，主要有宋人說與楚人說。

1. 宋人說

最早提出莊子是宋人說法的是劉向，即認爲莊子是「宋之蒙」，小蒙城人。他在《別錄》說：「（莊子爲）宋之蒙人也。」〔註3〕《史記集解》說：「〈地理志〉曰蒙縣屬梁國。」〔註4〕劉向所說的蒙，指商丘東北的小蒙城。北魏酈道元在《水經注‧汳水》中說：「汳水又東逕蒙縣故城北，俗謂之小蒙城也。」〔註5〕水經注的小蒙城，在今河南省商丘東北，又稱蒙澤。

《左傳‧莊公十二年》，宋萬弒閔公于蒙澤，杜預注說：「蒙澤，宋地，梁國有蒙縣。」〔註6〕即爲此處。商丘爲殷商故地，春秋時爲宋國國都。秦滅六國後，以其地處睢水以北，改置睢陽縣。隋代又改稱宋城。可見，蒙在戰國時爲宋地。到魏晉時，嵇康因仰慕莊子，特地從家鄉（今安徽臨淮）到蒙城隱居讀書，現蒙城存有嵇山和嵇康亭，也可確認莊子是蒙城人。郎擎霄說：

〔註2〕 見司馬遷：《史記》（台北：七略出版社，1985 年 9 月），頁 859～860。

〔註3〕 見劉向：《別錄》（台北：廣文書局，1969 年 2 月），頁 27。

〔註4〕 見裴駰：《史記集解》，《文淵閣四庫全書》二四六冊（台北：臺灣商務印書館，1983），頁 246～5。

〔註5〕 見桑欽撰、酈道元注、王先謙合校：《王氏合校水經注》卷二十三，《四部備要史部》（台北：中華書局，1970 年 4 月），頁 12。

〔註6〕 見杜預：《春秋左氏傳杜氏集解》卷七，《四部備要經部》（台北：臺灣中華書局，1966 年 3 月），頁 19。

史記謂莊子爲蒙人，裴駰史記集釋引地埋志曰：「蒙縣屬梁國」，陸德明經典釋文莊子音義序錄因之，曰：「梁國蒙縣人也。」尋春秋莊十一年左傳，宋萬弒閔公蒙澤。賈逵曰：「蒙澤、宋澤名也。」杜預注曰：「蒙澤、宋地，梁國有蒙縣。」蓋杜以蒙於戰國時爲宋地，於漢晉爲梁國蒙縣。漢書地理志梁國領縣八，其三曰蒙。謂莊子爲梁人固當。而自劉向別錄云：「宋之蒙人也」，於是班固、高誘、陳振孫、林希逸皆以爲蒙屬於宋矣。既以蒙屬宋，則謂莊子爲宋人，亦當也。蓋蒙本屬於宋，及宋滅，魏楚與齊爭宋地，或蒙入楚，楚置爲蒙縣，漢則屬於梁國歟？莊子之卒，蓋在宋之將亡，則亦爲宋人也。〔註7〕

此處即以郎擎霄之說作爲總結，以歸納莊子爲宋人說之相關意見。

2. 楚人說

到了宋代，不少著名的學者認爲莊子爲蒙城，即「楚之蒙」人，即今安徽蒙城。蘇舜欽在蒙城縣令任上立有「清燕堂」。王安石作〈蒙城清燕堂〉詩：「清燕新詩得自蒙，行吟如到此堂中。吏無田甲當時氣，民有莊周後世風。」這首詩是爲安徽蒙城清燕堂作，詩中明白指出莊子是蒙城人。宋代元豐元年（西元 1078 年），蒙城縣令王競又在漆園古城建莊子祠堂，蘇軾爲之作〈莊子祠記〉說：「莊子蒙人也，嘗爲蒙漆園吏。」〔註8〕現蒙城尚存〈莊子祠記〉殘碑。

此外，持此種說法者還有朱熹、王國維、任繼愈、孫以楷及甄長松、李錦全及曹智頻等人。朱熹《朱子語類》說：

> 李夢先問：「莊子孟子同時，何不一相遇？又不聞相道及，如何？」……如何？」……問：「孟子與莊子同時否？」曰：「莊子後得幾年，然亦不爭多。」或云：「莊子都不說著孟子一句。」曰：「孟子平生足跡只齊魯滕宋大梁之間，不曾過大梁之南。莊子自是楚人，想見聲聞不相接。」……又說：「莊子生於蒙，在淮西間。孟子只往來齊宋鄒魯，以至於梁而止，不至於南。〔註9〕

〔註7〕 見郎擎霄：《莊子學案》（台北：河洛圖書，1974 年 12 月），頁 2。
〔註8〕 見蘇軾：《蘇軾七集》卷三十二，《四部備要集部》（台北：臺灣中華書局，1966 年 3 月），頁 7。
〔註9〕 見黎靖德編：《朱子語類》冊八卷一百二十五（台北：文津出版社，1986 年 12 月），頁 2989。

根據朱熹的說法，如果莊子是商丘東北小蒙城人，應該聽聞過聞名於宋、魏的孟子才對，而到過宋、梁的孟子，也應該知道莊子。據此，朱熹認爲莊子並非河南商丘人。王國維說：「莊子楚人，雖生於宋，而釣於濮水，陸德明《經典釋文》曰『陳地水也』，此時陳已爲楚滅，則亦楚地也，故楚王欲以爲相。」〔註10〕

任繼愈主編的《中國哲學發展史》也認爲莊子的思想和文風與楚文化有關：

> 莊子的哲學思想是繼承了老子的哲學思想，以丰富多彩的楚文化爲背景孕育形成的。……但是楚文化卻有著許多不同于中原地區的文化的特點，這些特點對莊子產生了強烈的影響，使他的哲學思想形成了瑰麗奇偉的獨特的風格。〔註11〕

孫以楷及甄長松在《莊子通論‧莊子楚人考》中，對於莊子爲楚人一事，有更爲詳細的論述。〔註12〕李錦全及曹智頻在《莊子與中國文化》中，從莊子祖先、《莊子》文風與《莊子‧秋水》提及莊子辭楚威王聘任一事等三方面，說明莊子爲楚人的可能性。認爲楚地廣闊和莊子思想的深廣這兩者的切合，正說明了莊子的楚人風格。〔註13〕〈老莊申韓列傳〉中還記載了楚威王欲聘莊子一事，《莊子‧列禦寇》亦有類似的記載。莊子將做官比做犧牛，若只是爲了追求爵祿名利，不僅造成本性的喪失，最後連生命也斷送了。莊子能超脫於物欲的束縛，逍遙自在地生活，此亦即其眞性情。這裡的記載可以視爲對了解莊子其人的基本線索，至於更多的參考資料則來自於《莊子》一書。

莊子的生活雖然窮困，但他視富貴名位如塵埃浮雲，對這些物欲誘惑是不屑一顧的。他堅持不與統治者同流合污，寧願選擇終身不仕，以保持人格的清白與生活的自由。甚至好友惠施誤會他，以爲是來奪取相位，莊子也以鵷鶵自比，表明自己的品行高潔，不屑爲官的心跡。莊子雖深處亂世，卻能維持獨立的人格，不與世浮沈，實是難能可貴。

〔註10〕見王國維：《王國維遺書‧靜庵文集》第五冊（上海：上海古籍書店，1983），頁80。

〔註11〕見任繼愈：《中國哲學發展史‧先秦》（北京：人民出版社，1998年5月），頁389。

〔註12〕見孫以楷、甄長松：《莊子通論》（北京：東方出版社，1995年10月），頁76～82。

〔註13〕見李錦全、曹智頻：《莊子與中國文化》（貴陽：貴州人民出版社，2001年10月），頁10。

（二）莊子的生卒年代

　　至於莊子的生卒年問題，至今亦無定論。《史記》說莊子「與梁惠王、齊宣王同時。」又說：「楚威王聞莊周賢，使使厚幣迎之。」《史記》中沒有明言莊子生卒年代，僅知與梁惠王、齊宣王同時，楚威王曾使使者往聘之。關於莊子生卒年，近來研究的學者甚多，時代的斷定也不盡相同。

　　錢穆《先秦諸子繫年》說：「惠施卒在魏襄王九年前，若威王末年莊子年三十，則至是年四十九。若威王元年莊子年三十，則至是年六十。以此上推莊子生年當在周顯王元年至十年間，若以得壽八十計，則其卒在周赧王二十六至三十六年間也。」〔註14〕胡哲敷《老莊哲學》說：

　　　　吾以爲莊子之生，當在紀元前三八○年左右，則梁惠王齊宣王之
　　　　世，及楚使來聘之時，均爲莊子壯盛之年，於事或較近理，而終
　　　　於宋亡之際（西元前二八六年）莊子爲九十歲左右的人，於理亦
　　　　無不合。〔註15〕

楊志永根據馬敘倫《莊子年表》考證，認爲莊子生卒年爲西元前369年至286年。並參照齊思合等的《中外歷史年表》、楊寬《戰國大事年表》、陳慶麒《中國大事年表》，編寫了〈莊子時代大事年表〉，以供參考。〔註16〕

　　總之，《史記》所載的莊周史料，並未能明斷莊子的生卒年代，只能做一大概的推論。《莊子‧天下》中有一段話，總結了莊子的哲學思想：

　　　　寂漠无形，變化无常，死與生與，天地並與，神明往與！芒乎何之，
　　　　忽乎何適，萬物畢羅，莫足以歸，古之道術有在於是者。莊周聞其風
　　　　而悅之。以謬悠之說，荒唐之言，无端崖之辭，時恣縱而不儻，不以
　　　　觭見之也。以天下爲沉濁，不可與莊語。以卮言爲曼衍，以重言爲眞，
　　　　以寓言爲廣。獨與天地精神往來，而不敖倪於萬物，不譴是非，以與
　　　　世俗處。其書雖瓌瑋，而連犿无傷也。其辭雖參差，而諔詭可觀。
　　　　彼其充實不可以已，上與造物者遊，而下與外死生无終始者爲友。

至道茫然不可見，變化無常，死生轉化，天地一體。不管時間與空間如何地轉變，人事如何的紛雜，人們可以做的就是順道自然。莊子追求的是精神的自由，不傲視萬物，不拘泥於是非與世俗相處。上與造物者同遊，下與超脫

〔註14〕見錢穆：《先秦諸子繫年》（北京：商務印書館，2001年8月），頁312。
〔註15〕見胡哲敷：《老莊哲學》（台北：臺灣中華書局，1973年3月），頁22。
〔註16〕見胡道靜：《十家論莊》（上海：上海人民出版社，2004年4月），頁549～559。

生死、無終始分別的人做朋友。且由於社會黑暗，只好運用寓言、重言、巵言「三位一體」的特殊語言方式，〔註17〕來反映思想，表示對現實的不滿。這三言也被後來的學者，視為是解開《莊子》一書的「鑰匙」。〔註18〕

莊子的地位問題，郭沫若曾有一段論述，他在《十批判書‧莊子的批判》中說：

> 沒有莊子的出現，道家思想儘管在齊國的稷下學宮受著溫暖的保育，然而已經向別的方向分化了：宋鈃、尹文一派發展而為名家，田駢、慎到一派發展而為法家，關尹一派發展而為術家。道家本身如沒有莊子的出現，可能是已經歸於消滅了。然而就因為有他的出現，他從稷下三派吸收他們的精華，而維繫了老聃的正統，從此便與儒、墨兩家鼎足而三了。在莊周自己並沒有存心以「道家」自命，他只是想折衷各派的學說而成一家言，但結果他在事實上成為了道家的馬鳴、龍樹。〔註19〕

郭沫若的評論可說是中肯的。邱棨鐊在《莊子哲學體系論‧緒論》中說：

> 大體來說，老之有莊，猶孔之有孟……莊子演繹道家思想，博採古今眾說，證驗天地萬物成毀，人間生死是非，推理論辯，屬詞比事，恣縱閎博而自成體系。〔註20〕

莊子以其濃厚深沉的感情，描寫了亂世生活中的社會人生萬象。其對社會現實與統治者所發出的沈痛批判與深刻揭露，正是以其對人民及生活的深厚情感為基礎，透過寓言的方式發而為文，使用變化多彩的表現手法，呈顯其對自然、人生、處世哲學等問題的探討與理解。除了表達對生命的珍惜和對自由的渴望，更創造了理想人格與理想國度，希望藉由其學說思想，引領人們遨翔於精神自由逍遙的境界。此外，再引吳康的評論加以說明：

> 老子首出，為中國哲學之祖，比於希臘之泰列史，創制立教，元氣渾淪，莊生承其流風，大而化之，若白雲之出於深山，長風之起於大海，而莫知其所止也。〔註21〕

〔註17〕見張默生：《莊子新釋》（濟南：齊魯書社，1993年12月），頁16。
〔註18〕同註17，頁10。
〔註19〕見胡道靜：《十家論莊》（上海：上海人民出版社，2004年4月），頁117。
〔註20〕見邱棨鐊：《莊子哲學體系論‧緒論》（台北：文津出版社，1999年7月），頁1。
〔註21〕見吳康：《老莊哲學‧緒言》（台北：臺灣商務印書館，1955年2月），頁1。

莊子承繼了老子的思想，在對其思想進行發揮的同時，更有獨自的見解，從而形成了極具個人特色的哲學思想，也創造了獨特的藝術風格。因此，在對道家學說的發揚上來說，實起了極為重大的作用，也帶給後世極為深遠的影響。

二、列子其人

《老子》、《莊子》、《列子》三部書，為道家重要經典，列子與老子、莊子並稱為道家三大巨子。〔註22〕但是後世或謂《列子》一書為偽作，甚至對是否真有列子此人的存在，表示懷疑。因此，在探討有關《列子》一書的思想內容之前，必須先對列子其人之真偽做一番了解。

（一）列子是虛構人物

對於列子的真偽問題，自戰國至北宋期間，沒有人懷疑過他的存在。至南宋高似孫始抱持著懷疑的態度，他在《子略·列子》中說：

> 劉向論列子書穆王湯問之事，迂誕恢詭，非君子之言。又觀穆王與化人游，若清都、紫微、鈞天廣樂、帝之所居；夏革所言，四海之外，天地之表，無極無盡；傳記所書，固有是事也。人見其荒唐幻異，固以為誕。然觀太史公史，殊不傳列子，如莊周所載許由務光之事。漢去古未遠也，許由、務光往往可稽，還猶疑之。所謂禦寇之說，獨見於寓言耳，還於此詎得不致疑耶！周之末篇，敘墨翟、禽滑釐、慎到、田駢、關尹之徒，以及於周，而禦寇獨不在其列。豈禦寇者，其亦所謂鴻蒙列缺者歟？然則是書與莊子合者十七章，其間尤有淺近迂僻者，特出於後人會粹而成之耳。〔註23〕

高似孫認為司馬遷不為列子立傳，因為列子只是許由、務光一類的人物，司馬遷連許由、務光都懷疑，怎麼不懷疑列子呢？所以說列子是類似於寓言中虛構的、假設的人物，所謂「鴻蒙、列缺者歟」罷了？自高似孫發出此驚人之語後，陸續有學者對是否真有列子一人提出懷疑。陳文波也懷疑列子為虛構人物，他說：

> 何以證明之？第一：如認《列子》為戰國以前作品，何以《莊子·天下篇》，對于此一大哲學家，獨缺而不列？──《莊子·逍遙遊》

〔註22〕見陳鼓應：《老莊新論》（香港：中華書局，1991年4月），頁119。
〔註23〕見高似孫：《子略》卷二，《叢書集成初編》（北京：中華書局，1985），頁24。

雖有「列子御風而行」之文，然不詳其爲人。……第二：太史公創
史，關於古代學習思想之變遷，多立傳或世家以張其緒，獨於列子
不傳何也？第三：即認爲劉向所彙纂，而《漢志》亦載《列子》八
篇。何以書中〈周穆王〉一篇，溶合晉太康二年汲冢所出之《穆天
子傳》而成？〔註24〕

其實歸納懷疑者的論點，不外是幾個因素：一是《莊子・天下》中評述各學
術流派，卻未提及列子；二是《荀子・非十二子》，列舉先秦學術流派中十
二人，同樣沒有提到列子；三是司馬遷《史記》未替列子立傳，甚至在〈老
莊申韓列傳〉中也隻字未提，則是否有列子此人，實是令人起疑；四是西漢
劉向曾爲《列子》作序，稱「列子者，鄭人也，與鄭繆公同時，蓋有道者也。」
「與鄭繆公同時」一句，引來許多非議。柳宗元首先指出其時代上的錯誤，
並認爲劉向宏博精審，錯誤不可能發生，只因列子無考所致；五是《列子》
書中所寫之事有時代上的問題。如《列子・說符》中有「殺子陽」之言，則
列子所處時代應與鄭子陽相近。子陽被殺，時爲周安王四年（西元前 398 年）。
但書中又有言公孫龍之事，公孫龍出生於子陽後百餘年。書中又言宋康王
事，宋康王又後於公孫龍十多年。《列子》書中卻寫了公孫龍和宋康王的事，
列子其人的存在令人懷疑。

（二）列子是確有其人

對於上述所言，列子爲虛構人物的說法，有些學者並不認同。除了對《莊
子・天下》、《荀子・非十二子》及《史記》未提及列子一事一一提出辯駁之
外，還提出其他的證明。

1. 列子的生平事蹟

《莊子・天下》論述評析各家學派，雖不見評論列子，但未被提及並不
表示一定不存在。如孔子，雖見於《莊子》其他篇章，〈天下〉中評論學派時，
並未將其個別提出，但是也不能就此否定孔子的存在。而《荀子・非十二子》
主要是非難像孟子、墨子等十二子的文章，並非要指責所有的人，不提列子，
並不意味列子是虛構的。《史記》雖未替列子立傳，但先秦諸子中無傳者，實
不只列子一人。根據《呂氏春秋・先識覽・觀世》記載列子的生活情形，大

〔註24〕見楊伯峻：《列子集釋・僞造列子者之一證》（台北：華正書局，1987 年 9 月），
頁 319。

概可以看出原因：

> 子列子窮，容貌有饑色。客有言之鄭子陽者曰：「列禦寇，蓋有道之
> 士也，居君之國而窮，君無乃爲不好士乎？」鄭子陽令官遺之粟數
> 十秉。子列子出見使者，再拜而辭。使者去，子列子入，其妻望而
> 拊心曰：「聞爲有道者妻子，皆得逸樂。今妻子有饑色矣，君過而遺
> 先生食，先生又弗受也，豈非命也哉！」子列子笑而謂之曰：「君非
> 自知我也，以人之言而遺我粟也，至已而罪我也，有罪且以人言，
> 此吾所以不受也。」其卒民果作難，殺子陽。受人之養，而不死其
> 難則不義，死其難則死無道也。死無道，逆也。子列子除不義，去
> 逆也，豈不遠哉！且方有饑寒之患矣，而猶不苟取，先見其化也。
> 先見其化而已動，遠乎性命之情也。〔註25〕

從上文的敘述中，可以發現列子很能看出問題的癥結所在，不爲眼前利益所
惑，更不會爲了財利名位，而損害自然之本性，可以說是位通達性命之情的
體道之人。但是也由於其行事風格低調，其言行事蹟自然很難流傳。

司馬談〈論六家要旨〉中曾論述儒、墨、法、名、道、陰陽六家學術思
想，並未論及列子。到了司馬遷作《史記》，有〈老莊申韓列傳〉一篇，於道
家似乎也只提及老莊，則列子之存在令人生疑。其實，在秦始皇焚書坑儒之
時，河間獻王劉德、淮南王劉安等人所私藏之書，或爲朝廷所未有，所以司
馬遷未必有機會見到更爲詳細的資料，以致沒能爲列子作傳，但他也不在任
何一篇中否定列子。武義內雄在〈列子冤詞〉說：

> 向〈序〉謂《列子》之書於景帝時流行，其後不傳，蓋向校定時，
> 上距景帝約一百二十年。如〈序〉所云，可見當時傳本稍完全者已
> 不可見。司馬遷《史記》之終時在景帝後約五十年，比向校上《列
> 子》約先七十年，正淮南王所上《莊子》最流行而不顧《列子》之
> 時，則遷不撰〈列子傳〉，與當時人不引用，又何足怪？〔註26〕

依武義內雄之言，司馬遷不立傳，西漢初年人不引用，實在不足爲奇。劉向
《列子新書目錄·序》亦言及《列子》之書在孝景皇帝時「頗行於世。及後
遺落，散在民間，未有傳者。且多寓言，與莊周相類，故太史公司馬遷不爲

〔註25〕見楊家駱主編：《增補中國思想名著——呂氏春秋集釋》中冊（台北：世界
　　　　書局，1966 年 2 月），頁 693～696。
〔註26〕見楊伯峻：《列子集釋》（台北：華正書局，1987 年 9 月），頁 306。

列傳。」〔註 27〕因此，有可能是在司馬遷之時，《列子》一書已散在民間，未被注意，所以《史記》未曾述及。又可能因性質上與《莊子》相似，遂遭忽略。

對於列子是確有其人之說，古籍中亦多所提及。《呂氏春秋・審分覽・不二》中列舉了十位天下豪士，列子便是其中之一：

> 老聃貴柔，孔子貴仁，墨翟貴廉，關尹貴清，子列子貴虛，陳駢貴
> 齊，陽生貴己，孫臏貴勢，王廖貴先，兒良貴後，此十人者，皆天
> 下之豪士也。〔註 28〕

文中列舉了十位人物，不論列子，則其他九位皆歷歷可考。若說列子並不存在，或只是虛構的寓言人物，則與此九人並列其中，情理上似乎說不通。且「子列子貴虛」一句，也正指出列子學術思想的精髓。《尸子・廣澤》說：「墨子貴兼，孔子貴公，皇子貴衷，田子貴均，列子貴虛，料子貴別。」〔註 29〕文中說「列子貴虛」，正與《呂氏春秋》對列子的評述相同。《戰國策・韓策二》亦有記載列子的情況：

> 史疾為韓使楚，楚王問曰：「客何方所循？」曰：「治列子圉寇之言。」
> 曰：「何貴？」曰：「貴正。」〔註 30〕

列子之學「貴正」，即老子「以正治國」之旨。〔註 31〕錢穆認為：「蓋亦上承儒家正名之緒，一變而開道法刑名之端者。……『列子貴虛。』蓋其道因名責實，無為而治，如史疾所言是也。」〔註 32〕既然有人專治其學，則可想見列子之學在當時應有一定程度之發展。不過因其生活處事低調，故人多不識。《中華道藏》說：

> 列子，姓列，名禦寇，鄭人也。居鄭圃四十年，人無識者，初事壺
> 丘子，後師老商氏，友伯高子，進二子之道，九年而後能御風而行……
> 列子蓋有道之士，而莊子亟稱之。今汴梁、鄭州、圃田列子觀，即

〔註 27〕見楊伯峻：《列子集釋》（台北：華正書局，1987 年 9 月），頁 278。

〔註 28〕見楊家駱主編：《增補中國思想名著——呂氏春秋集釋》中冊（台北：世界書局，1966 年 2 月），頁 801～802。

〔註 29〕見尸佼：《尸子》，《四部備要子部》（台北：臺灣中華書局，1966 年 3 月），頁 15。

〔註 30〕見劉向：《戰國策》下冊（台北：九思出版社，1978 年 11 月），頁 992。

〔註 31〕「貴正」是黃老道家因道全法、以名論法主張的萌芽。見孫以楷：《道家與中國哲學・先秦卷》（北京：人民出版社，2004 年 6 月），頁 210。

〔註 32〕見錢穆：《先秦諸子繫年》（北京：商務印書館，2001 年 8 月），頁 204。

其故隱。唐封沖虛至德眞人，書爲《沖虛至德眞經》。〔註33〕

《莊子》一書也曾多次提到列子其人，楊伯峻《列子集釋‧前言》說：「列子其人……這個人實有其人，因爲提到他的不止《莊子》一書」，「莊周把實際存在的人物寓言化」。〔註34〕書中記述了有關列子的事情，還有其不願「身勞於國而知盡於事」，而願「飽食而遨遊」（《莊子‧列禦寇》）的處世哲學，甚至有以「列禦寇」命名的篇章。以下列舉《莊子》書中所述列子之事，了解其生平事蹟。《莊子‧逍遙遊》說：

> 夫列子御風而行，泠然善也，旬有五日而後反。彼於致福者，未數數然也。此雖免乎行，猶有所待者也。

《莊子》記載列子有乘風而行的特殊本領。列子能乘風逍遙，遨遊四方，實在是快樂的事。然此樂仍有待於風之輔助，與至人之達到無所待，仍有程度上的差異。〔註35〕又《莊子‧應帝王》記載：

> 鄭有神巫曰季咸，知人之死生存亡，禍福壽夭，期以歲月旬日，若神。鄭人見之，皆棄而走。列子見之而心醉，歸，以告壺子，曰：「始吾以夫子之道爲至矣，則又有至焉者矣。」壺子曰：「吾與汝既其文，未既其實，而固得道與？眾雌而無雄，而又奚卵焉！而以道與世亢，必信，夫故使人得而相汝。嘗試與來，以予示之。」明日，列子與之見壺子。出而謂列子曰：「嘻！子之先生死矣！弗活矣！不以旬數矣！吾見怪焉，見濕灰焉。」列子入，泣涕沾襟以告壺子。壺子曰：「鄉吾示之以地文，萌乎不震不正。是殆見吾杜德機也。嘗又與來。」明日，又與之見壺子。出而謂列子曰：「幸矣，子之先生遇我也！有瘳矣，全然有生矣！吾見其杜權矣。」
>
> 列子入，以告壺子。壺子曰：「鄉吾示之以天壤，名實不入，而機發於踵。是殆見吾善者機也。嘗又與來。」明日，又與之見壺子。出而謂列子曰：「子之先生不齊，吾無得而相焉。試齊，且復相之。」列子入，以告壺子。壺子曰：「吾鄉示之以太沖莫勝。是殆見吾衡氣機也」。鯢桓之審爲淵，止水之審爲淵，流水之審爲淵。淵有九名，

〔註33〕見張繼禹主編：《中華道藏‧沖虛至德眞經》十五冊（北京：華夏出版社，2004年1月），頁1。

〔註34〕見楊伯峻：《列子集釋》（台北：華正書局，1987年9月），頁1。

〔註35〕《列子‧黃帝》亦載此事：「列子師老商氏，友伯高子，進二子之道，乘風而歸。」

此處三焉。嘗又與來。」明日，又與之見壺子。立未定，自失而走。
壺子曰：「追之！」列子追之不及。反，以報壺子曰：「已滅矣，已
失矣，吾弗及已。」壺子曰：「鄉吾示之以未始出吾宗。吾與之虛而
委蛇，不知其誰何，因以爲弟靡，因以爲波流，故逃也。然後列子
自以爲未始學而歸，三年不出。爲其妻爨，食豕如食人。於事無與
親，彫琢復朴，塊然獨以其形立。紛而封哉，一以是終。

此則故事描寫列子醉心於神巫，將其引薦於壺子。之後壺子擊敗神巫季咸的
巫術，眞相大白，列子感到慚愧，始悟未嘗學到眞道。而後致力於學，反省
修養自己，三年不出，忘榮辱，從而進入大道。由此可知，列子是一個超脫
世俗是非、親疏、好惡，淡薄名利而任其自然之人，能回復到生命最初的眞
實境界。〔註36〕又《莊子・至樂》記載：

列子行，食於道從，見百歲髑髏，攓蓬而指之曰：「唯予與汝知而未
嘗死，未嘗生也。汝果養乎？予果歡乎？」

列子齊同生死，又試圖超出生死侷限。《莊子》中說至人「視生死爲一條」、「知
生死存亡之一體」（〈德充符〉、〈大宗師〉），列子可謂已達至人之境。〔註37〕

〔註36〕《列子・黃帝》亦載此事，內容大致相同。文曰：「有神巫自齊來處於鄭，命
日季咸，知人死生存亡，禍福壽夭，期以歲月旬日，如神。鄭人見之，皆避而
走。列子見之而心醉，而歸以告壺丘子，曰：『始吾以夫子之道爲至矣，則又
有至焉者矣。』壺子曰：『吾與汝無其文，未既其實，而固得道與？眾雌而無
雄，而又奚卵焉！而以道與世抗，必信矣，夫故使人得而相汝。嘗試與來，以
予示之。』明日，列子與之見壺子。出而謂列子曰：『嘻！子之先生死矣！弗
活矣！不可以旬數矣！吾見怪焉，見溼灰焉。』列子入，泣涕沾衿以告壺子。
壺子曰：『向吾示之以地文，罪乎不誫不止。是殆見吾杜德機也。嘗又與來。』
明日，又與之見壺子。出而謂列子曰：『幸矣，子之先生遇我也！有瘳矣，灰
然有生矣！吾見杜權矣。』列子入告壺子。壺子曰：『向吾示之以天壤，名實
不入，而機發於踵。此爲杜權。是殆見吾善者幾也。嘗又與來。』明日，又與
之見壺子。出而謂列子曰：『子之先生坐不齋，吾無得而相焉。試齋，將且復
相之。』列子入告壺子。壺子曰：『向吾示之以太沖莫朕。是殆見吾衡氣機也。
鯢旋之潘爲淵，止水之潘爲淵，流水之潘爲淵，濫水之潘爲淵，沃水之潘爲淵，
氿水之潘爲淵，雍水之潘爲淵，汧水之潘爲淵，肥水之潘爲淵，是爲九淵焉。
嘗又與來。』明日，又與之見壺子。立未定，自失而走。壺子曰：『追之！』
列子追之而不及。反以報壺子曰：『已滅矣，已失矣，吾不及也。』壺子曰：『向
吾示之以未始出吾宗。吾與之虛而猗移，不知其誰何，因以爲茅靡，因以爲波
流，故逃也。』然後列子自以爲未始學而歸，三年不出。爲其妻爨，食豕如食
人，於事無親，雕琢復朴，塊然獨以其形立。忿然而封戎，壹以是終。」

〔註37〕《列子・天瑞》亦載此事：「子列子適衛，食於道，從者見百歲髑髏，攓蓬而指，

又《莊子·達生》記載：

> 子列子問關尹曰：「至人潛行不窒，蹈火不熱，行乎萬物之上而不慄。
> 請問何以至於此？」關尹曰：「是純氣之守也，非知巧果敢之列。居，
> 予語汝。凡有貌象聲色者，皆物也，物與物何以相遠？夫奚足以至
> 乎先？是色而已。則物之造乎不形而止乎無所化，夫得是而窮之者，
> 物焉得而止焉！彼將處乎不淫之度，而藏乎無端之紀，遊乎萬物之
> 所終始，壹其性，養其氣，合其德，以通乎物之所造。夫若是者，
> 其天守全，其神無郤，物奚自入焉。」

至人潛行水裡，不會窒息，投入火中，不會燒傷，騰空行走在萬物之上，不
會恐懼。爲什麼能達到這種地步，所依靠的就是保持純和之氣，而非智巧果
敢的使用。列子吸收了關尹的思想，了解智巧和果敢不但不能解除人生困境，
反而會爲人生帶來許多困擾苦難，是人生獲得自由的阻礙。「純氣之守」則是
通往自由，超越外物的有效途徑。〔註38〕又《莊子·田子方》記載：

> 列禦寇爲伯昏無人射，引之盈貫，措杯水其肘上，發之，適矢復沓，
> 方矢復寓。當是時，猶象人也。伯昏無人曰：「是射之射，非不射之
> 射也。嘗與汝登高山，履危石，臨百仞之淵，若能射乎？」於是無
> 人遂登高山，履危石，臨百仞之淵，背逡巡。足二分垂在外，揖禦
> 寇而進之。禦寇伏地，汗流至踵。伯昏無人曰：「夫至人者，上闚青
> 天，下潛黃泉，揮斥八極，神氣不變。今汝怵然有恂目之志，爾於
> 中也殆矣夫！」

一個技巧圓熟精鍊的人，內心必然是達到用志不紛的凝神境地，而且胸有成
竹、悠然自在。道本由技來，無心乃是有心之果，無心只是一種由熟生巧、
臻於化境的狀態。一個人若能擺脫捨棄生死得失的顧慮，則面對外界一切險
惡，自然能夠從容自得，無所畏懼。〔註39〕又《莊子·讓王》記載：

　　顧謂弟子百豐曰：『唯予與彼知而未嘗生未嘗死也。此過養乎？此過歡乎？』」
〔註38〕《列子·黃帝》亦載此事，內容大致相同。文曰：「列子問關尹曰：『至人潛
　　　　行不空，蹈火不熱，行乎萬物之上而不慄。請問何以至於此？』關尹曰：『是
　　　　純氣之守也，非智巧果敢之列。姬！魚語女。凡有貌像聲色者，皆物也。物
　　　　與物何以相遠也？夫奚足以至乎先？是色而已。則物之造乎不形，而止乎無
　　　　所化。夫得是而窮之者，焉得而正焉？彼將處乎不深之度，而藏乎無端之紀，
　　　　游乎萬物之所終始，壹其性，養其氣，含其德，以通乎物之所造。夫若是者，
　　　　其天守全，其神無郤，物奚自入焉？』」
〔註39〕《列子·黃帝》亦載此事，內容大致相同。文曰：「列禦寇爲伯昏瞀人射，引

> 子列子窮，容貌有飢色。客有言之於鄭子陽者曰：「列禦寇，蓋有道
> 之士也，居君之國而窮，君无乃爲不好士乎？」鄭子陽即令官遺之
> 粟。子列子見使者，再拜而辭。使者去，子列子入，其妻望之而拊
> 心曰：「妾聞爲有道者之妻子，皆得佚樂，今有飢色。君過得遺先生
> 食，先生不受，豈不命邪！」子列子笑謂之曰：「君非自知我也。以
> 人之言而遺我粟，至其罪我也又且以人之言，此吾所以不受也。」
> 其卒，民果作難而殺子陽。

列子生活雖然困窮，並不隨便接受他人的餽贈。他在面臨唾手能得的利益時，
已透視到利害相倚而生的道理。財利本屬外物，世人若還只是勞心苦志地去
追尋，那可眞是迷惑不解了。其實處心積慮地追尋，末必能如願以償，縱使
讓你得到了，也未必能長期地保有。就在這患得患失的過程中，人的精神早
被過度的擔憂疑懼所折磨銷蝕，生命也不知不覺地受到了損毀。〔註40〕又《莊
子‧列禦寇》記載：

> 列禦寇之齊，中道而反，遇伯昏瞀人。伯昏瞀人曰：「奚方而反？」
> 曰：「吾驚焉。」曰：「惡乎驚？」曰：「吾嘗食於十漿，曰五漿先饋。」
> 伯昏瞀人曰：「若是，則汝何爲驚已？」曰：「夫內誠不解，形諜成
> 光，以外鎮人心，使人輕乎貴老，而整其所患。夫漿人特爲食羹之
> 貨，多餘之贏，其爲利也薄，其爲權也輕，而猶若是，而況於萬乘
> 之主乎！身勞於國而知盡於事，彼將任我以事而效我以功，吾是以
> 驚。」伯昏瞀人曰：「善哉觀乎！汝處己，人將保汝矣！」无幾何而
> 往，則戶外之屨滿矣。伯昏瞀人北面而立，敦杖蹙之乎頤，立有間，

之盈貫，措杯水其肘上，發之，鏑矢復沓，方矢復寓。當是時也，猶象人也。
伯昏瞀人曰：『是射之射，非不射之射也。當與汝登高山，履危石，臨百仞之
淵，若能射乎？』於是瞀人遂登高山，履危石，臨百仞之淵，背逡巡。足二
分垂在外，揖禦寇而進之。禦寇伏地，汗流至踵。伯昏瞀人曰：『夫至人者，
上闚青天，下潛黃泉，揮斥八極，神氣不變。今汝怵然有恂目之志，爾於中
也殆矣夫！』」

〔註40〕《列子‧說符》亦載此事，內容大致相同。文曰：「子列子窮，容貌有飢色。
客有言之鄭子陽者曰：『列禦寇，蓋有道之士也，居君之國而窮，君無乃爲不
好士乎？』鄭子陽即令官遺之粟。子列子出見使者，再拜而辭。使者去。子
列子入，其妻望之而拊心曰：『妾聞爲有道者之妻子，皆得佚樂，今有飢色。
君遇而遺先生食，先生不受，豈不命也哉！』子列子笑謂之曰：『君非自知我
也。以人之言而遺我粟，至其罪我也，又且以人之言，此吾所以不受也。』
其卒，民果作難而殺子陽。」

不言而出。賓者以告列子，列子提屨，跣而走，暨乎門，曰：「先生既來，曾不發藥乎？」曰：「已矣，吾固告汝曰人將保汝，果保汝矣。非汝能使人保汝，而汝不能使人无保汝也，而焉用之感豫出異也。必且有感，搖而本性，又无謂也。與汝遊者又莫汝告也，彼所小言，盡人毒也。莫覺莫悟，何相孰也！巧者勞而知者憂，无能者无所求，飽食而遨遊，汎若不繫之舟，虛而遨遊者也。」

列子前往齊地，受到賣漿者的盛情招待，中途而返，想到自己「內誠不解，形諜成光，以外鎮人心」。自己雖以外表服人，然而事實上對道尚未融會貫通。列子能自我省察，審視得失，伯昏瞀人覺得不錯，但尚未達忘我的境界。於是，伯昏瞀人給予了告誡，希望列子能夠不用巧智，不多作為，身無所求於外，而神遊於「虛」。〔註41〕

　　《莊子》篇章中所記載有關列子的資料，可與《列子》書中所述列子之事相互參考，將對列子有更進一步的認識。

2. 列子的生卒年代

　　由於戰國時代有關列子的文獻都不夠精確，我們無法確定他的生存年代。〔註42〕既然無法明確地知道列子的生活年代，那麼只有參考其他書籍中與列子有往來關係的人物，依其所處的年代來加以推論。《莊子·達生》、《呂覽·審己》皆言「列子問關尹」，《呂氏春秋》也說「子列子常射中矣，請之于關尹子」。則可知列子曾問道於關尹，那麼至少與關尹同時或稍晚。關尹又為老子弟子，關尹與老子同時或稍晚。

〔註41〕《列子·黃帝》亦載此事，內容大致相同。文曰：「子列子之齊，中道而反，遇伯昏瞀人。伯昏瞀人曰：『奚方而反？』曰：『吾驚焉。』『惡乎驚？』『吾食於十漿，而五漿先饋。』伯昏瞀人曰：『若是，則汝何為驚已？』曰：『夫內誠不解，形諜成光，以外鎮人心，使人輕乎貴老，而韲其所患。夫漿人特為食羹之貨，無多餘之贏，其為利也薄，其為權也輕，而猶若是，而況萬乘之主，身勞於國而智盡於事，彼將任我以事而效我以功，吾是以驚。』伯昏瞀人曰：『善哉觀乎！汝處已，人將保汝矣！』無幾何而往，則戶外之屨滿矣。伯昏瞀人北面而立，敦杖蹙之乎頤。立有間，不言而出。賓者以告列子。列子提屨徒跣而走，暨乎門。問曰：『先生既來，曾不廢藥乎？』曰：『已矣。吾固告汝曰，人將保汝，果保汝矣。非汝能使人保汝，而汝不能使人無汝保也。而焉用之感也？感豫出異。且必有感也，搖而本身，又無謂也。與汝遊者，莫汝告也。彼所小言，盡人毒也。莫覺莫悟，何相孰也。』」

〔註42〕見何淑貞：《展現生命芬芳的神話傳說──列子的智慧》（台北：圓神出版社，2006 年 3 月），頁 28。

　　《史記》說老子「與孔子同時」，則列子之時代晚於孔子。又孔子生於周靈王二十一年，卒於周敬王四十一年，正是春秋末年。那麼列子所生活的年代，是晚於春秋末年，而至戰國初或中期。《莊子·讓王》、《列子·說符》中記載鄭子陽餽粟，列子不受，後子陽被殺一事，而子陽之事亦見於《呂覽·適威》、《淮南子·氾論》。按鄭繻公殺子陽，時在周安王四年（西元前 398 年），戰國開始已五年，此時列子已至晚年。〔註 43〕

　　雖然列子的生活年代目前難以確定，但從現存的資料中，仍可從不同角度肯定列子的存在。劉向《列子新書目錄·序》說：

> 列子者，鄭人也，與鄭繆公同時，蓋有道者也。其學本於黃帝老子，號曰道家。道家者，秉要執本，清虛無為，及其治身接物，務崇不競，合於六經。〔註 44〕

《漢書·藝文志》說：「列子，名圄（禦）寇，先莊子，莊子稱之。」〔註 45〕
陳景元《沖虛至德真經釋文·序》說：

> 夫莊子之未生，而列子之道已汪洋汗漫，充滿于太虛，而無形埒可捫也。故著書發揚黃老之幽隱，剖抉生死之根柢，墮肢解殼，決疣潰癰，語其自然而不知其然，意其無為而任其所為。辭旨縱橫，若木葉乾殼；乘風東西，飄飄乎天地之間無所不至。而後莊子多稱其言，載于論說，故世稱老莊而不稱老列者，是繇莊子合異為同，義指一貫，離堅分白，有無并包也。昔列子陸沈圃田四十年而人莫識，藏形眾庶在國而君不知，天隱者也。〔註 46〕

陳景元肯定列子的存在，並以為其出生早於莊子，而其思想則在「發揚黃老之幽隱」，實為道家學者。葉大慶《考古質疑》說：

> 觀此（指《莊子·讓王》中「子列子窮」一段），則列子與鄭子陽同時。及考《史記·鄭世家》，子陽乃繻公時二十五年殺其相子陽，即周安王四年癸未歲也。然則列子與子陽乃繻公時人。劉向以為繆公，意者誤以繻為繆歟？雖然，大慶未敢遽以向為誤，姑隱之于心。續

〔註 43〕時列禦寇約五十九歲。錢穆考證，列子約生於周貞定王五十九年（西元前四五〇年），卒於周烈王元年（西元前三七五年），年代實難詳考。見錢穆：《先秦諸子繫年》（北京：商務印書館，2001 年 8 月），頁 617、694。
〔註 44〕見楊伯峻：《列子集釋》（台北：華正書局，1987 年 9 月），頁 278。
〔註 45〕見班固：《漢書》（台北：新陸書局，1964 年 1 月），頁 584。
〔註 46〕見張繼禹主編：《中華道藏》十五冊（北京：華夏出版社，2004 年 1 月），頁 31。

見蘇子由《古史列子傳》亦引辭粟之事，以爲禦寇爲繻公同時。又觀呂東萊《大事記》云：安王四年，鄭殺其相駟子陽。遂及列禦寇之事，然後因此以自信。蓋列與莊相去不遠。莊乃齊宣梁惠同時，列先于莊，故莊子著書多取其言也。〔註47〕

葉大慶的看法與陳景元相近，不僅肯定列子的存在，同樣認爲列子生於莊子之前。由上文所述，可以得知列子，名禦寇（亦作圄寇），生活於春秋末年至戰國早中期，晚於孔子，卻早於莊子。生活雖貧困，卻不輕易接受他人的救濟施予，在鄭國的圃田過著隱居般的生活。曾師事壺子、老商氏，問道於關尹，而與伯昏無人、伯高子爲友，有御風而行的本領。楊伯峻說列子其人「心情上擺脫了人世的貴賤、名利種種羈絆，任其自然」。〔註48〕雖然對現實政治、社會有所不滿，卻仍然有著理想，《列子》書〈黃帝〉、〈湯問〉中所描述的華胥國、終北之國，便是其心目中的理想社會。在這些國度裡，一切純任自然，合於大道，不受世俗的價值觀、制度所侷限，人民生活自在。這也是受道家學說影響下的一種反映。黃公偉在《道家哲學系統探微》中，認爲列子其人不可否定。他認爲：

列子言「無爲」，反「仁義」，殆老莊哲學所共持……是故，言老莊不可以不正視列子。言天道流行，超人文的世界生命，更不可不肯定列子學說的存在與地位。就道家言，它本是中國傳統歷史文化的尊重與保持者。〔註49〕

林義正在〈論列子之「虛」〉一文中，提到「對列子這位久被忽略的哲人，有必要正視其在先秦道家思想發展史中的地位。」〔註50〕筆者亦贊成此種說法，正視列子及《列子》學說思想，不僅能對道家學說有更進一層的認識，亦不致有任何的遺珠之憾。

第二節 《莊》《列》其書

對於《莊子》一書，相關問題的討論，大致圍繞在版本、體例及作者等

〔註47〕見葉大慶：《考古質疑》卷三，王雲五主編：《四庫全書珍本別輯》（台北：廣文書局，1969 年），頁 11〜12。
〔註48〕見楊伯峻：《列子集釋·前言》（台北：華正書局，1987 年 9 月），頁 2。
〔註49〕見黃公偉：《道家哲學系統探微》（台北：新文豐出版社，1981 年 8 月），頁 305。
〔註50〕見林義正：〈論列子之「虛」〉，《國立臺灣大學哲學論評》第 22 期，1999 年 1 月，頁 106。

方面。討論今日所見《莊子》三十三篇本的形成過程，內、外和雜篇體例的區分及內、外和雜篇的作者等問題。其中關於作者部分，則討論內、外和雜篇究竟皆為莊子所作，亦或有莊子後學增補部分。《列子》之書，在西漢已散佚，劉向蒐集，得二十篇，除去其中重複部分，定為八篇。班固《漢書·藝文志》亦著錄《列子》八篇，後又散佚。直到張湛的祖父張嶷重新獲得《列子》，張湛加以注解，即今本《列子》。

　　《莊子》和《列子》二書包羅萬象，善用寓言手法，透過具體故事的描述，作為體現道的媒介，表現對精神自由的嚮往與追求，皆為道家重要著作。對於此二部書，在討論其書的相關問題之外，於其學說思想上的成就，應該給予高度的肯定。

一、《莊子》其書

　　《莊子》三十三篇，其學說大要為逍遙任化、齊一物我、死生如一，復於自然，以達人生的最高理想境界。林雲銘《莊子因·總論》說：「三十三篇之中，反覆數十萬言，大旨不外明道德、輕仁義、一死生、齊是非、虛靜恬澹，寂寞無為而已矣。」〔註51〕其基本內涵在於探討生命的價值與人生的意義，最終以解決人生問題為目的，使人們的心靈可以更廣闊自由，生命能夠超越飛揚。以下先對其書，分別討論版本、體例及作者問題。

（一）版本問題

　　《漢書藝文志·諸子略》說「莊子五十二篇」，〔註52〕可見得漢代之時，《莊子》原有五十二篇。至魏晉時期玄風盛行，為《莊子》作注者漸增，形成了各種的《莊子》版本。郭象以前，主要的《莊子》版本有崔譔本、向秀本、司馬彪本、李頤本。其中崔譔二十七篇，向秀二十六篇，一作二十七篇，一作二十八篇，司馬彪五十二篇，李頤三十篇。唐陸德明《經典釋文》中有記載：

　　崔譔注十卷，二十七篇，內篇七篇，外篇二十篇。向秀注二十卷，
　　二十六篇，一作二十七篇，一作二十八篇，亦無雜篇，為音三卷。
　　司馬彪注二十一卷，五十二篇，內篇七篇，外篇二十八篇，雜篇十
　　四篇，解說三篇，為音三卷。郭象注三十三篇，內篇七篇，外篇十

〔註51〕見林雲銘：《增註莊子因》上冊（台北：廣文書局，1968年1月）。
〔註52〕見班固：《漢書》（台北：新陸書局，1964年1月），頁584。

五篇，雜篇十一篇，爲音三卷。李頤集解三十卷，三十篇。〔註53〕
從這些版本的記載中，可以發現各注本的分別是在外雜篇。而司馬彪注本是自漢以來的舊本，崔注本及向秀注本是晉代的刪定本，今除郭象注本，其他版本皆亡佚。此外還有孟氏注本十八卷，隋唐以後不錄。陸德明〈經典釋文序錄〉說：「漢書藝文志莊子五十二篇，即司馬彪孟氏所注是也。」〔註54〕可知孟氏注本應是與司馬彪本同。黃錦鋐也曾談及《莊子》一書的篇數問題：

> 莊子的書，漢書藝文志紀錄有五十二篇，其中內篇七，外篇廿八，
> 雜篇十四，解說三。據經典釋文序錄說是由淮南王的門下客編定的。
> 晉司馬彪及孟氏都替它作注，就是那個本子。以後其他諸家，像崔
> 譔注是十卷廿七篇，內篇八，外篇二十，向秀注是二十六篇，都沒
> 有雜篇，這許多本子，都已經失傳了。不能夠了解其中篇章的次第，
> 現在所傳的，只有郭象的本子，共十卷三十三篇，其中內篇七，外
> 篇十五，雜篇十一，日本高山寺卷子本有郭象的後序，說是經過刪
> 節，合併篇章，因此比藝文志所著錄的少了十九篇。〔註55〕

現在人們所看到的郭象注本，可說是郭象在吸收各家研究基礎與成果之後刪訂而成的。〔註56〕唐以後，郭象注本最爲通行，流傳至今。

（二）體例問題

關於《莊子》一書體例上區分內、外、雜篇，始於何人之手，至今說法不一。漢以前，《莊子》本無內、外、雜篇之分，據考證，《莊子》內、外、

〔註53〕見陸德明：《經典釋文》上冊（上海：上海古籍出版社，1985 年 10 月），頁
34。
〔註54〕見郭慶藩輯：《莊子集釋·經典釋文序錄》（台北：華正書局，1994 年 8 月），
頁 28。
〔註55〕見黃錦鋐：《莊子及其文學》（台北：東大圖書，1977 年 7 月），頁 11。
〔註56〕郭象注本，究竟是剽竊向秀的注而來，抑或是自己所作而以向秀注爲參考，
此問題至今沒有定論。現在一般是把這部注放在郭象的名下。郭象《莊子
注》竊自向秀之說，始於《世說新語·文學》：「初，注莊者數十家，莫
能究其旨要，向秀於舊注外爲解義，妙析奇致，大暢玄風；唯秋水、至樂
二篇未竟而秀卒。秀子幼，義遂零落，然猶有別本。郭象者，爲人薄行有
儁才；見秀義不傳於世，遂竊以爲己注；乃自注秋水、至樂二篇，又易馬
蹄一篇，其餘眾篇，或定點文句而已。後秀義別本出，故今有向郭二莊，
其義一也。」而《晉書·向秀傳》卷四十九及《晉書·郭象傳》卷五十，
都記載郭象注竊自向秀。見楊勇：《世說新語校箋》（台北：正文書局，1992
年 10 月），頁 157。

雜篇之分，起於劉向刪除重複之時。〔註57〕《漢書・藝文志》說：

> 書缺簡脫，禮壞樂崩……於是建藏書之策，置寫書之官，下及諸子
> 傳說，皆充祕府。至成帝時，以書頗散亡，使謁者陳農求遺書於天
> 下，詔光祿大夫劉向校經傳諸子詩賦……每一書已，向輒條其篇目，
> 撮其指意，錄而奏之。會向卒，哀帝復使向子侍中奉車都尉歆卒父
> 業。〔註58〕

由此可知《莊子》是經劉向父子所整理，從而訂定《莊子》內、外、雜篇的
體例。但是也有學者認為《莊子》內、外、雜篇體例是由郭象所訂定。林尹
在《中國學術思想大綱》中說：

> 漢書藝文志，道家有《莊子》五十二篇，今所存者三十三篇，共分
> 內篇七，外篇十五，雜篇十一，蓋郭象之所訂也。〔註59〕

或者不說明內、外、雜篇體例由何人所訂，但說明大概的訂定時間。黃錦鋐
在《莊子之文學》一書中便說：

> 莊子分為內、外、雜篇，大概是在魏晉六朝的時候，不是原書本來
> 面目。〔註60〕

由上文所述，可以知道要清楚了解《莊子》內、外、雜篇之分究竟出於何人
之手，是有困難的。根據《漢書・藝文志》所記載的五十二篇《莊子》與今
日所見郭注本三十三篇，確實有十九篇的差異。而上文中黃錦鋐所說「莊子
分為內、外、雜篇……不是原書本來面目」一段，也印證了在瞭解《莊子》
篇章的流傳及次第問題的困難。

司馬遷《史記・老莊申韓列傳》說莊子：「著書十餘萬言，大抵率寓言也。」
〔註61〕也只提到莊子著書，沒有說到內篇、外篇、雜篇之分。其實，閱讀《莊
子》一書時，不必一定嚴守侷限於內、外、雜篇之分。因為這種區分，是出
於後人之手，若是過於拘泥內、外、雜篇之分，恐將有礙於全書之閱讀與思
想內容之理解。〔註62〕王叔岷《莊學管闚》說：

〔註57〕 見羅安憲：《虛靜與逍遙 —— 道家心性論研究》（北京：人民出版社，2005 年
9 月），頁 8。

〔註58〕 見班固：《漢書》（台北：新陸書局，1964 年 1 月），頁 575。

〔註59〕 見林尹：《中國學術思想大綱》（台北：臺灣商務印書館，1981 年 10 月），頁
53。

〔註60〕 見黃錦鋐：《莊子及其文學》（台北：東大圖書，1977 年 7 月），頁 11。

〔註61〕 見司馬遷：《史記》（台北：七略出版社，1985 年 9 月），頁 859。

〔註62〕 丁四新：「先秦典籍的編纂定型，是有一個相當長的發展過程的，比如安徽阜

欲探求莊書舊觀，首當破除今本內、外、雜篇之觀念。〔註63〕
《莊子》一書的思想當然是要透過整部書來呈顯，不宜亦不要局限於內、外、雜篇的界限。如果只是針對內篇或外雜篇所表現的思想去談論，那只能是部分而不能代替全部的《莊子》思想。〔註64〕

（三）作者問題

對於《莊子》一書的作者問題，一般認爲並非全爲莊子所作，多認爲內篇七篇是莊子所自著，而外篇十五篇與雜篇十一篇爲莊子後學所作。下面列舉出各家說法作爲參考：

1. 焦竑《焦氏筆乘》說：「內篇斷非莊生不能作，外篇雜篇，則後人竄入者多。」〔註65〕

2. 王夫之《莊子解》說：「外篇非莊子之書」，「蓋爲莊子之學者，欲引伸之，而見之弗逮，求肖而不能也」。外篇「也非出一人之手」。〔註66〕

3. 鄭瑗《井觀瑣言》說：「竊意但其內七篇，是莊氏本書，其外雜等二十六篇，或是其徒所述，因以附之，然無可質據，未敢以爲然也。大抵莊列書非一手所爲。」〔註67〕

4. 郎擎霄《莊子學案》也說到：「莊子內篇文旨華妙，精微奧衍，當是莊子原作，間或有後人屬入之語，然大致可信矣。外雜篇，自昔賢已疑其多爲後人所僞託，即不然，亦爲弟子所紀錄，故不可靠。」〔註68〕

陽出土的竹簡《詩經》，河北定縣出土的竹簡《論語》，長沙馬王堆出土的帛書《易經》，以及荊門郭店出土的竹簡《老子》等，與今本都有一定或較大的差距。按歷史的記載，《莊子》一書的編纂反反復復，遲至郭象時才刪定爲三十三篇的《莊子》定本。而漢代前期到先秦，《莊子》一書的文本次序到底是怎樣的？以出土材料證之，當完全沒有一個似郭象本編定次序的《莊子》。因此以郭象本所分定的《莊子》內、外、雜篇爲考據的前提，其基礎是築在流沙之上的。」見丁四新：《郭店楚墓竹簡思想研究》（北京：東方出版社，2000年10月），頁26。

〔註63〕見王叔岷：《莊學管闚》（台北：藝文印書館，1978年3月），頁20。
〔註64〕見馮友蘭：「研究莊周哲學，應該打破郭象本內、外篇的分別。」馮友蘭：《中國哲學史新編》上卷（北京：人民出版社，1998），頁402。
〔註65〕見焦竑：《焦氏筆乘正續》卷二，《叢書集成初編》（北京：中華書局，1985年），頁31。
〔註66〕見王夫之：《莊子解·點校說明》（台北：河洛圖書，1974年10月），頁1。
〔註67〕見鄭瑗：《庶齋老學叢談及其他四種·井觀瑣言》卷一（台北：新文豐出版社，1984年6月），頁2。
〔註68〕見郎擎霄：《莊子學案》（台北：河洛圖書，1974年12月），頁29。

5. 黃錦鋐《莊子之文學》說：「可見說莊子內篇不是莊子的作品，是有困難的。大多數的學者都認爲莊子內七篇是莊子的作品。羅根澤在『莊子外雜篇探源』中雖然對內篇並沒有加以肯定是莊子所自作，但言外之意，也認爲莊子內篇是莊子的作品，這是可以理解的。我們看莊子內篇，可以說是一個完整的哲學體系，自逍遙遊以至應帝王；由至人之無己到外則應帝而王，無論內容條理，都是一貫而成的。」〔註69〕

6. 王邦雄《中國哲學論集》則說：「可知研讀莊子，無論出於文學欣賞或哲學體悟，均以內篇爲主，外、雜篇惟天下、庚桑楚、寓言、秋水、知北遊等寥寥數篇可資參證而已；其中尤以天下與寓言兩篇，述及莊子之著書體例與哲學精神，爲研究莊學者所必讀。」〔註70〕

7. 楊儒賓《莊周風貌》中說：「由於內篇諸家並同，外、雜篇則析合不定，因此，認爲內篇是莊子所作，外、雜篇是莊子後學所作的說法，自古以來，一直傳聞不斷。關于這種論斷，我們可以承認內篇與外雜篇兩者是有差異之處，舉其犖犖大者，比如：一、內篇標名，皆揭示本篇之根本大義，外雜篇的篇名則擷取篇首兩字爲之。二、內篇對孔子多加禮讚，縱有微辭，語尚蘊藉。外雜篇則直言辱罵，不加寬貸。三、外雜篇均引老子之文，內篇獨無。以上三點的差異是相當顯著的，尤其第一點更令我們難以將內篇作者與外雜篇作者等同。」〔註71〕

8. 劉笑敢在《莊子哲學及其演變》說：「在內篇與外雜篇之間進行多方面的比較研究，我們發現內篇與外雜篇之間在概念的使用上存在著明顯的區別。這就是內篇雖然用了道、德、命、精、神等詞，但沒有使用道德、性命、精神這三個複合詞，而在外雜篇中，道德、性命、精神這三個複合詞都反復出現了。」「以上事實告訴我們，《莊子》書中內篇與外雜篇之間在使用概念方面的區別，正是歷史爲我們留下的客觀的年代分界，這條分界線告訴我們，外雜篇不可能是戰國中期的作品，只有內篇才可能是戰國中期的文章，而莊子恰好是戰國中期人，所以只要我們不懷疑《莊子》書中包括莊子本人的作品，那麼，我們也就無法懷疑內篇基本上是莊子所作，而外雜篇只能是各派後學所作

〔註69〕見黃錦鋐：《莊子及其文學》（台北：東大圖書，1977年7月），頁16。
〔註70〕見王邦雄：《中國哲學論集》（台北：臺灣學生書局，1983年8月），頁5。
〔註71〕見楊儒賓：《莊周風貌》（台北：黎明文化，1991年），頁22。

了。」〔註72〕劉笑敢通過對內、外、雜篇用詞不同的分析，認爲內篇爲莊子所作，外、雜篇爲莊子後學所作。

根據上述諸家所言，各有其所論據，但尚未有一明確之定論。但是大致以內篇爲莊子所作，而外雜篇爲後世弟子所增補或摻雜有其他思想之說居多。其實，先秦諸子書，往往是某一學派著作的匯編，或師生共同完成，如《孟子》並非全書都是孟子所著。〔註73〕此外，書中也可以有後人補充增添的篇章，即使同一篇中也可以有後人添寫上去的文字。章學誠《文史通義·言公上》說：「古人之言，所以爲公也，未嘗矜於文辭而私據爲己有也。」〔註74〕

那麼，筆者認爲對於《莊子》一書，稱其爲「非一人一時之作」似乎是較爲適當之說法。無論《莊子》一書的版本流傳的過程如何，其具體年代、作者和篇章等問題的歷史本來面目如何，均不妨礙把《莊子》作爲哲學文本來解讀。從哲學史的角度看，無論歷史上那個叫做莊子的人寫了《莊子》中的哪些篇章，又有哪些篇章是他的後學寫的，儘管這些學術史問題事實上都存在著，但同樣是基本歷史事實的是，在沒有弄清這些問題的前提下，莊子哲學已經通過《莊子》一書對中國傳統文化和哲學思想的發展產生了巨大影響。〔註75〕

今日觀內篇內容確屬同一思想，有極密切的關係，敘述上也有相呼應之處。如〈應帝王〉「齧缺問於王倪，四問而四不知」，顯然是接著〈齊物論〉「齧缺問乎王倪」故事而來，但論述上是獨立的。成玄英疏說：

> 所以〈逍遙〉建初者，言達道之士，智德明敏，所造皆適，遇物
> 逍遙，故以〈逍遙〉命物。夫無待聖人，照機若鏡，既明權實之

〔註72〕見劉笑敢：《莊子哲學及其演變》（北京：中國社會科學出版社，1988年2月），頁5、12。

〔註73〕任繼愈主張外、雜篇的一部分是莊子自著，而另一部分和內篇則爲莊子後學所著。其主要論據爲：一是司馬遷在《史記》中列舉了五個篇目，〈漁父〉、〈盜跖〉、〈胠篋〉、〈畏累虛〉、〈亢桑子〉都是《莊子》外雜篇。二是《莊子》外雜篇「詆訛孔子之徒」、「剽剝儒墨」的思想較爲靠近老子，反而內篇離得較遠一些。莊子既然是老子思想的繼承者，當然是較靠近老子思想的篇目先出。見任繼愈：《中國哲學發展史·先秦》（北京：人民出版社，1998年5月），頁383。任氏此說法缺乏論證，一般不予採信。

〔註74〕見章學誠著、葉瑛校注：《文史通義校注》（北京：中華書局，1994年3月），頁169。

〔註75〕見崔宜明：《生存與智慧——莊子哲學的現代闡釋》（上海：上海人民出版社，1996年12月），頁6。

二智，故能大齊於萬境，故以〈齊物〉次之。既指馬（蹄）天地，
混同庶物，心靈凝湛，可以攝衛養生，故以〈養生主〉次之。既
善惡兩忘，境智俱妙，隨變任化，可以處涉人間，故以〈人間世〉
次之。內德圓滿，故能支離其德，外以接物，既而隨物昇降，內
外冥契，故以〈德充符〉次之。止水流鑑，接物無心，忘德忘形，
契外會內之極，可以匠成庶品，故以〈大宗師〉次之。古之真聖，
知天知人，與造化同功，即寂即應，既而驅馭群品，故以〈應帝
王〉次之。〔註76〕

內篇思想成一系統，能詳盡地闡述《莊子》思想。若將各篇獨立視之，又有
各自強調的主題，而能不離《莊子》之大要。故今日閱讀《莊子》時，理應
將《莊子》視為一個整體，不必拘泥於內、外、雜篇的區分。而以內篇為主
體，以外雜篇中思想內容與內篇相符的部分為輔，將其理解為一個前後一貫
的思想系統，此有助於吾人閱讀《莊子》，並進一步瞭解其思想內涵。

二、《列子》其書

《列子》是道家及道教的重要經典和思想寶庫，實是為後人開拓了新的
視野與領域。柳宗元〈辨列子〉說：「然觀其辭，以足通知古之多異術也。讀
焉者慎取之而已矣。」〔註77〕重要的注本除見於《四部備要》，收入《中華道
藏》的有：南宋林希逸撰《沖虛至德真經鬳齋口義》八卷、宋江遹撰《沖虛
至德真經解》二十卷、宋徽宗趙佶撰《沖虛至德真經義解》六卷、高守元纂
集《沖虛至德真經四解》（即晉張湛、唐盧重玄解、宋政和訓、宋范致虛解）
二十卷、唐殷敬順撰、宋陳景元補遺《沖虛至德真經釋文》二卷等。

（一）成書過程

關於《列子》的真偽，歷來是學術界聚訟不休的問題。《列子》的書名，
在其他先秦典籍中並沒有記載。西漢劉向曾對《列子》一書加以整理編纂，《列
子新書目錄・序》中寫道：

所校中書《列子》五篇，臣向謹與，長社尉臣參校讎太常書三篇，
太史書四篇，臣向書六篇，臣參書二篇，內外書凡二十篇，以校除

〔註76〕見郭慶藩輯：《莊子集釋》（台北：華正書局，1994年8月），頁31。
〔註77〕見楊伯峻：《列子集釋》（台北：華正書局，1987年9月），頁287。

復重十二篇，定著八篇。中書多，外書少。章亂布在諸篇中，或字誤，以盡爲進，以賢爲形，如此者眾。及在新書有棧，校雠從中書已定，皆以殺青，書可繕寫。〔註78〕

這裡記載了成書過程。《列子》一書經劉向蒐集得二十篇，去其重複，定爲八篇。到了東漢班固《漢書·藝文志》記載道：「《列子》八篇」，〔註79〕列於道家。後來漢末混亂，造成《列子》的散佚。直到晉室南渡，張湛的祖父張嶷得書，重新編纂《列子》，張湛加以註解，著有《列子注》一書，即今刊行於世的《列子》通行本。張湛在〈列子序〉說：

湛聞之先父曰：吾先君與劉正輿、傅穎根，皆王氏之甥也，竝少游外家。舅始周，始周從兄正宗、輔嗣，皆好集文籍。先并得仲宣家書，幾將萬卷。傅氏亦世爲學門。三君總角，競錄奇書。及長，遭永嘉之亂，與穎根同避難南行；車重各稱力，竝有所載。而寇虜彌盛，前途尚遠。張謂傅曰：「今將不能盡全所載，且共料簡世所希有者，各各保錄，令無遺棄。」穎根於是唯賷其祖玄、父咸〈子集〉。先君所錄書中有《列子》八篇。及至江南，僅有存者。《列子》唯餘〈楊朱〉、〈說符〉、目錄三卷。比亂，正輿爲楊州刺史，先來過江，復在其家得四卷。尋從輔嗣女婿趙季子家得六卷。參校有無，始得全備。〔註80〕

張湛在這裡說明了今本《列子》的來歷，其所注的《列子》，是其祖父張嶷從其外舅王宏、王弼家中得來的。張嶷和劉正輿、傅穎根都是山陽郡高平縣王家的外甥。王始周是張嶷的舅舅，王宏（正宗）、王弼（輔嗣）是始周的從兄。而王宏、王弼都是王業的兒子，王業又是王粲的嗣子，因粲二子從魏諷謀反被誅，無後，乃以王業嗣粲。王業繼嗣王粲所得，而王粲之書又多得之於蔡邕，〔註81〕蔡邕爲當時的大藏書家，所以序中說「先并得仲宣家書，幾將萬卷」。此外，王

〔註78〕見楊伯峻：《列子集釋》（台北：華正書局，1987年9月），頁277。

〔註79〕見班固：《漢書》（台北：新陸書局，1964年1月），頁584。

〔註80〕見張湛注：《列子》，《四部備要子部》（台北：臺灣中華書局，1966年3月），頁1。

〔註81〕《博物志》說：「蔡邕有書萬卷，漢末年，載數車與王粲。粲亡後，相國椽魏諷謀反，粲子與焉。既被誅，邕所與粲書，悉入粲族子業，字長緒，即正宗父，正宗即輔嗣兄也。」見張華：《博物志》卷六，《叢書集成初編》（北京：中華書局，1985年），頁26。

粲的曾祖父王龔曾於東漢順帝時任太尉一職，《後漢書》中說王家世爲豪族，〔註82〕則王家藏書之豐富亦可想見。張嶷所保存的《列子》僅餘〈楊朱〉、〈說符〉、目錄三卷，於是自劉陶家中找到四卷，並從王弼女婿趙季子家中得六卷，參校有無，去掉重複的篇章，重新編纂而成《列子》八篇。

（二）真偽問題

從唐柳宗元開始，逐漸對張湛爲之作注的《列子》產生了懷疑，由此《列子》一書的眞偽便成爲學者們經常爭辯的問題。有的學者認爲張湛注的《列子》中雖保留有先秦《列子》的一些內容，但基本上屬於魏晉時期的作品。不過也有持不同意見者，認爲它是先秦時代的作品，非後人所僞造。因此，《列子》一書的眞偽，一時難成定論。〔註83〕

1. 《列子》爲偽書

《列子》雖係道家學派的代表作之一，然後世多以爲是偽書，非先秦列子所撰，甚至懷疑劉向《列子新書目錄》亦爲後人所作。劉向《列子新書目錄·序》謂「列子者，鄭人也，與鄭繆公同時」。〔註84〕柳宗元〈辨列子〉說：

> 劉向古稱博極群書，然其錄列子，獨曰鄭繆公時人。繆公在孔子前幾百歲，《列子》書言鄭國皆云子產、鄧析，書言鄭國皆云子產、鄧析，不知向何以言之如此？《史記》鄭繻公二十四年，楚悼王四年，圍鄭，鄭殺其相駟子陽，子陽正與列子同時，是歲周安王三年（實爲四年），秦惠王、韓烈侯、趙武侯二年，魏文侯二十七年，燕厘公五年，齊康公七年，宋悼公六年，魯繆公十年，不知向言魯繆公時遂誤爲鄭耶？不然，何乖錯至如是？〔註85〕

柳宗元懷疑今本《列子》非列子所著，指出鄭繆公恐爲魯繆公之誤，但他並未否定列子的存在。因一字之差，引起種種疑問，結果竟以爲《列子》爲偽書。〔註86〕鄭繆公於春秋之初，周襄王二十五年即位，繻公於春秋之末，威烈王五

〔註82〕「王龔，字伯宗，山陽高平人也，世爲豪族……。」見范曄撰、章懷太子賢注：《後漢書·王龔傳》，《四部備要史部》（臺北：臺灣中華書局，1966年3月），頁4～8。

〔註83〕見熊鐵基、馬良懷、劉韶軍：《中國老學史》（福州：福建人民出版社，1997年7月），頁233。

〔註84〕見楊伯峻：《列子集釋》（臺北：華正書局，1987年9月），頁278。

〔註85〕同註84，頁287。

〔註86〕柳宗元以鄭繆公爲魯繆公之誤，實有誤解，應是鄭繻公之誤。成玄英說列子：

年即位，相距二○四年，論者認爲以劉向之博學，怎會誤將列子當作是春秋初年鄭繆公時人。以此懷疑《列子》一書之眞僞。姚際恒《古今僞書考》說：

> 佛氏無論戰國時未有，即劉向時又寧有耶！則向之序亦安知不爲其人所託而傳乎？夫向博極群書，不應有鄭繆公之謬，此亦可證其爲非向作也。〔註87〕

姚氏認爲今本《列子》中雜有佛教思想，但戰國或劉向之時，佛教並未傳入，且以劉向之博學，怎會有一字之誤？〔註88〕

　　除了懷疑《列子》一書的眞僞，有人甚至懷疑劉向的《列子新書目錄》也是張湛所僞造。如陳旦〈《列子·楊朱篇》僞書新證〉中說：「（張湛《列子注序》）其書大略明群有以至虛爲宗，萬品以終滅爲驗，神惠以凝寂常全，想念以著物自表，生覺與化夢等情。巨細不限一域，窮達無假智力，治身貴於肆任，順性則所至皆適，水火可蹈。忘懷則無幽不照，此其旨也。然所明往往與佛經相參，大歸同於老莊，屬辭引類，特與《莊子》相似。《莊子》、《愼到》、《韓非》、《尸子》、《淮南子》、《玄示》、《旨歸》多稱其言。此正張湛自寫供狀，明言其取資之源。但張不肯自居著作之名。彼蓋於無名主義，深造有得者。故更遊移其詞，遂成千古疑案。」〔註89〕

（1）《列子》爲魏晉人僞造

　　疑古者既懷疑《列子》一書的眞僞，認爲此書也許在戰國時是存在的，但後來亡佚了。今日所見之《列子》，實爲托名先秦古籍，但應該是成於魏晉時代的僞書，其中〈力命〉、〈楊朱〉二篇，更是晉人思想和言行的反映。

「姓列，名禦寇，鄭人也，與鄭繆公同時，師于壺丘子林，著書八卷。」見郭慶藩輯：《莊子集釋》（台北：華正書局，1994 年 8 月），頁 19。蘇轍在《古史·老子列傳》文後附有〈列子傳〉，說：「列子者，鄭人也，名禦寇，與鄭繆公同時。」見蘇轍：《古史》卷三十三，王雲五主編：《四庫全書珍本六集》（台北：臺灣商務印書館，1976 年），頁 3。

〔註87〕見姚際恒：《古今僞書考》（台北：臺灣開明書店，1969 年 4 月），頁 55～56。

〔註88〕葉大慶在《考古質疑》否定列子爲鄭繆公時代人，他說：「〈楊朱篇〉云：『孔子伐木于宋，圍于陳蔡。』夫孔子生于魯襄二十二年，繆公之薨五十五年矣。陳蔡之厄，孔子六十三歲。統而言之，已一百十八年。列子繆公時人，必不及知陳蔡之事明矣。況其載魏文侯、子夏之問答，則又後于孔子者也。」所以劉向恐怕「誤以『繻』爲『繆』歟？」以爲古書誤字所在多有，即劉向誤字訛傳，亦不必深怪之。見葉大慶：《考古質疑》卷三，王雲五主編：《四庫全書珍本別輯》（台北：廣文書局，1969 年），頁 10～11。

〔註89〕見楊伯峻：《列子集釋》（台北：華正書局，1987 年 9 月），頁 317。

〔註90〕以下歸納疑古者以《列子》書爲僞書的幾項因素：

A. 摻入後代史實

持論者認爲《列子》書中有摻入後代史實的部分。〈湯問〉「周穆王大征西戎，西戎獻錕鋙之劍，火浣之布，其劍長尺有咫，練鋼赤刃，用之切玉如切泥焉。火浣之布，浣之必投於火。布則火色，垢則布色，出火而振之，皓然疑乎雪。皇子以爲無此物，傳之者妄。蕭叔曰：『皇子果於自信，果於誣理哉』」數語，與《抱朴子・論仙》稱曹丕「謂天下無切玉之刀、火浣之布，及著《典論》，嘗據言此事。其間未期，二物畢至。帝乃歎息，遽毀斯論」相合。〔註91〕

余正燮《癸巳存稿》卷十「火浣布說」條最後說：「《列子》晉人王浮、葛洪以後書也。以〈仲尼篇〉言聖者，〈湯問篇〉言火浣布知之。」〔註92〕馬敘倫更是在〈列子僞書考〉中列舉二十條理由，證明「其書必出僞造」。〔註93〕於是疑古者以此爲有力的理由，認爲《列子》爲晉人僞造。

B. 反映佛教思想

錢大昕《十駕齋養新錄・釋氏輪迴之說》說：「《列子・天瑞篇》：『林類曰，死之與生，一往一反，故死於是者，安知不生於彼。』釋氏輪迴之說，蓋出於此。《列子》書晉時始行，恐即晉人依託。」〔註94〕論者以爲魏晉時佛教盛行，而可證《列子》爲晉人僞造。其實《莊子・大宗師》「子祀子輿子梨子來四人相與語曰」一段故事中，也說明了死生的變化是自然的一往一返過程，且死後可化爲他物等觀點。〔註95〕那麼，是否也要說《莊子》思想中也有襲取佛家的部分？

此外，《莊子》一書中合於佛家之說者尤多。如〈齊物論〉中「古之人，其知有所至矣。惡乎至？有以爲未始有物者，至矣，盡矣，不可以加矣。其

〔註90〕見陳冠蘭：《飄逸之仙——列子・前言》（長沙：中南大學出版社，2000年9月），頁2。

〔註91〕見葛洪：《抱朴子・內篇》卷二，《四部備要子部》（台北：臺灣中華書局，1966年3月），頁4。

〔註92〕余正燮《癸巳存稿》卷十「火浣布說」條，見楊伯峻：《列子集釋》（台北：華正書局，1987年9月），頁296。徐復觀則認爲此說可疑，見徐復觀：《中國人性論史》（台北：臺灣商務印書館，1969年1月），頁421。

〔註93〕同註92，頁301～304。

〔註94〕見錢大昕：《十駕齋養新錄》卷十八（台北：臺灣商務印書館，1965年2月），頁436。

〔註95〕見徐復觀：《中國人性論史》（台北：臺灣商務印書館，1969年1月），頁420。

次以爲有物矣，而未始有封也。其次以爲有封焉，而未始有是非也」。〈知北遊〉謂「生也死之徒，死也生之始」，〈田子方〉說「生有所乎萌，死有所乎歸，始終相反乎無端，而莫知乎其所窮」。這些說明破除是非之見，取消物我之間的界限，及生死流轉之理等看法，與佛家所說之意相近。〔註96〕

　　因此，若要以《列子》思想中有合於佛家處，就確定其爲僞作，則過於牽強。徐復觀在《中國人性論史》中說：

> 佛教的輪迴說，不僅對人死後的化爲他物，說得肯定而具體；且其立說之重點，乃在說明因果報應的情形。……《列子》一書中，有一點因果報應的痕迹嗎？在這種地方，正可反證《列子》絕非出於魏晉人僞造。〔註97〕

張湛在《列子注・序》中已明言列子所講之理「往往與佛經相參」，〔註98〕豈可因《列子》之言與佛家有相近相合之處，便說其書造於佛教來華之後，故爲晉人所僞造。

C. 使用語言不合

　　論者以爲《列子》書中很多詞語不是先秦的用法，而是魏晉以後的用法。楊伯峻在《列子集釋・例略》中說：「《列子》之爲晉人所僞，殆無疑義。」〔註99〕馬敘倫在〈列子僞書考〉中舉例說〈周穆王篇〉記載儒生爲華子治病，「儒生」一詞漢代才通用，先秦無此稱呼。〔註100〕

　　楊伯峻從漢語史及詞匯的角度，來研究《列子》成書年代問題。他在〈列子著述年代考〉一文中說：「生在某一時代的人，他的思想活動不能不以當日的語言爲基礎，誰也不能擺脫他所處時代的語言的影響。」〔註101〕在這篇文章中，他分別舉出《列子》中提及「數十年來」、「舞」字、「都」字、「所以」、「不如」等等字詞，爲先秦典籍所沒有的用法，而說「《列子》是魏晉人的贗品」。〔註102〕劉禾〈從語言的運用上看《列子》是僞書的補正〉一文，列舉「朕」、「吾」、「弗」字的用法，與「眼」的詞義，「乞兒」構詞等問題，說明《列子》

〔註96〕張成秋說：「道家思想，本近於佛，而於《莊子》爲尤甚。」見張成秋：《先秦道家思想研究》（台北：臺灣中華書局，1971年4月），頁31。

〔註97〕見徐復觀：《中國人性論史》（台北：臺灣商務印書館，1969年1月），頁421。

〔註98〕見楊伯峻：《列子集釋》（台北：華正書局，1987年9月），頁279。

〔註99〕同註98，頁1。

〔註100〕同註98，頁302。

〔註101〕同註98，頁323。

〔註102〕同註98，頁327～347。

一書雖：「托名曰先秦古籍，而書中卻出現了不少漢以後的語匯及與先秦語言規律不合的用法。」〔註103〕馬振亞則在〈從詞的運用上揭示《列子》偽書的真面目〉一文中，從《列子》中出現的「蘭」、「住」、「憾」三個字所使用的詞義，實乃晉代以後才出現的詞義，證明《列子》為東晉偽作。〔註104〕

（2）《列子》為張湛偽託

有學者主張《列子》為張湛所偽託，如梁啓超說：

> 有一種書，完全是假的，其毛病更大，學術源流，都給弄亂了。譬如《列子》乃東晉時張湛，——即《列子注》的作者——採集道家之言，湊合而成。真《列子》有八篇，《漢書‧藝文志》尚存其目，後佚。張湛依八篇之目，假造成書，並載劉向一序，大家以為劉向曾經見過，當然不會錯了⋯⋯《列子》中，多講兩晉間之佛教思想，並雜以許多佛家神話，顯係後人偽託無疑⋯⋯張湛生當兩晉，遍讀佛教經典，所以能融化佛家思想，連神話一並用上。〔註105〕

> 假造《列子》的張湛，覺得當時學者，對於《老》《莊》的註解甚多，若不別開生面，不能出風頭；而列禦寇這個人，《莊子》中說及過，《漢書‧藝文志》又有《列子》八篇之目，於是搜集前說，附以己見，作為《列子》一書；自編自註，果然因此大出風頭。〔註106〕

梁氏以為《列子》一書係張湛自編自註。呂思勉《經子解題‧列子》也說：「此書前列張湛序，述得書源流，殊不可信。而云『所明往往與佛經相參，大同歸於老莊』；『屬辭引類，特與《莊子》相似。莊子、慎到、韓非、尸子、淮南子、玄示、指歸，多稱其言』；則不啻自寫供招⋯⋯湛蓋亦以佛與老、莊之道為可通，乃偽造此書，以通兩者之郵也。」〔註107〕

葛爾漢（A.C.Graham）觀察了《列子》書中「吾」、「可」、「弗」、「亡」、「都」及「焉」等的用法，並與其他古籍比較，結論是《列子》晚出，與張湛家族有關。他說：

〔註103〕見劉禾：〈從語言的運用上看《列子》是偽書的補正〉，《東北師大學報》第3期，1980年，頁34～38。

〔註104〕見馬振亞：〈從詞的運用上揭示《列子》偽書的真面目〉，《吉林大學社會科學學報》第5期，1995年。

〔註105〕見梁啓超：《中國歷史研究法五種‧古書真偽及其年代》（台北：里仁書局，1982年1月），頁399。

〔註106〕同註105，頁416。

〔註107〕見呂思勉：《經子解題》（高雄：復文書局，1993年6月），頁118。

> 張湛〈序〉言《列子》爲其家人三代所共知，這說明自從南渡之後，
> 外人已不知此書全本之面貌。因此，看來此書是在張府中編成的，
> 也許由他祖父張嶷重訂殘脫的三篇開始，或從他父親張曠將那部傳
> 授可疑的書交給張湛時開始。〔註108〕

根據上述各家所言，大致認同《列子》爲僞書這一觀點，但關於成書年代及僞
作者則意見稍有不同，且所提出的論點依據也有不同。大體而言，懷疑者的立
場大概以《列子》爲僞書，成書於魏晉之時，或可能就是張湛所僞造。所根據
的是《列子》書記載有後代史實、摻雜佛教思想與詞語用法晚於先秦等論點。

2.《列子》非僞書

在楊伯峻《列子集釋》的附錄中，收集了自柳宗元以來關於《列子》的
辨僞文字。其實《列子》既曾在西漢失傳，又歷經魏晉亂世，成書過程曲折，
難免會有後人掇拾的部分，這在古書中實爲常見之現象。若以此說《列子》
爲魏晉人所僞造，實又欠缺更爲有力之證據，因此有學者提出不同看法，以
下分別論述之。

（1）《列子新書目錄》非僞作

前文中提到，有人以爲劉向《列子新書目錄》爲僞作，武義內雄卻強調
《列子新書目錄》之非僞，他在〈列子冤詞〉中說：「向序非僞，《列子》八
篇非禦寇之筆，且多經後人刪改。然大體上尚存向校定時面目，非王弼之徒
所僞作。姚氏以鄭繆公之誤，斷爲序非向作，因一字之誤，而疑序之全體，
頗不合理。況由後人之僞寫，抑由向自誤，尚未可知。」又針對馬敍倫〈列
子僞書考〉指出：「要之，向序言《列子》之傳來與性質甚明，若捨此而置疑，
則不可不有確據。」〔註109〕

此外，從《列子新書目錄・序》亦可看出劉向校勘《列子》，對其思想內
涵是有較深領會的：

> 孝景皇帝時貴黃老術，此書頗行於世。及後遺落，散在民間，未有
> 傳者。且多寓言，與莊周相類，故太史公司馬遷不爲列傳。〔註110〕

劉向說漢景帝貴黃老術，《列子》頗行於世，這合於歷史的實際。文帝、景帝

〔註108〕A.C.Graham，The Date and Composition of Liehtzu（London：Percy，
　　　　Humphries&Co.Ltd，1961），pp 年 1 月 39～198。轉引自鄭良樹：《列子》
　　　　眞僞考述評〉，《中國文哲研究通訊》第 10 卷第 4 期，2000 年 12 月，頁 233。
〔註109〕見楊伯峻：《列子集釋》（台北：華正書局，1987 年 9 月），頁 305～306。
〔註110〕同註 109，頁 278。

時崇尚道家黃老學，而自漢武帝開始罷黜百家，獨尊儒術，以致《列子》漸失傳，而內容又多寓言，與《莊子》一書相類，這些都合於實際。〔註111〕

張湛已經清楚說明過，永嘉之亂後，《列子》在江南僅存三卷，其他六卷是經其「參校有無」，才得以「全備」。但是，後來所補入的部分是否完全與劉向原書相同，很難妄下評論。而經張湛「參校」之後，書中出現了誤入的晚出材料，這是很有可能的。在這樣的情形下，要求後來誤入的晚出材料要符合劉向所言，甚至以此批評劉向的《列子新書目錄》為偽造，實是不合情理。因此，不宜妄稱劉向《列子新書目錄》為偽作。

（2）《列子》非偽作

對於《列子》為偽造之說，也有人持不同看法，進一步為《列子》辨誣，如嚴靈峰、武義內雄等人。嚴靈峰先定義「真」、「偽」及「真」、「偽」混雜的不同，他說：

「偽」，就是是「偽託」；是有人存心作偽，假造這一部書，以欺騙世人。一如製造假古董的人，為著牟利，不惜以偽亂真。

「真」，是原來有人著作，不問何人、何時、何地作成，但絕非他人冒名代撰的作品。

「真」、「偽」混雜，一部份是真的，一部份是由於編纂者鑑別不精或本身簡編錯亂；或其中有他書羼入，好像白米混入雜糧；白米成分雖少，仍屬真正原物；而混入部分可稱為「偽」，但不必有人存心「偽託」。〔註112〕

嚴靈峰自述其對於《列子》一書整理所得的結論便是第三種。之後又在《列子辯誣及其中心思想‧序》裡說：

《列子》此書，自宋人高似孫以來，明人宋濂，近世梁啟超、馬敘倫、顧實、楊伯峻輩皆稱其偽。咸謂乃魏晉人所「假託」；馴致逕指：注《列子》書者張湛之所為。眾口鑠金，遂令現代學人棄之如敝屣；良可嘆也！近復檢視全文，益覺其書之可貴。凡所揭舉之人物，如：黃帝、鬻熊、老聃、關尹喜、壺丘子林、伯昏瞀人、林類諸人，以

〔註111〕見陳鼓應主編：《道家文化研究》第六輯（上海：上海古籍出版社，1995 年 6 月），頁 85。

〔註112〕見嚴靈峰：《列子辯誣及其中心思想》（台北：文史哲出版社，1994 年 8 月），頁 266。

及「黃帝書曰」、「黃帝之書」，在先秦典籍中，皆首先於《列子》，更重要者，並「老子」、「楊子」、「楊朱」、「列子」、「列禦寇」、「亢倉子」之名字亦然；而向爲世人所忽視。尤其〈黃帝篇〉所言：「黃帝與炎帝戰於阪泉之野」之事，亦爲他書所不載。實爲司馬遷《史記》、〈五帝本紀〉所引據；爲歷代史學家所忽略。《列子》書中，不免羼雜後人的文字或錯簡，但其所保存之珍貴史料，亦爲他書所不及；益足以證明其書絕非後人所「僞託」。〔註113〕

上文中嚴靈峰對《列子》非僞的理由，只是做了簡要的說明。而在其他內文部分，則詳細說明了《列子》非後人僞託之作。武義內雄在〈列子冤詞〉中對於馬敘倫認爲《列子》爲僞書之說，也進行了辨說，條理清晰，此處不加贅述。〔註114〕

　　如果《列子》爲張湛僞造，那麼《列子注》和《列子》應是互爲表裡，思想相通的，在仔細對照《列子注》與《列子》之後，發現張湛在《列子注》中所體現的思想與《列子》原文的思想差別很大，甚至注文與原文沒有關係或相反，這樣兩者便在思想上有很大的矛盾。〔註115〕而且張湛對《列子》有許多誤注的地方；或不識《列子》所用字詞音義，不知《列子》所用典故來歷；或對《列子》中認爲錯的字加以改正，用通假作解釋，甚至提出質疑與批判，以此證明《列子》不是張湛所僞作。〔註116〕

　　此外，還有其他說不通之處。如「谷神不死」一段之文，爲《老子‧六章》之言，〔註117〕而〈天瑞〉謂爲黃帝之言。〈湯問〉言及「鄒衍之吹律」，鄒衍爲列子以後之人，以張湛之學問，如僞造豈能有此謬誤？又如〈黃帝〉「列

〔註113〕見嚴靈峰：《列子辯誣及其中心思想‧序》（台北：文史哲出版社，1994年8月），頁1。

〔註114〕見楊伯峻：《列子集釋》（台北：華正書局，1987年9月），頁306～307。

〔註115〕馬達在〈張湛《列子注》與《列子》在義理上的矛盾〉一文中，按篇章順序依次討論《列子》原文與《列子注》注文之間的關係。先引《列子》原文，再引《列子注》注文，之下以「按」的方式加以補充說明。見馬達：〈張湛《列子注》與《列子》在義理上的矛盾〉，《北方工業大學學報》第9卷第4期，1997年12月，頁80。

〔註116〕見馬達：〈《列子》非張湛所僞作〉，《湖南教育學院學報》第15卷第1期，1997年2月，頁26～30。

〔註117〕《老子‧六章》云：「谷神不死，是謂玄牝。玄牝之門，是謂天地根。緜緜若存，用之不勤。」見王弼注：《老子》，《四部備要子部》（台北：臺灣中華書局，1970年9月），頁4。

子師老商氏⋯⋯自吾之事夫子友若人也，三年之後，心不敢念是非，口不敢言利害，始得夫子一哂而已。五年之後，心庚念是非，口庚言利害，夫子始一解顏而笑⋯⋯」，與〈仲尼〉「子列子學也，三年之後，心不敢念是非，口不敢言利害，始得老商一哂而已⋯⋯」兩段文章的內容相近。此現象亦發生在〈黃帝〉「孔子觀於呂梁，縣水三十仞，流沫三十里，黿鼉魚鱉之所不能游也⋯⋯」與〈說符〉「孔子自衛反魯，息駕乎河梁而觀焉。有懸水三十仞，圜流九十里，魚鱉弗能游⋯⋯」兩段文章中。既然發現書中有相近之文，分別放在不同篇章中，又不加以整理或除去其中重複者，則為矛盾處。根據上述論述，說《列子》非出自魏晉時人偽造，還是可令人信服的。

（三）作者問題

今本《列子》當經過不同階段，不同的人編著而成，非一時一人之作，但其道家思想的實質並未變。不論其書之真偽如何，歷來對本書作者有不同之看法，以下列舉各家說法以為參考：

1. 宋黃震《黃氏日抄》認為：「其書八篇，雖與劉向校讎之數合，實則典午氏（司馬昭）渡江後方雜出於諸家。」〔註118〕

2. 明宋濂《諸子辨》說：「書本黃老言，絕非禦寇所自著，必後人會粹而成者。」〔註119〕

3. 清姚鼐〈跋列子〉說：「《莊子》、《列子》皆非盡本書，有後人所附益。」〔註120〕

4. 清《四庫全書總目提要》在談《列子》之偽時說：「今考第五卷湯問篇中，併有鄒衍吹律事，不止魏牟孔穿，其不出禦寇之手更無疑義。」〔註121〕又說：「凡稱子某子者，乃弟子之稱師，非所自稱，此書皆稱子列子，則決為傳其學者所追記，非禦寇自著。」〔註122〕

5. 吳德旋〈辨列子〉說：「《列子》書非列子所自作，殆後人剽剝老莊之旨而兼采雜家言傅合成之。」〔註123〕

〔註118〕見楊伯峻：《列子集釋》（台北：華正書局，1987年9月），頁290。
〔註119〕同註118，頁291。
〔註120〕同註118，頁294。
〔註121〕見永瑢等撰《四庫全書總目提要（二十八）》，王雲五主編：《萬有文庫薈要》（台北：臺灣商務印書館，1965年），頁3037。
〔註122〕同註121，頁3038。
〔註123〕同註118，頁296。

6. 姚際恒《古今僞書考》說：「然意戰國時本有其書，或莊子之徒依託爲之者；但自無多，其餘盡後人所附益也。」〔註124〕

7. 馬敍倫〈列子僞書考〉說：「由此言之，世傳《列子》書八篇，非《漢志》著錄之舊，較然可知。……蓋《列子》書出晚而亡早，故不甚稱於作者。魏晉以來，好事之徒，聚斂《管子》、《晏子》、《論語》、《山海經》、《墨子》、《莊子》、《尸佼》、《韓非》、《呂氏春秋》、《韓詩外傳》、《淮南》、《說苑》、《新序》、《新論》之言，附益晚說，成此八篇，假爲向敍以見重。」〔註125〕

8. 劉汝霖《周秦諸子考》說：「由此（張湛序）知道張湛的本子是由幾種殘缺的本子相合而成。他的原本只有〈楊朱〉〈說符〉兩篇，此書既經一次變亂，各篇的殘缺，必定不少。裡面就不免有許多後人補充的材料，眞僞攙雜，所以後人因之懷疑全書。」〔註126〕

9. 嚴靈峰《列子辯誣及其中心思想》說：「現存之《列子》書乃劉向定著之《列子新書》之殘缺、雜亂者；復經張湛輯其散亡並爲之注。其書原爲列子門人及與私淑弟子所記述編纂，則無可置疑；非後人所能僞託者也。」〔註127〕

今日有越來越多學者，認爲《列子》並非僞書，而是一部先秦道家典籍，保存了列子及其後學的思想。馬達說：

> 先秦諸子多爲自成一家之學，其書不皆自著，中有自著的成分，也有門弟子記錄或根據師說著述，而由其師訂正、改定的部分。有的書甚至有再傳、三傳弟子、私淑弟子、習其學說的士人所著的部分。故先秦諸子多不是一次成書，而是逐步由少而多，最後整理成書的。所以諸子書雖爲某子之學，而其成書卻多在某之身後，書中多有記載某子身後之事，甚至有記載某子身後許多年之事者。〔註128〕

又說：

> 《列子》定本整理匯集成書當在公元前278年至公元前237年之間。

〔註124〕見姚際恒：《古今僞書考》（台北：臺灣開明書店，1969年4月），頁55。
〔註125〕同註124，頁304～305。
〔註126〕同註124，頁309。
〔註127〕見嚴靈峰：《列子辯誣及其中心思想》（台北：文史哲出版社，1994年8月），頁265。
〔註128〕見馬達：《〈列子〉眞僞考辨》（北京：北京出版社，2000年12月），頁450。

大體上約在戰國後期公元前 255 年左右，距列子卒年約 120 年。《列子》定本成書後，當仍有《列子》單篇本或多篇本爲人存閱或在一定範圍內流傳。據此可知，《列子》定本非列禦寇一人之作，而是列禦寇、列子弟子、列子學派著作的匯編。〔註 129〕

先秦諸子雖各以某子爲名，但大都是某一學派的集體創作，並非一時一人之作，《列子》也是同樣的情形。是由學生後人將有關列子的思想、言行記載下來，加以整理補充而成。〔註 130〕《列子》一書之不出於列子本人，亦猶《管子》之書之不出於管仲，這在今日是不待辯而明的。〔註 131〕

此外，古籍最初常是單篇流傳，最後才集結成書。余嘉錫說：「古人著書多單篇別行；及其編次成書，類出於門弟子或後學之手。」〔註 132〕在古籍集結的過程中，難免會有誤差，但不能以此完全抹滅書籍本身的思想內涵與價值。近年來，嚴靈峰撰有《列子辯誣及其中心思想》一書，極力證明《列子》非僞，其後許抗生、陳鼓應等人相繼撰文，力辨《列子》一書爲先秦古籍，也肯定張湛整理《列子》的功績。儘管目前仍是難以確定《列子》的眞僞，但是，就《列子》一書的內容來看，確實是屬於道家思想的作品。

《老子》、《莊子》與《列子》並列爲道家三部經典。唐玄宗開元二十五年（西元 737 年），置崇玄學於玄元廟，習誦《老子》、《莊子》、《文子》與《列子》（「四玄」）等四部書籍。唐玄宗天寶元年（西元 742 年），玄宗下旨置「玄學博士」，並以這四部道家著作作爲必修的科目，士人習之便可以應科舉考試。其中《列子》一書，又名爲《沖虛眞經》，〔註 133〕宋眞宗景德四年（西元 1007 年）時，在「沖虛」二字下加上「至德」二字，名爲《沖虛至德眞經》。

〔註 129〕見嚴靈峰：《列子辯誣及其中心思想》（台北：文史哲出版社，1994 年 8 月），頁 463。

〔註 130〕先秦古籍大多離不開由弟子或後學纂輯某一思想家之言論而成，直接由思想家撰作者並非多數。因此某典籍雖名爲某子書，然而大多只是經由後學的行文敍錄以呈顯其思想內容，未必眞是此思想家親筆之作。見林明照：《列子》天人思想試析〉，《哲學與文化》第 29 卷第 8 期，2002 年 8 月，頁 762。

〔註 131〕見徐復觀：《中國人性論史》（台北：臺灣商務印書館，1969 年 1 月），頁 419。

〔註 132〕見余嘉錫：《古書通例》（台北：丹青圖書，1987 年 4 月），頁 30。

〔註 133〕《舊唐書·儀禮志》說：「開元天寶……詔史記古今人表，玄元皇帝（老子）昇入上聖，莊子號南華眞人，文子號通玄眞人，列子號沖虛眞人，庚桑子號洞虛眞人。改《莊子》爲《南華眞經》，《文子》爲《通玄眞經》，《列子》爲《沖虛眞經》，《庚桑子》爲《洞虛眞經》。」見劉昫：《舊唐書》卷二十四，《四部備要史部》（台北：臺灣中華書局，1971 年 9 月），頁 110。

徽宗趙佶政和六年（西元 1116 年），立道學，詔太學辟雍，置《內經》、《道德經》、《莊子》、《列子》博士，並以《內經》和《道德經》為大經，《莊子》和《列子》為小經。《列子》「以其書及注文能發超俗沖虛之響，可以作為《老子》、《莊子》的詮解和補充，用以豐富道教理論」。﹝註 134﹞於此，可見《莊子》與《列子》二書之重要性，及對後世產生之深遠影響。

﹝註 134﹞見任繼愈：《中國哲學發展史‧魏晉南北朝》（北京：人民出版社，1988 年 4月），頁 292。

第四章　自然哲學

　　「道」是道家，甚至於是整個中國哲學的最高範疇。〔註1〕談到道家，當然要從老子談起。老子開啓奠定了道家學說的主要基礎，〔註2〕以「道」作爲萬物的共同根源，認爲萬事萬物皆要任其自然，順應道的自然規律，如此，方爲「深根固柢，長生久視之道」（《老子‧五十九章》）。〔註3〕

　　《莊子》與《列子》的哲學思想同樣以「道」爲主，在老子哲學思想的基礎之下，發展道論。認爲道雖無形無狀，卻是實際的存在；道雖無爲，萬物卻因得道而能化育生長；道具有普遍性，無所不在，無時不動；道超越時間與空間，不受時空的限制。透過對道的描述與理解，使人們對其思想理論與基礎有更進一步的認識。

第一節　《莊子》自然哲學

　　莊子和老子，都以「道」作爲其學說思想的核心，後世多以「老莊」並稱。莊子雖繼承了老子思想，但仍有所創新。除了對道體的說明之外，更是

〔註1〕　金岳霖說：「中國思想中最崇高的概念似乎是道。所謂行道、修道、得道，都是以道爲最終的目標。思想與情感兩方面的最基本的原動力似乎也是道……不道之道，各家所欲言而不能盡的道，國人對之油然而生景仰之心的道，萬事萬物之所不得不由，不得不依，不得不歸的道才是中國思想中最崇高的概念，最基本的原動力。」見金岳霖：《論道》，《民國叢書》第二編（上海：上海書店，1990年12月），頁26。

〔註2〕　「道」是老子哲學的中心觀念，他的整個哲學系統都是由他所預設的「道」而開展的。見陳鼓應：《老莊新論》（香港：中華書局，1991年4月），頁4。

〔註3〕　見王弼注：《老子》，《四部備要子部》（台北：臺灣中華書局，1970年9月）。本論文所引《老子》原文，出處皆同於此。

將其運用在人生、處世之道上，為精神找到永恆的寄託。董華在〈莊子寓言文學的內涵〉一文中，對於《莊子》所說之道有一扼要的說明。他說：

> 《莊子》認為道是人根源的本質，以「道」代表自由、逍遙、至樂的人生。對這汪洋恣肆的「道」，透過形象來加以啟示認識，寓哲理於虛幻浪漫之中，使其「道」論在融合於形象的創造中得以加強和升華，達到更高的境界。〔註4〕

那麼這個作為思想核心的「道」，其主要的內涵、意蘊是什麼呢？〈大宗師〉中為「道」下了個定義：

> 夫道有情有信，無為無形；可傳而不可受，可得而不可見；自本自根，未有天地，自古以固存。神鬼神帝，生天生地；在太極之先而不為高，在六極之下而不為深，先天地生而不為久，長於上古而不為老。

「有情有信」、「自古以固存」，說明道是客觀且真實的存在，是永恆且無始無終的；「無為無形」，說明道無心於作為，沒有固定的形體；「可傳而不可受，可得而不可見」，是說道超乎感知，無法掌控；「自本自根，未有天地，自古以固存」，道以其自身為本根，它自己就是自己形成的原因，它的存在不需要依賴其他東西而產生。成玄英疏說：

> 從古以來，未有天地，五氣未兆，大道存焉。故老經云有物混成，先天地生；又云迎之不見其首，隨之不見其後者也。〔註5〕

道存在於未有天地之時，是萬物產生的本源，萬物因它而變化。此外，道在空間和時間上具有無限的超越性，是任何感官都無法知覺、任何語言都不能表達的，所以說「在太極之先而不為高，在六極之下而不為深，先天地生而不為久，長於上古而不為老」，完全超脫時空的限制。黃錦鋐將道的特性做一歸納性的說明：

> 道是超乎時間空間存在的實體，它是宇宙一切事物的本源，但又是無為無形感官看不見的東西，我們可以稱為抽象的存在。所以莊子認為道是存在的，不過是無形看不見而已，看不見不能說是無。因為既然有看得見看不見的問題發生，可見道是存在的。……道雖然無形不可

〔註4〕 見董華：〈莊子寓言文學的內涵〉，《青海師範大學學報》（哲學社會科學版）第 2 期，2001 年，頁 80。

〔註5〕 見董華：〈莊子寓言文學的內涵〉，《青海師範大學學報》（哲學社會科學版）第 2 期，2001 年，頁 80。

見，但卻本體遍在。……因為道的本體遍在，所以莊子的道，也可以
說是「全」，但是也不能把「全」字看得太死，因為莊子的道，根本
是不可稱說的，齊物論說：「大道不稱」。……這樣的道，在認識論中
必然有不可知的成分。因為道是全，所以不可知，人的知識，無論怎
樣的淵博，所知的僅是全的一部分。根據部分的智識，來觀察宇宙的
事物，必然會產生偏見，就不能看到道的本真了。……莊子的道，也
是「切忌從他覓」，必須從內在的法眼去發現它。〔註6〕

道是實際的存在，雖無心作為，萬物卻無一不受其影響。這存在的道無法以
感官去把握，因為它超越了感官的經驗，也超越了時空的限制。道也無法以
言語表達，所謂「大道不稱」（〈齊物論〉），一說出來便是不整全。但是為了
讓世人明白，又不可不言，只好勉強說之。

一、道為本根

　　道是天地萬物的本根、本源。〔註7〕《老子·十六章》說：「夫物芸芸，
各復歸其根。」萬物雖然繁雜、眾多，最後總要回復他們的根源，也就是回
復其本性。這「根」指的就是道，「歸其根」也就是復歸於道。《莊子》以道
作為萬物的本源，此一思想是從老子繼承、發展而來。《莊子》認真地思索萬
物的本根問題，提出了「本根」的概念。〈知北遊〉說：

　　　　合彼神明至精，與彼百化，物已死生方圓，莫知其根也。扁然而萬
　　　　物自古以固存。六合為巨，未離其內；秋毫為小，待之成體。天下
　　　　莫不沉浮，終身不故；陰陽四時運行，各得其序。惛然若亡而存，
　　　　油然不形而神，萬物畜而不知。此之謂本根，可以觀於天矣。

「本根」是無形無象的存在，但是對於萬物卻有著實質的作用。「本根」就是
道。成玄英疏說：「此之真力，是至道一根本也。」〔註8〕本根的作用是千變
萬化，而沒有具體形象的，萬物受其影響，有著生死變化，陰陽四時受其影

〔註6〕　見黃錦鋐：《新譯莊子讀本》（台北：三民書局，1983年9月），頁33。
〔註7〕　張岱年說：「關於本根，最早的一個學說是道論，認為究竟本根是道。最初提
　　　　出道論的是老子。老子是第一個提起本根問題的人。人在老子以前，人們都
　　　　以為萬物之父即是天，天是生成一切物的。到老子，乃求天之所由生。老子
　　　　以為有在天以前而為天之根本的，即是道。道生於天地之先，為一切之母。」
　　　　見張岱年：《中國哲學大綱》（台北：藍燈文化，1992年4月），頁80。
〔註8〕　見郭慶藩輯：《莊子集釋》（台北：華正書局，1994年8月），頁737。

響，有著運行的規律。再大之物，如天地四方，仍離不開它的範圍；再小之物，如秋天的毫毛，亦要憑藉它才能存在。所以，本根造化萬物的特點是，它不僅產生了萬物，而且遍存於萬物之中。天地因之而有規律，萬物因之而有變化，一切皆因之而生長運作。《莊子》一書在其他篇章中，也有關於道的本根性的描述：

> 道通為一。(〈齊物論〉)
>
> 君子通於道謂之通。(〈讓王〉)
>
> 行於萬物者，道也。
>
> 夫道，覆載萬物者也，洋洋乎大哉。(〈天地〉)
>
> 道者，萬物之所由也，庶物失之者死，得之者生，為事逆之則敗，
>
> 順之則成。(〈漁父〉)

萬物種類雖多，卻有一個共同的形成本質，那就是道。萬物皆源於道，通過道萬物便能相通為一。道作為萬物的根源，是萬物形成的依據，萬物在這基礎下，生生不息且源源不絕。〈知北遊〉說：「萬物皆往資焉而不匱，此其道與！」對於天地萬物來說，因為有道，從而獲得生機與活力。

　　既然道是萬物的本根，那麼道即是「萬物之所繫而一化之所待」(〈大宗師〉)，也就是說道是宇宙萬物存在和變化的根據。〈天運〉說：

> 天其運乎？地其處乎？日月其爭於所乎？孰主張是？孰維綱是？孰
>
> 居無事推而行是？意者其有機緘而不得已邪？意者其運轉而不能自
>
> 止邪？雲者為雨乎？雨者為雲乎？孰隆弛是？孰居無事淫樂而勸
>
> 是？風起北方，一西一東，有上彷徨孰噓吸是？孰居無事而披拂是？
>
> 敢問何故？

日月的運行，有其自然規律，這是如何形成的，背後有著推動的力量嗎？這推動的力量又是什麼？雲雨風動，又是什麼原因造成的？《莊子》思索著萬物變化的依據問題，表現了追尋與探求的精神，也證明天地萬物確實存在著變化。那麼，造成這些變化的原因究竟是什麼？《莊子》在〈齊物論〉中說：

> 非彼無我，非我無所取。是亦近矣，而不知其所為使。若有真宰，
>
> 而特不得其眹，可行已信；而不見其形，有情而無形。

這看不見形體，卻是真實存在的，便是本根，就是道。道與物不相同，道並不是萬物中的一物。〈知北遊〉說：

有先天地生者物邪？物物者非物。物出不得先物也，猶其有物也。

猶其有物也，無已。

道產生天地萬物，無形中發揮作用，無一物不受其影響，它自己卻從不曾改變什麼。道不是物，而能化生萬物。有了天地萬物，物類才能不斷繁衍，生生不息。而要與大道融爲一體，便是要順任自然。

二、道爲遍存

「道」是一切事物得以產生、昌盛的根由，它是普遍的存在，使萬物相互貫通，使宇宙成爲一個整體。沒有「道」就沒有事物自身，所以有物則必然有「道」。〈知北遊〉說：

東郭子問於莊子曰：「所稱道，惡乎在？」莊子曰：「無所不在。」東郭子曰：「期而後可。」莊子曰：「在螻蟻。」曰：「何其下邪？」曰：「在稊稗。」曰：「何其愈下邪？」曰：「在瓦甓。」曰：「何其愈甚邪？」曰：「在屎溺。」東郭子不應，莊子曰：「夫子之問也，固不及質。正獲之問於監市履狶也，每下愈況。汝唯莫必，無乎逃物。至道若是，大言亦然。周徧咸三者，異名同實，其指一也。」

道「無所不在」，它普遍存在於萬物中，可以轉化卻不能消失，是萬物發展的規律，也就是使萬物呈現其樣貌的根本因素。書中還記載：

夫道，於大不終，於小不遺，故萬物備。(〈天道〉)

道者，萬物之所由也。(〈天地〉)

在《莊子》看來，天地萬物皆以道爲本根，包括人的生命、形體、精神都由道產生。〈德充符〉記載莊子與惠施辯論人有情無情的問題：

惠子謂莊子曰：「人故無情乎？」莊子曰：「然。」惠子曰：「人而無情，何以謂之人？」莊子曰：「道與之貌，天與之形，惡得不謂之人？」惠子曰：「既謂之人，惡得無情？」莊子曰：「是非吾所謂情也。吾所謂無情者，言人之不以好惡內傷其身，常因自然而不益生也。」惠子曰：「不益生，何以有其身？」莊子曰：「道與之貌，天與之形，無以好惡內傷其身。今子外乎子之神，勞乎子之精，倚樹而吟，據槁梧而瞑。天選子之形，子以堅白鳴！」

「道與之貌，天與之形」，人的容貌、形體都由道產生，所謂「道兼於天」(〈天地〉)。所以，人的生命，從形體到精神都是道所賦予的。《莊子》書中借老聃

之口，描述了道創生萬物和生命的情形。〈知北遊〉說：

> 夫道，窅然難言哉！將為汝言其崖略。夫昭昭生於冥冥，有倫生於無
> 形，精神生於道，形本生於精，而萬物以形相生。故九竅者胎生，八
> 竅者卵生。其來無跡，其往無崖，無門無房。四達之皇皇也。邀於此
> 者，四肢強，思慮恂達，耳目聰明，其用心不勞，其應物無方。天不
> 得不高，地不得不廣，日月不得不行，萬物不得不昌。此其道與！

世間萬物，有形可見的東西，是由道所生出來的，而萬物又以各種形態相互
轉化。道來去無痕跡、無界限，廣泛地通向四方，無所不至。這個道是天不
得不高，地不得不廣，日月不得不運行，萬物不得不昌盛的根本依據。道不
僅是宇宙生成的根本法則，當其落實在具體事物時，更是影響著人們的生活。
所以說，道產生萬物，也存在於萬物之中，天地萬物都離不開道，道是構成
各物的必備元素。

三、道不可言

道不可言說，因為它沒有具體的形象，看不到，摸不著。道雖不可言說，
卻是實際存在著，萬物因之以生長，且物無論大小，皆受其支配。對於這至
大、至深的道，難以用語言去表達。《老子》中已有此種看法，書中說：

> 道可道，非常道；名可名，非常名。（〈一章〉）

> 道常無名。（〈三十二章〉）

> 道隱無名。（〈四十一章〉）

> 知者不言，言者不知。（〈五十六章〉）

懂得道的人，了解道體精微奧妙，所以篤行而不多話。喜好自我炫耀的人，
雖整日喋喋不休，卻不懂得真正的道。道是不能用語言描述和表達的，能夠
以語言表達出來的就不是真正的「道」。羅安憲在《虛靜與逍遙──道家心性
論研究》說：

> 道無以指稱，無以名言，以他物來指稱道，其道即非真道。道之難
> 以命名，首要原因在於，道並非現象界的存在，而為本真界之存有。
> 現象界之存在，為一事一物，可以指稱，可以名言。而本真界之存
> 有，非事非物，無象無形，可以意會，不可以言傳。〔註9〕

〔註9〕 見羅安憲：《虛靜與逍遙──道家心性論研究》（北京：人民出版社，2005年

道是無窮無盡、浩瀚無邊的，所以不能以簡單的言語來概括、表達。因為有限的語言，是無法完全表達無限的道境。但是為了向世人說明，不得不言說，只好以某些稱謂來加以陳述。《老子》書中對於道有一些描述：

> 吾不知其名，字之曰道。強為之名曰大。（〈二十五章〉）

> 無名之樸。（〈三十七章〉）

> 以為天下母。（〈五十二章〉）

> 道之為物，惟恍惟惚。（〈二十一章〉）

> 天下萬物生於有，有生於無。（〈四十章〉）

《老子》在這裡對道的描述是較為模糊的，而這模糊性正是道不可言、不可名的委婉表達。《莊子》繼承了老子的觀點，並進行了開展與發揮，它說：

> 道不可聞，聞而非也；道不可見，見而非也；道不可言，言而非也。知形形之不形乎！道不當名。（〈知北遊〉）

> 夫大道不稱，大辯不言……道昭而不道，言辯而不及。（〈齊物論〉）

道是不適合、不可以、也無法用任何名稱去言說、表達的，因為一有稱謂，一說出來，便是有所偏限了。但是道本身卻是無限的，有限無法涵蓋無限，所以說「道不當名」。就如同大辯是不需要言說的一樣，因為一辯說，便有不及言說與說不完全之處，便是有所缺失，有缺失就不是整全。陳壽昌說：「道體蘊於虛無，而體道以身，卻從真實而得。內修未至而終日談元談妙，總屬頑空，不過乎崑崙，則不游乎太虛，益見委務積神，上通九天，非激屬至精，不足語斯詣也。」〔註10〕人的知識能力有限，哪裡可以用感官感知去體道呢？真正體道的人，是不多言說論道的，因為道不是具體的感官所能掌握。〈知北遊〉說：

> 女可荷甘與神農同學於老龍吉。神農隱几闔戶晝瞑，女可荷甘日中奓戶而入曰：「老龍死矣！」神農隱几擁杖而起，曝然放杖而笑，曰：「天知予僻陋慢訑，故棄予而死。已矣夫子！無所發予之狂言而死矣夫！」弇堈弔聞之曰：「夫體道者，天下之君子所繫焉。今於道，秋毫之端萬分未得處一焉，而猶知藏其狂言而死，又況夫體道者乎！視之無形，聽之無聲，於人之論者，謂之冥冥，所以論道，而非道也。」

女可荷甘和神農一起在老龍吉那裡求學，老龍死了，卻沒有留下任何啟發之

9月），頁29。

〔註10〕見陳壽昌輯：《南華真經正義》（台北：新天地書局，1977年7月），頁360。

言。老龍對於道，連毫毛末端的萬分之一都沒有得到，還知道不多言而死去，何況是那真正體悟道的人呢？道無形無聲，可以議論的道，根本不是真正的道。道是無形無狀，隱約極致，精微奧妙的。《莊子》說：

> 廣成子蹶然而起，曰：「善哉問乎！來！吾語汝至道。至道之精，窈窈冥冥；至道之極，昏昏默默。」（〈在宥〉）

> 泰初有無，無有無名；一之所起，有一而未形。（〈天地〉）

> 夫道，淵乎其居也，漻乎其清也……視乎冥冥，聽乎無聲。冥冥之中，獨見曉焉；無聲之中，獨聞和焉。（〈天地〉）

要體道便要拋棄主觀的、感官的認識作用。成玄英疏說：「至道精微，心靈不測，故寄窈冥深遠，昏默玄絕。」〔註11〕因此，道是除了它自身之外，沒有任何稱謂可以涵蓋，道就只是道。〈齊物論〉說：

> 既已為一矣，且得有言乎？既已謂之一矣，且得無言乎？一與言為二，二與一為三。自此以往，巧曆不能得，而況其凡乎？

將道強名之為「一」，是為了方便說明，事實上「一」是無法取代道本身的。郭象注說：「夫以言言一，而一非言也，則一與言為二矣。一既一矣，言又二之；有一有二，得不謂之三乎！夫以一言言一，猶乃成三，況尋其支流，凡物殊稱，雖有善數，莫之能紀也。故一之者與彼未殊，而忘一者無言而自一。」〔註12〕道就是它自己本身，而不是任何一物。羅安憲說：

> 如果道是什麼，則意味著至少有二物存在。有二物存在，二物之為二物而非一物，表明二物之間有別。此物既與道有別，此物即非道。此物非道，非道不可能即是道。此物非道，亦表明道之外有物。道之外有物，表明道並非無限。道既有限，又同於非道，如此之道當然不是真正之道。所以道不可言說。〔註13〕

人們若習慣以語言來論說道，而這語言又受限於成心成見，那麼真正的至道將隱晦不明，人們所得將只是片面、局部的認識，所謂「道隱於小成，言隱於榮華」（〈齊物論〉）。因此，對於道的真正認識與態度，應是「道無問，問無應」（〈知北遊〉）。〈知北遊〉中有一則知北遊於玄水之上的故事：

〔註11〕見郭慶藩輯：《莊子集釋》（台北：華正書局，1994 年 8 月），頁 382。

〔註12〕同註 11，頁 82。

〔註13〕見羅安憲：《虛靜與逍遙──道家心性論研究》（北京：人民出版社，2005 年 9 月），頁 50。

知北遊於玄水之上，登隱弅之丘而適遭無爲謂焉。知謂無爲謂曰：「予欲有問乎若：何思何慮則知道？何處何服則安道？何從何道則得道？」三問而無爲謂不答也，非不答，不知答也。知不得問，反於白水之南，登狐闋之上，而睹狂屈焉。知以之言也問乎狂屈。狂屈曰：「唉！予知之，將語若，中欲言而忘其所欲言。」知不得問，反於帝宮，見黃帝而問焉。黃帝曰：「無思無慮始知道，無處無服始安道，無從無道始得道。」

知問黃帝曰：「我與若知之，彼與彼不知也，其孰是耶？」黃帝曰：「彼無爲謂眞是也，狂屈似之；我與汝終不近也。夫知者不言，言者不知，故聖人行不言之教。道不可致，德不可至。仁可爲也，義可虧也，禮相僞也。故曰：『失道而後德，失德而後仁，失仁而後義，失義而後禮。禮者，道之華而亂之首也』。故曰：『爲道者日損，損之又損之以至於無爲，無爲而無不爲也』。今已爲物也，欲復歸根，不亦難乎！其易也，其爲大人乎！生也死之徒，死也生之始，孰知其紀！人之生，氣之聚也；聚則爲生，散則爲死。若死生爲徒，吾又何患？故萬物一也，是其所美者爲神奇，其所惡者爲臭腐；臭腐復化爲神奇，神奇復化爲臭腐。故曰『通天下一氣耳。』聖人故貴一。」知謂黃帝曰：「吾問無爲謂，無爲謂不應我。非不我應，不知應我也。吾問狂屈，狂屈中欲告我而不我告，非不我告，中欲告而忘之也。今予問乎若，若知之，奚故不近？」黃帝曰：「彼其眞是也，以其不知也；此其似之也，以其忘之也；予與若終不近也，以其知之也。」狂屈聞之，以黃帝爲知言。

知問道於無爲謂，連問三次，無爲謂卻一聲不答。不是不答，是不知道回答，因爲道不可言。於是又問狂屈，仍不得其問。最後向黃帝問道，得到了否定性的回答。知以爲他和黃帝知道了道，而無爲謂與狂屈卻不知道。黃帝告訴他無爲謂才是眞正懂得道的人，狂屈近乎懂得道，而他自己和知根本不懂得道。因爲就聞道一事來說，是「知者不言，言者不知」。道無形無聲，無法被認識，無法用言語表述出來。因此，所謂知道者實際上並不知道，用言語說道者，所說的並非是眞正的道。同篇中還有另一則故事：

泰清問乎無窮曰：「子知道乎？」無窮曰：「吾不知。」又問乎無爲。

無爲曰：「吾知道。」曰：「子之知道，亦有數乎？」曰：「有。」曰：

「其數若何。」無爲曰：「吾知道之可以貴，可以賤，可以約，可以
散。此吾所以知道之數也。」泰清以之言也問乎無始曰：「若是，則
無窮之弗知與無爲之知，孰是而孰非乎？」無始曰：「不知深矣，知
之淺矣；弗知內矣，知之外矣。」於是泰清中而歎曰：「弗知乃知乎！
知乃不知乎！孰知不知之知？」無始曰：「道不可聞，聞而非也；道
不可見，見而非也；道不可言，言而非也。知形形之不形乎！道不
當名。」無始曰：「有問道而應之者，不知道也。雖問道者，亦未聞
道。道無問，問無應。無問問之，是問窮也；無應應之，是無內也。
以無內待問窮，若是者，外不觀乎宇宙，內不知乎太初，是以不過
乎崑崙，不遊乎太虛。」

泰清、無窮、無爲、無初皆是《莊子》所杜撰出來的人物，透過這些人物的
對話，表述了無知才是眞知的思想。無窮說自己不知「道」，那是眞知「道」。
無爲說自己知「道」，並且把它說了出來，實際上他並不知眞正的「道」，所
以說「知乃不知」。清楚了解自己所不知道的，而不強以爲知，這才是眞知。
若自己確實不知卻自認爲知，這不是眞正的知「道」，所以說「弗知乃知」。
「道無問，問無應」，不能說道是什麼，只要回答了道是什麼，就算是否定
性的答案，也都是錯誤的。〈齊物論〉說：「夫道未始有封，言未始有常。」
大道是整全、不容分割的，以有限的語言去論述無限的道，是難以通達其意
的。

「天地有大美而不言，四時有明法而不議，萬物有成理而不說」（〈知北
遊〉），大道靜靜地運行，並不言說，儘管不言，這種大美卻是客觀存在的，
它實際上就是「道」本身的美。既然天地不言說，那麼人也應效法天地，不
輕易說道論道，更何況使用語言是難以表達道的。《莊子》說：

　　道物之極，言默不足以載。（〈則陽〉）

　　可言可意，言而愈疏。（〈則陽〉）

　　言辯而不及。（〈齊物論〉）

語言無法對道進行概括和指稱。道既不可言，《莊子》於道又有所言，因爲如果
不言，則人將無從得知「道」。杜道堅說：「道不可言，可言即物。言固非道，
非言不明。」〔註14〕而《莊子》所言之道，只是教人得其彷彿。〈在宥〉說：

<hr>

〔註14〕見杜道堅：《通玄眞經纘義》卷七，張繼禹主編：《中華道藏》第十五冊（北
　　　　京：華夏出版社，2004 年 1 月），頁 625。

> 黃帝立爲天子十九年，令行天下，聞廣成子在於空同之上，故往見
> 之，曰：「我聞吾子達於至道，敢問至道之精。吾欲取天地之精，以
> 佐五穀，以養民人。吾又欲官陰陽，以遂群生，爲之奈何？」廣成
> 子曰：「而所欲問者，物之質也；而所欲官者，物之殘也。自而治天
> 下，雲氣不待族而雨，草木不待黃而落，日月之光益以荒矣。而佞
> 人之心翦翦者，又奚足以語至道！」

對於道來說，所能言說的，不過是最粗淺的部分，眞正的精義是難以言說的。《老子‧一章》說：「道可道，非常道；名可名，非常名。」王弼注說：「可道之道，可名之名，指事造形，非其常也。故不可道，不可名也。」〔註 15〕所以，道是不可聞、不可見、不可言、不可名的，可聞、可見、可言、可名的就不是道了。

四、道法自然

「自然」一詞首先見於《老子》，〈二十五章〉說：「人法地，地法天，天法道，道法自然。」這裡以自然來形容道。《莊子》繼承老子道性自然的思想，謂之「虛靜恬淡寂寞無爲」（〈天道〉）。道即自然，生命根源於道，也就根於自然，離開了自然，生命也就失去了存在的根本。郭象解釋自然說：

> 誰得先物者乎哉？吾以陰陽爲先物，而陰陽者即所謂物耳。誰又先
> 陰陽者乎？吾以自然爲先之，而自然即物之自爾耳。……明物之自
> 然，非有使然也。〔註16〕

> 然則生生者誰哉？塊然而自生耳。自生耳，非我生也。我既不能生
> 物，物亦不能生我，則我自然矣。自己而然，則謂之天然。天然耳，
> 非爲也，故以天言之。以天言之所以明其自然也，豈蒼蒼之謂哉！
> 而或者謂天籟役物使從己也。夫天且不能自有，況能有物哉！故天
> 者，萬物之總名也，莫適爲天，誰主役物乎？〔註17〕

所謂「道法自然」，即是道以自己爲法。陳鼓應說：「所謂『道』法自然，是說『道』以它自己的狀況爲依據，以它內在原因決定了本身的存在和運動，而不必靠外在其他的原因。可見『自然』一詞，並不是名詞，而是狀詞。也

〔註 15〕見樓宇烈：《王弼集校釋》（台北：華正書局，1992 年 12 月），頁 1。
〔註 16〕見郭慶藩輯：《莊子集釋》（台北：華正書局，1994 年 8 月），頁 764。
〔註 17〕同註 16。

就是說，『自然』並不是指具體存在的東西，而是形容『自己如此』的一種狀態。」〔註18〕道化生萬物，爲萬物的本根，出於自然無爲。《老子‧五章》說：

> 天地不仁，以萬物爲芻狗；聖人不仁，以百姓爲芻狗。

天地對萬物一視同仁，大公無私。王弼注說：「天地任自然，無爲無造，萬物自相治理，故不仁也。仁者必造立施化，有恩有爲。造立施化，則物失其眞。」〔註19〕無心於爲仁，不刻意強調有所作爲，而是使物順應自然，各逐其本性。〈大宗師〉說：

> 吾師乎！吾師乎！蝥萬物而不爲義，澤及萬世而不爲仁，長於上古
> 而不爲老，覆載天地刻彫衆形而不爲巧。

「吾師」，即是指道。「不爲義」、「不爲仁」、「不爲老」、「不爲巧」，說明道的作爲，完全本於自然無爲。「天無爲以之清，地無爲以之寧」（〈至樂〉），天清、地寧最直接的原因，正在於道的無爲。「莫之爲而常自然」（〈繕性〉）、「鵠不日浴而白，烏不日黔而黑」（〈天運〉），鵠白烏黑都不是有意作爲而成的，而是自然而然的。〈應帝王〉說：

> 南海之帝爲儵，北海之帝爲忽，中央之帝爲渾沌。儵與忽時相與遇於
> 渾沌之地，渾沌待之甚善。儵與忽謀報渾沌之德，曰：「人皆有七竅，
> 以視聽食息，此獨無有，嘗試鑿之。」日鑿一竅，七日而渾沌死。

渾沌本無七竅，代表的正是道的自然無爲狀態。當七竅被鑿後，自然即被有爲破壞，七竅成而渾沌死，表達了違背自然的結果將遭遇不幸。所以，一切當順任自然。〈駢拇〉說：

> 天下有常然，常然者，曲者不以鉤，直者不以繩，圓者不以規，方
> 者不以矩，附離不以膠漆，約束不以纆索。

曲直圓方本就有其原來的樣貌，若強要以鉤繩規矩來加以約束改變，是破壞其本性。人也是如此，自然無爲地生活著，使精神心靈獲得自由快樂，這是最理想的狀態。若是強以仁義禮教加以禁錮束縛，就像是綑在人身上的繩索、粘在人性上的膠漆一樣，將使人的自然本性受到損害。〈天地〉說：「無爲爲之之謂天。」成玄英疏說：「無爲爲之，率性而動也。天機自張，故謂之天。此不爲爲也。」〔註20〕要能順於天性，出乎自然。〈秋水〉說：

〔註18〕見陳鼓應：《老莊新論》（香港：中華書局，1991 年 4 月），頁 29。

〔註19〕見樓宇烈：《王弼集校釋》（台北：華正書局，1992 年 12 月），頁 13。

〔註20〕見郭慶藩輯：《莊子集釋》（台北：華正書局，1994 年 8 月），頁 407。

> 牛馬四足，是謂天；落馬首，穿牛鼻，是謂人。故曰：無以人滅天，
>
> 無以故滅命，無以得殉名。謹守而勿失，是謂反其真。

成玄英疏說：「夫牛馬稟于天，自然有四腳，非關人事，故謂之天。羈勒馬頭，貫穿牛鼻，出自人意，故謂之人。」〔註21〕「天」，是自然而然、順自然而行；「人」，是人為造作、違背自然而行。《莊子》倡導自然，反對人為。〈齊物論〉說：「已而不知其然，謂之道。」道自在自為，順任自然而行，卻不知道其所以然。天地萬物，順著自然本性運動變化，就是遵循大道。萬物若能順著自然本性來行動或靜止，就是融入了大道。

第二節　《列子》自然哲學

　　道家學派以「道」為其思想學說的核心，自然哲學圍繞「道」而展開。道無形無名，天地萬物皆由道而生。「道生一，一生二。二生三，三生萬物」（《老子・四十二章》），這是一種宇宙生成的過程。老子對宇宙萬物的生化現象曾加以描述，他說：

> 道生之，德畜之，物形之，勢成之。是以萬物莫不尊道而貴德。道
>
> 之尊，德之貴，夫莫之命而常自然。（〈五十一章〉）

道創生萬物，德含有萬物，萬物表現為各種形體，氣候水土等環境因素影響著萬物的成長。道和德是萬物生長的根本，所以萬物沒有不尊敬道而珍貴德的。道之所以受尊敬，德之所以受珍貴，是因為它們創生萬物，卻不加以干涉、支配，而是因任自然，讓萬物能自然地生長。《列子》在繼承老子思想的基礎下，說得更為清楚，以下分別說明。

一、宇宙本體

　　道即是宇宙的本體，《列子》認為在所有萬物的背後，有一生成萬物的形上本體，〈天瑞〉說：

> 故有生者，有生生者；有形者，有形形者；有聲者，有聲聲者；有
>
> 色者，有色色者；有味者，有味味者。生之所生者死矣，而生生者
>
> 皆未嘗終；形之所形者實矣，而形形者未嘗有；聲之所聲者聞矣，
>
> 而聲聲者未嘗發；色之所色者彰矣，而色色者未嘗顯；味之所味者

〔註21〕見郭慶藩輯：《莊子集釋》（台北：華正書局，1994 年 8 月），頁 407。

嘗矣，而味味者未嘗呈：皆無爲之職也。

「生生者」指萬物的創造者，即本體；「生者」指創造者所創生的萬物，即萬有現象。所以有生命，就有產生這生命的；有形狀，就有產生這形狀的；有聲音，就有產生這聲音的；有色彩，就有產生這色彩的；有滋味，就產生這滋味的。創造者所創生的萬物會有死亡，但是這創造者卻未曾終結；創造者所創生的萬物雖形體各異，但是這創造者卻沒有固定的形狀；雖有聲音、色彩、滋味的產生，各具特色，能聽得到、看得到、嚐得到，但是產生這些聲音、色彩、滋味的創造者卻不曾顯著出現過。這就是無爲的「道」的作用，無爲就是要順應自然的變化，不強行以有爲加諸其他萬物。道有其自然規律，發揮作用卻不曾言說，不自恃其功，萬物卻皆受其影響。

這本體的道是無始終的，所以說不生不化。因其不生，所以爲萬物之根源；因其不化，所以不會隨著萬物而有生滅變化。而由本體所創生的萬物，則不能不變化，因而有生滅存亡的變化。盧重玄解說：

> 有形之始謂之生，能生此生者謂之形神。能形其形，能聲其聲，能色其色，能味其味者，皆神之功，以無制有。〔註22〕

張湛注說：

> 夫盡於一形者，皆隨代謝而遷革矣；故生者必終，而生生物者無變化也。〔註23〕

因此，「生生者」與「生者」的分別，就在「生生者」爲一超越生死、形體，無聲無色無味的本體，此本體無法透過具體的感官來加以感覺、把握。此外，這一本體又爲萬物，即「生者」背後的根本依據。

（一）道的意義

宇宙大道無形無象，變化莫測，是萬物生長的根本原因。自然界陰陽及四時的變化，莫不與之契合。〈仲尼〉中提出了「道」字，並賦予形上學的意義：

> 關尹喜曰：「在己無居，形物其著。其動若水，其靜若鏡，其應若響。故其道若物者也。物自違道，道不違物。善若道者，亦不用耳，亦不用目，亦不用力，亦不用心。欲若道而用視聽形智以求之，弗當矣。」

〔註22〕見楊伯峻：《列子集釋》（台北：華正書局，1987年9月），頁10。
〔註23〕同註22。

一個人要是能做到無所偏執，那外界的事理就會自然顯明。行動時像水之順勢而流，自然而然；安靜時像鏡子一樣明淨，如實反照。適應外物，就像回音，照實回應聲響。因此，善於體悟道的人，是不用感官心智的。若想用感官知能去求得道，那無異是緣木求魚。同篇中接著說：

> 瞻之在前，忽焉在後；用之彌滿六虛，廢之莫知其所。亦非有心者
> 所能得遠，亦非無心者所能得近。唯默而得之而性成之者得之。知
> 而忘情，能而不爲，眞知眞能也。發無知，何能情？發不能，何能
> 爲？聚塊也，積塵也，雖無爲而非理也。

我們有時候看見道在前面，忽然之間，它又出現在後面。發生作用時，它又充滿天地上下左右；不起作用時，卻不曉得它在哪裡。道並不是有心人所能夠遠離，也並非同道偶合的人所能親近。惟有靜默虛守、虛心體會和窮盡本性的人，才能夠得到它。要能順著本性，不受情欲控制，不強做妄爲，這才是眞知眞能。能做到「有爲而無爲」，即「知而忘情，能而不爲」，然後才能無所不爲。

（二）道的特性

《老子‧二十五章》說：「有物混成，先天地生。寂兮寥兮，獨立不改，周行而不殆，可以爲天下母。吾不知其名，字之曰道。強爲之名曰大。」這一混然而成的東西，在天地還未形成前就已經存在，就是「道」，也就是宇宙的本體。道先天地生，沒有聲音，沒有形體，超越於萬物之上而永久不變，隨時在運轉而永不停止。它創造天地萬物，可以作爲天下一切的根源。《列子》繼承這一觀念，加以發揮，〈天瑞〉說：

> 子列子笑曰：「壺子何言哉？雖然，夫子嘗語伯昏瞀人。吾側聞之，
> 試以告女。其言曰：有生不生，有化不化。不生者能生生，不化者
> 能化化。生者不能不生，化者不能不化。故常生常化。常生常化者，
> 無時不生，無時不化。陰陽爾，四時爾，不生者疑獨，不化者往復。
> 其際不可終；疑獨，其道不可窮。黃帝書曰：『谷神不死，是謂玄牝。
> 玄牝之門，是謂天地之根。綿綿若存，用之不勤。』故生物者不生，
> 化物者不化。自生自化，自形自色，自智自力，自消自息。謂之生
> 化形色智力消息者，非也。」

「不生者」、「不化者」指的就是「生物者」、「化物者」，是作爲具體事物的根本，亦即是宇宙本體——「道」。而「生者」、「化者」，指的是被產生且具有

生死存亡變化的萬物。道本身是不生不化，無增無減，在永恆的循環運動中化生萬物，萬物則在自然中生長消亡。因此，《列子》的「道」便是對世界總體的稱謂。道能生育萬物，卻無具體形象可以把握，它是亙古不變、沒有終結的，不斷地循環往復運行著。《列子》所說「不生者疑獨」，疑獨是指道超越萬物而存在的獨立性，即《老子‧二十五章》所說「獨立不改」之義。

這種能生育萬物、變化萬物的道，《黃帝書》把它叫做「玄牝」。高亨說：「玄牝，亦道之別名也。玄者，形而上之義也。牝者，能生養之物也。道為生天地養萬物之物，故謂之牝。道之為牝，乃形而上者，故謂之玄牝。」〔註24〕道創生萬物，無形可見，無跡可尋，故謂之「玄」。「谷」是形容道的虛無性，「神」乃是指其變化莫測。既然沒有產生，當然就不會有死亡，所以「不死」是說明宇宙本體的永恆不竭，所謂「不死言其長在也。」〔註25〕既不生不滅，故能綿綿若存，常生常化，無時不生，無時不化。盧重玄解說：

> 谷虛而氣居中，形虛而神處其內。玄者，妙而無體；牝者，應用無
> 方。出生入死，無不因之，故曰門也。〔註26〕

玄牝之門是天地產生的本根。道無形無象，綿延不斷，似有似無，看不見它的造化，它的作用卻不曾消失歇息。道超越時空的限制，無窮無盡，永不止息，所以說「用之不勤」，萬物由此而生。高亨說：「『用之不勤』正謂用之不盡矣。道者，天地萬物資之而生，而道體未嘗或盡。」〔註27〕萬物所具有的生、化、形、色、智、力、消、息等情形，是由自然之道所開顯展現的，是一種自然而然，且不得不然的現象。范致虛說：

> 隱化而顯，顯化而隱，則物未有不化者。惟不生不化，然後為能生
> 生化化。故盈於天地之間，生者自滋，化者自禪。形分於太始，色
> 兆於太素……一將有心，是謂非道。〔註28〕

萬物皆為道體呈露之相，衰滅後又回歸於道，雖有各種變化，不過是以形相禪，這就是自化。若是有心為之，或欲以智力強求，則非自化之道。

《列子》所說的「生生者」，即是本體，是道。道能生物，那麼道體是以

〔註24〕見高亨：《老子正詁》（昌平：中國書店，1988 年 10 月），頁 16。
〔註25〕同註24。
〔註26〕見楊伯峻：《列子集釋》（台北：華正書局，1987 年 9 月），頁 4。
〔註27〕同註24，頁 18。
〔註28〕見高守元纂集：《沖虛至德真經四解》，張繼禹主編：《中華道藏》第十五冊（北京：華夏出版社，2004 年 1 月），頁 272。

何種狀態出現？〈天瑞〉說：

> 能陰能陽，能柔能剛，能短能長，能員能方，能生能死，能暑能涼，
>
> 能浮能沈，能宮能商，能出能沒，能玄能黃，能甘能苦，能羶能香。
>
> 無知也，無能也，而無不知也，而無不能也。

這陰陽、柔剛、短長、員方、生死、暑涼、浮沈、宮商、出沒、玄黃、甘苦、羶香等等，正是對道體的描述，道無固定形貌，是「無狀之狀」，卻隨時在發揮作用。《老子》說：

> 其上不皦，其下不昧，繩繩不可名，復歸於無物。是謂無狀之狀，
>
> 無物之象，是謂惚恍。（〈十四章〉）
>
> 道常無爲而無不爲。（〈三十七章〉）

一切皆由自生自化、自形自色、自智自力、自消自息。這些都是自然的本性。由於是自生自化，所以無所不知，無所不能。《莊子》中所說「天地有大美而不言」（〈知北遊〉）、「無爲而尊者，天道也」、「從容無爲，而萬物炊累焉」（〈在宥〉）意近於此。因此，道體能使萬物生滅，自己卻是無始無終，寂然不變的。老子曾解釋道的本質：

> 道沖而用之或不盈，淵兮似萬物之宗。挫其銳，解其紛，和其光，
>
> 同其塵。湛兮似或存，吾不知誰之子，象帝之先。（《老子・四章》）

道的本體是虛無的，但是其作用卻是無窮無盡，永不止息，所謂「道虛而用之或不盡」。〔註29〕它雖然幽微玄妙，深不可測，卻能生化萬物，可以說是萬物的本源。它不露鋒芒，消除紛擾，隱藏光芒，混同塵俗。它雖隱沒無形，卻能創造生化萬物，是眞實的存在。比較《老子・四章》與《列子・天瑞》這兩段文字，《列子》中的文字似乎有進一步發揮老子之說的意圖。

二、宇宙演化

道體既然是寂然不變，又如何生育萬物，《列子》把道所具有的這種生化萬物的作用，稱爲道之「動」。動就是運轉，由於道體不斷地運轉，永恆不止，萬物由是產生。〈天瑞〉說：

> 黃帝書曰：「形動不生形而生影，聲動不生聲而生響，無動不生無而
>
> 生有。」形必終者也；天地終乎？與我偕終。終進乎？不知也。道

〔註29〕見高亨：《老子正詁》（昌平：中國書店，1988年10月），頁11。

> 終乎本無始，進乎本不久。有生則復於不生，有形則復於無形。不
> 生者，非本不生者也；無形者，非本無形者也。生者，理之必終者
> 也。終者不得不終，亦如生者之不得不生。而欲恆其生，畫其終，
> 惑於數也。

張湛注說：「有之爲有，恃無以生。」〔註 30〕「無」是道，是本體；「有」是
現象，是萬物。相對於「有生」、「有形」的現象界事物，作爲具生化能力的
道是「不生」、「無形」的，也可以稱爲「無」。宇宙本體的運轉產生萬物，而
所有的萬物在產生後，又將趨於滅亡，而後復歸於本體。吳瑞文在〈《列子·
天瑞篇》義理結構試詮〉一文中說：

> 形上本體（道）是一實存的本體非虛無的「零」。所有現象界的「有
> 生」、「有形」的萬物，最後必然會「復」歸到「不生」、「無形」的
> 狀態，也就是回歸到道自身。〔註 31〕

本體雖創生萬物，而萬物亦將返歸於本體。本體與萬物之間的關係是相通的，
並不是對立的。物變滅反歸本體之後，復由本體運轉而生萬物。由於本體自
身是靜，其作用爲動，於是才有萬物萬象產生。也由於萬物萬象生滅不已，
而後才能返還於道。所以說物由道出，而復返於道，生生不已，循環不已，「生
者反終，形者反虛，自然之數也。」〔註 32〕盧重玄解說：

> 萬物所以生，群品所以形，皆神之所運也。〔註 33〕

在自生的狀態下，一切萬物皆不得不生，不得不終，不得不起變化，始而有
終，終而復始，反復循環不已，即是所謂的「數」，這便是宇宙化生的原理。
那麼，道生化萬物的過程爲何，〈天瑞〉中有記載：

> 子列子曰：「昔者聖人因陰陽以統天地。夫有形者生於無形，則天地
> 安從生？故曰：有太易，有太初，有太始，有太素。太易者，未見
> 氣也；太初者，氣之始也；太始者，形之始也；太素者，質之始也。
> 氣形質具而未相離，故曰渾淪。渾淪者，言萬物相渾淪而未相離也。
> 視之不見，聽之不聞，循之不得，故曰易也。易無形埒。

〔註 30〕見楊伯峻：《列子集釋》（台北：華正書局，1987 年 9 月），頁 18。
〔註 31〕見吳瑞文：〈《列子·天瑞篇》義理結構試詮〉，《哲學與文化》第 28 卷第 11
期，2001 年 11 月。
〔註 32〕見曾傳輝：《沖虛至德真經注譯》（北京：中國社會科學出版社，2004 年 9 月），
頁 19。
〔註 33〕同註 30，頁 19。

天地的產生有四個階段，就是太易、太初、太始、太素等四個階段。太易階段是天地萬物的本源，是宇宙未形成之前，「窈兮冥兮，其中有精」(《老子‧二十一章》) 的狀態，一片渾沌，凝寂無所見。太初乃是氣逐漸產生的階段，此氣具有陰陽兩種性質。太始階段是通過陰陽二氣的互動往來，使萬物的形式逐漸出現。太素階段是天地賦予萬物不同性質的開始，於是萬物各有其形體、性質。

　　「有形者生於無形」是《列子》對宇宙起源的說明，正如《老子‧四十章》所說「有生於無」。高亨說：「有者萬物之母之名相也。無者天地之始之名相也。」〔註34〕「有形」的東西，產生於「無形」。這「無形」狀態的存在，不是耳目感官所能感覺的，所以叫「易」。這「易」是「無形埒」，沒有形象和邊界的。它是「氣形質具而未相離」的「渾淪」，雖然具備氣、形、質三要素，但還是一個未有分別的原始物質，物體都還沒有分離出來，不互相分別，混合為一體。這「易」可以說是道的別名。〔註35〕《老子‧十四章》說：「視之不見名曰夷，聽之不聞名曰希，搏之不得名曰微。此三者不可致詰，故混而為一。」既然道是「視之不見」、「聽之不聞」，那麼依循你所能看到的、聽到的去求道，那是永遠無法「得道」的。同篇中接著說：

> 易變而為一，一變而為七，七變而為九。九變者，究也；乃復變而
> 為一。一者，形變之始也。清輕者上為天，濁重者下為地，沖和氣
> 者為人；故天地含精，萬物化生。

易不具形狀，沒有跡象，變而為「一」，表示元氣、形變的開始。再由「一」分而為陰陽兩氣，由此而產生天地。「九」是氣衍變過程的終結，於是重新變而為「一」，返回元氣、形變之始。易的變化生起造成了「一」，由「一」而變為「七」，由「七」變為「九」，達到了變化的極限，又重新回復於自身之「一」。以此循環往復，窮無無盡。嚴靈峰說：「這裡的『一』、『七』、『九』是指……從簡單到複雜，又從複雜回復到簡單。」〔註36〕吳瑞文在〈《列子‧天瑞篇》義理結構試詮〉一文中說：

> 此形上本體開顯為萬物之過程，乃是一由簡而繁的存在活動。此存
> 在活動所產生的萬物，必然依照形上本體之規律「復變而為一」，萬

〔註34〕見高亨：《老子正詁》(昌平：中國書店，1988 年 10 月)，頁 92。
〔註35〕同註 34，頁 11。
〔註36〕見嚴靈峰：《列子辯誣及其中心思想》(台北：文史哲出版社，1994 年 8 月)，
　　　　頁 113。

物終將回復到本體自身。因此，「一」，指形上本體、太易，是萬物
之所以能生成變化之開始，亦爲最後之歸宿。〔註37〕

范致虛則說：

> 故易變而爲一所謂道生一也……故七也、九也，又自一而分變之，
> 所以無窮者也……數終必窮，故九變者，究也。窮則變，變則通，
> 故九復而爲一。一者，形變之始也。始終反復，如環無端。〔註38〕

在變化之中，清而輕的氣，上升成爲天；濁而重的氣，下沈變爲地。而陰陽
兩氣，在相互作用調和之下便產生人。所以，天地之間，包含陰陽精氣，萬
事萬物得以化生。〔註39〕老子說「混而爲一」（《老子·十四章》），就是《列
子》的「氣形質具而未相離」的「渾淪」。「有形」即指「天地」，「天地」的
形成是由於「渾淪」之「一」之「相離」的結果。《老子·四十二章》說：「萬
物負陰而抱陽，沖氣以爲和。」高亨說：「陰陽二氣湧搖交蕩以成和氣也。」
〔註40〕無窮的空間因蘊藏著不息的能量，萬物也就由之而生了。周紹賢在
《列子要義》中，對《列子》所講宇宙生成次序做了總結性的說明。他說：

> 氣之始，即道所生一，形之始，即一所生之二，質之始，即二所生
> 之三。所謂始者，即言尚在演化之中，形質尚未顯現，萬有之本體
> 俱在一氣渾淪之中，無象無狀，尚無分別。由氣而形，由形而質，
> 俱爲玄妙變化之功能，故可總名之曰太易。太易只是一切虛靈化生
> 之能量，無物可尋，其本性獨立而不改，而能化出一元之氣，由一
> 元之氣，衍變多端。自大體觀之，輕清爲天空，重濁爲大地，陰陽

〔註37〕 見吳瑞文：〈《列子·天瑞篇》義理結構試詮〉，《哲學與文化》第 28 卷第 11
期，2001 年 11 月。

〔註38〕 見高守元纂集：《沖虛至德眞經四解》，張繼禹主編：《中華道藏》第十五冊（北
京：華夏出版社，2004 年 1 月），頁 274。

〔註39〕 爲什麼「一變而爲七，七變而爲九」，因無旁證，難以詳察回答。或以爲是指
「渾淪」之「一」，因其含有「氣形質」三方面屬性與「太易」等必然生起的
四個演化階段，因此合稱爲「七」。而陰陽兩者沒有任何時空的限制，永恆存
在，與前面之「七」結合爲「九」。見強昱：《知止與照曠——莊學通幽》（北
京：宗教文化出版社，2004 年 10 月），頁 505。或認爲是周易河洛象數生成
模式。蓋「天一生水，地六成之」，是爲七，此天氣下降，氣流于地，故稱一
變而爲七；「地二生火，天七成之」，是爲九，此地氣上升，氣騰于天。天地
交泰，雲騰雨施，故曰七變爲九。見曾傳輝：《沖虛至德眞經注譯》（北京：
中國社會科學出版社，2004 年 9 月），頁 11～12。

〔註40〕 見高亨：《老子正詁》（昌平：中國書店，1988 年 10 月），頁 97。

剛柔相濟，沖和之氣，孕育精華，乃產生萬物。〔註41〕

天地的形成，經過太易、太初、太始、太素四個階段演化而成，而後氣、形、質三者相聚形成萬物。天地萬物生生不息，宇宙無窮無限、無極無盡，以至於永恆。《列子》指出，自然界的一切運動變化與現象，是陰陽氣化在一定程度的反映。〈天瑞〉說：

> 杞國有人憂天地崩墜，身亡所寄，廢寢食者；又有憂彼之所憂者，因往曉之，曰：「天積氣耳，亡處亡氣。若屈伸呼吸，終日在天中行止，奈何憂崩墜乎？」其人曰：「天果積氣，日月星宿，不當墜邪？」曉之者曰：「日月星宿，亦積氣中之有光耀者；只使墜，亦不能有所中傷。」其人曰：「奈地壞何？」曉者曰：「地積塊耳，充塞四虛，亡處亡塊。若躇步跐蹈，終日在地上行止，奈何憂其壞？」其人舍然大喜，曉之者亦舍然大喜。長廬子聞而笑之曰：「虹蜺也，雲霧也，風雨也，四時也，此積氣之成乎天者也。山岳也，河海也，金石也，火木也，此積形之成乎地者也。知積氣也，知積塊也，奚謂不壞？夫天地，空中之一細物，有中之最巨者。難終難窮，此固然矣；難測難識，此固然矣。憂其壞者，誠為大遠；言其不壞者，亦為未是。天地不得不壞，則會歸於壞。遇其壞時，奚為不憂哉？」

天地在無限的空間中，只是一個微小的存在物，而這存在物對於有限的事物來說，又已是最巨大的東西，由此可見人之渺小。對於天地之大，實在是「難終難窮」、「難測難識」，憂慮也因此而生。但是這憂慮該如何解決？覺得天地會毀滅，會不會憂慮得太遠；若言天地不會毀壞，又過於武斷。該如何處理對待這個問題呢？同篇中引列子說法作為說明：

> 言天地壞者亦謬，言天地不壞者亦謬。壞與不壞，吾所不能知也。雖然，彼一也，此一也。故生不知死，死不知生；來不知去，去不知來。壞與不壞，吾何容心哉？

列子認為長廬子以為天地會損壞，是荒謬的；而說天地永遠不會壞，也是荒謬的。天地會不會毀壞，是我們所無法得知的。既然如此，那麼天地會不會壞，對我們來說都是一樣。我們活著時，不會知道死後的事，不必考慮死後的情形。同樣的，死了以後也就無法知道活著時的情形，也就不會想活著的種種，甚至是未來的事情。壞與不壞，生與死，對萬物來說皆是一樣，對人

〔註41〕見周紹賢：《列子要義》（台北：臺灣中華書局，1983年7月），頁19。

類來說，也應是如此。剛來的不知過去的，過去的不知剛來的。那麼，天地
會不會崩陷，我們又何必掛心呢？死亡正是處於一種安息的狀態，也就是返
回到最原始之初。

《列子》認為在宇宙的演化過程中，天、地、人、物均應彼此溝通，混
然一體，方才合於宇宙之道，而自然亨通。它在〈天瑞〉中說了一個比喻：

> 齊之國氏大富，宋之向氏大貧；自宋之齊，請其術。國氏告之曰：「吾
> 善為盜，始吾為盜也，一年而給，二年而足，三年大壤。自此以往，
> 施及州閭。」向氏大喜。喻其為盜之言，而不喻其為盜之道，遂踰
> 垣鑿室，手目所及，亡不探也。未及時，以贓獲罪，沒其先居之財。
> 向氏以國氏之謬己也，往而怨之。國氏曰：「若為盜若何？」向氏言
> 其狀。國氏曰：「嘻！若失為盜之道至此乎？今將告若矣。吾聞天有
> 時，地有利。吾盜天地之時利，雲雨之滂潤，山澤之產育，以生吾
> 禾，殖吾稼，築吾垣，建吾舍。陸盜禽獸，水盜魚鼈，亡非盜也。
> 夫禾稼、土木、禽獸、魚鼈，皆天之所生，豈吾之所有？然吾盜天
> 而亡殃。夫金玉珍寶，穀帛財貨，人之所聚，豈天之所與？若盜之
> 而獲罪，孰怨哉？」向氏大惑，以為國氏之重罔己也，過東郭先生
> 問焉。東郭先生曰：「若一身庸非盜乎？盜陰陽之和以成若生，載若
> 形，況外物而非盜哉？誠然，天地萬物不相離也。認而有之，皆惑
> 也。國氏之盜，公道也，故亡殃；若之盜，私心也，故得罪。有公
> 私者，亦盜也；亡公私者，亦盜也。公公私私，天地之德，知天地
> 之德者，孰為盜邪？孰為不盜邪？」

向氏向國氏學習偷盜之法，欲使家庭脫離窮困，結果卻弄巧成拙，連本來屬
於自己的東西也被沒收了。其實人全身哪一樣不是偷盜來的呢？連生命、形
體都可以說是偷來的，是偷陰陽調和之氣來形成造就的，更何況那些身外之
物。天地萬物本來是一體，相互聯繫而不相離，若是想獨佔而據為己有，那
是不明自然之理的表現。國氏的盜取，所偷的是天地的公產，並不妨害他人，
所以不會惹來災禍。而向氏的偷盜，是由於私心，偷的是他人的資產，侵占
他人的利益，所以獲罪。然而，不論是出於公道或私心都是盜取，就算沒有
公道和私心，自己本身的存在也是盜取。因為天地萬物，包括人在內，都是
自然的賦予。既然公與私都是自然的賦予，那麼誰是偷盜者呢？誰又不是偷
盜者呢？

　　天地萬物本源一致，皆源自於道，本質上並無差別，把其當作私有，是糊塗疑惑的表現。以自然的角度而言，一切自然而然隨化流轉，無所謂公、私。既無公私之分，就沒有盜與不盜的問題。「公公私私」是天地之德，也就是無公無私、亦公亦私，這是天人關係有所溝通的說明。《列子》的宇宙思想是由無形之「易」到有形之氣，以此再因和諧而凝聚成為天地萬物與人類，並各司其職，以造成宇宙使之永久不墜。但人類不明此理者眾，或彼此鬥爭或從事物質的追求，以違反宇宙生生不息之和諧的自然原理，實是自掘墳墓之途。〔註42〕

第三節　《莊》《列》自然哲學比較

　　陳鼓應〈莊子論「道」〉一文中說：「老子所說的『道法自然』即是道性自然的意思。這個觀點為莊子學派所繼承，對於天地萬物生長發展，從自然的觀點加以解釋，而揚棄上帝作為的說法。他們所重視的，乃是道的自然性與自發性，他們推翻了神的創造說與主宰說，這在人類思想史上，邁進了一大步。」〔註43〕這裡說出了《莊子》在道論上繼承老子及其進步之處，這同時也可以用來說明《列子》對於天道的觀念，與老莊大致相同。〔註44〕

一、道的特性

　　《莊子》與《列子》二書同為道家重要典籍，對於自然之道有諸多描寫，以下分別討論道的特性、生化原理及宇宙空間等三方面的問題：

（一）道實存無為

　　天地萬物的共同本源是「道」。道為萬物之本根，《莊子・大宗師》說：

> 夫道有情有信，無為無形；可傳而不可受，可得而不可見；自本自根，未有天地，自古以固存。神鬼神帝，生天生地；在太極之先而不為高，在六極之下而不為深，先天地生而不為久，長於上古而不為老。

〔註42〕見楊汝舟：〈列子神秘思想之意旨〉（二），《中華易學》第4卷，1983年8月，頁24。
〔註43〕見陳鼓應：《老莊新論》（香港：中華書局，1991年4月），頁217。
〔註44〕見張成秋：《先秦道家思想研究》（台北：臺灣中華書局，1971年4月），頁278。

道雖無形，卻是真實的存在，所以說是「有情有信」。〈秋水〉中河伯問：「至精
無形，至大不可圍，是信情乎？」〈應帝王〉中蒲衣子說泰氏：「其知情信，其
德甚真。」成玄英疏說：「信，實也。」〔註45〕〈齊物論〉說：「若有真宰，而
特不得其朕，可行已信；而不見其形，有情而無形。」這些都可以證明道的實
存性。道「無為無形」，重視的便是道的自然性與自發性。道雖然化育萬物，卻
無心於有所作為。道在這創造的過程中，是不帶有目的性的，完全是自然的。《老
子·五十一章》說：「生而不有，為而不恃，長而不宰。」〈三十四章〉說：「萬
物恃之而生而不辭，功成不名有，衣養萬物而不為主。」道生長萬物，作育萬
物，而不據為己有，也不自恃其能。陳鼓應在《老莊新論》中說：

> 老子的哲學，充分發揮了道的自然無為的性格。道生長萬物，養育
> 萬物，使萬物各得所需，各適其性，而絲毫不加以主宰。〔註46〕

〈知北遊〉中也說：

> 天不得不高，地不得不廣，日月不得不行，萬物不得不昌，此其道
> 與！

天之所以如此高遠，地之所以如此寬廣，日月之所以運行不息，萬物之所以
繁榮昌茂，都是自然而然的。《列子·天瑞》說：

> 故生物者不生，化物者不化。自生自化，自形自色，自智自力，自
> 消自息。謂之生化形色智力消息者，非也。

道隨時在運轉，發揮其功能。在這運轉過程中，萬物從中生長化育而出，道
性自然，故萬物的本性亦是自然。道生化萬物之後，便任其自然而然地發展
變化，不將萬物佔為己有，亦不以萬物之化育為己之功，一切順隨萬物之性。
《老子·二章》說：

> 是以聖人處無為之事，行不言之教。萬物作焉而不辭，生而不有，
> 為而不恃，功功而弗居。夫唯弗居，是以不去。

一切以無為的態度來行事，無為就是自然，任萬物生長變化，不據為己有，
不自矜其能，不自居其功。正因為不給萬物任何拘束限制，萬物更能順性發
展；正因為其無私無欲，更能使其功績永垂不朽。《列子·天瑞》說：

> 子列子曰：「天地無全功，聖人無全能，萬物無全用。故天職生覆，
> 地職形載，聖職教化，物職所宜。然則天有所短，地有所長，聖有

〔註45〕見郭慶藩輯：《莊子集釋》（台北：華正書局，1994年8月），頁572。
〔註46〕見陳鼓應：《老莊新論》（香港：中華書局，1991年4月），頁216。

所否，物有所通。何則？生覆者不能形載，形載者不能教化，教化者不能違所宜，宜定者不出所位。故天地之道，非陰則陽；聖人之教，非仁則義；萬物之宜，非柔則剛：此皆隨所宜而不能出所位者也。故有生者，有生生者；有形者，有形形者；有聲者，有聲聲者；有色者，有色色者；有味者，有味味者。生之所生者死矣，而生生者皆未嘗終；形之所形者實矣，而形形者未嘗有；聲之所聲者聞矣，而聲聲者未嘗發；色之所色者彰矣，而色色者未嘗顯；味之所味者嘗矣，而味味者未嘗呈：皆無爲之職也。能陰能陽，能柔能剛，能短能長，能員能方，能生能死，能暑能涼，能浮能沈，能宮能商，能出能沒，能玄能黃，能甘能苦，能羶能香。無知也，無能也，而無不知也，而無不能也。」

天地、聖人、萬物各有所職，天有覆蓋的能力，地有承載的能力，聖人則是能施行教化。儘管各有所能，但這能力並非是全面性的，總是有其侷限之處，所以說「天有所短，地有所長，聖有所否，物有所通」。萬物在被賦予本然之性後，必須依著這本然之性而行，絲毫不能勉強，不能違背其本性。萬物既各有其性，於是表現在外有「生、形、聲、色、味」等方面的不同。但是這些表象上的不同，只是道落在現象界時不同樣貌的呈現，非整全之道。道是絕對的全，由道分出的具體事物則只得道的某一部份，所以是偏，因此任何事物都不能代表道。當一物形成之時，也就代表了另一物有所虧損，〈齊物論〉中說：

有成與虧，故昭氏之鼓琴也；無成與虧，故昭氏之不鼓琴也。

道無所謂的成與虧，人的任何作爲都是有所偏，與絕對之全的道是相背離的，只有與大道爲一，無成與毀，才能合於道。由此體悟道是實存而無爲的，所以是「無知也，無能也」，也是「無不知也，而無不能也」的。

（二）道無所不在

天地間的一切莫不得之於道，所以道無處不在、無時不有。《莊子·知北遊》中「東郭子問道」一則寓言，可以說明道無所不在：

東郭子問於莊子曰：「所稱道，惡乎在？」莊子曰：「無所不在。」東郭子曰：「期而後可。」莊子曰：「在螻蟻。」曰：「何其下邪？」曰：「在稊稗。」曰：「何其愈下邪？」曰：「在瓦甓。」曰：「何其愈甚邪？」曰：「在屎溺。」東郭子不應，莊子曰：「夫子之問也，固不及質。正獲之問於監市履狶也，每下愈況。汝唯莫必，無乎逃

物。至道若是，大言亦然。周 咸三者，異名同實，其指一也。」

道無形而不可見，東郭子問莊子道在何處，莊子告訴他在螻蟻、稊稗、瓦甓、屎溺之中。另外又舉如何測知豬的肥瘦的例子，說用腳去踩豬腿的部位，愈是往下就愈能探知豬的肥瘦。這兩例子說明，道無處不在，普遍存在於萬物之中，並不存在於某一特定的事物之中。連最是令人討厭的屎溺都有道的存在，更遑論其他東西。《莊子·大宗師》中也說：「其為物，無不將也，無不迎也；無不毀也，無不成也。」道是萬物發展的規律，當天地萬物生成之後，道便存在於天地萬物之中。所以，雖然各種事物的外在形式不同，但其中都存在著道。所以說「周、爛、咸」，這三者「異名同實，其指一也」。同篇中又說：

> 物物者與物無際，而物有際者，所謂物際者也；不際之際，際之不
>
> 際者也。謂盈虛衰殺，彼為盈虛非盈虛，彼為衰殺非衰殺，彼為本
>
> 末非本末，彼為積散非積散也。

「物物者」即是道，「與物無際」即是沒有界限，這是對道「無所不在」、「每下愈況」的進一步解釋。「物物者與物無際」，道在物中，道不外於物，物亦不外於道。正由於道無處不在，且為萬物的根源，所以人與所有萬物在本質上是等同而沒有差別的，所謂「天地與我並生，而萬物與我為一」（《莊子·齊物論》）。《列子·天瑞》則說：

> 能陰能陽，能柔能剛，能短能長，能員能方，能生能死，能暑能涼，
>
> 能浮能沈，能宮能商，能出能沒，能玄能黃，能甘能苦，能羶能香。
>
> 無知也，無能也，而無不知也，而無不能也。

萬物以之為根源的道，其所發揮出的成效有哪些？道能使萬物陰陽、柔剛、短長、員方、生死、暑涼、浮沈、宮商、出沒、玄黃、甘苦、羶香等等，這些也就造成了萬物所具有的特性。這些特性無一不得自於道，也都只是道在某一方面的呈現，而非道的整體。因此，道普遍存在於萬物之中，萬物得道而以不同的現象展現。

二、生化原理

用形、氣、質來解釋宇宙的結構，這種觀念在《老子》、《莊子》及《列子》書中皆有所描述：

> 萬物負陰而抱陽，沖氣以為和。（《老子·四十二章》）
>
> 泰初有無，無有無名，一之所起，有一而未形。物得以生，謂之德；

未形者有分，且然無間，謂之命。留動而生物，物成生理，謂之形；形體保神，各有儀則，謂之性。性脩反德，德至同於初。同乃虛，虛乃大。(《莊子‧天地》)

察其始而本無生，非徒無生也，而本無形。非徒無形也，而本無氣。雜乎芒芴之間，變而有氣，氣變而有形，形變而有生，今又變而之死，是相與為春秋冬夏四時行也。(《莊子‧至樂》)

子列子曰：「昔者聖人因陰陽以統天地。夫有形者生於無形，則天地安從生？故曰：有太易，有太初，有太始，有太素。太易者，未見氣也；太初者，氣之始也；太始者，形之始也；太素者，質之始也。氣形質具而未相離，故曰渾淪。渾淪者，言萬物相渾淪而未相離也。視之不見，聽之不聞，循之不得，故曰易也。易無形埒，易變而為一，一變而為七，七變而為九。九變者，究也；乃復變而為一。一者，形變之始也。〔註47〕(《列子‧天瑞》)

《列子》所說的「太易」，與《莊子‧至樂》所說的「芒芴」很相近，指的是一種比有形之氣更為原始的物質。張湛注說：

易亦希簡之別稱也。太易之義如此而已，故能為萬化宗主、冥一而不變者也。〔註48〕

《列子》的太易便是氣的本體，萬象世界都是這氣聚散變化的結果。因此，宇

〔註47〕此一段言亦見於《易緯‧乾鑿度》。《列子‧天瑞》曰：「昔者聖人因陰陽以統天地。夫有形者生於無形，則天地安從生？……」《易緯‧乾鑿度》作：「昔者聖人因陰陽，定消息，立乾坤，以統天地也。夫有形生於無形，乾坤安從生？」其餘句基本同。這就有一個何先何後的問題。過去一般認為《易緯‧乾鑿度》先，《列子》後，以《列子》為晉代作品。馮友蘭認為：「《列子‧天瑞》篇中，有一大段完全是從《易緯‧乾鑿度》抄來的。」見馮友蘭：《中國哲學史新編》(北京：人民出版社，1998年)，頁587。如今則有人認為《列子》為先秦作品。許抗生認為：「《列子》基本上是一部先秦道家典籍，基本保存了列子及其後學的思想。」見許抗生：〈《列子》考辨〉，陳鼓應主編：《道家文化研究》第一輯(上海：上海古籍出版社，1992年6月)，頁358。又說：「〈天瑞篇〉文字完整一貫，而〈乾鑿度〉文字前後不協調，〈天瑞篇〉很難說是抄襲〈乾鑿度〉的，而〈乾鑿度〉倒很可能是抄襲〈天瑞篇〉而用來論證乾坤產生過程的，不過這種抄襲是生硬的，從而產生了前後文不相協調的情形。」見許抗生：〈《列子》考辨〉，陳鼓應主編：《道家文化研究》第一輯(上海：上海古籍出版社，1992年6月)，頁356。

〔註48〕見楊伯峻：《列子集釋》(台北：華正書局，1987年9月)，頁7。

宙萬物的生成過程，是由無而生氣，由氣而生形，由形而生質。氣、形、質三者相聚而形成萬物。這與《莊子》以「無」變而有「氣」，「氣」變而有「形」，「形」變而有「生」的過程，來解說人的形成的架構很接近。《老子‧四十二章》說：「道生一，一生二，二生三，三生萬物。萬物負陰而抱陽，沖氣以為和。」《莊》《列》此說，可視為道家「道生一」、「無生有」等思想的發揮。

　　道的運行，是一種自然且往復循環的現象。《老子‧二十五章》說：「獨立不改，周行而不殆。」萬物的各種現象不是永遠固定不變的，這是由於道的造化功能所造成，所謂「誘然皆生，而不知其所以生；同焉皆得，而不知其所以得」（《莊子‧駢拇》）。一切皆出於道，最後又回歸於道。《莊子‧齊物論》說：「道通為一，其分也，成也；其成也，毀也。凡物無成與毀，復通為一。」〈知北遊〉說：「生也死之徒，死也生之始，孰知其紀！」道體永恆，道的作用是無時不動、無窮無盡的。《老子‧七章》說：「天長地久。天地所以能長且久者，以其不自生，故能長生。」《列子‧天瑞》亦有類似的記載：

> 子列子笑曰：「壺子何言哉？雖然，夫子嘗語伯昏瞀人。吾側聞之，試以告女。其言曰：有生不生，有化不化。不生者能生生，不化者能化化。生者不能不生，化者不能不化。故常生常化。常生常化者，無時不生，無時不化。陰陽爾，四時爾，不生者疑獨，不化者往復。其際不可終；疑獨，其道不可窮。黃帝書曰：『谷神不死，是謂玄牝。玄牝之門，是謂天地之根。綿綿若存，用之不勤。』故生物者不生，化物者不化。自生自化，自形自色，自智自力，自消自息。謂之生化形色智力消息者，非也。」

「不生者」、「不化者」就是指道。「谷神」、「玄牝」，皆是對道的稱呼。道是先於一切存在的，是「無狀之狀，無物之象」（《老子‧十四章》），也是一切的根本。周紹賢《列子要義》說：

> 谷神、玄牝、天地之根，皆造化之別稱，天道即造化之道，其本體不生不化，綿綿若存，不見其形，然而其用無窮。〔註49〕

《莊子‧大宗師》說：「朝徹而後能見獨；見獨而後能無古今；無古今而後能入於不死不生。殺生者不死，生生者不生。」「殺生者、生生者」，都是「道」的別稱。殺生者、生生者中的生者就是物。道為萬物生化的內在力量，使其自然而生而化，亦不得不生不化。道隨時發揮著作用，「無時不生，無時不化」，

〔註49〕見周紹賢：《列子要義》（台北：臺灣中華書局，1983 年 7 月），頁 22。

這道的運動便成爲事物的普遍規律。〈天瑞〉說：

> 粥熊曰：「運轉亡已，天地密移，疇覺之哉？故物損於彼者盈於此，成於此者虧於彼。損盈成虧，隨世隨死。往來相接，閒不可省，疇覺之哉？凡一氣不頓進，一形不頓虧；不覺其成，亦不覺其虧。亦如人自世至老，貌色智態，亡日不異；皮膚爪髮，隨世隨落，非嬰孩時有停而不易也。閒不可覺，俟至後知。」

宇宙大道運轉不止，天地萬物也隨之不停運轉，但是這些改變是慢慢形成的，難以察覺，致使人們往往誤以爲沒有任何的改變。因此，所有的萬物皆有損益消長，在這裡增益，就在那裡虧損；在這裡死亡，就在那裡出生。依此類推，事物具相對性，往來變化，沒有間斷，宇宙大道永恆存在，萬物彼此轉化，形象狀態各異。張湛注說：

> 夫萬物與化爲體，體隨化而遷。化不暫停，物豈守故？〔註50〕
>
> 夫心識潛運，陰陽鼓作，故形體改換，天地密移，損益盈虛，誰能覺悟？所以貴夫道者，知本而不憂亡也。〔註51〕

所以，天地萬物皆在無間斷地運動和變化且互相消長，此轉化現象是自然而然且不得不然的。「自長非所增，自短非所損」（《列子‧力命》），物物之間，包括人在內，皆可互爲轉化，沒有固定不變的形態，而對於宇宙總體——道來說，則既不曾增益也不曾減少。

　　道生育萬物，萬物得道而發展，道存在於萬物之中。所以萬物的萬形萬象，皆只是道不同形式的呈現，本質上沒有分別。道無時無刻不在發揮作用，且反復循環著，所謂「反者道之動」（《老子‧四十章》）。《莊子‧寓言》說：「萬物皆種也，以不同形相禪，始卒若環，莫得其倫。」《列子‧仲尼》說：「物不至者則不反。」萬物隨時在變化，也可以相互轉化，這是種自然而然且不得不然的現象。《莊》、《列》二書中皆曾提到過天地化生萬物的情形：

> 種有幾，得水則爲㡭，得水土之際則爲䵷蠙之衣，生於陵屯則爲陵舄，陵舄得鬱棲則爲烏足。烏足之根爲蠐螬，其葉爲胡蝶。胡蝶胥也化而爲蟲，生於竈下，其狀若脫，其名爲鴝掇。鴝掇千日爲鳥，其名爲乾餘骨。乾餘骨之沫爲斯彌，斯彌爲食醯。頤輅生乎食醯，黃軦生乎九猷，瞀芮生乎腐蠸。羊奚比乎不筍，久竹生青寧；青寧

〔註50〕見楊伯峻：《列子集釋》（台北：華正書局，1987 年 9 月），頁 30。

〔註51〕同註 50。

生程，程生馬，馬生人，人又反入於機。萬物皆出於機，皆入於機。
（《莊子‧至樂》）

種有幾：若圭鼃爲鶉，得水爲䉿，得水土之際，則爲圭鼃蠙之衣。
生於陵屯，則爲陵舄。陵舄得鬱栖，則爲烏足。烏足之根爲蠐螬，
其葉爲胡蝶。胡蝶胥也，化而爲蟲，生竈下，其狀若脫，其名爲鴝
掇。鴝掇千日，化而爲鳥，其名爲乾餘骨。乾餘骨之沫爲斯彌，斯
彌爲食醯頤輅，食醯頤輅生乎食醯黃軦，食醯黃軦生乎九猷，九猷
生乎瞀芮，瞀芮生乎腐蠸。羊肝化爲地皋，馬血之爲轉鄰也，人血
之爲野火也。鷂之爲鸇，鸇之爲布穀，布穀久復爲鷂也，燕之爲蛤
也。田鼠之爲鶉也。朽瓜之爲魚也。老韭之爲莧也。老羭之爲猨也。
魚卵之爲蟲。亶爰之獸自孕而生曰類。河澤之鳥視而生曰鶂。純雌
其名大腰，純雄其名穉蜂。思士不妻而感，思女不夫而孕。后稷生
乎巨跡，伊尹生乎空桑。厥昭生乎溼，醯雞生乎酒。羊奚比乎不筍，
久竹生青寧，青寧生程，程生馬，馬生人，人久入於機。萬物皆出
於機，皆入於機。（《列子‧天瑞》）

生死皆非永恆不變的現象，爲一氣之變，而呈現不同形體樣貌。范致虛說：

道無終始，物有死生，陶於大化冶。適然而變，則氣聚形成，強名
曰生；轉於造化之機，適然有遺，則氣散形壞，強名曰死……方死
方生，夢已俄覺；方生方死，覺已俄夢。孰知其所以然耶？惟原始
反終者，知其未嘗死，未嘗生，敵來而無從，去而無往，殆將入於
不死不生矣。〔註52〕

又說：

利用以出，注然勃然，莫不出焉者，皆出於機也；利用以入，油然
潊然，莫不入焉者，皆入於機也。有萬不同，出生入死，方知其所
由。然彼其神機之張，氣機之運，固有爲之斡旋宰制者。〔註53〕

這不能不生不化，常生常化之理，即是宇宙所具有的化育功能，稱爲造化。
成玄英疏說：「機者發動，所謂造化也。」〔註54〕造化指的就是自然，萬物

〔註52〕見高守元纂集：《沖虛至德眞經四解》，張繼禹主編：《中華道藏》第十五冊（北
京：華夏出版社，2004 年 1 月），頁 280。
〔註53〕同註 52，頁 281。
〔註54〕見郭慶藩輯：《莊子集釋》（台北：華正書局，1994 年 8 月），頁 629。

只是以不同的形狀出現在無窮的循環變化中。天地萬物其體爲一，爲一整體的生命。《莊子‧田子方》說：「夫天下者，萬物之所一也。」天地萬物既皆源於道，則其千變萬化，皆爲一氣之轉。「沖和氣者爲人」(《列子‧天瑞》)、「人之生，氣之聚也；聚則爲生，散則爲死」(《莊子‧知北遊》)、「天地者，形之大者也；陰陽者，氣之大者也」(《莊子‧則陽》)，人爲積氣而成，氣有陰陽。所以人爲陰陽二氣所形成，有生死的變化。《列子‧天瑞》說：

> 精神者，天之分，骨骸者，地之分。屬天清而散，屬地濁而聚。精神離形，各歸其眞，故謂之鬼。鬼，歸也，歸其眞宅。黃帝曰：「精神入其門，骨骸反其根，我尚何存？」

> 人自生至終，大化有四：嬰孩也，少壯也，老耄也，死亡也。其在嬰孩，氣專志一，和之至也，物不傷焉，德莫加焉。其在少壯，則血氣飄溢，欲慮充起；物所攻焉，德故衰焉。其在老耄，則欲慮柔焉；體將休焉，物莫先焉。雖未及嬰孩之全，方於少壯，間矣。其在死亡也，則之於息焉，反其極矣。

人有生必有死，人由出生至死亡，總共經歷四個階段，這是每個人所必須經歷的過程。人的形體不過是暫存的現象，死亡只是形體的消失，可說是對道的回歸。《莊子‧知北遊》說：「若死生爲徒，吾又何患？故萬物一也，是其所美者爲神奇，其所惡者爲臭腐；臭腐復化爲神奇，神奇復化爲臭腐。故曰『通天下一氣耳』。」〈至樂〉說：「察其始而本無生，非徒無生也而本無形，非徒無形也而本無氣。雜乎芒芴之間，變而有氣，氣變而有形，形變而有生，今又變而之死，是相與爲春秋冬夏四時行也。」生死是相互轉化的過程，是一個自然且必然的現象，死生爲氣的聚合與流散，所以死可視爲人生的歸宿，不足也不必悲傷。

三、宇宙時空

在春秋戰國時代，對於「無限」此一觀念的認識已有了發展，並進而形成了宇宙的概念，具有時空無限的思想，乃至在宇宙觀上有精到的認識。〔註55〕以道家來說，「道」爲其學派思想核心，道所具有的特色之一便是它是超越時空的存在，完全不受時間與空間的限制，以此成就其無限性。在《老子》中已可

〔註55〕見鄔大海：〈先秦時期時空無限思想的若干研究〉，《自然辯證法通訊》第 22 卷第 1 期，2000 年，頁 69。

見其對時空無限的認識：

> 有物混成，先天地生，寂兮寥兮，獨立不改，周行而不殆，可以為
> 天下母。吾不知其名，字之曰道。（〈二十五章〉）

> 迎之不見其首，隨之不見其後。（〈十四章〉）

道存在於天地之先，而生育天地萬物，永恆不變，運行不止，不見其形，這些都在說明道在時空上的超越性與無限性。《莊子》認為宇宙本體是無始無終、無邊無際的，〈庚桑楚〉說：

> 有實而無乎處者，宇也。有長而無本剽者，宙也。

郭象注說：

> 宇者，有四方上下，而四方上下未有窮處。宙者，有古今之長，而
> 古今之長無極。〔註56〕

相較於宇宙本體的無限，其他萬物是受限於時空因素的，如「井蛙不可以語於海者，拘於墟也；夏蟲不可以語於冰者，篤於時也」（〈秋水〉）。道非屬於物，是超越於物之上，所以在時間上來說是無限的：

> 殺生者不死，生生者不生。（〈大宗師〉）

道既是「殺生者」，又是「生生者」，道不生亦不死。具體的物才有生死，所以對道來說無所謂生死。《莊子·秋水》說：

> 道無終始，物有死生，不恃其成；一虛一滿，不位乎其形。年不可
> 舉，時不可止；消息盈虛，終則有始。是所以語大義之方，論萬物
> 之理也。物之生也，若驟若馳，無動而不變，無時而不移。
> 夫物，量無窮，時無止，分無常，終始無故。

萬物會有生死的變化，眼前所形成的形狀並非永遠不變的，只有道是無始無終的。時間不斷地流逝，萬物的消長盈虛，時有轉變，反復循環。如果能明白這個道理，就不會為眼前暫時的得失而高興憂愁，而能通於大道。〈齊物論〉說：

> 有始也者，有未始有始也者，有未始有夫未始有始也者。

宇宙有一個開端的時刻，那也就有它未曾有開端的開始，如此往前類推，可以上溯至無止盡的開始。從道的角度看，無所謂始，當然也就無所謂終。道不僅超越時間的限制，同時也是超越空間之外的存在：〔註57〕

〔註56〕見郭慶藩輯：《莊子集釋》（台北：華正書局，1994 年 8 月），頁 801。
〔註57〕《莊子》的空間無限思想，還處於一種玄想的境界之中。至於客觀上的空間
　　　　是否無限，其觀點還是有些游移不定。〈齊物論〉說「六合之外，聖人存而不

夫道，於大不終，於小不遺，故萬物備。(〈天道〉)

若夫乘天地之正，而御六氣之辯，以遊無窮者，彼且惡乎待哉！(〈逍遙遊〉)

體盡無窮，而遊無朕。(〈應帝王〉)

(戴晉人)曰：「臣請爲君實之。君以意在四方上下有窮乎？」君(魏王)曰：「無窮。」(〈則陽〉)

泛泛乎其若四方之無窮，其無所畛域。兼懷萬物，其孰承翼？是謂無方。(〈秋水〉)

成玄英疏說：「終，窮也。二儀雖大，猶在道中，不能窮道之量。秋毫雖小，待之成體，此則小不遺。既其能小能大，故知備在萬物。」〔註 58〕物無大小，皆爲道所涵蓋，道無所不在。劉笑敢引〈逍遙遊〉中「吾驚怖其言，猶河漢而無極也」，說明「在莊子看來銀河之廣袤無垠是不言而喻的」。〔註 59〕〈秋水〉還說：「知天地之爲稊米也，知毫末之爲丘山也。」這裡把天地看成整個空間中的一個很小的部分，這和《列子・天瑞》中長盧子所說「夫天地，空中之一細物，有中之最巨者」，是極其相似的觀念。《列子》也認爲宇宙本體，即道是無窮無盡的。〈湯問〉說：

殷湯問於夏革曰：「古初有物乎？」夏革曰：「古初無物，今惡得物？後之人將謂今之無物，可乎？」殷湯曰：「然則物無先後乎？」夏革曰：「物之終始，初無極已。始或爲終，終或爲始，惡知其紀？然自物之外，自事之先，朕所不知也。」

事物的產生和終結，最初並沒有一定的準則界限，也就是說萬事萬物何時開始，何時終了，實在很難肯定。開端與終結，循環不已，那裡知道它的分際與究竟呢？《莊子・庚桑楚》說：「天門者，無有也。萬物出乎無有。」雖「有」是由「無」而來，但沒有「有」，天地萬物便無由而生的。因此，夏革說：「古

論」，〈應帝王〉說「乘夫莽眇之鳥，以出六極之外，而遊無何有之鄉，以處壙埌之野」，沒有提到「六合之外」和「六極之外」到底有沒有邊界。而〈逍遙遊〉說「天之蒼蒼，其正色邪？其遠而無所至極邪」，也不用確定之辭。見鄔大海：〈先秦時期時空無限思想的若干研究〉，《自然辯證法通訊》第 22 卷第 1 期，2000 年，頁 70。

〔註58〕見郭慶藩輯：《莊子集釋》(台北：華正書局，1994 年 8 月)，頁 486～487。

〔註59〕見劉笑敢：《莊子哲學及其演變》(北京：中國社會科學出版社，1988 年 2 月)，頁 222。

初無物，今惡得物」。嚴靈峰說：

> 《列子》在此肯定「古初有物」。這個「物」並非表示形而下的「萬
> 物」，而是指宇宙原始之實存氣形質具而未相離之「渾淪」的本體。
> 《老子‧二十一章》所說「道之爲物」的「物」亦同此。「古初」是
> 指「有太易，有太初，有太始，有太素」之未見氣、氣之始、形之
> 始、質之始。〔註60〕

具體事物有終有始，但世界總體的運動轉化則無始無終，「初無極已」。每一
事物皆爲道體上的某一部份，所以一物的終結，即爲另一物的開始，如此由
開始至終結，再由終結回到開始，循環不已，互爲依存。萬物的生長演化是
不分終始的，張湛注說：「今之所謂終者，或爲物始，所謂始者，或是物終。
終始相循，竟不可分也。」〔註61〕〈天瑞〉說：「道終乎本無始，進乎本不久。」
此即《莊子‧秋水》所說：「道無終始。」徐文珊解釋「始或爲終，終或爲始，
惡知其紀」時說：

> 是就其終始循環，往復相生，無窮無極而言。既不能範之以生死，
> 亦不能窮之以今昔，若環之無端焉。〔註62〕

所謂「自物之外，自事之先，朕所不知也」，意近於「六合之外，聖人存而不
論」（《莊子‧齊物論》）。對於不可知之事，不勉強以爲知，則可見更開闊之
胸襟。《列子‧湯問》中接著說：

> 殷湯曰：「然則上下八方有極盡乎？」革曰：「不知也。」湯固問。
> 革曰：「無則無極，有則有盡，朕何以知之？然無極之外復無無極，
> 無盡之中復無無盡。無極復無無極，無盡復無無盡。朕以是知其無
> 極無盡也，而不知其有極有盡也。」

殷湯問夏革，天地八方有極限和窮盡嗎？夏革回答他，無就是無極，有就是
有盡。無極之外又有無極，無盡之中又有無盡，無極無盡之外，仍是無極無
盡，如此循環不已。連說無極無盡仍猶未足，更何況還有無限的「無極、無
盡」，甚至連「無極、無盡」的概念都不存在了。所以，上下八方無極無盡，
也就不知道邊際在哪裡，如此得知空間是沒有極限的。張湛注說：

〔註60〕見嚴靈峰：《列子辯誣及其中心思想》（台北：文史哲出版社，1994年8月），
　　　　頁123。
〔註61〕見楊伯峻：《列子集釋》（台北：華正書局，1987年9月），頁147。
〔註62〕見徐文珊：《先秦諸子導讀》（台北：幼獅書店，1972年1月），頁174。

既謂之無，何得有外？既謂之盡，何得有中？所謂無無極無無盡，
乃真極真盡矣。〔註63〕

從道的角度看，無所謂始，當然也就無所謂終，所以是無窮無盡。《莊子·齊
物論》說：「有始也者，有未始有始也者，有未始有夫未始有始也者。有有也
者，有無也者，有未始有無也者，有未始有夫未始有無也者。俄而有無矣，
而未知有無之果孰有孰無也。」此二者之意極為相近。《列子》肯定「上下八
方」是「無極、無盡」，正說明宇宙存在的無限性。對於道是無法以言語論說
的，一說便是有限，便受限制。因此道是無窮無盡，沒有時間空間的界限可
言的。〈湯問〉接著又說：

湯又問曰：「四海之外奚有？」革曰：「猶齊州也。」湯曰：「汝奚以
實之？」革曰：「朕東行至營，人民猶是也。問營之東，復猶營也。
西行至豳，人民猶是也。問豳之西，復猶豳也。朕以是知四海四荒
四極之不異是也。故大小相含，無窮極也。含萬物者亦如含天地。
含萬物也故不窮，含天地也故無極。朕亦焉知天地之表不有大天地
者乎？亦吾所不知也。

殷湯問夏革，四海的外面有些什麼？夏革說跟中國一樣差不多的東西，那麼
他是如何證明的？他發現向東走到營州，那裡的人民和中國差不多，問他們
營州以東的情形，也和營州是差不多的；再向西走到豳州，那裡的人民和中
國差不多，問他們豳州以西的情況，和豳州也是一樣的。因此得知，四海、
四荒、四極，和中國沒什麼差別。所以大地方和小地方是相互包容，沒有窮
盡的。包含萬物，如同包含天地一樣。天地既然包含萬物，因此無窮無盡；
宇宙既然包含天地，因而就更無極無限。那又怎麼知道天地之外，沒有比天
地更大的東西存在呢？盧重玄解說：

夫神道之含萬物也，故不窮；陰陽之含天地也，故無極。〔註64〕

在這裡《列子》對於萬物產生的先後順序，與天地有無盡頭的問題做了探討。
劉文英解釋這段文字時說：

它告訴人們，無極的宇宙空間（向大範圍無限擴展）之外，再沒有
一個無極的世界。很明顯，如果無極之外還有一個無極的世界，那
前面講的「無極」不成了有極即有限的了嗎！同樣，在無窮的宇宙

〔註63〕見楊伯峻：《列子集釋》（台北：華正書局，1987年9月），頁148。
〔註64〕同註63，頁150。

空間（向小範圍無限深入）之內，再沒有一個無盡的空隙。因為，如果還有一個無盡的空隙，那前面講的「無窮」也不成了有窮即有限的了嗎！至於為什麼「無極無窮」，作者的主要根據是「大小相含，無窮極也」。〔註65〕

依劉氏所說，不論從大的方面或從小的方面來論證宇宙，都有無限的意思。從《列子》的文字敘述中，也許並沒有說得如此清楚，但是透過夏革之口，認為宇宙是無限的觀點卻是明確的。這樣的思想與《莊子》相近，徐文珊說：

《列子》此思想頗類於《莊子》。惟莊子眼光向上看，向上求，列子則向外看，向外求。因向上看，故多言天。向外看，故言四海四極四荒。〔註66〕

《列子》書中「齊景公泣牛山」的故事，表達出一種對於人的生命有限的感慨。〈力命〉說：

齊景公游於牛山，北臨其國城而流涕曰：「美哉國乎！鬱鬱芊芊，若何滴滴去此國而死乎？使古無死者，寡人將去斯而之何？」史孔梁丘據皆從而泣曰：「臣賴君之賜，疏食惡肉可得而食，駑馬稜車可得而乘也。且猶不欲死，而況吾君乎？」晏子獨笑於旁。公雪涕而顧晏子曰：「寡人今日之游悲，孔與據皆從寡人而泣，子之獨笑，何也？」晏子對曰：「使賢者常守之，則太公桓公將常守之矣。使有勇者而常守之，則莊公靈公將常守之矣。數君者將守之，吾君方將被蓑笠而立乎畎畝之中，唯事之恤，行假念死乎？則吾君又安得此位而立焉？以其迭處之迭去之，至於君也，而獨為之流涕，是不仁也。見不仁之君，見諂諛之臣。臣見此二者，臣之所為獨竊笑也。」景公慙焉，舉觴自罰，罰二臣者各二觴焉。

擁有大好河山的國君，當然希望能永遠保有這一切，因此當其感受到生命的有限，時間的流逝之後，不禁有無限的感傷，而流下淚來。這是一般人會有的反應，也正是人生受限於時間的例子。而故事中的晏子，對於世人執著於生命所陷入的矛盾，能清楚分析並有通達的表現，實屬難得。〈湯問〉也說：

荊之南有冥靈者，五百歲為春，五百歲為秋。上古有大椿者，以八

〔註65〕見劉文英：〈中國古代的時空觀念（續完）〉，《蘭州大學學報（哲學社會科學）》第1期，1980年。

〔註66〕見徐文珊：《先秦諸子導讀》（台北：幼獅書店，1972年1月），頁175。

> 千歲爲春，八千歲爲秋。朽壤之上有菌芝者，生於朝，死於晦。春
> 夏之月有蠓蚋者，因雨而生，見陽而死。終北之北有溟海者，天池
> 也，有魚焉，其廣數千里，其長稱焉，其名爲鯤。有鳥焉，其名爲
> 鵬，翼若垂天之雲，其體稱焉。

文中所提及之物，不論是以八千歲爲春爲秋的大椿，或是朝生晦死的菌芝，或是身廣數千里的鯤魚，翼若垂天之雲的鵬鳥，其生存的時間和活動的空間，終究都是有限的。甚至連天地，雖已爲「有中之最巨者」，但也不過是「空中之一細物」（〈天瑞〉），都會有崩壞的一天，更何況是其他萬物。

　　《莊子》與《列子》對於其哲學思想的表達，多是透過寓言的表現形式，將抽象的哲理具體化，揭示更爲深層的哲學意涵，將其與現實人生做結合，不再只是形而上的哲學理念，而是可以作爲人生指導的重要依據。由體道、悟道所形成的理想境界，是一種精神絕對自由、逍遙的境界。因此，透過《莊》、《列》對於其哲學思想的闡釋，使我們得以明白，「論道並不僅僅在於探索世界萬物的本原及原因，更重要的是以道來說明人的存在，以道來詮釋人生，體現生命的意義，引導人們體會『道』中所包含的人生眞諦。」〔註67〕

〔註67〕見董華：〈莊子寓言文學的內涵〉，《青海師範大學學報》（哲學社會科學版）第 2 期，2001 年，頁 81。

第五章　人生哲學

　　《莊子》與《列子》二書皆以道爲其哲學的最高範疇，展現對宇宙本質的認識，並以道詮釋人生，體現生命不同於傳統的意義。因此，在通往體道的路程中，也正是自然生命的本眞逐漸朗現的過程。人的生命、形體是有限的，但通過不斷地自我超越，修養功夫的實踐體驗，最後能達到精神的絕對自由。以下分別討論《莊子》與《列子》二書中，關於人生觀、生死觀、認識論與命觀等四方面的內在意涵。

第一節　人生觀

　　人生觀是人們對人生的根本看法，它包括對人生的目的、意義、理想和態度及人性的看法，最根本的問題是人活著爲了什麼？人應當怎樣活著？
〔註1〕「虛」是宇宙天地的本質，代表著含有一切的可能，亦有無限的包容力。《老子‧十六章》說：「致虛極，守靜篤。萬物並作，吾以觀復。」道體虛靜，因此萬事萬物皆涵攝於道之中。將此理運用於人事，人若能有「致虛」、「守靜」的修養功夫，便能體會生命的本源與意義。這種體道的過程，正是人對於生命的自我覺醒。

　　天地萬物種類繁多，從表面上看各有其特徵，造成千差萬別。但是從道的角度觀察，事物沒有貴賤之分，它們都是一樣的，所以說「以道觀之，物無貴賤」（《莊子‧秋水》）。從齊物的觀點來看，人不能也無須自視爲最貴，而以他

〔註1〕 見陳德安：〈《列子》的世界觀與人生觀教育〉，《雁北師院學報》第4期，1996年，頁13。

物爲賤，「萬物一齊，孰短孰長」（《莊子·秋水》）。若以爲天地萬物皆爲人所用，那是錯誤的觀念。《莊子·齊物論》說：「天地與我並生，萬物與我爲一。」《列子·說符》說：「天地萬物與我並生，類也。類無貴賤。」這種萬物皆平等的思想，也就是齊物我的思想，在《莊子》與《列子》是相通的。

一、《莊子》人生觀

《莊子》對人們身處亂世的境遇進行了思索，並且對深陷困境中的人們，提出了解決之道 —— 順應自然，擺脫世俗煩擾，而與大化冥合。要達到這樣的目的，必須經過一番修養的功夫。在修養的過程中，忘物忘我，進而達到「天地與我並生，萬物與我爲一」的境地。

（一）齊一物我

《莊子》中有〈齊物論〉一篇，關於其讀法，大致上有二種說法：一是「齊物」論，一是齊「物論」。主張「齊物」論者，如楊柳橋說：

> 「齊物」二字連讀。左思〈魏都賦〉：「萬物可齊於一朝。」劉逵注：
> 「莊子有『齊物』之論。」劉琨〈答盧諶書〉：「遠慕老莊之『齊物』。」
> 《文心雕龍·論説》：「莊周『齊物』，以『論』爲名。」《輔行記》：
> 「彼論『齊物』，一夢爲短而非短，百年爲長而非長。」皆《莊子》
> 「齊物」二字連讀之證也。《孟子·滕文公》篇：「夫物之不齊，物
> 之情也。……子比而同之，是反天下之證也。」可作反證。齊物，
> 謂齊同事物之彼此與是非也。其「物論」二字連讀，非是。〔註2〕

楊柳橋在這裡舉了一些「齊物」二字連讀的例證，並對「齊物」下了簡明扼要的定義，也明確指出「物論」二字連讀是錯誤的。陳啓天《莊子淺說》說：

> 齊物論者，齊物之論也。莊子以物字統指萬物，包括人之一切在內。
> 齊物，謂對於萬物等視齊觀，任其自然，不加分別也。故齊物論又
> 可名爲萬物平等觀，或任物自然論。〔註3〕

一般人由於站在自我的角度去看其他事物，於是興起分別萬物之心，對物我、是非、生死皆有分別之見，從而產生許許多多的困擾。因此，齊物，便是要以道消除物我、是非、生死等差別觀念，一切任物自然。

〔註2〕 見楊柳橋：《莊子譯詁》（上海：上海古籍出版社，1991年12月），頁23。
〔註3〕 見陳啓天：《莊子淺說》（台北：臺灣中華書局，1971年7月），頁13。

　　主張「物論」連讀者，如憨山《莊子內篇注》說：「物論者，乃古今人物眾口之辯論也。」〔註4〕林雲銘《莊子因》說：「明道之言，各有是非，是謂物論。」〔註5〕王夫之《莊子解》說：

> 當時之爲論者夥矣，而尤盛者儒墨也：相競於是非而不相下，唯知有己，而立彼以爲耦，疲役而不知歸。其始也，要以言道，亦莫非道也。其既也，論興而氣激，激于氣以引其知，氾濫而不止，則勿論其當於道與否，而要爲物論。物論者，形開而接物以相搆者也，弗能齊也。使以道齊之，則又入其中而與相刃。唯任其不齊，而聽其自已；知其所自興，知其所自息，皆假生人之氣相吹而巧爲變；則見其不足以與辨，而包含於未始有之中，以聽化聲之風濟而反於虛，則無不齊矣。〔註6〕

王夫之將「物論」之說發揮得淋漓盡致，說得更爲透徹。其實，兩種說法都能從文本中找到根據，兩者並非絕對對立的。前者之說，重在說明萬物形色性質雖不同，卻是齊一的，如「萬物一齊，孰短孰長」（〈秋水〉）、「齊萬物以爲首」（〈天下〉）之說。後者之說，則是將百家爭鳴的學說當作物論，對於這些持有己見的言論，當然要加以齊一，如「故有儒墨之是非，以是其所非而非其所是」（〈齊物論〉）、「而儒墨乃始離跂攘臂乎桎梏之間。噫，甚矣哉！其無愧而不知恥也甚矣」（〈在宥〉）之說。

　　本文所論並不局限於其中一種說法，說「齊一萬物」，則包含有齊萬物、齊物我、齊是非、齊生死……等齊同所有物我及世俗觀念之意，即要泯除一切差別性，而回歸於自然之道。天地萬物本是一體，但是由於人爲的造作，使本來沒有差別的世界出現了差別，使本來和諧一體的世界出現了不和諧。要回歸萬物一體的原本狀態，就必須消除主觀意識，消除人爲造作，也就是要做到順物自然，齊一萬物。《莊子》說：

> 道者爲之公。（〈則陽〉）

> 以道觀之……無所畛域，兼懷萬物。（〈秋水〉）

道是萬物的本源，無論是有形、無形之物，都包含在道之中。道也是支配具體事物的主宰，所有的事物均遵循著道的自然規律而行。道對所有事物一視

〔註4〕　見憨山：《莊子內篇注・齊物論》（台北：廣文書局，1973年6月），頁1。
〔註5〕　見林雲銘：《增註莊子因・齊物論》上冊（台北：廣文書局，1968年1月）。
〔註6〕　見王夫之：《莊子解》（台北：河洛圖書，1974年10月），頁10。

同仁，不區分高低貴賤。具體事物雖形形色色，但皆以道爲最後依歸，返道的同時也是返回自然，返回最本眞的狀態。〈則陽〉說：

> 比於大澤，百材皆度；觀於大山，木石同壇。

以山澤來說，生長的各種材質全都有自己的作用；再看看大山，樹木與石塊處在同一個地方。百材雖殊，同以大澤爲居，木石不同，皆以大山爲處。從道的角度來看具體事物，各自的特性並未消失但已被忽略，重視的是彼此相通的地方。所以所謂的萬物齊一，就是從道的角度去觀察、省視。《莊子》爲了說明這個道理，把具體事物放入宇宙中考察，可看出具體事物的有限、微不足道，與大道的寬廣、無限，形成了強烈的對比。〈秋水〉記載，北海若在向河伯解釋自己未嘗自滿的理由時說：

> 吾在天地之間，猶小石小木之在大山也，方存乎見少，又奚以自多！計四海之在天地之間也，不似礨空之在大澤乎？計中國之在海內，不似稊米之在大倉乎？號物之數謂之萬，人處一焉；人卒九州，穀食之所生，舟車之所通，人處一焉；此其比萬物也，不似毫末之在於馬體乎？五帝之所連，三王之所爭，仁人之所憂，任士之所勞，盡此矣。伯夷辭之以爲名，仲尼語之以爲博，此其自多也，不似爾向之自多於水乎？

四海存在於天地之間，就像石間孔隙存在於大澤之中。中原之地存在於四海之內，就像細碎的米粒存在於大糧倉。依此看來，人存在於這宇宙中，是何其渺小，又有什麼好自大的呢？小大之分是相對的，人類和萬物相比，就如同毫末存在於整個馬體般那樣的微小。那麼三王、五帝、仁者、賢士所爭奪憂患的，不都像這毫末嗎？就連伯夷因辭讓所得的聲名，孔子淵博的學問，還有什麼值得一提的。文中還進一步說明：

> 夫物，量無窮，時無止，分無常，終始無故。

萬物的數量是沒有窮盡的，時間的推移是沒有限度的，得失之間沒有一定不變的常規，事物的終始也是經常在轉變的，所以不必對事物作具體的區分。〈齊物論〉說：

> 天下莫大於秋毫之末，而太山爲小；莫壽乎殤子，而彭祖爲夭。

事物具相對性，一般來說，所謂的大小多是指世俗價值中事物的比較而言。依此看法，則認爲泰山大而秋毫小，彭祖長壽而殤子夭折。但是天下再大的東西，總有比它更大的東西，所以說「太山爲小」。天下再小的東西，總有比

它更小的東西，所以說「天下莫大於秋毫之末」。壽夭也是同樣的道理。所以所謂的大小、壽夭，並沒有什麼差別。在道這無限大的視野裡，世俗社會裡的大小、長短、壽夭的區別，都是毫無意義的。〈逍遙遊〉提到：

> 朝菌不知晦朔，蟪蛄不知春秋，此小年也。楚之南有冥靈者，以五
> 百歲爲春，五百歲爲秋；上古有大椿者，以八千歲爲春，八千歲爲
> 秋。

大椿把八千年當作春，八千歲當作秋，彭祖若是和這大椿相比，不也算是夭折之人了？把短命的嬰兒和朝生暮死的蟲子相比，不也是高壽嗎？蟪蛄、朝菌、冥靈及大椿，無論多大、多遠，同樣受到時間的限制而不能自由，只要有所待，就不能達到絕對自由的理想境界。這長短、壽夭的差異，不過是經驗世界中使用的判斷標準。若是不以經驗世界而言，而是從道的角度去看，萬物皆齊一，哪還需要去辨別小大、壽夭的不同。〈秋水〉說：

> 以道觀之，物無貴賤；以物觀之，自貴而相賤；以俗觀之，貴賤不
> 在己；以差觀之，因其所大而大之，則萬物莫不大；因其所小而小
> 之，則萬物莫不小；知天地之爲稊米也，知毫末之爲丘山也，則差
> 數覩矣。以功觀之，因其所有而有之，則萬物莫不有；因其所無而
> 無之，則萬物莫不無；知東西之相反而不可以相無，則功分定矣。
> 以趣觀之，因其所然而然之，則萬物莫不然；因其所非而非之，則
> 萬物莫不非。

萬物從自己的差別性來看，每一物總是自以爲貴，而以別物爲賤；如果從世俗的觀點來看，事物本身並無貴賤，貴賤是由世俗決定的。順著事物大的一面而觀其大，沒有一物不是大；順著小的一面觀其小，沒有一物不是小。其他情形的比較，大概皆是如此。所以事物是具相對性的，端看比較的對象及所看的角度不同而有不同的結果。如果沒有認識到事物的相對性，對事物的觀察完全被表象所左右，對於內在本質並不了解，人們所得到的往往是主觀所認知的假象，這必然是片面的、有限的，同時也是世俗偏見的由來。成玄英疏說：

> 道者，通乎人我者也；物者，心有所據以衡人者也；俗者，徇俗爲
> 貴賤者也；差者，萬物之等差也；功者，人我兩須之事功也；趣者，
> 一心之旨趣也。〔註7〕

─────────────

〔註7〕　見郭慶藩輯：《莊子集釋》（台北：華正書局，1994 年 8 月），頁 578。

郭象注說：

> 所大者，足也；所小者，無餘也。故因其性足以名大，則毫末丘山
> 不得異其名；因其無餘以稱小，則天地稀米無所殊其稱。若夫觀差
> 而不由斯道。則差數相加，幾微相傾。不可勝察也。〔註8〕

從道的角度來看，天下萬物沒有什麼不同，萬物沒有貴賤之分。「以物觀之」、「以俗觀之」、「以差觀之」、「以功觀之」、「以趣觀之」，這些方式都是從事物具有差異性的一面去觀察，所觀察到的都只是一部分，而不是全部。這樣的觀察結果，會隨著觀察立場不同而有不同，這是不夠周延的。因此，《莊子》否定這些有所偏頗的觀察方式，強調的是在「通天下一氣」（〈知北遊〉）的自然裡，萬物的等同為一，並以此在物我之間取得協調。

自然本來是渾然為一，道的原理本身是無從限制的，因為人們的自以為是，有了「有封」（〈齊物論〉），於是產生了區別之心與認識上的侷限，造成自然天性的破壞與喪失。《莊子》齊物的方式，正是對是非、美醜等價值的否定，主張順任自然。〈駢拇〉說：

> 鳧脛雖短，續之則憂；鶴脛雖長，斷之則悲。

野鴨子的腿雖然短，接上一段會造成痛苦；野鶴的腿雖長，切掉一段也會造成悲哀。所以不論長或短，都是自然給與的，是性的本然。若強加以人為的改變，必然造成傷害。〈齊物論〉說：

> 物固有所然，物固有所可。無物不然，無物不可。故為是舉莛與楹，
> 厲與西施，恢恑憰怪，道通為一。

所謂的大小、美醜，以及寬大、矯詐、怪異之分，從道的觀點來看，都是不存在的。細小的草莖和巨大的樑柱，醜陋的女人和美麗的西施，在道這個天平上，都是渾然如一。萬物是通而為一的，只有得道的人才能了解這個道理。宇宙萬象雖殊，但從它所以生成的根源處—道去看，其實是沒有差異的。即使以儒家道德觀念來看，多是讚譽伯夷而指責盜跖，但若從自然本性的立場看，其於「殘生傷性」則是相同的，「奚必伯夷之是而盜跖之非乎」（〈駢拇〉）。

〈齊物論〉中又說：

> 以指喻指之非指，不若以非指喻之非指也；以馬喻馬之非馬，不若
> 以非馬喻馬之非馬也。天地一指也，萬物一馬也。

以道觀之，天下萬物沒有什麼不同，天下萬物皆歸於一。王雱說：「彼指此指，

〔註8〕 見郭慶藩輯：《莊子集釋》（台北：華正書局，1994年8月），頁578。

彼馬此馬，其不同者形，而其所同者質，安得有所不齊乎？天地雖異而同出
於道，萬物雖殊而亦出於道。但天地殊高下之形，萬物異小大之體，其所出
同於本而已，安得有所不齊也。故曰天地一指，萬物一馬。」〔註9〕〈德充符〉
說：

> 自其異者視之，肝膽楚越也；自其同者視之，萬物皆一也。

從差異的一面去看，肝膽就像楚越二國那樣相差懸殊；從相同的一面去看，
萬物都是一樣的。把宇宙萬物視爲一個整體，生命不過是宇宙的一個部分，
人的生死、得失不過是來自於天地萬物，又回歸於天地萬物的一個變化而已，
又何必斤斤計較。〈齊物論〉說：

> 民溼寢則腰疾偏死，鰌然乎哉？木處則惴慄恂懼，猨猴然乎哉？三
> 者孰知正處？民食芻豢，麋鹿食薦，蝍蛆甘帶，鴟鴉嗜鼠，四者孰
> 知正味？猨猵狙以爲雌，麋與鹿交，鰌與魚游。毛嬙麗姬，人之所
> 美也；魚見之深入，鳥見之高飛，麋鹿見之決驟。四者孰知天下之
> 正色哉？

不同的個體生物，在居住、飲食、性慾各方面的要求自然不同。物與物之間
的差別，可能是很大的，甚至是截然相反。因此，在人、魚、鳥、獸之間，
正處、正味、正色的標準是難以確定的，也就是說要以一己的標準去統一天
下所有的事物是不可能的。所以不同的物有不同的審美標準，人類不可以自
己的標準強加於其他生物，了解了這一個道理，才知道萬事萬物並沒有絕對
性。林希逸說：

> 齊者，一也，欲合眾論而爲一也。戰國之世，學問不同，更相是非，
> 故莊子以爲不若是非兩忘而歸之自然。〔註10〕

《莊子》齊物所要達到的，是泯除物我之間的差別，希望達到的境界是：

> 天地與我並生，而萬物與我爲一。(〈齊物論〉)

> 獨與天地精神往來。(〈天下〉)

這物我爲一，完全泯滅事物間的差別，精神達到高度自主、自由的境界，正
是《莊子》的人生境界。〈齊物論〉用「莊周夢蝶」的故事來做說明：

〔註9〕　見王雱：《南華眞經新傳》卷二，張繼禹主編：《中華道藏》第十三冊（北京：
　　　　華夏出版社，2004年1月），頁573。
〔註10〕見林希逸：《南華眞經口義》卷二，張繼禹主編：《中華道藏》十三冊（北京：
　　　　華夏出版社，2004年1月），頁714。

> 昔者莊周夢爲胡蝶，栩栩然胡蝶也，自喻適志與！不知周也。俄然
> 覺，則蘧蘧然周也。不知周之夢爲胡蝶與，胡蝶之夢爲周與？周與
> 胡蝶，則必有分矣。此之謂物化。

莊周的蝶化，象徵人與外物的契合交感。現實生活中的現象，雖然千差萬別，但都只是表面上的差異。如果從道的立場來看，其實是相通無別的，所以說「道通爲一」、「復通爲一」（〈齊物論〉）。因此到底是莊周夢爲蝴蝶，或是蝴蝶夢爲莊周，這並不重要，因爲從道來看，根本就無所謂莊周與蝴蝶之分。一切物我之別，都是不存在的。人與物融通爲一，泯除物我的隔離，使人與外在自然世界，成爲一和諧的存在體，達到《莊子》所企求的乘天地之道、順萬物之變的無待境界。

（二）理想人格

　　理想人格是一種人生哲學中體現人生價值、完成人生目標的人物形象，是一種人生哲學理論宗旨的標誌。〔註 11〕《莊子》理想人格是絕對自由的人物，這些理想人物，能力神奇莫測，德行超脫塵世，心靈安寧恬靜。世俗之人，困於生死之限、哀樂之情，使身體精神遭受打擊折磨，痛苦不堪。《莊子》所描述的理想人物，或稱爲眞人、至人、神人和聖人等，能超脫生死、情欲之限，從而達到道的境界。〔註 12〕這些理想人物的稱謂雖然不同，實質上並沒有太大的差別，都是體道之人。羅安憲說：

> 眞人者，突出者爲人之本眞；至人者，突出者爲人所達到之境界；
> 神人者，突出者爲其與常人之區別；聖人者，突出者爲其人格之崇
> 高與偉大。〔註 13〕

唐君毅說：

> 至人者亦人之至，乃自作人之作到極致之量者而言。眞人者對僞而

〔註 11〕見崔大華：《莊學研究》（北京：人民出版社，1992 年 7 月），頁 149。

〔註 12〕陳鼓應說：「『聖人』：這是道家最高的理想人物，其人格形態，不同於儒家；儒家的聖人是典範化的道德人，道家的『聖人』則體任自然，拓展內在的生命，以『虛靜』『不爭』爲理想的生活，卑棄名教，揚棄一切影響身心自由活動的束縛（甚至包括倫常規範在內）。道家的『聖人』和儒家的聖人，無論對政治、人生、宇宙的觀點均不相同，兩者不可混同看待。」見陳鼓應：《老子今註今譯及評介》（台北：臺灣商務印書館，1972 年 12 月），頁 53。

〔註 13〕見羅安憲：《虛靜與逍遙——道家心性論研究》（北京：人民出版社，2005 年 9 月），頁 229。

言。眞人無其反面之僞妄，即就其人之質之純而言。神人者就人之
心知神明之無所不運而如神言。〔註14〕

在這些理想人物中，表述得最爲完整的是眞人。〈大宗師〉說：

古之眞人，不逆寡，不雄成，不謨士。若然者，過而弗悔，當而不
自得也。若然者，登高不慄，入水不濡，入火不熱。是知之能登假
於道者也若此。古之眞人，其寢不夢，其覺無憂，其食不甘，其息
深深。眞人之息以踵，眾人之息以喉。屈服者，其嗌言若哇。其嗜
欲深者，其天機淺。古之眞人，不知悅生，不知惡死。其出不訢，
其入不距。翛然而往，翛然而來而已矣。不忘其所始，不求其所終；
受而喜之，忘而復之。是之謂不以心捐道，不以人助天，是之謂眞
人。若然者，其心志，其容寂，其顙頯；淒然似秋，煖然似春，喜
怒通四時，與物有宜而莫知其極。

構成人生困境的最大因素，不外乎是對生死的執著，眞人不悅生，不惡死，
齊一生死，從而超脫了這困境。而眞人的處世態度是順應時命的，不爲外物
所動，不自恃成功，不用心智、思慮謀劃事情。對於物質要求不高，淡泊寡
欲，睡覺無夢，醒來無憂。同篇中又說：

古之眞人，其狀義而不朋，若不足而不承；與乎其觚而不堅也，張
乎其虛而不華也；邴邴乎其似喜乎！崔乎其不得已乎，滀乎進我色
也，與乎止我德也；厲乎其似世乎！謷乎其未可制也；連乎其似好
閉也，悗乎忘其言也。

故其好之也一，其弗好之也一。其一也一，其不一也一。其一與天
爲徒，其不一與人爲徒。天與人不相勝也，是之謂眞人。

這裡對眞人有進一步的說明，眞人神態巍峨無比，自然作爲而不固執，心志
開闊而不浮華，面帶笑容，和藹可親。有所行動，是出於不得已。德行寬和，
讓人樂於歸依。胸懷寬廣可以包容一切，沒有任何約束，不用心機，好似無
以爲言。眞人能做到「天與人不相勝」，即天與人不相抵觸、排斥，也就是天
人合一。在眞人看來，世界上的東西本質上都是一樣的，都是自然的創造物，
是按照自然法則存在和變化的。林希逸說：

以人勝天不可也，以天勝人亦不可也。眞人則無好無惡，無異無同，

〔註14〕見唐君毅：《中國哲學原論·原道篇》卷一（台北：臺灣學生書局，1978 年 4
月），頁 345～346。

> 無分於天人，但循自然而已。〔註15〕

眞人能以自然爲法，將一切都看作是一樣的，不去區分人爲與天然。〈田子方〉說：

> 古之眞人，知者不得說，美人不得濫，盜人不得劫，伏犧黃帝不得友。死生亦大矣，而無變乎己，況爵祿乎！若然者，其神經乎大山而無介，入乎淵泉而不濡，處卑細而不憊，充滿天地，既以與人，己愈有。

對眞人來說，生死無變於己，生死爵祿都無法干擾他。眞人的心境安寧，不受紛擾，精神自在，不囿於生死界限。並進而轉化成一種巨大的精神力量，上山下海，無所不至，勢不可當。眞人有這種精神力量，即使身處卑位也不感到困頓。〈刻意〉說：

> 純素之道，唯神是守；守而勿失，與神爲一；一之精通，合于天倫。野語有之曰：「眾人重利，廉士重名，賢士尚志，聖人貴精。」故素也者，謂其無所與雜也；純也者，謂其不虧其神也。能體純素，謂之眞人。

陳景元說：

> 水性不雜則清，莫動則平；身中眞水亦如之，若純粹靜一，動合天理，雖不鍊形而神已王矣。……質不爲塵染，則素；神不爲事撓，則純。體備純素，非眞而何？〔註16〕

《莊子》所描述的眞人的精神境界，表現出順應自然、超脫世俗羈絆的觀念，與曠達灑脫的人生態度，更有著追求獨立人格的精神，這些可以作爲吾人立身處世的借鏡。關於至人，《莊子·齊物論》說：

> 至人神矣！大澤焚而不能熱，河漢沍而不能寒，疾雷破山飄風振海而不能驚。若然者，乘雲氣，騎日月，而遊乎四海之外。死生無變於己，而況利害之端乎？

至人不爲外物所動，不論是「大澤焚」、「河漢沍」，或是面臨「疾雷破山飄風振海」，皆不能撼動他。成玄英疏說：

〔註15〕見林希逸：《南華眞經口義》卷八，張繼禹主編：《中華道藏》十三冊（北京：華夏出版社，2004 年 1 月），頁 753。

〔註16〕見諸伯秀：《南華眞經義海纂微》卷四十八引，張繼禹主編：《中華道藏》十四冊（北京：華夏出版社，2004 年 1 月），頁 271。

原澤焚燎，河漢冰凝，雷霆奮發而破山，飄風濤蕩而振海。而至人
神凝未兆，體與物冥，水火既不爲災，風雷詎能驚駭？〔註17〕

因其不爲外物所動，所以生死、利害皆無法影響他，而能「乘雲氣，騎日月，
而遊乎四海之外」，精神能逍遙自在。〈應帝王〉說：

無爲名尸，無爲謀府；無爲事任，無爲知主。體盡無窮，而遊無朕；
盡其所受乎天，而無見得，亦虛而已。至人之用心若鏡，不將不迎，
應而不藏，故能勝物而不傷。

無爲就是要能順任自然，不以人爲干涉，體現爲「虛」。能體悟道之虛境，方
能「體盡無窮，而遊無朕；盡其所受乎天，而無見得」。能體悟道的廣闊無窮，
遊心於寂靜之境，順物自然而無所求，便能保全自然的本性。此即「虛」所
包含的兩層意思：一是像鏡子一樣透徹地反映外界客觀的一切；一是廣大的
涵容性。〔註18〕

「至人之用心若鏡」，是以鏡子來比喻至人純潔空明的心境。鏡子任萬物
來去，無所隱藏，萬物呈現什麼，鏡子便如實反映，不增不減，不迎不送，
不在鏡上留下任何痕跡。對待事物，若能以此態度、心境面對，則外物不能
有所傷害。不要讓名譽、謀略、世事、知能等外物，成爲自己的負擔累贅。
能夠領悟道的無窮，隨物自然，心境淡泊，方能自由自在地生活。所以，人
應像鏡子一樣，任外物來去，自己無所作爲，不受任何影響，如此則可避免
傷害。成玄英疏說：

尸，主也。身尚忘遺，名將安寄，故無復爲名譽之主也。虛淡無心，
忘懷任物，故無復運爲謀慮于靈府耳。〔註19〕

夫物有去來而鏡無迎送，來者即照，必不隱藏。亦猶聖智虛凝，
無幽不燭，物感斯應，應不以心，既無將迎，豈有情於隱匿哉！
〔註20〕

鏡子照物而不爲物所擾動，始終保持平靜。虛靜之心正是如此，面對外物時，
不把自己的好惡利害加在物身上，讓心靈恢復到原始的狀態，心與物相通沒
有任何間隔，此即是「一」。〈刻意〉說：「一而不變，靜之至也。」只有心靈

〔註17〕見郭慶藩輯：《莊子集釋》（台北：華正書局，1994年8月），頁96。
〔註18〕見陳鼓應：《老莊新論》（香港：中華書局，1991年4月），頁210。
〔註19〕同註17，頁307～308。
〔註20〕同註18，頁309。

虛靜，才能無所牽掛地遨遊於「无何有之鄉」（〈逍遙遊〉、〈應帝王〉），方能進入「物之初」（〈田子方〉），即道的境界。〈田子方〉說：

> 夫至人者，上闚青天，下潛黃泉，揮斥八極，神氣不變。

至人能夠上天入地，保持神氣不變，亦因其不爲外物所動。〈德充符〉說：「孔丘之於至人，其未邪？彼何賓賓以學子爲？彼且蘄以諔詭幻怪之名聞，不知至人之以是爲己桎梏邪？」禮儀規範是束縛人性自然發展的枷鎖，是阻礙生命自由的外物，至人是不願意這麼做的。世人雖認爲孔子是個道德極高的人，但《莊子》並不這麼認爲。〈大宗師〉描述至人的精神境界時說：

> 芒然彷徨乎塵垢之外，逍遙乎無爲之業。彼又惡能憒憒然爲世俗之禮，以觀衆人之耳目哉！

《莊子》所描繪的理想人格，具有超脫世俗的生活態度，體現著一種自由且寧靜的心靈狀態。〈天道〉說：

> 夫至人有世，不亦大乎！而不足以爲之累。天下奮揀而不與之偕，審乎無假而不與利遷，極物之眞，能守其本，故外天地，遺萬物，而神未嘗有所困也。通乎道，合乎德，退仁義，賓禮樂，至人之心有所定矣。

《莊子》的「遊乎塵垢之外」的精神境界，實際上向我們展示了這樣一個過程：「當一個人理性地把自己的存在和一種永恆的、無所不包的存在整體結合在一起，理智地感受到他個人的存在也是一種無限之時，胸襟就會變得寬廣起來。在這個高遠的位置上來審視人世，得喪禍福、窮達貧富也就無足縈懷了，世俗的紛擾也就化成心境的寧靜。」〔註21〕關於神人，《莊子・逍遙遊》說：

> 藐姑射之山，有神人居焉，肌膚若冰雪，綽約若處子；不食五穀，吸風飲露；乘雲氣，御飛龍，而遊乎四海之外。其神凝，使物不疵癘而年穀熟。

神人進入絕對自由的境界，使宇宙萬物各得其所。神人「不食五穀，吸風飲露；乘雲氣，御飛龍，而遊乎四海之外」，這神妙之語，引起肩吾的懷疑，認爲是狂妄之語。連山卻回答說：

> 瞽者无以與乎文章之觀，聾者无以與乎鐘鼓之聲。豈唯形骸有聾盲哉？夫知亦有之。是其言也，猶時女也。之人也，之德也，將旁礡萬物以爲一，世蘄乎亂，孰弊弊焉以天下爲事！之人也，物莫之傷，

〔註21〕見崔大華：《莊學研究》（北京：人民出版社，1992年7月），頁158。

> 大浸稽天而不溺，大旱金石流、土山焦而不熱。是其塵垢粃糠，將
> 猶陶鑄堯舜者也，孰肯以物為事。

連叔認為肩吾不理解接輿關於神人的描繪，是心智上的聾子和盲人。聾者當
然看不見文章色彩，聾子當然聽不到鐘鼓所發出的聲音。所以肩吾當然無法
理解神人的境界，也就不知道萬物對道的依存關係，就體現在神人身上。關
於聖人，《莊子》說：

> 聖人不從事於務，不就利，不違害，不喜求，不緣道，無謂有謂，
> 有謂無謂，而遊乎塵垢之外。（〈齊物論〉）

> 故聖人將遊於物之所不得遯而皆存。善夭善老，善始善終，人猶效
> 之，又況萬物之所係，而一化之所待乎！（〈大宗師〉）

> 故曰：聖人之生也天行，其死也物化；靜而與陰同德，動而與陽同波；
> 不為福先，不為禍始；感而後應，迫而後動，不得已而後起。去知與
> 故，循天之理，故無天災，無物累，無人非，無鬼責。其生若浮，其
> 死若休。不思慮，不豫謀，光矣而不耀，信矣而不期。其寢不夢，其
> 覺無憂，其神純粹，其魂不罷。虛無恬淡，乃合天德。（〈刻意〉）

> 夫聖人未始有天，未始有人未始有始，未始有物，與世偕行而不替，
> 所行之備而不洫，其合之也若之何？（〈則陽〉）

> 聖人安其所安，不安其所不安；眾人安其所不安，不安其所安。（〈列
> 禦寇〉）

聖人虛無無為，超世脫俗，不特別去做些什麼，也不會趨利避害，沒有任何
物累天災。睡覺時不做夢，醒來時不憂愁，心靈恬淡寧靜，不熱衷於外物而
廢棄大道，一切順隨自然。以虛靜推於天地，與宇宙萬物為一體。聖人安於
自然，停止一切知識活動，不為外物所累，而能獲得精神自由。所以作為理
想人格的聖人，能不為名利、仁義、名聲所左右，而是「以天為宗，以德為
本，以道為門，兆於變化」（〈天下〉），以保持人的自然本性。〈天道〉說：

> 夫帝王之德，以天地為宗，以道德為主，以無為為常。無為也，則
> 用天下而有餘；有為也，則為天下用而不足。

讓萬物順自然之性自由發展，不以人為加以干預，不使其失去原有本性。在
這些理想人物身上，體現《莊子》對美好人格及人生理想的追求。〈逍遙遊〉
說：

> 至人無己，神人無功，聖人無名。

《莊子》所描述的理想人物，忘卻生死、貴賤、是非等世俗價值，能夠超越有限的個體生命，使自我的精神同化於大道，與天地萬物融為一體。王雱說：

> 至人知道內冥諸心，汎然自得而不累於物。故曰無己。神人盡道，無有所屈成，遂萬物而妙用深藏。故曰無功。聖人體道，寂寞無為，神化蕩蕩而了不可測，故曰無名。〔註22〕

一般人難免會有私欲私心，至人則能做到無私無我，不受外物所累。人們往往希望能建功立業，神人讓萬物各遂其性地發展，從不居功也不認為有何功業可言。聖人體道，不追求功名聲譽，無以為名。真人、至人、神人及聖人等理想人物，與常人的區別就在於能保守心靈的淡泊與寧靜。〈至樂〉說：

> 今俗之所為與其所樂，吾又未知樂之果樂邪，果不樂邪？吾觀夫俗之所樂，舉群趣者，誙誙然如將不得已，而皆曰樂者，吾未之樂也，亦未之不樂也。果有樂無有哉？吾以無為誠樂矣，又俗之所大苦也。故曰，「至樂無樂，至譽無譽。」天下是非果未可定也。雖然，無為可以定是非。至樂活身，唯無為幾存。

世人所認為的得與失，快樂與憂愁總是相伴的。因為有所謂的得，所以才會有所謂的失；因為有所謂的快樂，才會有所謂的憂愁。如果要擺脫掉情緒上的得失憂樂，那麼就要任隨自然無為，不再去談得失憂樂，也就無所謂得失憂樂，那才是最大的快樂，才是真正的快樂。所以說，至極的歡樂在於無樂，最高的聲譽在於無譽。內心不受歡樂名譽所拘限，就不會為之勞神苦心，才能保有人格的自由。因此，一切要能順任自然，安於無為。林疑獨說：

> 夫天下所尊者，富貴壽善，所下者，貧賤夭惡，又以身安厚味美服聲色為樂，求而不得，則為苦而憂懼，以此養形亦愚矣。富者累於財，貴者累於位，身愈壽而憂愈長，益遠於性命之理矣。〔註23〕

《莊子》的理想人格是追求精神的絕對自由。關於這一自由境界的情態，書中是這樣描述的：

> 若夫乘天地之正，而御六氣之辯，以遊無窮者，彼且惡乎待哉！（〈逍

〔註22〕見王雱：《南華真經新傳》卷一，張繼禹主編：《中華道藏》十三冊（北京：華夏出版社，2004年1月），頁567~568。

〔註23〕見褚伯秀：《南華真經義海纂微》卷五十六引，張繼禹主編：《中華道藏》十四冊（北京：華夏出版社，2004年1月），頁301。

遙遊〉)

> 夫天下也者，萬物之所一也。得其所一而同焉，則四肢百體將爲塵
> 垢，而死生終始將爲晝夜而莫之能滑，而況得喪禍福之所介乎？棄
> 隸者若棄泥塗，知身貴於隸也，貴在於我而不失於變。且萬化而未
> 始有極也，夫孰足以患心！已爲道者解乎此。(〈田子方〉)

《莊子》所追求的是一種無待、無累、無患的絕對自由，是精神上眞正的逍
遙，是一種無任何人生負累的心境。四肢百體都是塵垢，死生終始只是像晝
夜一樣，不能擾人的心靈，更何況是身外的得失禍福呢？爲了實現對道的觀
照，必須排除一切生死、得失、禍福的考慮。能做到如此，便能遊心於道。《莊
子》對這一境界有所描寫：

> 乘雲氣，御飛龍，而遊乎四海之外。(〈逍遙遊〉)

> 乘雲氣，騎日月，而遊乎四海之外。(〈齊物論〉)

> 乘夫莽眇之鳥，以出六極之外，而遊無何有之鄉(〈應帝王〉)

《莊子》所說的無待，在現實人生中的實踐，便是「遺物離人而立於獨也」(〈田
子方〉)。若能擺脫外物的束縛，超越現實的生活，與天地自然融合爲一，就
能進入「獨與天地精神往來」(〈天下〉)的狀態，從而獲得人格的獨立與精神
的絕對自由。《莊子》在書中展開想像的翅膀，展現了理想人物的境界，予人
以無限的嚮往與思慕。它所描述的理想人物，是超越自我而無待於物的，能
在無限的時空中，無拘無束地邀遊，超脫了一切的分別對立，與天地之道相
融合，這也是《莊子》理想人格的最高境界。

（三）體道方法

《莊子》的人生理想，是追求無待、無累、無患的絕對自由。要獲得這
種自由，使之成爲可能，便是要通過修養的功夫。《莊子》提出的修養方法就
是「體道」。體道一方面是精神修養終極的、最高的階段，一方面也可說是貫
串精神修養的全部過程。〔註24〕道作爲《莊子》思想的中心，是「不可聞」、
「不可見」、「不可言」的(〈知北遊〉)，也是超越時空而實際存在的。因此，
對於道的體會，不能用一般的理性認識。《莊子》中寫道：

> 無思無慮始知道，無處無服始安道，無從無道始得道。(〈知北遊〉)

> 故養志者忘形，養形者忘利，致道者忘心矣。(〈讓王〉)

〔註24〕見崔大華：《莊學研究》(北京：人民出版社，1992 年 7 月)，頁 171。

「知道」、「致道」是對道的體驗，「所以論道，而非道也」（〈知北遊〉），道不可言，言而非道。只有默默體道的人，才是眞人、至人等理想人物。《莊子》中寫道：

> 夫體道者，天下君子所繫焉。（〈知北遊〉）
>
> 能體純素，謂之眞人。（〈刻意〉）

體道是一種個人精神修養不斷提升與超越的過程。通過體道的過程，將個人渺小有限的的生命之軀，在精神層次上無限擴充，進而融入宇宙自然，產生與世超脫之感。《莊子·大宗師》說：

> 與造物者爲人，而遊乎天地之一氣。

造物者是道的別名，「與造物者爲人」，即是與道爲友，「與道相輔而行」、「與道遊」（〈山木〉），也就是得道的表現。《莊子》認爲人生的困境和痛苦是人自己造成的，一切的紛擾爭端都是來自於人心的險惡與貪婪，人心眞是深不可測，變化萬端。〈列禦寇〉說：

> 人心險於山川，難於知天；天猶有春秋冬夏旦暮之期，人者厚貌深情。故有貌愿而益，有畏若不肖，有順懁而遠，有堅而縵，有緩而釬。故其就義若渴者，其去義若熱。

人心比山川還要險惡，知人心比知天還要困難。春夏秋冬四季變化，日夜交替，這都是有其規律可循，是可以認識的。但是人的外在容貌卻可能與內心所想是完全相反的。有的人看似憨厚而行爲驕橫，有的人看似長者實爲不肖，有的人看似柔順而內心剛直，有的人看似堅實而內心怠慢，有的人看似舒緩而內心急躁。所以這些人，不論是取義或棄義皆爲急速。面對這樣的現實生活與社會現象，《莊子》提出了心齋、坐忘等修養方法。

1. 心 齋

〈人間世〉中描寫孔子的門生顏回向孔子辭行，準備去衛國勸說衛君棄惡爲善，拯救衛國人民於水火之中。顏回向孔子陳述了自己設想的幾種方案，孔子都認爲不妥，於是提出「心齋」法：

> 回曰：「敢問心齋。」仲尼曰：「若一志，無聽之以耳而聽之以心，無聽之以心而聽之以氣！聽止於耳，心止於符。氣也者，虛而待物者也。唯道集虛。虛者，心齋也。」

「心齋」，也就是將心境打掃乾淨，使大道能夠進入心中，就像氣虛懷若谷，萬物都自然向它歸附一樣，這就是所謂的「氣也者，虛而待物者也。唯道集

虛」。郭象注說：「虛其心則至道集於懷也。」〔註25〕透過心齋的工夫，使心不被貪欲所蒙蔽，不被智巧所歪導。在進行修養的過程中，要專一心志，讓心靈保持虛靜安寧。成玄英疏說：

> 唯此眞道，集在虛心。故如虛心者，心齋妙道也。〔註26〕

> 心有知覺，猶起攀緣；氣無情慮，虛柔任物。故去彼知覺，取此虛柔，遺之又遺，漸階玄妙也乎！〔註27〕

林希逸說：

> 聽之以耳則聽猶在外，聽之以心則聽猶在我，聽之以氣則無物矣。聽以耳則止於耳而不入於心，聽以心則外物必有與我相符合者，便是物我對立也。氣者順自然而待物以虛，虛即爲道矣。虛者，道之所在，故曰唯道集虛。即此虛字，便是心齋。〔註28〕

「虛」，是老子提出來的，他說：「虛其心，實其腹」（《老子・三章》）。便是要人將心中的智欲消解掉，沒有了主觀的虛妄分別，才不會與萬物對立，就能夠冥合於道。心齋的關鍵就在於「虛」己，使內心無思無慮，讓精神超然於物外，而進入寧靜和諧的自由恬適狀態。心齋的境界與氣的存在狀態是相似的，共同特點就是虛空。要達到心齋就要用心去聽不要用耳去聽，要用氣去聽不要用心去聽，就是要將人的心境修養得像氣那樣虛空。人的心境虛空，自然能容納外物。唐君毅說：

> 則心之虛，至於只以氣待物，即謂只以此由心齋所見得之常心，以待物也。人不以一般耳目之知與一般之心聽，而只以此虛而待物之氣或常心聽，即足以盡聽人之言，而攝入之。是即不同於「聽之以耳者」，止於知其聲，亦不同於一般「聽之以心」者，只求其心之意念，足與所聽者相符合；而是由心之虛，至於若無心，使所聽之言與其義，皆全部攝入於心氣之事也。此時一己之心氣，唯是一虛，以容他人之言與其義，通過之、透過之。今以此爲待人接物之道，即道集於此虛；而所待所接之人物，亦以此而全部集於此己之虛之

〔註25〕 見郭慶藩輯：《莊子集釋》（台北：華正書局，1994年8月），頁148。

〔註26〕 同註25。

〔註27〕 同註25，頁147。

〔註28〕 見林希逸：《南華眞經口義》卷五，張繼禹主編：《中華道藏》十三冊（北京：華夏出版社，2004年1月），頁735。

　　中，故能達於眞正之無人無己、忘人忘已之境。〔註29〕

要做到心齋，就要消除人欲，不要有個人的欲求與私心雜念。通過心齋，使大道進入人的心境，人也就與大道融爲一體，心中也就沒有了外物，也就沒有了物與物之間的分別，而能順任自然。顏回在聽完孔子的解說之後，接著說：

　　「回之未始得使，實自回也；得使之也，未始有回也。可謂虛乎？」

　　夫子曰：「盡矣。吾語若！若能入遊其樊而無感其名，入則鳴，不入則止。無門無毒。一宅而寓於不得已，則幾矣。絕迹易，無行地難。爲人使易以僞，爲天使難以僞。聞以有翼飛者矣，未聞以無翼飛者也，聞以有知知者矣，未聞以無知知者也。瞻彼闋者，虛室生白，吉祥止止。夫且不止，是之謂坐馳。夫徇耳目內通而外於心知，鬼神將來舍，而況人乎！是萬物之化也，禹舜之所紐也，伏戲几蘧之所行終，而況散焉者乎！」

生活在人世而又要將人世間的事情都從心中排除出去，達到心齋，這是很困難的，就好像走路不能留下行走的痕跡一樣，這是不容易做到的。爲人情所驅使，容易虛僞不眞；爲自然所驅使，就不容易作僞。對於人所憑藉、依恃的知識與成心，要加以泯除，要「以無翼飛」、「以無知知」。

　　體悟道之時，眼前就會出現光明，做事能避免固執而順任自然，因而引出事成功遂的結果來，這就是「虛室生白，吉祥止止」。如果心猿意馬，就是「坐馳」，而不是「坐忘」了。要達到心齋，便是要將耳目、心智的作用絕止，要人的心境與外界事物完全斷絕關係，使之完全潔淨空虛，心中既沒有了外物，也沒有了自己。〈田子方〉說：

　　宋元君將畫圖，眾史皆至，受揖而立；舐筆和墨，在外者半。有一史後至者，儃儃然不趨，受揖不立，因之舍。公使人視之，則解衣般礴贏。君曰：「可矣，是眞畫者也。」

多數畫師因爲是奉國君之命作畫，所以戒愼恐懼，內心非常緊張拘謹。其中有一位畫師與眾不同，雖然來得最遲，卻顯得十分安閒自在。就算見到國君也是慢步而行，接受國君揖讓之禮亦不急於就位。回到住所，便光著身子盤腿而坐。這種不拘禮節的表現，宋元君認爲他才是「眞畫者」。原因在於這位畫師能將功名利祿等外在事物的侷限置之度外，眞正做到了心齋，做到了心

〔註29〕見唐君毅：《中國哲學原論・原道篇》卷一（台北：臺灣學生書局，1978 年 4 月），頁 367。

境的虛靜空明。

2. 坐　忘

　　心齋就是要保持心靈的虛靜，無私無我，無知無欲。另外還有一種修養功夫，就是要將禮儀規範、四肢形體，甚至所有世俗的一切全都忘了，這就是坐忘。〈大宗師〉中藉由孔子和顏回的對話，來說明何謂「坐忘」：

> 顏回曰：「回益矣。」仲尼曰：「何謂也？」曰：「回忘仁義矣。」曰：
> 「可矣，猶未也。」他日，復見曰：「回益矣。」曰：「何謂也？」
> 曰：「回忘禮樂矣。」曰：「可矣，猶未也。」他日，復見回：「回益
> 矣。」曰：「何謂也」曰：「回坐忘矣。」仲尼蹵然曰：「何謂坐忘？」
> 顏回曰：「墮肢體，黜聰明，離形去知，同於大通，此謂坐忘。」仲
> 尼曰：「同則無好也，化則無常也。而果其賢乎！丘也請從而後也。」

所謂坐忘，應該是從忘仁義開始，到離形去智同於大通才算完成。這裡所要強調的是一個「忘」字。王先謙注說：「坐而自忘其身。」〔註30〕人因有軀體感官，於是有了種種的慾望。為了慾望的滿足，於是耗費心力，汲汲追求。因此，要保持虛靜之心，就得去除掉這些外在欲求、思慮、巧智等等，而用心齋、坐忘來修養身心，以進入最高的精神領域，即與道合而為一，與天地萬物為一體的境界。

　　我本來就在造化之內，我與世界齊一，這一切都是一體相通的。坐忘就是要忘掉一切，甚至連自己也不感覺存在了，才能真正守住本性，與道為一。成玄英疏說：

> 大通，猶大道也。道能通生萬物，故謂道為大通也。外則離析於形
> 體，一一虛假，此解墮肢體也。內則除去心識，免然無知，此解黜
> 聰明也。既而枯木死灰。冥同大道，如此之益，謂之坐忘也。〔註31〕

《莊子》追求自由，自由即是逍遙，而逍遙則根於「無待」。〈逍遙遊〉說：

> 夫列子御風而行，泠然善也，旬有五日而後反。彼於致福者，未數
> 數然也。此雖免乎行，猶有所待者也。若夫乘天地之正，而御六氣
> 之辯，以遊無窮者，彼且惡乎待哉！

王夫之說：「無待者，不待物以立己，不待事以立功，不待實以立名，小大一致，休于天均，則無不逍遙矣。逍者，嚮于消者，過而忘也。遙者，引而遠

〔註30〕見王先謙：《莊子集解》（台北：世界書局，1983 年 2 月），頁 47。
〔註31〕見郭慶藩輯：《莊子集釋》（台北：華正書局，1994 年 8 月），頁 285。

也，不局于心知之靈也。故物論可齊，生主可養，形可忘而德充，世可入而害遠，帝王可應而天下治，皆吻合于大宗以忘生死；無不可遊也，無非遊也。」〔註32〕所以，無待就是要能「忘」。與「忘」相關的，還有所謂的「喪」。〈齊物論〉說：

> 南郭子綦隱几而坐，仰天而噓，嗒焉似喪其耦。顏成子游立侍乎前，曰：「何居乎？形固可使如槁木，而心固可使如死灰乎？今之隱几者，非昔之隱几者也。」子綦曰：「偃，不亦善乎，而問之也！今者吾喪我，汝知之乎？

「吾喪我」，便是摒棄偏執的我之後所呈現的眞我。林希逸說：「吾即我也，不曰我喪我，而曰吾喪我，言人身中纔有一毫私心未化，則吾我之間亦有分別矣。吾喪我三字下得極好。」〔註33〕吾喪我，即是要去除掉過去那個固守己見，偏執成見的我，希望能與萬物齊同。齊物須先忘我，不能忘我則不能齊物，及不能任物自然。〔註34〕把自己主觀的觀念、意見、情緒、感受等等，全都予以化解摒除，讓「自己」不出現，那麼自然的天籟便自動呈現。郭象注「吾喪我」時說：「吾喪我，我自忘矣；我自忘矣，天下有何物有足識哉！故都忘外內，然後超然俱得。」〔註35〕憨山注說：「吾自指眞我，喪我，謂長忘其血肉之軀也。」〔註36〕這形如槁木，心如死灰，便是「吾喪我」所呈現的狀態。不論是心齋、吾喪我，還是坐忘，都是通往逍遙境界的工夫。張默生說：

> 喪我：按軀殼說，就是「形若槁木；」按心智說，就是「心若死灰。」莊子的另一種說法：把「槁木死灰」說成「墮肢體；」把「心若死灰，」說爲「黜聰明；」更把「喪我，」說成「坐忘，」有時名爲「心齋，」這便是讀莊子的人必須要活看的。〔註37〕

同於大道以後，對萬物不再有主觀的好惡，且能與道俱化而不固執。心齋、坐忘是體道的重要方式，是要人以虛靜的心靈去體驗道，這樣才能「同於大通」（〈大宗師〉），與道冥合。《莊子》曾以水爲例加以說明。〈天道〉說：

〔註32〕見王夫之：《莊子解》（台北：河洛圖書，1974 年 10 月），頁 1。
〔註33〕見林希逸：《南華眞經口義》卷二，張繼禹主編：《中華道藏》十三冊（北京：華夏出版社，2004 年 1 月），頁 714。
〔註34〕見方勇、陸永品：《莊子詮評》（成都：巴蜀書社，1998 年 9 月），頁 36。
〔註35〕見郭慶藩輯：《莊子集釋》（台北：華正書局，1994 年 8 月），頁 45。
〔註36〕見憨山：《莊子內篇注·齊物論》（台北：廣文書局，1973 年 6 月），頁 5。
〔註37〕見張默生：《莊子新釋》（台北：樂天出版社，1973 年 9 月），頁 98。

水靜則明燭鬚眉，平准，大匠取法焉。水靜猶明，而況精神！

水靜了濁物下沈，才能清澈見底；心靈沈澱寧靜下來時，就像鏡子一樣明亮，可以照見出本體。此時之心即是虛靜之心，也就是自然之心，可以照見萬物，而與萬物相通。因此，虛靜之心實際上就是「明」，也就是「光」，所謂「此之謂以明」、「此之謂葆光」（〈齊物論〉）。陳鼓應在《老莊新論》中說：

> 以「明」是透過虛靜工夫，去除「成心」，擴展開放的心靈，使心靈達到空明的境地，一如明鏡，可以如實地呈現外物的實況。因而，「以明」是指空靈明覺之心無所偏的去觀照。〔註38〕

保持虛靜的狀態，才能同於大道，與天地精神往來，獲得精神上的絕對自由。〈庚桑楚〉說：

> 宇泰定者，發乎天光。發乎天光者，人見其人，物見其物。

明、光是人之本性與天地之本性的相互映射，也是人的最純粹、最本原的知覺運動。〔註39〕所以說「聖人之心靜乎？天地之鑑也，萬物之鏡也」（〈天道〉），虛靜之心，自然而通明，能洞透到宇宙萬物的本質。徐復觀《中國藝術精神》中說：

> 由本質所發之明、光，不僅照遍大千；而明、光即是人與天地萬物的共同本質之自身，所以也通乎一切，成就一切。〔註40〕

〈人間世〉說：

> 虛室生白，吉祥止止。

這裡說的「白」即是「明」、「光」。徐復觀說：「虛室即是心齋，『白』即是明，『吉祥』乃是美地意識的另一種表達形式，心齋即生洞見之明，洞見之明，即呈現美地意識。」〔註41〕體悟道之時，心與物之間已完全沒有任何間隔，融合爲一體，無物我之分。

3. 無攖

除了心齋、坐忘之外，《莊子》還提出另一種方法，使受威壓束縛的心靈得以解脫，那就是「無攖」。〈在宥〉說：

> 崔瞿問於老聃曰：「不治天下，安藏人心？」老聃曰：「汝慎無攖人

〔註38〕見陳鼓應：《老莊新論》（香港：中華書局，1991年4月），頁156。

〔註39〕見王凱：《逍遙游：莊子美學的現代闡釋》（武漢：武漢大學出版社，2003年12月），頁81。

〔註40〕見徐復觀：《中國藝術精神》（台北：臺灣學生書局，1998年5月），頁84。

〔註41〕同註40，頁80。

心。人心排下而進上，上下囚殺，淖約柔乎剛彊。廉劌彫琢，其熱
焦火，其寒凝冰。其疾俛仰之間而再撫四海之外，其居也淵而靜，
其動也縣而天。僨驕而不可係者，其唯人心乎！」昔者黃帝始以仁
義攖人之心，堯舜於是乎股無胈，脛無毛，以養天下之形，愁其五
藏以爲仁義，矜其血氣以規法度。然猶有不勝也，堯於是放讙兜於
崇山，投三苗於三峗，流共工於幽都，此不勝天下也。夫施及三王
而天下大駭矣，下有桀跖，上有曾史，而儒墨畢起。於是乎喜怒相
疑，愚知相欺，善否相非，誕信相譏，而天下衰矣。大德不同，而
性命爛漫矣。天下好知，而百姓求竭矣。於是乎斤鋸制焉，繩墨殺
焉，椎鑿決焉。天下脊脊大亂，罪在攖人心。

無攖，就是無擾，不要有所干擾。林希逸說：「無攖者，無撓
亂攖拂之也。排下者，不得志之時愈見頹塌，得志之時則好進不已。」〔註42〕人的心，若經
常去干擾它，使其經常處於變化中，將有損於心靈的寧靜與平和。人得志或
不得志之時，心會隨之奮進或消沈，此皆是對心的傷害與桎梏。君王便是以
仁義、禮法攖人之心，傷害百姓。王先謙說：

工匠以繩墨正木，人君以禮法正人；工匠以斤鋸椎鑿殘木，人君以
刑法殘人。〔註43〕

所以說天下之亂，「罪在攖人心」。人之心本虛靜，「無攖人心」，即是對待心
靈最好的方式。同篇中說：

雲將曰：「吾遇天難，願聞一言。」鴻蒙曰：「噫！心養。汝徒處無
爲，而物自化。墮爾形體，吐爾聰明，倫與物忘；大同乎涬溟，解
心釋神，莫然無魂。萬物云云，各復其根而不知；渾渾沌沌，終身
不離；若彼知之，乃是離之。無問其名，無闚其情，物固自生。

成玄英說：「身心兩忘，物我雙遣，是養心也。」〔註44〕「復其根」，即復歸
於其根本。道爲萬物的根本，復歸於根本，即復歸於道，使心處於無知無覺
的狀態。林希逸說：「渾渾沌沌，無知無覺之貌，渾沌則終身不離乎道矣，纔
有知覺則與道爲二。」〔註45〕不論是心齋、坐忘，還是無攖，都是要人從事

〔註42〕見林希逸：《南華眞經口義》卷十三，張繼禹主編：《中華道藏》十三冊（北
　　　京：華夏出版社，2004年），頁779。
〔註43〕見王先謙：《莊子集解》（台北：世界書局，1983年2月），頁64。
〔註44〕見郭慶藩輯：《莊子集釋》（台北：華正書局，1994年8月），頁391。
〔註45〕見林希逸：《南華眞經口義》卷十三，張繼禹主編：《中華道藏》十三冊（北

物的牽累下解脫出來,不再去擾亂傷害心靈本性,進入無物無我的狀態,從而獲得精神的眞正自由。

(四)得道者的形象

《莊子》透過心齋、坐忘、無攖等進道工夫,消除通向道的境界的各種內外蔽障,超越世俗價值觀念的束縛,使精神活動悠遊自適,讓個體的心靈發揮最大的創造動力。陳鼓應說:

> 人心的可動性是極大的,當它安穩時深沉而寂靜,躍動時懸騰而高飛;人心的可塑性也是驚人的,導向負面的意義發展,它可以成爲一切紛爭的基因,可以構成人生最大的內障。導向正面的意義發展,它可以凝斂而爲創造的動力,成爲開闢人生境界的根源。〔註46〕

《莊子》中進道的工夫,爲的是使心境虛靜,心神凝聚,進而發揮精妙的創造力量。在〈田子方〉中舉孫叔敖三爲令尹一事,說明榮辱不足以喜憂:

> 吾何以過人哉!吾以其來不可卻也。其去不可止也。吾以爲得失之非我也,而無憂色而已矣。我何以過人哉!且不知其在彼乎,其在我乎?其在彼邪?亡乎我;在我邪?亡乎彼。方將躊躇,方將四顧,何暇至乎人貴人賤哉!

孫叔敖知得失非我所能控制,「其來不可推卻,其去不可制止」,因爲清楚了解此點,所以能三爲令尹不榮華,三去之亦不憂慮。在〈知北遊〉中,藉由齧缺與被衣的對話,說出得道者的形象:

> 齧缺問道乎被衣。被衣曰:「若正汝形,一汝視,天和將至,攝汝知,一汝度,神將來舍。德將爲汝美,道將爲汝居,汝瞳焉如新生之犢而無求其故!」言未卒,齧缺睡寐。被衣大悅,行歌而去之,曰:「形若槁骸,心若死灰,眞其實知,不以故自持,媒媒晦晦,無心而不可與謀,彼何人哉!」

眞正領悟大道的人,不再固守己見,內心虛寂,誰也不能與之謀事。齧缺睡去,是得道的徵兆,而齧缺進入的境界,就是「外物」的境界。「彼何人哉」,說的是得道前後的齧缺判若兩人。這情形,正像〈齊物論〉中隱几而坐的南郭子綦,「仰天而噓,嗒焉似喪其耦」,形如槁木而心如死灰,令顏成子游感嘆「今之隱几者,非昔之隱几者」。

京:華夏出版社,2004年),頁783。

〔註46〕見陳鼓應:《莊子哲學探究》(台北:日盛印製廠,1975年10月),頁57。

　　《莊子》中還刻畫了一系列殘形缺骸的忘形者的形象，這些人體現了道的崇高性，表達了一種形不足以累德的思想。《莊子》把一般世俗觀念中，認爲是醜惡的人事物，加以美化和藝術化，塑造出一些形醜貌惡，但又極富意義的藝術形象。〈人間世〉中描寫了一個叫支離疏的人：

> 支離疏者頤隱於齊，肩高於頂，會撮指天，五管在上，兩髀爲脅。
> 挫鍼治繲，足以餬口；鼓筴播精，足以食十人。上徵武士，則支離
> 攘臂於其間；上有大役，則支離以有常疾不受功；上與病者粟，則
> 受三鍾與十束薪。夫支離其形者，猶足以養其身，終其天年，又況
> 支離其德者乎！

身體的殘缺，以實際效用來說，如當兵打仗一事，也許沒有太大的功用，但對於自己的生命來說，正因爲殘缺，得以保全生命，是成就其大用之處。《莊子》揚棄世俗的價值觀念，而以保護生命、遠禍避害爲最大之用，求其心靈的自適、自由爲主要目的。〈德充符〉還描述了衛國的哀駘它，文中說：

> 衛有惡人焉，曰哀駘它。丈夫與之處者，思而不能去也。婦人見之，
> 請於父母曰「與爲人妻，寧爲夫子妾」者，十數而未止也，未嘗有
> 聞其唱者也，常和人而已矣。無君人之位以濟乎人之死，無聚祿以
> 望人之腹。又以惡駭天下，和而不唱，知不出乎四域，且而雌雄合
> 乎前。是必有異乎人者也。寡人召而觀之，果以惡駭天下。與寡人
> 處，不至以月數，而寡人有意乎其爲人也；不至乎期年，而寡人信
> 之。國無宰，寡人傳國焉。悶然而後應，氾若而辭。寡人醜乎，卒
> 授之國。無幾何也，去寡人而行，寡人卹焉若有亡也，若無與樂是
> 國也。是何人者也？

哀駘它這個人面貌奇陋，又沒有什麼名位權勢，但是眾人卻樂意與之相處，甚至想做他的妾，國君也樂於將國家政事委託給他。原來是哀駘它的修養，已經達到了「與物爲春」、「內保之而外不蕩」的境界，達到了德全於內而不露形於外的境界。同篇中又說：

> 闉跂支離無脤說衛靈公，靈公悅人；而視全人，其脰肩肩。甕瓷大
> 癭說齊桓公，桓公悅之；而視全人，其脰肩肩。故德有所長，而形
> 有所忘，人不忘其所忘，而忘其所不忘，此謂誠忘。

闉跂支離無脤與甕瓷大癭雖形貌不全，他們所代表的正是「德有所長而形有所忘」的形象。這些忘形者外貌形體雖然醜惡殘缺，但並不影響其內在德行

及精神。我們與人相處，不應只注重外表，而應注重精神，內在所呈顯的理想人格，是更難能可貴的。《莊子》中透過對其貌不揚的人的描寫，更有力地表現人的內在精神的崇高和力量。而這種獨特的審美觀對後世藝術創作影響深遠，宗白華就說：

> 莊子文章裡所寫的那些奇特人物大概就是後來唐、宋畫家畫羅漢時心目中的範本。〔註47〕

《莊子》的啟示擴大了人們的審美的視野，使人們注意從生活中去發現那些外貌醜陋，而具有內在精神力量的人。

二、《列子》人生觀

《列子》主要是一部哲學著作，人生論以得道、悟道為最終目的，故要求突破一切世俗的束縛，包括個人經驗的局限和知識智慧的藩籬。〔註48〕

（一）虛　靜

《列子》書中多處提到「虛」字，除了〈說符〉之外，其他各篇均有提及，並且代表了許多不同的意義。如「充塞四虛」（〈天瑞〉）、「用之彌滿六虛」（〈仲尼〉），表示方位空間；「方虛驕而恃氣」（〈黃帝〉）、「以浮虛為疾」（〈周穆王〉），表示驕傲浮誇；「五府為虛」（〈周穆王〉）有財貨耗盡之意；「一體之盈虛消息」（〈周穆王〉）指現象消息的變化；「寢虛若處牀」、「履虛乘風」（〈黃帝〉）、「乘虛不墜」、「若殞虛焉」（〈周穆王〉）、「如投虛」（〈湯問〉），虛字有空之意；「幾虛語哉」（〈周穆王〉）、「一時之虛譽」（〈楊朱〉）表示虛假、虛幻；「虛實失度」（〈力命〉）表氣之不足；「貴虛」（〈天瑞〉）、「南郭子貌充心虛」（〈仲尼〉）、「吾與之虛而猗移」（〈黃帝〉）、「方寸之地虛矣」（〈仲尼〉）表示心靈的虛靜狀態。上述多種意義中，作為《列子》思想中的「虛」，應是針對心靈修養來說，即以「貴虛」為主。

《列子》貴虛，「虛」是指心的清靜寡欲，自然無為，不以人為造作加以傷害侷限。《列子》認為透過「虛」的修養功夫，將能獲致更理想的人生境界。虛靜之道，在於寡欲知足，如果過度於追求外物，心常為得失所牽引，便失去虛靜之道。張湛在《列子注‧序》中說《列子》：「其書大略明群有以至虛

〔註47〕見宗白華：《美學散步》（上海：上海人民出版社，1981年6月），頁1。
〔註48〕見彭自強：〈《列子》的名實觀〉，《西南師範大學學報（哲學社會科學版）》第5期，1997年，頁1。

為宗，萬品以終滅為驗……大歸同於老莊。」〔註49〕《列子》之學，不僅「大歸同於老莊」，且其「要旨在貴清虛、重自然，大抵接近於老聃、關尹之學風」。〔註50〕《列子》的「虛」，指的是什麼意思，〈天瑞〉說：

> 或謂子列子曰：「子奚貴虛？」列子曰：「虛者無貴也。」子列子曰：
> 「非其名也，莫如靜，莫如虛。靜也虛也，得其居矣；取也與也，
> 失其所矣。事之破石為而後有舞仁義者，弗能復也。」

有人問列子為什麼要以虛為貴，列子回答既然是虛，就沒有任何可以值得肯定的內容，也就無所謂貴賤，就是要排除人為的名稱概念。列子不希望眾人將「虛」當成一個口號，因此他強調虛不在其名，而在其實。《老子‧一章》說：「道可道，非常道。」列子所要說的虛如老子所要說的道一樣，是難以用言語說明的。用「虛」來稱說，只是一種不得已的稱謂。〔註51〕

　　虛就是靜，保持清靜，保持虛默，擺脫對名利表象的追逐，而能夠得到自然而真實的空間環境。在自己的人生實踐中，落實靜與虛的原則，如果違反虛靜，破壞自然，而去奪取或給予，甚至以舞弄仁義道德加以粉飾其偽裝的本性，那麼就不能恢復自然的面貌，而無法回歸道的本性。一個人若是能除去這些世俗概念，心境才能保持虛靜的狀態。舉凡名聲受人推崇，都是得利於誇耀自己，隱諱別人。如果一個人懂得「虛靜」，是不會想到去區別貴賤的，而能了解物我為一的道理。因此，與其競逐不切實際的名聲，不如使心靈沈澱下來，想想謙虛寧靜的可貴。如果過分計較利害名聲的有無，則會使純潔的心靈受損，最後弄得迷失了自己的自然本性。

（二）守　柔

　　「道」是宇宙萬物的本質，而一切有形之物都是由「道」演化而來的。《老子‧四十章》說：「反者，道之動；弱者，道之用。」道的運行反覆循環，道的作用柔弱謙下，道的本體雖然虛無，其作用卻是無窮無盡。而社會的發展，使人競相投入生存的利益追逐中。當美醜、善惡這樣相對的名目出現時，產生了各種競爭、詐偽。有人為了競逐取勝，不擇手段，甚至犧牲性命，也無

〔註49〕見楊伯峻：《列子集釋》（台北：華正書局，1987年9月），頁279。
〔註50〕見蕭登福：《列子探微》（台北：文史哲出版社，1990年3月），頁3。
〔註51〕《老子指略》說：「名也者，定彼者也；稱也者，從謂者也。名生乎彼，稱出乎我……名號生乎形狀，稱謂出乎涉求。」見樓宇烈校釋：《王弼集校釋》（台北：華正書局，1992年12月），頁197～198。

法使之醒悟。道家反對爭先逞強，所謂「堅則毀矣，銳則挫矣」（《莊子‧天下》），為人處世要能深明以柔克剛，以弱制強之理。《老子》書中便多處說明此義：

> 將欲歙之，必固張之；將欲弱之，必固強之；將欲廢之，必固興之；將欲奪之，必固與之，是謂微明。柔弱勝剛強。魚不可脫於淵，國之利器不可以示人。（〈三十六章〉）

> 人之生也柔弱，其死也堅強。萬物草木之生也柔脆，其死也枯槁。故堅強者死之徒，柔弱者生之徒。是以兵強則不勝，木強則兵。強大處下，柔弱處上。（〈七十六章〉）

> 天下莫柔弱於水，而攻堅強者莫之能勝。其無以易之。弱之勝強，柔之勝剛，天下莫不知，莫能行。（〈七十八章〉）

萬物雖變化萬千，但這些變化終究只是事物的表面，而非其原來的本質。其原來的本質同樣根源於道，道作為萬物的根源，其特性是虛靜無為的。要體會這樣的境界，必須排除一切外界干擾，達到精神的絕對自由狀態時才能得到。但是一般人的私心雜念過重，很難達到這種境界。老子所提出的方法就是：

> 載營魄抱一，能無離乎？專氣致柔，能嬰兒乎？滌除玄覽，能無疵乎？（〈十章〉）

> 和其光，同其塵。（〈五十六章〉）

要使心保持純潔無瑕，必須排除各種雜念慾念的干擾，而後回到如嬰兒般無知無欲的狀態，從而體悟大道，這種境界也就是「歸根復命」的境界，即《老子‧十六章》所說「歸根曰靜，是謂復命」。

　　對宇宙大道的體悟，原本就不是一件容易的事，但是人生存在這人間世中，總是有其可以遵循的規律原則。《列子》認為唯有「柔」才是「常勝之道」，為人處世若能持守此一原則，就能使自己立於不敗之地。〈黃帝〉中說明了這個道理：

> 天下有常勝之道，有不常勝之道。常勝之道曰柔，常不勝之道曰彊。二者亦知，而人未之知。故上古之言：彊，先不己若者；柔，先出於己者。先不己若者，至於若己，則殆矣。先出於己者，亡所殆矣。以此勝一身若徒，以此任天下若徒，謂不勝而自勝，不任而自任也。

天下有常勝與不常勝的道理。常勝之道叫做柔弱，不常勝之道叫做剛強。所

謂的剛強，就是認為外界的事物都不如自己；所謂的柔弱，就是認為外界的
事物都超過自己。認為外界的事物不能超過自己，等到同自己程度差不多時，
那就危險了。認為外界的事物超過自己，就不會有什麼危險。以這樣的方法
來面對外界所有的事，雖然不是刻意想要獲勝，但自然而然就能獲勝；雖然
不是刻意應付，但自然而然就能應付。能夠守柔，去除與他人競爭之心，便
能立於不敗之地，所謂「不勝而自勝，不任而自任也」。《老子》中亦有相同
的看法：

> 守柔曰強。（〈五十二章〉）

> 天下之至柔，馳騁天下之至堅。（〈四十三章〉）

《列子》所言正好可與《老子》互為闡發。〈說符〉說：

> 夫憂者所以為昌也，喜者所以為亡也。勝非其難者也，持之，其難
> 者也。賢主以此持勝，故其福及後世。齊楚吳越皆嘗勝矣，然卒取
> 亡焉，不達乎持勝也。唯有道之主為能持勝。孔子之勁能拓國門之
> 關，而不肯以力聞。墨子為守攻，公輸般服，而不肯以兵知。故善
> 持勝者以彊為弱。故善持勝者以彊為弱。

知道要憂慮未來，有憂患意識，就有可能興盛。如果高興過早，太過得意，
反而招致失敗。比勝利更難做到的就是鞏固成果。過去許多國家都獲得了勝
利，卻很難維持下去，終究走向滅亡之路，原因在於不了解鞏固勝利的辦法。
孔子的力量可以舉起城門上的閂子，卻不願意以力量聞名於世。墨子以守為
攻挫敗了敵人的進攻，使公孫般折服，卻不願意以善知兵法讓人知道。這就
是以強為弱的道理，即《老子》所說「不敢為天下先，故能成器長」（〈六十
七章〉）的意思。又〈黃帝〉引粥子與老子的話來說明：

> 粥子曰：「欲剛，必以柔守之；欲彊，必以弱保之。積於柔必剛，積
> 於弱必彊。觀其所積，以知禍福之鄉。彊勝不若己，至於若己者剛；
> 柔勝出於己者，其力不可量。」老聃曰：「兵彊則滅，木彊則折。柔
> 弱者生之徒，堅彊者死之徒。」

要想剛強，必須靠柔來守護保障。不斷地積柔弱必定剛強。所以看一個人禍
福的發展趨勢，觀察人們所積的是什麼，看是否在柔弱處下功夫就可以明白
了。如果靠剛強勝人，等到對方能力與自己相當，局勢就大為逆轉了，可能
遭遇不幸。如果是以柔弱戰勝超過自己的，那力量反而不可估算。正如老子
所說，兵馬強大，就會被消滅；木頭剛硬，就會被折斷。柔弱，是生存的道

路；剛強，是死亡的途徑。《老子‧三十六章》說：

> 將欲歙之，必固張之；將欲弱之，必固強之；將欲廢之，必固興之；
>
> 將欲奪之，必固與之。

老子與粥子已指出剛強所可能招致的危險，就在於以力凌人，爭強好勝，易造成雙方的衝突對立，甚至日益激化，反而使自己與對方陷於人生的困境。《列子》守柔持後的觀點，可說闡明老子與粥子的思想。

面對外界事物，一般人可能出現不同的態度，或是剛強或是柔弱。剛強的人也許可以勝過能力不如自己的人，但這種情形不會永遠保持如此，一旦遇到能力與自己相當或超過自己的人時，又該如何呢？所以，剛強的能力是極其有限的。而柔弱者因物成物，順物之性，不以力與之競逐爭勝，因此物無法且不會傷害他。所以柔弱可以勝過比自己強者，其能力是不可限量的。柔弱就是無為，就是順應自然本性；反之，剛強是違背了事物存在的限度，是使自己加速地毀滅敗亡。張湛在《列子注》中引郭象之語說：

> 用其自用，為其自為，順性而不競於物者，此至柔之道也。故舉其
>
> 自舉，持其自持；既無分銖之重，而我無力焉。〔註52〕

守柔使生命內斂凝聚，不因與外物不斷摩擦衝突而有所損害，得以保全生命、本性的整全。因此，守柔就是要教人致虛守靜，以此方能回歸生命的樸素本真，使生命開展出無限生機。〈湯問〉中藉詹何之口，說出了虛靜柔弱的價值：

> 詹何曰：「臣聞先大夫之言，蒲且子之弋也，弱弓纖繳，乘風振之，
>
> 連雙鶬於青雲之際。用心專，動手均也。臣因其事，放而學釣。五
>
> 年始盡其道。當臣之臨河持竿，心無襍慮，唯魚之念；投綸沈鈎，
>
> 手無輕重，物莫能亂。魚見臣之鈎餌，猶沈埃聚沫，吞之不疑。所
>
> 以能以弱制彊，以輕致重也。大王治國誠能若此，則天下可運於一
>
> 握，將亦奚事哉」楚王曰：「善」。

詹何聽父親說，蒲且子善射箭，用弱弓細纖繳，趁風射出，射中雙鶬。這是因為心志專一，動手平均的緣故。詹何學習蒲且子的方法釣魚，用心專一，毫無雜念，手無輕重，外物不能干擾。魚兒看到這些魚餌，就像看到塵埃聚沫一樣，毫不懷疑地吞下餌。這就是以弱制強，以輕得重的道理。《列子》貴虛，虛則靜，虛靜則能「心無雜慮，唯魚之念」。進一步將此法運用於治國修持上，則天下可運於掌中，亦可為明哲保身之道。

〔註52〕見楊伯峻：《列子集釋》（台北：華正書局，1987年9月），頁82。

（三）齊 物

《列子》主張齊一物我，希望通過忘物忘我的方法，泯除與物之間的界限，達到與物爲一，回歸自然的境界。能做到忘物忘我，則能無己無私，人與人之間彼此沒有利害關係，不互相傷害侵犯。忘物忘我，物我兩忘，物即爲我，我亦即爲物，不存在隔閡，同樣來自自然，最後又回歸自然。

人爲萬物之一，人與萬物並無貴賤之分，萬物之間是平等的。所以自然界中的任何一事一物，都不是上天爲了人們所準備的，並沒有什麼萬物就應供給人類使用的道理。〈說符〉中透過鮑氏年僅十二歲的兒子之口，說明「天地萬物與我並生」的道理：

> 齊田氏祖於庭，食客千人。中坐有獻魚雁者，田氏視之，乃歎曰：「天之於民厚矣！殖五穀，生魚鳥以爲之用。」眾客和之如響。鮑氏之子年十二，預於次，進曰：「不如君言。天地萬物與我並生，類也。類無貴賤，徒以小大智力而相制，迭相食；非相爲而生之。人取可食者而食之，豈天本爲人生之？且蚊蚋噆膚，虎狼食肉，非天本爲蚊蚋生人虎狼生肉者哉？」

齊國田氏在庭園中爲人餞行，宴會中剛好有人送魚雁給他，田氏認爲五穀、魚鳥等東西，都是上天供給人們食用的。在座賓客皆附和認同，只有鮑氏之子不以爲然。天地萬物和我們並存在這個世界裡，雖然類別有所不同，但都有一個從生到死的過程，彼此之間並無貴賤之分。人們自以爲是地認爲自己是萬物之靈，以爲其他事物皆爲自己而生，爲自己所用，這樣的觀念真是不懂天道自然之理，且還要爲自己昧於天理的行爲尋找藉口。在大化流行中，人與其他萬物又有什麼差別呢？如果執迷於自己的淺見陋識，那麼可以說蚊子吸人的血液，虎狼吃人的肉，都是上天爲了蚊蟲虎狼而生出人來的嗎？

「天地不仁，以萬物爲芻狗」（《老子‧五章》），鮑氏之子所言與此相同。天地大道取法自然，無所作爲，對待萬物一視同仁，大公無私。人既取法天道，天道順任自然，人們也應任其自然本性。〈黃帝〉中指出，動物本來和人一樣，過著有秩序的生活：

> 牝牡相偶，母子相親；避平依險，違寒就溫；居則有群，行則有列；小者居內，壯者居外；飲則相攜，食則鳴群。太古之時，則與人同處，與人並行。帝王之時，始驚駭散亂矣。逮於末世，隱伏逃竄，以避患害。

人與動物和平相處，正是「天地萬物與我並生」的寫照。但是文明的發展，破壞了人與動物原本的和諧關係。到了後來，禽獸一見人類便倉皇逃散，將其視為災禍的來源。這是多麼可悲的事，而人類卻不知反省地以文明發展為最大成就，繼續不斷地迫害著其他萬物。

因此，《列子》主張「太古神聖之人，備知萬物情態，悉解異類音聲。會而聚之，訓而受之，同於人民」。遠古時代的聖人，了解萬物的性情、狀態，懂得異類的鳴音、叫聲。要會見，牠們就聚集；要訓練，牠們就接受，把牠們當作人類一樣看待。當一個人不自以為是，不以智力逞能於其他生物，發現物我間並沒有不同，而能等同視之之時，心中自然去除了機心，而能和同於萬物。將動物與人同等對待，了解「一體之盈虛消息，皆通於天地，應於物類」（〈周穆王〉）。將人與天地萬物視為一體，正是齊物意義之所在。〈說符〉中還說了一個愛護動物的故事：

> 邯鄲之民以正月之旦獻鳩於簡子，簡子大悅，厚賞之。客問其故。
> 簡子曰：「正旦放生，示有恩也。」客曰：「民知君之欲放之，故競
> 而捕之，死者眾矣。君如欲生之，不若禁民勿捕。捕而放之，恩過
> 不相補矣。」簡子曰：「然。」

邯鄲人民習慣於元旦時獻上鳩鳥給趙簡子，簡子感到非常高興並給予賞賜。簡子拿這些鳩鳥做什麼用呢？主要是拿來放生，以突顯他的仁德，連禽獸皆蒙受其恩澤。有賓客勸他，人民為獻上鳩鳥，爭相搶奪捕捉，造成許多鳩鳥死傷慘重。若真是有仁慈之心，不如制止人民捕鳥，這才是真正對鳩鳥有益的事，也才是放生的意義所在。《列子》在這裡借賓客之口，表達了反對以人為本位，以人力干涉自然的觀點，認為放生不如禁捕才是根本之道。人以自己為本位的觀點，其實正顯示其無知愚昧與自私自利。《列子》認為人與動物應該是真誠相待的朋友，〈黃帝〉記載：

> 海上之人有好漚鳥者，每旦之海上，從漚鳥游，漚鳥之至者百住而
> 不止。其父曰：「吾聞漚鳥皆從汝游，汝取來，吾玩之。」明日之海
> 上，漚鳥舞而不下也。

心誠則禽獸為友，心中有詐則禽獸亦不可欺。人與鳥類真誠相處是無比快樂的，把它們捕而玩之得不到快樂。其中既包含人生處世哲理，也顯示出人與自然應保持親和誠摯的關係。

而在進入萬物齊一的境界之後，各種感官不再具有作用，所以也無須區

分各種感官的作用。〈黃帝〉記載列子拜老商氏爲師的故事，他以伯高子爲友，並且敘述自己體道以後的狀態。他說：

> 九年之後，橫心之所念，橫口之所言，亦不知我之是非利害歟，亦
> 不知彼之是非利害歟；亦不知夫子之爲我師，若人之爲我友，內外
> 進矣。而後眼如耳，耳如鼻，鼻如口，無不同也。心凝形釋，骨肉
> 都融，不覺形之所倚，足之所履，隨風東西，猶木葉幹殼。竟不知
> 風乘我邪，我乘風乎？

這種到了彼我、是非皆不分，心中毫無慾念，連與自己親近的老師、朋友也都忘了存在的狀態，其實是進入了齊一物我的境界。這時所有的感官功能完全沒有了作用，眼耳鼻口各種感官，不再有任何區別。就像乘風時，忘了外在形軀的存在，根本分不清是人乘風，還是風乘人。張湛注說：

> 眼耳口鼻不用其所能，各任之而無心，故云無不同也。〔註53〕

當人進入道的境界時，萬物齊一，形體與感官之間的聯繫與作用皆泯滅，不再有主體意識的存在。此外，物我齊一的境界是將生死壽夭視爲自然的變化，不強求長生，也不樂生，更不畏懼死亡，而是順自然之理。〈力命〉說：

> 齊景公游於牛山，北臨其國城而流涕曰：「美哉國乎！鬱鬱芊芊，若
> 何滴滴去此國而死乎？使古無死者，寡人將去斯而之何？」史孔梁
> 丘據皆從而泣曰：「臣賴君之賜，疏食惡肉可得而食，駑馬稜車可得
> 而乘也。且猶不欲死，而況吾君乎？」晏子獨笑於旁。公雪涕而顧
> 晏子曰：「寡人今日之游悲，孔與據皆從寡人而泣，子之獨笑，何也？」
> 晏子對曰：「使賢者常守之，則太公桓公將常守之矣。使有勇者而常
> 守之，則莊公靈公將常守之矣。數君者將守之，吾君方將被蓑笠而
> 立乎畎畝之中，唯事之恤，行假念死乎？則吾君又安得此位而立焉？
> 以其迭處之迭去之，至於君也，而獨爲之流涕，是不仁也。見不仁
> 之君，見諂諛之臣。臣見此二者，臣之所爲獨竊笑也。」景公慙焉，
> 舉觴自罰，罰二臣者各二觴焉。

齊景公在牛山遊覽，感傷於萬物的死亡。晏子告訴他，如果人不會死，之前的國君永遠在位，又怎會有後來的國君呢？如果根本沒有機會在位，又怎會有時間和心思來憂傷死亡。不僅生命如此，權勢、名利也是這樣，是不可能永遠佔有的，而爲了這些不可能永遠佔有的東西傷心費神，是很不明智且不

〔註53〕見楊伯峻：《列子集釋》（台北：華正書局，1987年9月），頁47。

需要的。

（四）覺夢不辨

　　一般人認為睡覺時所做的夢是虛幻不實的，而覺醒時所認識到的一切是
真實無誤的。《列子》書中談到夢與覺的問題，認為睡眠中所做之夢反而比醒
時更真實，而覺醒時所認識到的反而會出現虛假錯誤的現象。夢與覺之間，
沒有明確之分界，若執著於以一般世俗方法去認識萬物，則恐失掉真實真理。
〈周穆王〉中試著解釋夢、覺的成因：

> 覺有八徵，夢有六候。奚謂八徵？一曰故，二曰為，三曰得，四曰
> 喪，五曰哀，六曰樂，七曰生，八曰死。此者八徵，形所接也。奚
> 謂六候？一曰正夢，二曰蘁夢，三曰思夢，四曰寤夢，五曰喜夢，
> 六曰懼夢。此六者，神所交也。〔註54〕

人活著清醒時有八種現象，做夢時有六種占驗。這八種現象包括：一是「故」，
常想起過去的往事；二是「為」，開始新的作為；三是「得」，做事能獲得什
麼成效；四是「喪」，擔心有所損失；五是「哀」，情感哀愁；六是「樂」，表
現情緒上的快樂；七是「生」，生命的問題；八是「死」，死亡而歸。這八種
現象，是我們的形體與外界接觸時，所產生的自然的反應。六種占驗則包括：
一是「正夢」，日常生活狀態下做夢；二是「蘁夢」，受到驚愕而做夢；三是
「思夢」，因為思念深切而做夢；四是「寤夢」，雖然已醒來，但仍處於一種
出神的夢境狀態而做夢；五是「喜夢」，喜悅高興而做夢；六是「懼夢」，因
有所畏懼害怕而做夢。這六種占驗現象，是人的精神與外界相交感而產生的。

　　這裡描述了夢的幾種分類，也提出了會做不同夢的原因。而針對這八種
現象與六種占驗，知道與不知道其形成原因的人，是會有不同反應認知的。
同篇中接著說：

> 不識感變之所起者，事至則惑其所由然，識感變之所起者，事至則
> 知其所由然。知其所由然，則無所怛。

〔註54〕在中國古代，有占夢設官制度。《周禮・春官》記載：「占夢，掌其歲時，觀
　　　天地之會，辨陰陽之氣，以日月星辰占六夢之吉凶。一曰正夢，二曰靈夢，
　　　三曰思夢，四曰寤夢，五曰喜夢，六曰懼夢。冬季聘王夢，獻吉夢于王，王
　　　拜而受之。乃舍萌于四方，以贈惡夢，遂令始難歐疫。」見賈公彥疏：《周禮
　　　注疏》卷二十五，《四部備要經部》（台北：臺灣中華書局，1966年3月），頁
　　　1～3。占夢就是專管占夢之事的官吏。從記載來說，其職責之一是以觀測天
　　　象的方法來占卜夢的吉凶。

不知道感應和變化是如何發生，一旦發生，便會有所困惑，而擔心害怕。如果可以理解其發生變化的緣由，也就無所畏懼驚駭了。《列子》把夢看成是一種生理現象，將夢的不同內容與人的不同生理狀況聯繫起來。〈周穆王〉說：

> 一體之盈虛消息，皆通於天地，應於物類。故陰氣壯，則夢涉大水而恐懼；陽氣壯，則夢涉大火而燔焫；陰陽俱壯，則夢生殺。甚飽則夢與，甚飢則夢取。是以浮虛爲疾者，則夢揚；以沈實爲疾者，則夢溺。藉帶而寢則夢蛇，飛鳥銜髮則夢飛。將陰夢火，將疾夢食。飲酒者憂，歌儛者哭。

這種對夢的解釋，在《黃帝內經素問・脈要精微論》中也有類似看法：

> 是知陰盛則夢涉大水恐懼，陽盛則夢大火燔灼，陰陽俱盛則夢相殺毀傷；上盛則夢飛，下盛則夢墮；甚飽則夢予，甚飢則夢取；肝氣盛則夢怒，肺氣盛則夢哭；短蟲多則夢聚眾，長蟲多則夢相擊毀傷。

〔註55〕

人的身體有強弱、生死的現象，都是與天地萬物相通，與萬物相感應的，所以會有不同夢的反應。陰氣盛時會夢見涉大水而感到恐懼，陽氣盛時會夢見走進火中被焚燒，陰陽二氣皆盛時，會夢見生死相殺。吃太飽時會夢見送東西給別人，肚子餓時會夢見向別人要東西。這些都說明，夢的發生與客觀環境有關。《列子》接著提到「神遇」和「形接」的說法，〈周穆王〉中說：

> 神遇爲夢，形接爲事。故晝想夜夢，神形所遇。故神凝者想夢自消。
>
> 信覺不語，信夢不達；物化之往來者也。古之眞人，其覺自忘，其寢不夢；幾虛語哉？

一個人的精神與外界事物相契合就會做夢，形體與外物相接觸，有所作爲就成爲實事。所以白天所想的，夜晚會做夢的原因，便是精神和形體互相契合、感應的結果。因此，一個精神專一的人，白天的想念，夜晚的想夢會自然消失。最眞實的覺醒，無法用言語表達；最眞實的夢境，無法靠常情通曉。這是因爲他們已與萬物彼此同化了。古時候得道的眞人，覺醒時忘懷自己，睡眠時不會做夢，這難道是虛假的嗎？

　　《列子》試著解釋夢的的形成因素，是因爲「神遇爲夢，形接爲事」，「晝想夜夢，神形所遇」。「事」就是指形體與外界事物的接觸。白天心中所想的事

〔註55〕見王冰注、林億等校：《黃帝內經素問》，王雲五主編：《四部叢刊初編子部》（台北：臺灣商務印書館，1967），頁38。

情，到了晚上睡覺時在夢中表現出來，這些事情就是成夢的根源，與人的心理、生理狀況有關。那麼，夢要如何才會消失，「神凝者想夢自消」，一個人精神專一，就不會做夢，正如張湛注所說：「晝無情念，夜無夢寐。」〔註56〕其實，夢與覺之間，並沒有明確區分的界限。《列子》在〈周穆王〉中說明覺夢不辨的道理：

> 西極之南隅有國焉。不知境界之所接，名古莽之國。陰陽之氣所不交，故寒暑亡辨；日月之光所不照，故晝夜亡辨。其民不食不衣而多眠。五旬一覺，以夢中所爲者實，覺之所見者妄。

古莽國地處偏遠，邊界不知在何處，天地陰陽之氣不交合，寒暑也沒什麼分別；日月照射不到，所以也無法區分晝夜。那裡的人民不吃飯，不穿衣，經常睡覺。五十天才醒一次，醒來時會把夢裡的事當作是眞實的，而以爲清醒時所看到的都是虛妄的。我們以爲清醒時所見才是眞實，而睡夢中所發生的是虛假不實的。在古莽國，情形卻剛好相反，以夢爲實，以覺爲虛。所以覺夢並非截然可分，也沒有一定的標準。《列子》接著又說：

> 四海之齊謂中央之國，跨河南北，越岱東西，萬有餘里。其陰陽之審度，故一寒一暑；昏明之分察，故一晝一夜。其民有智有愚。萬物滋殖，才藝多方。有君臣相臨，禮法相持。其所云爲不可稱計。
> 一覺一寐，以爲覺之所爲者實，夢之所見者妄。

中央之國，所處之處陰陽合宜，寒暑、晝夜皆分明。百姓聰明、愚昧者皆有，萬物滋生繁殖，人們多才多藝。也有君臣治理國家，並施以禮節、法制。有許多作爲，難以一一計數、記載。平常生活有睡覺之時，也有清醒之時。清醒時認爲所做的事情是眞實的，睡覺時以爲夢中所見的都是虛妄不眞的。這與一般人相類似的經驗，卻與古莽之國有著強烈對比。同篇中又說：

> 東極之北隅有國曰阜落之國。其土氣常燠，日月餘光之照。其土不生嘉苗。其民食草根木實，不知火食，性剛悍，彊弱相藉，貴勝而不尚義；多馳步，少休息，常覺而不眠。

另外，有個國家叫做阜落國。那裡氣候悶熱，日月光芒所照有限，土地不肥沃，禾苗生產不好，人民能吃些草根和野果，也不懂用火來烹煮食物。性情強悍，經常發生強弱互爭的現象。每天走個不停，很少休息，因此，經常醒著而少睡覺。《列子》在這裡連續舉了三個國家，包括古莽國、中央國和阜落

〔註56〕見楊伯峻：《列子集釋》（台北：華正書局，1987年9月），頁103。

國，以其覺夢之別，說明眞實與虛妄難以分辨。張廣保在〈原始道家道論的
展開——道家形而上的夢論與生死論〉一文中說：

> 古莽之國的人民，因爲多眠少覺，故以夢中所見爲實，覺之所見爲
> 虛妄。中央之國，因爲晝夜分明，其居民晝覺夜眠，因而以覺者爲
> 實，夢者爲虛。至於阜落之國的人們，由於常覺不眠，因而根本無
> 所謂夢覺之分。可見眞實與虛妄完全取決於夢、覺兩者在人們生活
> 中所佔據的地位。〔註57〕

《列子》認爲所謂的眞實與虛妄，是取決於夢與覺在人的生活中所佔時間的
長短，眞實與虛妄難以明確區分，則夢與覺亦難以分辨，甚至可以說無分辨
之必要。《列子》希望把夢與覺在一定條件下等同起來，達到「齊夢覺」的目
的。同篇又說：

> 周之尹氏大治產，其下趣役者侵晨昏而弗息。有老役夫筋力竭矣，
> 而使之彌勤。晝則呻呼而即事，夜則昏憊而熟寐。精神荒散，昔昔
> 夢爲國君。居人民之上，總一國之事。遊燕宮觀，恣意所欲，其樂
> 無比。覺則復役。人有慰喻其勤者。役夫曰：「人生百年，晝夜各分。
> 吾晝爲僕虜，苦則苦矣。夜爲人君，其樂無比。何所怨哉。」尹氏
> 心營世事，慮鍾家業，心形俱疲，夜亦昏憊而寐。昔昔夢爲人僕，
> 趨走作役，無不爲也。數罵杖撻，無不志也。眠中喑噫呻呼，徹旦
> 息焉。尹氏病之，以訪其友。友曰：「若位足榮身，資財有餘，勝人
> 遠矣。夜夢爲僕，苦逸之復，數之常也。若欲覺夢兼之，豈可得邪？」
> 尹氏聞其友言，寬其役夫之程，減己思慮之事，疾竝少閒。

尹氏喜歡聚斂財物，在他那裡工作的僕役，從早忙到晚，都不得休息。其中
有位年邁的老僕役，白天工作疲勞，耗費精神體力，到了晚上睡覺時，卻夢
見自己成爲一個國君，十分快樂。雖然醒來後又過著勞苦的生活，但老僕役
不以爲苦，認爲白天作奴僕，晚上做君王，時間各是一半，快樂辛苦各一半，
沒什麼可抱怨的。反觀尹氏爲了謀求更多的財產，弄得身心俱疲，晚上睡夢
中還夢見自己成了奴僕，辛苦不已。

《老子‧五十八章》說：「禍兮福之所倚，福兮禍之所伏。」禍與福是相
對的，可以相互轉化。又說：「正復爲奇，善復爲妖。」事物是向對立面轉化

〔註57〕見張廣保：〈原始道家道論的展開——道家形而上的夢論與生死論〉，《中國
哲學史》第 3 期，2002 年。

的，事物是循環發展的。此則寓言中，尹氏的友人指出他白天使喚奴婢，快樂至極。夜裡爲人奴僕，痛苦不堪。這是苦樂的循環往復，「數之常也」。事物的盛衰是交替而行的，樂極則生悲。有沒有將所有的快樂集於一身而沒有痛苦的事情，這是不可能的。所以人要認清盛衰交替、樂極生悲這一規律，要在快樂時看到與之相伴的悲傷，在興旺時看到其背後隱藏的衰落的徵兆，做事不可走向極端，要有一定的限度。《列子》認爲無論覺苦夢樂、夢苦覺樂，苦樂、覺夢一如晝夜，均衡二分爲常態。苦樂各分既是「數之常」，人不可能覺夢兼樂，或覺夢兼苦。同篇又說：

> 鄭人有薪於野者，遇駭鹿，御而擊之，斃之。恐人見之也，遽而藏諸隍中，覆之以蕉。不勝其喜。俄而遺其所藏之處，遂以爲夢焉。順塗而詠其事。傍人有聞者，用其言而取之。既歸，告其室人曰：「向薪者夢得鹿而不知其處。吾今得之，彼直眞夢矣。」室人曰：「若將是夢見薪者之得鹿邪？詎有薪者邪？今眞得鹿，是若之夢眞邪？」夫曰：「吾據得鹿，何用知彼夢我夢邪？」薪者之歸，不厭失鹿。其夜眞夢藏之之處，又夢得之之主。爽旦，案所夢而尋得之。遂訟而爭之，歸之士師。士師曰：「若初眞得鹿，妄謂之夢。眞夢得鹿，妄謂之實。彼眞取若鹿，而與若爭鹿。室人又謂夢認人鹿，無人得鹿。今據有此鹿，請二分之。」以聞鄭君。鄭君曰：「嘻！士師將復夢分人鹿乎？」訪之國相。國相曰：「夢與不夢，臣所不能辨也。欲辨覺夢，唯黃帝孔丘。今亡黃帝孔丘，孰辨之哉。且恂士師之言可也。」

鄭國有個樵夫，打到了鹿，高興地把鹿藏起來，卻忘了藏在何處，因此以爲自己剛剛做了一場夢。後來有人找到了他藏鹿的地方，得到了鹿，但是他的妻子卻說他是因爲做夢而得到鹿。樵夫回家後，夜晚夢見藏鹿的地方，還夢見取走鹿的人，於是在白天清醒後果眞找到了那人和鹿。兩人爲了爭鹿，告到士師那裡，士師認爲沒人眞得過鹿，如今既然眞有鹿，就一人一半。鄭君聽到了此事，說這士師也許是在做夢爲人分鹿。從這則故事中，可以看出《列子》以夢喻人生的深意。人活在這世上，經常與外物相接觸，汲汲營營不斷追逐外物。因此，白天辛勞疲憊，到了晚上「神遇爲夢」，內心無法獲得平靜安寧，可說無一刻可休息，身心又如何不疲困？我們所執著固守的事物，又何嘗不是像鄭人遇鹿般的似幻如眞呢？事情終究不是永遠不變或想追求即可

得到的，若深陷於此俗務中不可自拔，只是造成本性更大的傷害。

世界萬物都是幻化生滅，虛妄不實的。《列子》以覺夢之說，分析生活中的一些精神現象，論述了現象與本質的真與假、虛與實。覺醒時也有夢幻之虛，即虛假錯誤的認識，夢幻時也有覺醒之實的反映和想像。至人或得道者，精神凝靜，能夠體察出覺中之覺和覺中之夢，以及夢中之夢和夢中之覺，他們不以覺只是覺、夢只是夢，實則覺夢不二。說覺夢不二，並非無覺無夢，而是覺夢齊一。〔註58〕

（五）體道方法

世俗的價值觀念，對於得道的至人來說，是不起任何作用的。至人無是非分別之心，毀譽不能左右其喜怒之情，是個專心致志的人。要如何達到這個境界，《列子》提出了修養的方法：

1. 去除機心

一個得道的人，心中沒有人世的機心，也沒有自恃之心，心情保持自然平順，和同於萬物，無物我之別。因為沒有機心，所以不與他人爭鬥；因為沒有自恃之心，所以不自以為貴而輕視他人。虛己以處世，不顯露炫耀，也就不致招惹禍端，能安全地行於人世。〈黃帝〉說：

> 楊朱南之沛，老聃西遊於秦，邀於郊，至梁而遇老子。老子中道仰天而歎曰：「始以汝為可教，今不可教也。」楊朱不答。至舍，進涫漱巾櫛，脫履戶外，膝行而前曰：「向者夫子仰天而歎曰：『始以汝為可教，今不可教』弟子欲請夫子辭，行不閒，是以不敢。今夫子閒矣，請問其過。」老子曰：「而睢睢而盱盱，而誰與居？大白若辱，盛德若不足。」楊朱蹴然變容曰：「敬聞命矣！」其往也，舍者迎將家公執席，妻執巾櫛，舍者避席，煬者避竈。其反也，舍者與之爭席矣。

楊朱向南去沛地，到梁地時遇見老子。到了旅店之後，楊朱請老子給予教導。老子告訴他一個驕傲自恃的人，別人看了就覺得不舒服，又怎會想要與這種人相處在一起。一個具有盛德的人，是不會自以為清高的，反而覺得自己有些什麼缺點。楊朱在聽了老子的一番教誨之後，改正了他的行為。他剛去沛

〔註58〕見李季林、錢耕森：〈論列子「貴虛」的人生哲學〉，《孔孟月刊》第 33 卷第 7 期。

縣的時候，旅店主人及旅客皆對其恭敬有禮，謹慎小心地侍奉著他。等到他從沛縣返回的時候，旅客便以平等的態度對待他，可見楊朱是知過而改過了。

有些人外貌「睢睢盱盱」，高視自傲，目中無人，刻意顯露自己的才學比別人來得高，使人懾服依附於他。那麼別人將委以事務，責求其功，而外物所帶來的患害也就隨之而來了。同篇中又說：

> 楊朱過宋東之於逆旅。逆旅人有妾二人，其一人美，其一人惡，惡者貴而美者賤。楊子問其故，逆旅小子對曰：「其美者自美，吾不知其美也；其惡者自惡，吾不知其惡也。」楊子曰：「弟子記之！行賢而去自賢之行，安往而不愛哉！」

楊子到宋國，住在一家旅店。旅店主人有兩個妾，一個長得漂亮，一個長得醜陋，醜陋的受重視，漂亮的受輕視。楊子問這是什麼緣故？店主說因為貌美的自以為漂亮，但是並不覺得她美；而貌醜的自以為醜，卻又不覺得她醜。人生得美還是醜，是天生的，而且是沒有絕對標準的。若是自以為長得美便驕傲賣弄，本來覺得美的也會因此而變得醜陋。同樣的，也不需要覺得自己長得不好看，而覺得自卑。外貌的美醜不過是表面的現象，會隨著時間的流轉而有所改變，就如同生死一般，本質上並沒有什麼差別。也許現在認為美的，在時空的轉變之下，會變成是醜陋的，反之亦然。所以若因著具變化性的美醜，而使情緒有著起伏，甚至刻意以人為去加以改變，實在是不必要且多餘。

美在於無為，要去除自我炫耀的心態，採取自然無為的態度。做事但求盡力而問心無愧，不必向人誇耀自己的賢德，要將這個誇耀之「心」忘掉。至德之人，正是能做到「行賢而去自賢之行」的人。〈黃帝〉說：

> 紀渻子為周宣王王養鬥雞。十日而問：「雞可鬥已乎？」曰：「未也，方虛驕而恃氣。」十日又問，曰：「未也。猶應影響。」十日又問，曰：「未也。猶疾視而盛氣。」十日又問，曰：「幾矣。雞雖有鳴者，已無變矣，望之似木雞矣，其德全矣，異雞無敢應者，反走耳。」

紀渻子替周宣王養鬥雞。宣王每過十天，便問鬥雞養好了沒有。一開始鬥雞沒有真本領，只有一股驕傲之氣，好勇鬥狠；看見別的雞的影子或聽到聲音，便蠢蠢欲動；直到最後，當別的雞來勢洶洶想要挑戰時，能無動於衷，一點反應都沒有，看過去就像木頭雞一樣，而別的雞沒有敢應戰的，看見它便匆匆跑開了。這看上去就像隻木雞的鬥雞，其實它的修養已達到了頂點。《老子·六十六章》說：「以其不爭，故天下莫能與之爭。」木雞的可貴在於沒有半點

「虛驕而恃氣」之跡，紀渻子飼養的鬥雞，要使它去掉驕矜、好逞鬥之氣，以人來說，也應是如此。

2. 專心致志

《列子》修養的另一途徑爲專心致志，將心思專一凝注，不旁念外物，外物也不能擾心。而專一心志的結果，可以讓人忘卻形體限制與是非利害，因此能夠做到物我無分、是非無別的境界。〈黃帝〉說：

> 范氏有子曰子華，善養私名，舉國服之；有寵於晉君，不仕而居三卿之右。目所偏視，晉國爵之；口所偏肥，晉國黜之。游其庭者侔於朝。子華使其俠客以智鄙相攻，彊弱相凌。雖傷破於前，不用介意。終日夜以此爲戲樂，國殆成俗。禾生、子伯，范氏之上客，出行，經坰外，宿於田更商丘開之舍。中夜禾生、子伯二人相與言子華之名勢，能使存者亡，亡者存；富者貧，貧者富。商丘開先窘於飢寒，潛於牖北聽之。因假糧荷畚之子華之門。子華之門徒皆世族也，縞衣乘軒，緩步闊視。顧見商丘開年老力弱，面目黎黑，衣冠不檢，莫不眮之。既而狎侮欺詒，攩㧙挨抌，亡所不爲。商丘開常無慍容，而諸客之技單，憊於戲笑。遂與商丘開俱乘高臺，於眾中漫言曰：「有能自投下者賞百金。」眾皆競應。商丘開以爲信然，遂先投下，形若飛鳥，揚於地，骨肌無礰焉。范氏之黨以爲偶然，未詎怪也。因復指河曲之淫隈曰：「彼中有寶珠，泳可得也。」商丘開復從而泳之。既出，果得珠焉。眾昉同疑。子華昉令豫肉食衣帛之次。俄而范氏之藏大火。子華曰：「若能入火取錦者，從所得多少賞若。」商丘開往無難色，入火往還，埃不漫，身不焦。范氏之黨以爲有道，乃共謝之曰：「吾不知子之有道而共誕子，吾不知子之神人而辱子。子其愚我也，子其聾我也，子其盲我也。敢問其道。」商丘開曰：「吾亡道。雖吾之心，亦不知所以。雖然，有一於此，試與子言之。曩子二客之宿吾舍也，聞譽范氏之勢，能使存者亡，亡者存；富者貧，貧者富。吾誠之無二心，故不遠而來。及來，以子黨之言皆實也，唯恐誠之之不至，行之之不及，不知形體之所措，利害之所存也。心一而已物亡迕者，如斯而已。今昉知子黨之誕我，我內藏猜慮，外矜觀聽，追幸昔日之不焦溺也，怛然內熱，惕然震悸矣。水火豈復可近哉？」

晉國的范氏家境富裕，有個兒子叫子華，喜歡結交朋友，招聚俠客。有一次門客外出，住宿在商丘開家中，半夜兩人談起子華的事，商丘開聽了之後大為動心，便來到子華家。子華家有些門客用各種手段侮辱商丘開，但他並不因此而生氣。有一次門客開玩笑地對商丘開說，誰若是敢從高台跳下，就賞他百金。商丘開信以為真跳了下去，身體絲毫未受損傷。後來又騙他到水底尋找珠寶，找得到就可以得到它。商丘開果真跳到水中，找到一顆珠寶。不久，范氏的倉庫發生火災，商丘開毫不猶豫進了火堆，搶救出許多綢緞，煙燻不倒他，火燒不焦他，安然無恙。眾人大為驚異，請教商丘開有何道術。商丘開認為自己只是做到專心一意，心無雜念，並沒有什麼道術。而在知道受騙之後，商丘開對人與事不再全心信任，有了懷疑的念頭，處處防備別人，再也無法專注，更遑論要他進入水火之中，那是不可能的了。

《列子》透過商丘開說明人不應存內外之分、物我之別，至誠至信而從道無私，如此就沒有精神肉體之分、內外物我之別，而能與道同體，往來無傷。《莊子・逍遙遊》說：「之人也，物莫之傷，大浸稽天而不溺，大旱金石流、土山焦而不熱。」盧重玄評價商丘開一事說：

> 但一志無他慮，能頓忘其形骸者，則死生憂懼不能入，況泯然與道
> 合，寶神以會真，智周於宇宙，功備群有者，復何得一二論之耶？
> 及是非生於心，則水火不可近之也。〔註59〕

一個人只要志向專一，真誠處事，心無他慮，外物就無法入侵，進一步忘記外在的身體，這樣的人生死之念、憂懼之情也就不能侵入其內心。因為專一，所以商丘開不論是從高台跳下、入水取珠寶、入火取錦布，水火對他都沒影響。心志專一，精神凝聚就會忘卻外在環境，就能排除外在環境的限制。而那些反璞歸真，泯然與道合一的人，智慮周遊宇宙，道行超乎於眾，更可出神入化。可是一旦心志不專，心懷他慮，是非得失頓生於心，貪生怕死，就再也不敢身臨險境，修行也就不可能達到至真的境界了。宰我在聽說了這件事之後，便將此事告訴了孔子。孔子說：

> 夫至信之人，可以感物也。動天地，感鬼神，橫六合，而無逆者，
> 豈但履危險，入水火而已哉？商丘開信偽物猶不逆，況彼我皆誠哉？
> （〈黃帝〉）

最誠信的人，可以感化外物。商丘開先前因為相信子華門客所言，就算門客

〔註59〕見楊伯峻：《列子集釋》（台北：華正書局，1987年9月），頁33。

所言皆虛假不實，但商丘開深信不疑，以此心行事，故能無所阻礙。《列子》以爲只要內心用志不紛，便能做到外物不能傷。〈黃帝〉說：

> 仲尼適楚，出於林中，見痀僂者承蜩，猶掇之也。仲尼曰：「子巧乎！
> 有道邪？」曰：「我有道也。五六月累丸二而不墜，則失者錙銖；
> 累三而不墜，則失者十一；累五而不墜，猶掇之也。吾處也，若厥
> 株駒；吾執臂若槁木之枝；雖天地之大，萬物之多，而唯蜩翼之知。
> 吾不反不側，不以萬物易蜩之翼，何爲而不得！」孔子顧謂弟子曰：
> 「用志不分，乃凝於神，其痀僂丈人之謂乎！」

除了專一心志的重要，此則故事也表達出《列子》對體道的主張，旨在強調實踐的重要。它認爲只有通過長期的生活實踐、鍛鍊，才能達到對道的體悟。要順物的本然之性，而不任意以自己的主觀想法強加於物，任物順性，方能體道。同篇中又說：

> 趙襄子率徒十萬狩於中山，藉芿燔林，扇赫百里。有一人從石壁中
> 出，隨煙燼上下。眾謂鬼物。火過，徐行而出，若無所經涉者。襄
> 子怪而留之。徐而察之：形色七竅，人也；氣息音聲，人也。問：「奚
> 道而處石？奚道而入火？」其人曰：「奚物而謂石？奚物而謂火？」
> 襄子曰：「而嚮之所出者，石也；而嚮之所涉者，火也。」其人曰：
> 「不知也。」魏文侯聞之，問子夏曰：「彼何人哉？」子夏曰：「以
> 商所聞夫子之言，和者大同於物，物無得傷閡者，游金石，蹈水火，
> 皆可也。」

趙襄子率領眾人在山中打獵，點火焚燒樹木，火勢蔓延，燒得十分熾烈。這時忽然看見一人從石壁中走出來，在煙火中若無其事地行走，沒有受到任何的傷害。魏文侯聽到這件事之後，便問子夏這是個什麼樣的人？子夏說他聽孔子說過：「能做到『和』，便是能做到與萬物合而爲一，如此是沒有什麼能傷害他的，這種人能夠隨心所欲地進入大火和洪水之中。」像這樣修養極高的人，能出入金石水火之中，超越各種外在的限制。「和者大同於物」，可以解釋爲「得純和之氣的人，身心同外物融合一致。」〔註60〕人之所以能完全融入自然，在於「不知」，心中不存分別意識，物我爲一。剉心去智就是無知，心中不存物我之別，與萬物和諧並存。〈黃帝〉說：

> 顏回問乎仲尼曰：「吾嘗濟乎觴深之淵矣，津人操舟若神。吾問焉，

〔註60〕見嚴北溟、嚴捷：《列子譯注》（台北：書林出版社，1995年8月），頁40。

> 曰：『操舟可學邪？』曰：『可。能游者可教也，善游者數能。若乃夫沒人，則未嘗見舟而謖操之者也。』吾問焉而不告，敢問何謂也？」仲尼曰：「醫！吾與若玩其文也久矣，而未達其實，而固且道與？能遊者可教也，輕水也。善游者之數能也，忘水也。乃若夫沒人之未嘗見舟也而謖操之也，彼視淵若陵，視舟之覆猶其車卻也。覆卻萬物方陳乎前而不得入其舍，惡往而不暇！以瓦摳者巧，以鉤摳者憚，以黃金摳者惛。巧一也，而有所矜，則重外也。凡外重者拙內。」

顏回學划船之道，孔子說：「能游水的人可以教，是因為他把水看得很輕。擅長游泳的人很快就學會，那是他在水中時，不把水放在心上，動作純熟得幾乎忘了他是在水中啊！至於會潛水的人，第一次看見船便能操舟，那是因為他不怕淹沒。他的眼裡，深淵好像山陵，翻船就像覆車，沒什麼可使他慌亂的。既然在水中從事任何事情都能不慌不亂，那操舟對他來說，當然不能使他慌亂。像這樣的人，無論到什麼地方，怎麼能不從容有餘呢？」

現在以丟擲東西來說，投擲的若是瓦片，那麼當然不會感到可惜，而能專心投擲；若丟擲的是鉤，這鉤比較值錢，心中有所顧慮，無法專注於投擲上，結果當然投不精準；若投擲的是黃金，那價值更高，心中萬般不捨，哪裡還有心投擲，結果當然是百投不中。其實投擲的技巧是一樣的，但因為把外物看得過重，心中受影響而不安，就無法專致準確了，因為重視外物使本身的技巧變得拙劣。學划船之理與此同，所以凡是重外的就拙於內，而拙內者精神將無法凝寂。

3. 內觀方法

《列子》書中談到貴虛，那麼列子在面對世俗時，是如何進行「虛」的修養功夫？列子從旅遊考察的實踐與反省中，逐漸體會道的修養功夫。〈仲尼〉說：

> 初，子列子好游。壺丘子曰：「禦寇好游，游何所好？」列子曰：「游之樂所玩無故。人之游也，觀其所見；我之游也，觀其所變。游乎游乎！未有能辨其游者。」

列子喜好出外遊覽，以為自己的遊與他人並不相同。列子認為一般人的遊覽，只是欣賞事物的表面，他自己遊覽時卻是懂得觀察事物的變化。壺丘子對此有不同的看法，他說：

> 壺丘子曰：「禦寇之遊固與人同歟，而曰固與人異歟？凡所見，亦恆

> 見其變。玩彼物之無故，不知我亦無故。務外游，不知務內觀。外
> 游者，求備於物；內觀者，取足於身。取足於身，游之至也；求備
> 於物，游之不至也。」

壺丘子分析列子所說的遊覽觀點本來就與別人相同。一般人只注意欣賞外在
景物的變化，而不知從內心去體悟。自然世界變化多端，人也隨時隨地都在
變化，但是一般人卻不知道欣賞自身的不斷變化。所以重視外在景物遊賞的
人，卻不懂得自我觀賞，而是向外要求外物的完備。而懂得考察欣賞自己的
人，希望的是本身體悟能夠得到滿足。在己身中欣賞一切，內心得到充實，
遊於無形，這才是遊覽的最高境界。如果只是要求外物的完備，是永遠不能
滿足的，而且還會受限於外物，這並不是遊覽的最高境界。

　　這裡說明了壺丘子對列子的開導與讚賞，最重要的是提出「外游」與「內
觀」兩種不同的觀念：「外游者，求備於物；內觀者，取足於身。取足於身，
游之至也；求備於物，游之不至也。」壺丘子所說，可謂「內觀」之法，「游」
是人與物之間的互動，「觀」是對此互動的察識與反思。故事以旅遊暗寓道德
修養，「外遊」，指流覽外物；「內觀」，指反觀內心。旅遊之樂，第一是觀其
所見，即人所共知的外在風物；第二是觀其所變，即自然和社會的發展變化；
第三是取足於身，即獲得自我滿足。旅遊者應當成為審美的主體，主動去發
現和捕捉美好事物美妙感覺，在欣賞自然與人類偉大創造的同時，娛悅心性，
陶冶情操，這樣比求備於物將會有更大的快樂。

　　人不要只看重外在，外在不過是表象，這表象是隨時都在轉變的，因此
這變化也是無窮無盡的。如果想要視察這無窮盡的萬象萬物，不如向內視察
一己之身。因為一己也是萬物之一，也是大化中的一部分，一己與萬物本質
上是沒有分別的，又何必耗費功夫去外求於他物，如能視察出一己變化的道
理與原則，就等同於視察萬化的道理與原則。列子在聽完壺丘子的建言後，「終
身不出，自以為不知游」。列子了解了自己根本不懂得遊覽的道理，過去不過
是膚淺地觀賞景物罷了，有所悟而不再拘執於外在形式之遊。壺丘子知道列
子的改變後，高興地說：

> 游其至乎！至游者，不知所適；至觀者，不知所眡。物物皆游矣，
> 物物皆觀矣，是我之所謂游，是我之所謂觀也。故曰：游其至矣乎！
> 游其至矣乎！

列子的遊已經到了最高境界。一個懂得用心靈去遊玩的人，是不知所到達的

地方；最好的觀賞，是不知所看到的是些什麼。任何地方都可遊玩，任何事物都可欣賞。所以，萬事萬物都能遊覽觀賞，這是因為用心靈去體悟的人，能與物相感，同於自然，與宇宙大道同行。「不知所適」、「不知所眠」的至游之道，便是「忘」，即是壺丘子所教予列子的修養功夫。此修養功夫即由內觀始，終至忘了「所適」與「所眠」，忘了外在感官的作用，以心體物，乃達「物物皆游矣，物物皆觀矣」的至游之境。萬物間進行著無窮盡的消息轉化，「游」就是萬物流轉的具體呈現。惟有體道之人方能觀遊，並與萬物同遊。

《列子》認為道化育萬物卻不居功，不以主宰者自居，對待萬物等同，不偏親亦不偏疏。〈仲尼〉說：

> 在己無居，形物其著。其動若水，其靜若鏡，其應若響。故其道若物者也。物自違道，道不違物。善若道者，亦不用耳，亦不用目，亦不用力，亦不用心。欲若道而用視聽形智以求之，弗當矣。瞻之在前，忽焉在後；用之彌滿六虛，廢之莫知其所。亦非有心者所能得遠，亦非無心者所能得近。唯默而得之而性成之者得之。知而忘情，能而不為，真知真能也。發無知，何能情？發不能，何能為？聚塊也，積塵也，雖無為而非理也。

人們要想得道，必須虛心體會、無所偏執、不妄自作為、不流於主觀。行動時像流水一樣順從自然法則，靜默時像鏡子一樣明淨，反映外物時像回音一樣如實呈現。「物自違道，道不違物」，道是最自然的存在，不會違反事物的法則，只有事物會違反道。善於順應道的人，不用感官、心智去體悟大道，因為使用感官智慧去求得大道，那是有所為而為，反而離道越遠。真正能體道之人，無知無為，不以有限的知能與刻意的妄為追求無限之道。而是要超越感官知性的侷限，因物之所為而為，體道任物而利物。

《列子》認為若能使心靈消除一切障蔽，萬事萬物會受心靈映照而如實呈顯。「己無居」，自己不固執己見，不憑藉器官功能，能夠順應事物的自然法則，就能消除與道背離的現象，使心靈應物而無違，人生才有實現「其道自然」境界的可能。「知而忘情，能而不為，真知真能也」，是一種內心自然的流露，不存在任何人為的預謀規劃。通過內省，達到悟道，只有實現自我的人才能與道同體。怎樣才能心合於道？《列子》在〈黃帝〉中借黃帝夢遊華胥國之後的徹悟，提出「至道不可以情求」的主張。所謂至道，指自然總體及其變化規律，大化流性，瞬息萬變，想依靠感官知能，是根本無法把握

至道的。只有「壹其性，養其氣，合其德」(〈黃帝〉)，排除個人的一切情慾偏見，保持內心清明的狀態，方可「通乎物之所造」(〈黃帝〉)。〈仲尼〉說：

> 目將眇者，先睹秋毫；耳將聾者，先聞蚋飛；口將爽者，先辨淄澠；
> 鼻將窒者，先覺焦朽；體將僵者，先亟犇佚，心將迷者，先識是非：
> 故物不至者則不反。

林希逸說：「物不至至者，極也，物極則反。自目眇已上數句，猶燈將滅者必大明，是皆極則必反之理也。」〔註61〕張湛注說：「故聰明強識皆為闇昧衰迷之所資。」〔註62〕《列子》貴虛，旨在清靜無為，同於老子。〈楊朱〉說：

> 太古之人知生之暫來，知死之暫往；故從心而動，不違自然所好……
> 從性而游，不逆萬物所好；死後之名非所取也，故不為刑所及。名
> 譽先後，年命多少，非所量也。

一個人若能超越生死的限制，喜怒哀樂無動於心，不計較世俗的毀譽得失，則不會傷害萬物，萬物也無從加損。「從心而動，不違自然所好」與「從性而游，不逆萬物所好」，不違背人的天然本性和物的自然之性，不以世俗的價值判斷為標準，雖未刻意要求自然，但言行無不符合自然之道。

(六) 得道者的形象

《列子》描寫了許多神奇人物，如至人、神人、化人、幻人等，這些人是做到齊物而達於自然的得道、體道者，也同時體現了作者所企羨的人格修養境界。「虛」作為道的本質，如同道一般，是不可言說，不能以字詞加以規範的。因此，當以「虛」用來意指心靈修養境界時，並非完全等同於境界本身，不過為了向世人說明，只好以「虛」來稱謂。〈仲尼〉記載列子與南郭子的故事：

> 子列子既師壺丘子林，友伯昏瞀人，乃居南郭。從之處者，日數而
> 不及。雖然，子列子亦微焉。朝朝相與辨，無不聞。而與南郭子連
> 牆二十年，不相謁請。相遇於道，目若不相見者。門之徒役以為子
> 列子與南郭子有敵不疑。有自楚來者，問子列子曰：「先生與南郭子
> 奚敵？」子列子曰：「南郭子貌充心虛，耳無聞，目無見，口無言，
> 心無知，形無惕。往將奚為？雖然，試與汝偕往。」閱弟子四十人

〔註61〕見林希逸：《沖虛至德真經鬳齋口義》卷四，張繼禹主編：《中華道藏》十五冊（北京：華夏出版社，2004年1月），頁227。

〔註62〕見楊伯峻：《列子集釋》（台北：華正書局，1987年9月），頁133。

　　同行。見南郭子，果若欺魄焉，而不可與接。顧視子列子，形神不
　　相偶，而不可與群。南郭子俄而指子列子之弟子末行者與言，衍衍
　　然若專直而在雄者。子列子之徒駭之。反舍，咸有疑色。子列子曰：
　　「得意者無言，進知者亦無言。用無言爲言亦言，無知爲知亦知。
　　無言與不言，無知與不知，亦言亦知。亦無所不言，亦無所不知，
　　亦無所言，亦無所知。如斯而已，汝奚妄駭哉？」

列子和南郭子相鄰而居，兩人卻不曾往來，從不交談。他人看見都以爲兩人
有什麼恩怨，其實並非如此，列子做了說明並以行動消除這項傳言。列子說
南郭先生外貌充盈內心空虛，耳朵什麼也聽不見，不爲外界聲響所惑；眼睛
什麼也看不見，不爲外界色彩所誘；口舌也不說什麼，不會和人爭辯；內心
不牽掛任何東西，事事不放在心上；形體也無所動，遇到人等於遇到一道牆，
毫無感覺。和他交往，是不用外在行動的，去找他作什麼？因此也就沒什麼
來往交談。但是列子還是願意同楚人去看看，於是挑選四十名學生到南郭子
家。一進門，果然一眼就看到南郭子像泥塑木雕的人一樣坐在那裡，動也不
動坐在那兒，旁人無法與他交談，形若枯木，心如死灰。再回頭看列子，他
也好像精神已經脫離形體，身心似乎不相連，只是呆坐在那裡，旁人無法同
他說些什麼。過一會兒，他跟列子的最後一位學生侃侃而談，露出論辯爭勝
的樣子。列子的學生感到驚奇，回到住所，臉上露出疑惑的神色。列子才進
一步說明與這樣一位有道者溝通的方式。

　　與有道者溝通不在表面的語言，只要懂得眞意，就不必藉語言表達了。
語言所表達的畢竟是有限，因此「虛」的境界是難以用言語、知覺去言說、
去知覺的，應出於無心無知。南郭子若「欺魄」，「不可與接」；列子「形神不
相偶」，「不可與群」皆反映出體道者的形象。體道者的言與知，是無心而任
物自然，如鏡子般地如實反映外物。所以可以說是無所不言、無所不知，亦
可說是無所言、無所知。透過這一段對話，可以看出南郭子和列子得道的形
象，亦可看出得道者是不企圖從語言來得「虛」之境界的，所謂「夫大道不
稱，大辯不言」（《莊子‧齊物論》）。〈黃帝〉中描寫了列禦寇與伯昏瞀人論射
箭一事，從中帶出了得道者──至人的形象與作爲：

　　列禦寇爲伯昏瞀人射，引之盈貫，措杯水其肘上，發之，鏑矢復沓，
　　方矢復寓。當是時也，猶象人也。伯昏瞀人曰：「是射之射，非不射
　　之射也。當與汝登高山，履危石，臨百仞之淵，若能射乎？」於是

> 瞀人遂登高山，履危石，臨百仞之淵，背逡巡。足二分垂在外，揖
> 禦寇而進之。禦寇伏地，汗流至踵。伯昏瞀人曰：「夫至人者，上闚
> 青天，下潛黃泉，揮斥八極，神氣不變。今汝怵然有恂目之志，爾
> 於中也殆矣夫！」

伯昏瞀人對列子論射箭：你這射箭，只能說是在表演射箭技巧，還沒有達到
渾然忘我的高超技能，即所謂的不射之射。於是伯昏瞀人登上高山，站上危
崖上，面臨著百丈深淵射箭，背後高低不平，腳面一半在山巔之外。列禦寇
上去之後趴在地上，嚇得一動也不敢動，緊張得汗水都流到腳跟，哪敢站起
來射箭呢？

　　從故事中對列禦寇的描寫，可以看出列禦寇所犯的錯正與一般人所常犯
的錯是一樣的，學會一些技巧或具有某種能力，便四處向人誇耀，自以為了
不起。其實真正有真本事有實力的人是不輕易向人表現的，真正的本領是顯
現在不為顯現之處。伯昏瞀人正是看出了列禦寇的問題所在，告訴他「爾於
中也殆矣夫」，「殆」就是形容列子的射箭內心世界，生死得失之心表現於眼
神和心態，內心有多害怕是可想而知的。所以列子使用的射箭技巧，是有心
而射，並沒有達到無心而射的境界。他對射箭奧妙處的體會，還差得很遠。

　　真正具有道德修養的至人，他的能力是超越一般人的，上可以探望青天，
下可以潛沒黃泉，放縱自如，神色不變。作者以列禦寇所表現出的驚懼害怕
之情，對比於伯昏瞀人的從容自得，無畏無懼，可見其境界之高下。而又由
伯昏瞀人之口中說出理想人格——至人的形象，則故事所要突顯的意旨就更
加明確了。除了至人，《列子》中還提到「神人」。〈黃帝〉說：

> 列姑射山在海河洲中，山中有神人焉，吸風飲露，不食五穀；心如
> 淵泉，形如處女。不偎不愛，仙聖為之臣；不畏不怒，愿慤為之使；
> 不施不惠，而物自足；不聚不斂，而己無愆。陰陽常調，日月常明，
> 四時常若，風雨常均，字育常時，年穀常豐。而土無札傷，人無夭
> 惡，物無疵厲，鬼無靈響焉。

列姑射山上住著神人，他們平日吸風飲露，不食五穀，心境清澈寧靜，外貌
形體似柔弱的少女。相處時不特別親近親愛，不恐懼不發怒，沒有君臣上下
之分，沒有貴賤優劣之別。那裡陰陽調和，日月、四季按著規律運行。生活
安樂，沒有災害，連鬼神也失去靈驗。那是一個與人間世有明顯差異的國度，
描述了悟道的神人的生活狀況。〈周穆王〉中還提到了「化人」：

　　周穆王時，西極之國有化人來，入水火，貫金石，反山川，移城邑，
乘虛不墜，觸石不硋。千變萬化，不可窮極。既已變物之形，又且
易人之慮。穆王敬之若神，事之若君。推路寢以居之，引三牲以進
之，選女樂以娛之。化人以爲王之宮室卑陋而不可處，王之廚饌腥
螻而不可饗，王之嬪御膻惡而不可親。穆王乃爲之改築。土木之功，
赭堊之色，無遺巧焉。五府爲虛，而臺始成。其高千仞，臨終南之
上，號曰中天之臺。簡鄭衛之處子娥媌靡曼者，施芳澤，正娥眉，
設笄珥，衣阿錫，曳齊紈。粉白黛黑，珮玉環。雜芷若以滿之，奏
承雲、六瑩、九韶、晨露以樂之。月月獻玉衣，旦旦薦玉食。化人
猶不舍然，不得已而臨之。居亡幾何，謁王同游。王執化人之祛，
騰而上者，中天迺止。暨及化人之宮。化人之宮構以金銀，絡以珠
玉，出雲雨之上，而不知下之據，望之若屯雲焉。耳目所觀聽，鼻
口所納嘗，皆非人間之有。王實以爲清都、紫微、鈞天、廣樂、帝
之所居。王俯而視之，其宮榭若累塊積蘇焉。王自以居數十年不思
其國也。化人復謁王同游，所及之處，仰不見日月，俯不見河海。
光影所照，王目眩不能得視，音響所來，王耳亂不能得聽。百骸六
藏，悸而不凝。意迷精喪，請化人求還。化人移之，王若碩虛焉。
既寤，所坐猶嚮者之處，侍御猶嚮者之人。視其前，則酒未清，肴
未晞。王問所從來。左右曰：「王默存耳。」由此穆王自失者三月而
復。更問化人。化人曰：「吾與王神游也，形奚動哉？且曩之所居，
奚異王之宮？曩之所游，奚異王之圃？王閒恆，疑蹔亡。變化之極，
徐疾之間，可盡模哉？」王大悅。

周穆王在位時，從西域來了一個化外之人。周穆王給他君王般的侍奉，以他
認爲最好的供給化人。但是化人卻覺得周穆王所提供的宮室、食物、嬪妃，
全都卑陋腥臭醜陋不堪。不久，化外之人請周穆王一起出遊。化人憑藉幻術，
帶領周穆王神遊化外，使其超脫現實的羈絆，擺脫原有的世俗價值觀點。從
此周穆王有了完全不同的生活態度，不再用心於國事，迷醉於臣妾，開始了
遠遊四方的生活，享受物外的逍遙自在。這化人就如同前面所提及的至人、
神人一般，具有超人的能力，能夠「入水火，貫金石，反山川，移城邑，乘
虛不墜，觸石不硋」，神通廣大，千變萬化，高不可測。所以這化人乃是體道
之人，怎能以世俗價值相對待，又怎會樂於接受這世俗的享受，因爲這對他

來說反而是不利於生命的。

　　這個塵世就如同牢籠，人們生活於其中，受其限制難以逃脫，也不知要逃脫至何處。原以為物質生活滿足了，生活也就快樂了。殊不知在這追求物質滿足的過程中已耗損過多的精力，反而對生命造成折損。且人的慾望無窮，這追求又哪裡會有窮盡停止的時候。於是追求得越多，對生命造成的傷害越大。而世人卻不知道這道理，反而認為這追求是對生命有助益的，甚至強將這樣的觀點加諸在他人身上。如果有機會，像周穆王一樣遨遊於天際，體會不一樣的人生境界，那麼就會發現自己以前所認為最好的生活方式，原來是這樣的不堪一擊。我們常會有這樣的誤解，以為物質享樂不虞匱乏，便是對生命最好的對待方式。可是這些東西在更高層次的化人眼中，是不屑一顧的，且這些東西就如同夢境一般，轉眼即逝，根本不足惜。試著放下俗事俗物，停止追求感官的滿足，讓心靈可以獲得解脫，精神可以逍遙自適。只有這樣，才能享受到無盡的快樂。

　　那麼這些體道之人，是如何認識這個世界，其修養方法為何？〈仲尼〉中舉亢倉子為例說明：

> 陳大夫聘魯，私見叔孫氏。叔孫曰：「吾國有聖人。」曰：「非孔丘邪？」曰：「是也。」「何以知其聖乎？」叔孫氏曰：「吾常聞之顏回曰『孔丘能廢心而用形。』」陳大夫曰：「吾國亦有聖人，子弗知乎？」曰：「聖人孰謂？」曰：「老聃之弟子有亢倉子者，得聃之道，能以耳視而目聽。」魯侯聞之大驚，使上卿厚禮而致之。亢倉子應聘而至。魯侯卑辭請問之。亢倉子曰：「傳之者妄。我能視聽不用耳目，不能易耳目之用。」魯侯曰：「此增異矣。其道奈何？寡人終願聞之。」亢倉子曰：「我體合於心，心合於氣，氣合於神，神合於無。其有介然之有，唯然之音。雖遠在八荒之外，近在眉睫之內，來干我者，我必知之。乃不知是我七孔四支之所覺，心腹六藏之所知，其自知而已矣。」

魯侯聽說亢倉子能用耳朵看東西，用眼睛聽聲音，魯侯向其請教是否是真的，亢倉子說自己不過是能視聽不用耳目罷了，卻不能互換耳目的功能。人的形體和心智合一，心智契合於氣，氣契合於精神，精神契合於虛靜的道體。當人進入這境界時，不再靠感官知覺去感知到外物，而是自然而然就知道了。此時，應對外物時渾然無所阻礙，目所見耳所聽，與心智合而為一，所以能

夠以耳視、以目聽。這就是亢倉子的修養方法。「體合於心，心合於氣，氣合於神，神合於無」，此「無」即「虛」。張湛注說：「同無則神矣，同神則無矣。二者豈有形乎？直有其智者不得不親無以自通，忘其心者則與無而為一也。」〔註63〕

盧重玄解說：「夫體既有質而成礙，心則有繫而成執。體合於心者，不在於形礙而在封執也。故氣之於心，雖動而無所執；故心合於氣者，不在封執而在於動用也。故氣合於神者，不在於動而在於了識也。神之於無則妙絕有形，故不在於了識而在於冥真矣。」〔註64〕由「體」至「虛」之「合」，乃是將有形的身與無形的道之距離逐漸拉近，乃至於無別，這種體道的過程，其關鍵在心，及從有意識的心返回潛意識的氣，再由潛意識的氣返回至潛意識的神，再由潛意識的神返回無意識的無（虛）。唯有功夫深至虛無之人，其神化感應非出自五官覺知，而是「自知」，此「自知」非有意知之知，而是自然而然之知。〔註65〕

三、《莊》《列》人生觀比較

《莊子》與《列子》同樣用道的眼光透視人間，指出人生意義在達到逍遙自在的道境，人生價值在於擁有自然本真的自我。而在這個實現的過程中，必須有一些修養與體道的功夫，對一切困擾與羈絆人心的因素，進行解脫與超越，這也正是《莊》《列》所要教導、傳授予世人的重要人生觀。《漢書·藝文志·諸子略序》中說：

> 合於堯之克攘，易之嗛嗛，一謙而四益，此其所長也。及放者為之，
> 則欲絕去禮學，兼棄仁義，曰獨任清虛可以為治。〔註66〕

《莊子》與《列子》在承繼老子思想的基礎上，進一步發展其思想並且更豐富化、系統化，使道家在中國哲理思想的地位深受肯定。以人生觀來說，《莊》《列》同樣以道作為人生最高指導原則，重視體道的修養功夫，強調涵養人的精神以通向自然，對理想人格有具體的描述，讓世人了解達到理想境界並非遙不可及的事情，也創作了有關夢的寓言，以夢為喻，表達了思想情感，

〔註63〕見楊伯峻：《列子集釋》（台北：華正書局，1987年9月），頁118。
〔註64〕同註63。
〔註65〕見林義正：〈論列子之「虛」〉，《國立臺灣大學哲學論評》第22期，1999年1月，頁125。
〔註66〕見班固：《漢書》（台北：新陸書局，1964年1月），頁584。

讓人更容易了解其思想學說。

（一）體道方法

1. 虛的功夫

在道家看來，整個宇宙是和諧的，作爲宇宙中的人也應該是和諧的。然而在現實生活中，人往往受到各種外物的牽絆、限制，包括了功名利祿的誘惑等等，這就需要一種特殊的修養功夫，也就是虛靜的修養功夫。經由這虛靜的心理過程，以清除妨礙和諧的各種干擾，讓心靈恢復到原始的樸素狀態。道是自在自爲的，虛靜是道的本體存在形態。老子以自然無爲爲本，爲了能做到自然無爲，老子提倡虛靜，《老子・十六章》說：

> 致虛極，守靜篤。萬物並作，吾以觀復。夫物芸芸，各復歸其根。
>
> 歸根曰靜，是謂復命，復命曰常，知常曰明。

王弼注說：「以虛靜觀其反復，凡有起於虛，動起於靜，故萬物雖並動作，卒復歸於虛靜，是物之極篤也。」〔註67〕天地萬物雖變化不已，但是皆出於道。道體本是靜，動只是其外在的表現形式，最後仍復歸於靜。因此，體道者只有虛靜其心，以觀宇宙的大化流行，方能與道遨遊。陳景元說：

> 人生而靜，天之性。今言致虛極守靜篤者，使人修之，復於妙本也。
>
> 非止於人。蓋萬物之並動，作者未有不始於寂然，而發於無形，生
>
> 於和氣，而應於變化，及觀其復也，盡反於杳冥，而歸於無朕，以
>
> 全其形真也。〔註68〕

在了解道的本質──「虛」之後，就應該長守此道，以求安適自在地生活於人世間。《老子》說：

> 保此道者不欲盈。夫唯不盈，故能蔽不新成。（〈十五章〉）
>
> 是以聖人之治，虛其心，實其腹；弱其志，強其骨。（〈三章〉）

能守住虛靜之理的人，是不會自滿的，也不會求表現的，無欲無求，順任自然地生活處世。生命在運動的過程中，只有立足於根本，處於虛靜狀態，才能保持長久，終身遠離危險。保持人性的清靜狀態，以清靜虛豁的態度立身處世，才能使自己走向正確的人生軌道。而「致虛極，守靜篤」的生命修養

〔註67〕見樓宇烈校釋：《王弼集校釋》（台北：華正書局，1992 年 12 月），頁 36。

〔註68〕見陳景元：《道德真經藏室纂微篇》卷三，張繼禹主編：《中華道藏》十冊（北京：華夏出版社，2004 年 1 月），頁 423。

方法，就是要排除種種對心的干擾。人們擁有了虛靜之心，便能把握生命的根本。〔註69〕徐復觀在《中國藝術精神》中說：

> 由虛靜之心所發出的觀照，發現了一切人、一切物的本質，發現了
> 新地對象；亦即是發現了皆是「道」的顯現。〔註70〕

《莊子》與《列子》受有老子的影響，以「虛」的修養功夫追求精神的自由，希望能達到一個理想的人生境界。《莊子》中包括〈人間世〉、〈天道〉、〈天運〉、〈刻意〉、〈秋水〉、〈山木〉和〈知北遊〉等篇，都有談到「虛」。王元貞〈莊子翼敘〉說：「莊子數萬言，無非明老氏之虛無道德之自然也。」〔註71〕

　　《列子》之虛，有虛無之意，也有虛靜之意。《列子》所說的「虛」就是無人為的「自然」，無差別的「一齊」。所謂貴虛，目的就是要內心的雜念、人為做作，甚至一切可能傷真害性的觀念，通通加以驅除、泯除，靜守本心，以保持人的清靜自然之性。〔註72〕人們的心靈本來是虛明寧靜的，若被私欲蒙蔽，情緒經常處於不穩定的狀態之下，要想體悟大道是很難的。因此要努力使身體脫離物欲的誘惑，排除紛囂塵世的干擾，保持自然本性，回到自然的常道。而要想使本性回復到原來的狀態，即復歸本性，進而能體悟大道，進入自由的精神境界，必須有一種恬惔虛無的人生修養。《莊子‧刻意》裡講了這種既修心又修身的修養方法：

> 夫恬惔寂寞，虛無無為，此天地之平，而道德之質也。

虛無的無，就是無為，無為乃是萬物的本原。無為，就是要淡泊無欲，順性自然，不以人為造作破壞自然，不追求世俗價值標準，不受外物侵擾，使本性回復純樸率真的狀態，使精神獲得絕對的自由，若能如此則何事不成。恬惔、寂寞、虛無、無為，是道德修養的最高境界，將其歸納起來就是「虛無恬惔」。〈刻意〉說：「虛無恬惔，乃合天德。」合天德，就是合乎自然的本性。所以，能夠做到虛無恬惔，便是無為，便是最合乎自然本性的方式。〈刻意〉中說：

> 聖人休休焉則平易矣，平易則恬惔矣，平易恬惔，則憂患不能入，
> 邪氣不能襲，故其德全而神不虧。

〔註69〕見李霞：《生死智慧——道家生命觀研究》（北京：人民出版社，2004年5月），頁303。

〔註70〕見徐復觀：《中國藝術精神》（台北：臺灣學生書局，1998年5月），頁106。

〔註71〕見焦竑：《莊子翼‧莊子翼敘》（台北：廣文書局，1970年3月），頁3。

〔註72〕見李季林、錢耕森：〈論列子「貴虛」的人生哲學〉，《孔孟月刊》第33卷第7期，頁40。

恬惔是一種非常穩定的心態，能夠使心息而安穩，與外物的關係保持平衡和諧，所以物我之間不相傷，可以獲得「憂患不能入，邪氣不能襲」、「德全而神不虧」的成效，保持本性的整全而不受虧損。〈刻意〉中又說：

> 悲樂者德之邪，喜怒者道之過，好惡者德之失。故心不憂樂，德之至也；一而不變，靜之至也；無所於忤，虛之至也；不與物交，淡之至也。無所於逆，粹之至也。

在人的心境與大道融為一體的時候，心中沒有任何東西，包括得失、快樂和憂愁全都無法進入心中。此時也就是人的本性回歸於道，德性最為完滿的時候。持守專一而沒有變化，是靜的最高境界。不與任何外物相抵觸、往來、違逆，是虛無恬惔的最高境界。人應效法天道自然，了解「虛靜恬惔」的道理：

> 聖人之靜也，非曰靜也善，故靜也；萬物無足以鐃心者，故靜也。水靜則明燭鬚眉，平准，大匠取法焉。水靜猶明，而況精神！聖人之心，靜乎天地之鑒也，萬物之鏡也。夫虛靜恬淡寂寞無為者，天地之平而道德之至，故帝王聖人休焉。休則虛，虛則實，實則倫矣。虛則靜，靜則動，動則得矣。靜則無為，無為也則任事者責矣。無為則俞俞，俞俞者憂患不能處，年壽長矣。（〈天道〉）

靜則恬惔無為，動則隨順天然，保持天性的純樸。內心不受任何外物擾亂，才是虛靜。就像水靜止的時候，能清晰地照出外貌，水平面合於水平測定的標準，可以為工匠們取法。水靜止時尚且明澈，更何況是人的精神。心神虛靜便空明、清靜，而後可無入而不自得。「虛」有著廣大的包容性與無限的可能性，所謂「休則虛，虛則實，實則倫矣。虛則靜，靜則動，動則得矣」。

《莊子》強調精神狀態的重要，要以虛靜之心去體驗道，「汝齊戒，疏瀹而心，澡雪而精神，掊擊而知」（〈知北遊〉）。一個人內心如果能保持清靜和諧的狀態，不僅能使身心健康，除去疾病，還可使人免於各種災難，所謂「陰陽和靜，鬼神不擾」（〈繕性〉）、「靜然可以補病」（〈外物〉）、「一心定而王天下，其鬼不祟，其魂不疲」（〈天道〉）。因此，只有去除世俗之累，保持心的清靜，使精神達到純粹而不雜，才能實現精神的無限自由。〈刻意〉說：

> 精神四達並流，無所不極，上際於天，下蟠於地，化育萬物，不可為象。

心靈若能做到一塵不染，就可直接照亮大道，老子講「滌除玄覽」（《老子·

十章》)。《莊子・人間世》也提出「心齋」一詞。「心齋」就是心潔淨、虛靜的狀態，也就是要「若一志，無聽之以耳而聽之以心，無聽之以心而聽之以氣」。要能捨棄一切雜念，使心達到空靈虛靜的狀態。「虛」在此說明心靈所達到的超脫境界，亦是體道的表現。林疑獨說：

> 聽之以耳，正聽也；聽之以心，反聽也；聽之以氣，無聽也。正聽以耳，將以窮理；反聽以神，將以盡性；無聽以虛，將以至命也。聽止于耳，不若於心；心有分別，符則分而有合；意至於氣，則無所復聽，虛以待物而已。道由此而集，心齋之妙用也。《列子》云：體合於心，心合於氣，氣合於神，與此義同。〔註73〕

《列子》也是將「虛」作為修道的一個理想境界，所以在〈天瑞〉中說：

> 或謂子列子曰：「子奚貴虛？」列子曰：「虛者無貴也。」子列子曰：「非其名也，莫如靜，莫如虛。靜也虛也，得其居矣；取也與也，失其所矣。事之破毀而後有舞仁義者，弗能復也。」

虛即是指虛靜，虛靜才能符合自然的本性，熱衷於得失予取也就失掉了自然的本性。經由「虛」的修養過程，達到「心凝形釋，骨肉都融」(〈黃帝〉)的境界，則一切是非利害、相對的價值判斷都消弭，精神肉體融為一體，因此能「履虛乘風」。張湛注說：「順心之理，則無幽而不照。」〔註74〕許抗生說：

> 「心凝形釋」即是指心意凝聚專一達到忘我（忘掉自己的形體）的境界，所以說這時的骨骸肉體全都融化了（「骨肉都融」）。這種境界也就是達到了物我雙忘的境地，既「不知我之是非利害歟，亦不知彼之是非利害歟」。內外盡忘了，「不覺形之所倚，足之所履，心之所念，言之所藏（藏指言的涵義）。如斯而已」(《列子・仲尼篇》)。〔註75〕

「虛」在此作為一種修養境界的呈現，能體虛就是悟道。藉著這樣的修養，使個人心態得到平衡，使心靈的天空更為寬廣。因此，我們可以說虛的修養功夫，是一種可以幫助人們度過人生難關，解脫困境的良好處方，也是我們應學習、培養的理想心態。

〔註73〕見褚伯秀：《南華真經義海纂微》卷八引，張繼禹主編：《中華道藏》十四冊（北京：華夏出版社，2004年1月），頁64。

〔註74〕見楊伯峻：《列子集釋》（台北：華正書局，1987年9月），頁127。

〔註75〕見許抗生：《老子與道家》（北京：新華出版社，1993年12月），頁47。

2. 忘的功夫

　　人生的最終目的是追求精神的絕對自由，陳鼓應說：「道的境界即人生最高的境界。」〔註 76〕道家以「道」為學說中心，目的在求道的體悟。而儒家所主張的仁義，是難以達到此一目標的。《莊子·天道》說：「仁義，先王之蘧廬也，止可以一宿而不可久處，覯而多責。」那麼要如何體道呢？這就需要方法的修持，以帶領人們進入逍遙之境，「入無窮之門，以遊無極之野」，達到與「與日月參光」、「與天地為常」（《莊子·在宥》），「得至美而遊乎至樂」（《莊子·田子方》）的境界。《莊子》為求擺脫世俗觀念、形體與時空的侷限，達到最理想、最高的修養境界，提出了具體方法。〈大宗師〉說：

> 南伯子葵問乎女偊曰：「子之年長矣，而色若孺子，何也？」曰：「吾
> 聞道矣。」南伯子葵曰：「道可得學邪？」曰：「惡！惡可！子非其
> 人也。夫卜梁倚有聖人之才而無聖人之道，我有聖人之道而無聖人
> 之才，吾欲以教之，庶幾其果為聖人乎！不然，以聖人之道告聖人
> 之才，亦易矣。吾猶守而告之，三日而後能外天下；已外天下矣，
> 吾又守之，七日而後能外物；已外物矣，吾又守之，九日而後能外
> 生；已外生矣，而後能朝徹；朝徹，而後能見獨；見獨，而後能無
> 古今；無古今而後能入於不死不生。殺生者不死，生生者不生。其
> 為物，無不將也，無不迎也；無不毀也，無不成也。其名為攖寧。
> 攖寧也者，攖而後成者也。」

女偊為什麼會看起來這麼年輕，這是因為他得道的結果。那麼這種道的境界，是否可經由學習的過程而得到？首先要將自己提升到一個可聞道的境界中，否則根本沒有學習的可能。以卜梁倚為例來說，他具有「聖人之才而無聖人之道」。一個人若是沒有能刻苦體驗的資質，不具「聖人之才」，還是不能得道的。學道之路也是向自然回歸之路，在這回歸的過程中，「外」是最重要的關鍵。郭象注說：「外，猶遺也。」〔註 77〕「外」，是去，也是忘。要排除所有的外在事物、自我的成見執著，使自我與萬物齊一。而這過程也可說是由易及難的過程，成玄英疏說：

> 天下萬境疏遠，所以易忘；資身之物親近，所以難遺。〔註78〕

〔註76〕見陳鼓應：《莊子哲學探究》（台北：日盛印製廠印行，1975 年 10 月），頁 58。
〔註77〕見郭慶藩輯：《莊子集釋》（台北：華正書局，1994 年 8 月），頁 253。
〔註78〕同註 77，頁 254。

明代陸西星說：

> 外天下與外物何別，天下遠而物近，天下踈而物親，故外天下易，
> 而外物難；外物易，而外生難。〔註79〕

學道之路也可說是由粗及精的過程。宋代趙以夫說：

> 外天下、外物、外生，三者同一外，但由粗而精耳。既能外生，罔
> 不洞照，所謂朝徹也。朝徹，則所見者卓；所見者卓，則古今常存；
> 古今常存，尚何生死之有？《列子》：生物者不生，化物者不化，正
> 明此理。〔註80〕

林希逸則說：

> 始外天下，特遺其粗；外物，遺其在彼者；外生，遺其在我者。在
> 我猶遺，則無所不忘矣。〔註81〕

這些解釋都揭示，《莊子》的聞道過程是精神境界提高的過程。宣穎說：

> （外天下）忘世故也，（外物）忘交接也，（外生）忘身體也。自天
> 下而物而生息，近則愈難外也。外生者忘我也，學道人止是這一關
> 難透，此一間透，則見無不明矣。〔註82〕

當心靈能從俗情雜念中脫離出來，捨棄世俗的價值觀念，就能開拓個人的精神空間，展現超越的精神自由。外天下、外物、外生的最後結果，即是「朝徹」。「朝徹」指的是「如初日之光，通明清爽。」〔註83〕成玄英疏說：「死生一觀，物我兼忘，惠照豁然，如朝陽初啓，謂之朝徹。」〔註84〕林希逸說：「朝徹者，胸中朗然如在天，平且澄徹之氣也。」〔註85〕「朝徹」是一種清淨明亮、無所拘滯的精神狀態，當人們不再執著於任何事物時，心靈會顯得更寬廣無窮。而能達到此一精神狀態，即能「見獨」。

〔註79〕見陸西星：《南華眞經副墨》，《中國子學名著集成》（中國子學名著集成編印
　　　　基金會印行，明萬曆十三年孫大綬刊本），頁269。
〔註80〕見褚伯秀：《南華眞經義海纂微》卷十七引，張繼禹主編：《中華道藏》十四
　　　　冊（北京：華夏出版社，2004年1月），頁112。
〔註81〕同註80，頁113。
〔註82〕見宣穎著、王輝吉校：《莊子南華經解》（台北：宏業書局，1977年6月），頁
　　　　66。
〔註83〕見王夫之：《莊子解》（台北：河洛圖書，1974年10月），頁63。
〔註84〕見郭慶藩輯：《莊子集釋》（台北：華正書局，1994年8月），頁254。
〔註85〕見林希逸：《南華眞經口義》卷八，張繼禹主編：《中華道藏》十三冊（北京：
　　　　華夏出版社，2004年1月），頁756。

「見獨」，「獨，謂悟一眞之性，不屬形骸，故曰見獨。」〔註86〕成玄英疏則說：「夫至道凝然，妙絕言象，非無非有，不古不今，獨來獨往，絕待絕對。覩斯勝境，謂之見獨。」〔註87〕陳景元說：「見獨，視道無匹也。」〔註88〕能達到見獨的功夫，將得失、生死，所有一切排除心外，則心中空無一物，虛空且光明。既見獨，則可以「攖寧」。「攖寧」，即在擾亂中保持安寧。萬物無時無刻不處在生成往來的變化中。只有在萬物生死成毀的紛亂中保持寧靜的心境，才能完成學道的進程，達於體道的最高境界。《莊子集釋》中說：

> 攖，迫也。物我生死之見迫於中，將迎成毀之機迫於外，而一無所
> 動其心，乃謂之攖寧。置身紛紜蕃變交爭互觸之地，而心固寧焉，
> 則幾於成矣，故曰攖而後成。〔註89〕

女偊所說的學道功夫，是從「外天下」、「外物」、「外生」、「朝徹」、「見獨」、「無古今」到「入於不死不生」的攖寧境界，也就是個人的精神從感官的拘縛中超脫的過程。當人把世間的事物排除心外，甚至將生死也一起排除，那麼還有什麼能干擾心靈的，心靈的空間自然無窮寬廣，此時方能體悟道，且達與天地萬物融爲一體的永恆境界。而最後這「不死不生」的境地，所展現的是「無不將也，無不迎也；無不毀也，無不成也」，這就是達到作爲宇宙根源——道的境界，同時也是「與造物者爲人」（〈大宗師〉）的得道境界。《莊子》聞道所顯示的通向道的途徑和終點，是對道通爲一的體驗，最後達到一視古今的境界。它表現爲對精神修養目標的接近，所以在《莊子》中，又把這種對道的接近、把握的過程稱爲「體道」。〔註90〕

《列子·黃帝》中記載列子拜老商爲師，與伯高子爲友，盡得二子之道。尹生聞之，欲學於列子，後因心意不堅定半途而廢。數月後又重來，列子自述拜師勤學的經過，令尹生作愧良久。他說：

> 自吾之事夫子友若人也，三年之後，心不敢念是非，口不敢言利害，
> 始得夫子一眄而已。五年之後，心庚念是非，口庚言利害，夫子始
> 一解顏而笑。七年之後，從心之所念，庚無是非；從口之所言，庚

〔註86〕見憨山：《莊子內篇注·大宗師》（台北：廣文書局，1973年6月），頁31。
〔註87〕見郭慶藩輯：《莊子集釋》（台北：華正書局，1994年8月），頁254。
〔註88〕見褚伯秀：《南華眞經義海纂微》卷十七引，張繼禹主編：《中華道藏》十四冊（北京：華夏出版社，2004年1月），頁112。
〔註89〕同註87，頁255。
〔註90〕見崔大華：《莊學研究》（北京：人民出版社，1992年7月），頁299～300。

> 無利害，夫子始一引吾竝席而坐。九年之後，橫心之所念，橫口之
> 所言，亦不知我之是非利害歟，亦不知彼之是非利害歟；亦不知夫
> 子之爲我師，若人之爲我友，內外進矣。

列子說自己的學道過程共花了九年時間，其間經歷了四個階段：第一階段是
「三年之後，心不敢念是非，口不敢言利害，始得夫子一眄而已。」列子向
老商學習道術，經過三年的磨練之後，內心不敢有是非的念頭，口裡不敢講
利害失，如此才得到老商斜望一眼而已。列子之所以心不敢念是非，口不敢
言利害，乃是因爲世俗之是非利害並無一定的標準，言之只是徒增困擾。第
二階段是「五年之後，心庚念是非，口庚言利害，夫子始一解顏而笑。」五
年以後，心理學著判明各種是非，口裡討論著各種利害，老商方才笑了一笑。
雖然世俗之是非利害雖無定則，但生活在這人間世仍要察其原委，隨時制宜。
所以列子五年之後心更念是非，口更言利害。

　　第三階段是「七年之後，從心之所念，庚無是非；從口之所言，庚無利
害，夫子始一引吾竝席而坐。」經過七年以後，任憑心中所想，而無是非對
錯；任憑口裡所說，而無利害得失，老商才讓我同他坐在同一張席子上。世
事變化無常，禍福常相倚。所以列子七年之後，從心之所念更無是非，從口
之所言更無利害。第四階段是「九年之後，橫心之所念，橫口之所言，亦不
知我之是非利害歟，亦不知彼之是非利害歟；亦不知夫子之爲我師，若人之
爲我友，內外進矣。」九年之後，更加隨心所欲地想，更加肆無忌憚地說，
也不知道自己的利害是非是什麼，也不知道別人的利害是非是什麼，外界的
事物也好像不復存在了。完全消除了是非利害的慾念，泯滅了肉體感官的差
別。這裡所說的「不知」分別，乃是「忘」的功夫表現。在經過這九年時間
的修養之後，達到什麼樣的境界呢？列子接著說：

> 而後眼如耳，耳如鼻，鼻如口，無不同也。心凝形釋，骨肉都融，
> 不覺形之所倚，足之所履，隨風東西，猶木葉幹殼。竟不知風乘我
> 邪，我乘風乎？

能與萬化冥合，所有感官通於一體，可以把眼睛當耳朵，耳朵當鼻子，鼻子
當嘴巴，彼此之間沒有什麼差別。於是心神凝聚，形體消融，身體四肢無所
倚靠，隨風飄浮，如樹木枯槁，枝葉脫落。正是因爲「心凝」的關係，使形
體與知覺徹底超脫，此時無主客體的分別，分不清楚究竟是「風乘我」，還是

「我乘風」，〔註91〕隨意所往而無不自在。但是不論是風乘我或我乘風，皆兩不相礙。不然，以「女之片體將氣所不受，汝之一節將地所不載。履虛乘風，其可幾乎」（〈黃帝〉）的狀況，哪裡能達到逍遙之境。

列子在這修養過程中，不再以價值、知識去做分別，而是致力於物我皆融的一體境界。並以三年、五年、七年、九年的進程，描述其學道功夫的不斷提升，最後達到心凝形釋、骨肉都融的體道境界。這四個階段，也可以說明「道」的修養功夫是有層次、階段性的。〔註92〕徹底超脫是非利害之別，進而泯滅人我，擯除五官形骸一切感覺，就能乘風御空，無所不適，這是《列子》所推崇的最高境界。〈周穆王〉中又記載陽里華子病忘的故事：

> 宋陽里華子中年病忘，朝取而夕忘，夕與而朝忘。在塗則忘行，在室則忘坐。今不識先，後不識今。闔室毒之。謁史而卜之，弗占；謁巫而禱之，弗禁；謁醫而攻之，弗已。魯有儒生自媒能治之，華子之妻子以居產之半請其方。儒生曰：「此固非卦兆之所占，非祈請之所禱，非藥石之所攻。吾試化其心，變其慮，庶幾其瘳乎。」於是試露之，而求衣；飢之，而求食；幽之，而求明。儒生欣然告其子曰：「疾可已矣。然吾之方密，傳世不以告人。試屏左右，獨與居室七日。」從之。莫知其所施爲也，而積年之疾一朝都除。華子既悟，迺大怒，黜妻罰子，操戈逐儒生。宋人執而問其以。華子曰：「曩吾忘也，蕩蕩然不覺天地之有無。今頓識既往，數十年來存亡、得失、哀樂、好惡，擾擾萬緒起矣。吾恐將來之存亡、得失、哀樂、好惡之亂吾心如此也，須臾之忘，可復得乎？」子貢聞而怪之，以告孔子。孔子曰：「此非汝所及乎！」顧謂顏回紀之。

宋國的華子中年時得了健忘症，他不知道什麼是有與無，也不知道什麼是存亡、得失、哀樂、好惡。後來有個儒生治好了華子的病，華子不但不高興，反而怒逐儒生。以一般人的觀念來說，治好了病該是值得高興的事，爲什麼華子會有如此大的反應呢？原來華子患病期間，內心無知無欲，無所牽掛，所有外物進不了他的心中，也就傷害不了他，所以他能活得自在。現在病雖

〔註91〕《莊子・齊物論》說：「不知周之夢爲胡蝶與，胡蝶之夢爲周與？」
〔註92〕《莊子・逍遙遊》中曾寫列子「履虛乘風」仍須受限於時空，因「旬有五日而後反」是「猶有所待者也」。所以列子御風而行仍未達道之無待境界，這也說明了體虛修道的功夫，仍是有層級之分的。

好了，世俗的紛紛擾擾也隨之而來，哪裡還能保有原來的自然本性。

華子的健忘症正是他修道所達成的境界。華子摒棄了世間一切是非恩怨的侵擾，忘同於自然。儒生卻用各種方法引誘、迷惑華子，使華子從玄同自然的修行境界又回到紛擾喧雜的塵世，已經忘卻的是非得失又侵擾其心，又要為禮義名利所煩累，所以華子當然要持戈怒逐儒生。我們不要被事物表面的紛紜變化所迷惑，必須把握宇宙大道的本質。人一有是非、好惡之心，便產生許多煩惱，心緒煩亂終日不得安寧。如果能像華子將所有庸人自擾的事情拋開，採取無分別、差異的態度，不讓這些毫無意義的東西把自己折磨得疲憊不堪，那麼人生反而會過得更自在些。《老子》說：

> 為學日益，為道日損，損之又損之，以至於無為。（〈四十八章〉）

> 滌除玄覽，能無疵乎？（〈十章〉）

學得愈多，人為的造作愈多，對於道的損害愈大。高亨說：「洗垢之謂滌，去塵之謂除。《說文》：『疵，病也。』人心中之欲如鏡上之塵垢，亦即心之病也。故曰：『滌除玄鑒，能無疵乎！』意在去欲也。」〔註93〕滌除人的欲望貪婪，保持心的虛靜，以觀萬物之變。事物雖千變萬化，卻不離其根本——靜，能知常守靜，即是自然無為。對於道來說，就是要一而再，再而三地減損浮華的東西，最終歸於無為。

《莊子·大宗師》中同樣提到「坐忘」的修養方法，其關鍵在於「忘」字，也就是由「忘仁義」、「忘禮樂」到「墮肢體，黜聰明，離形去知，同於大通」的整個過程。從仁義、禮樂到肢體、聰明全忘，使感官不受外物的誘惑，人們不為物所累、所傷，才能「不以物挫志」（〈天地〉）、「不以物害己」（〈秋水〉）。之後連一己的存在也一併全忘，「離形去知」，使人的精神不為形體和慾望干擾侷限，保持「解心釋神，莫然無魂」（〈在宥〉）的靜謐狀態。這個「忘」的過程，正是對道、對自然的回歸，是由外到內不斷深入的過程，最後達到物我兩忘，「同於大通」。

列子謙卑的修道精神，正是體道學習歷程最好的寫照。而「道」的境界是什麼樣的情形，《莊子·應帝王》說：

> 鄭有神巫曰季咸，知人之死生存亡，禍福壽夭，期以歲月旬日，若
> 神。鄭人見之，皆棄而走。列子見之而心醉，歸，以告壺子，曰：「始

〔註93〕見高亨：《老子正詁》（昌平：中國書店，1988年10月），頁24。

吾以夫子之道爲至矣，則又有至焉者矣。」壺子曰：「吾與汝既其文，未既其實，而固得道與？眾雌而無雄，而又奚卵焉！而以道與世亢，必信，夫故使人得而相汝。嘗試與來，以予示之。」明日，列子與之見壺子。出而謂列子曰：「嘻！子之先生死矣！弗活矣！不以旬數矣！吾見怪焉，見濕灰焉。」列子入，泣涕沾襟以告壺子。壺子曰：「鄉吾示之以地文，萌乎不震不正。是殆見吾杜德機也。嘗又與來。」明日，又與之見壺子。出而謂列子曰：「幸矣，子之先生遇我也！有瘳矣，全然有生矣！吾見其杜權矣。」

列子入，以告壺子。壺子曰：「鄉吾示之以天壤，名實不入，而機發於踵。是殆見吾善者機也。嘗又與來。」明日，又與之見壺子。出而謂列子曰：「子之先生不齊，吾無得而相焉。試齊，且復相之。」列子入，以告壺子。壺子曰：「吾鄉示之以太沖莫勝。是殆見吾衡氣機也」。鯢桓之審爲淵，止水之審爲淵，流水之審爲淵。淵有九名，此處三焉。嘗又與來。」明日，又與之見壺子。立未定，自失而走。壺子曰：「追之！」列子追之不及。反，以報壺子曰：「已滅矣，已失矣，吾弗及已。」壺子曰：「鄉吾示之以未始出吾宗。吾與之虛而委蛇，不知其誰何，因以爲弟靡，因以爲波流，故逃也。然後列子自以爲未始學而歸，三年不出。爲其妻爨，食豕如食人。於事無與親，彫琢復樸，塊然獨以其形立。紛而封哉，一以是終。

《列子‧黃帝》亦有類似的記載。壺子以實際的功夫來教導列子，使列子體驗「道」（虛）的境界。壺子所顯示的有四層境界：

第一層是地文。季咸看到的是沒有生機、面如死灰的樣子，以爲壺子不出十天必死。其實壺子出示的是「萌乎不震不正」，是一種毫無生機的現象，所以說「杜德機」，「言彼始見我止絕生機，故將謂我必死也。」〔註94〕第二層是天壤。季咸看到的是在原本杜塞了的德機，有了生命跡象，所以說壺子快好了。壺子出示的是「名實不入，而機發於踵」，如大地復甦，產生新的契機所以稱爲「善者機」。第三層是太沖莫勝。季咸看到的是一片渾沌，不可捉摸，於是說等明日再來看相。壺子所顯示的是一種渾同現象，雖包含有動靜，卻絲毫不見徵兆顯示的現象，所以稱爲「衡氣機」。第四層是未始出吾宗。壺

〔註94〕見憨山：《莊子內篇注‧應帝王》（台北：廣文書局，1973年6月），頁13。

子所顯示的是至虛已極的明鏡，隨著相者的心情變化而相應不已。季咸心中大駭，驚慌失措地逃掉了。成玄英疏說：

> 壺丘示見，義有四重，第一，示妙本虛凝，寂而不動，第二，示垂跡應感，動而不寂，第三，本跡相即，動寂一時，第四，本跡兩忘，動寂雙遣。〔註95〕

壺子向神巫顯示了「虛而猗移」的神妙境界。「虛」非死寂，實是寓含了一切生機與變化，如「杜德機」、「太沖莫朕」、「衡氣機」等相，表現出「虛」的變化無窮。列子經這次壺子實際功夫的印證，知所學不足，回家重新修道，不再去區分物我之別，從有爲進入無爲之境，虛心以應物，任其紛擾而不動，終身能體「虛」。《列子》表明了對學習應具有的態度，一是誠心，誠心向學，尊敬師長；二是恆心，切忌浮躁和急功好利的心理，對學問的探求要持之以恆，不能偶遇挫折就放棄，要有經歷長期艱苦磨難的準備。一個人如能認眞學習，努力篤行，堅忍有恆，就有成功的希望。

　　《莊》《列》對於體道的方法上，是有相通之處的，它們同樣認爲要通過長期實踐，才能達到對道的體驗，與道契合的境界。而《列子》不同於《莊子》之處，是側重在說明列子本身就是體虛的實踐者，他是經過一段修道的過程，下了一番功夫，最後成爲虛心體道之人。

3. 守的功夫

　　養神之人純一其本性，涵養其精神，與自然的德性相合，以通向自然。這樣的人天性完備，精神凝聚，外物怎能侵入。《莊子・達生》說：

> 子列子問關尹曰：「至人潛行不窒，蹈火不熱，行乎萬物之上而不慄。請問何以至於此？」關尹曰：「是純氣之守也，非知巧果敢之列。居，予語汝。凡有貌象聲色者，皆物也，物與物何以相遠？夫奚足以至乎先？是色而已。則物之造乎不形而止乎無所化，夫得是而窮之者，物焉得而止焉！彼將處乎不淫之度，而藏乎無端之紀，遊乎萬物之所終始。」

《列子・黃帝》中亦有類似記載。列子問關尹，爲什麼至人能潛行而不會窒息，蹈火而不覺炎熱，行走於萬物之上也不會感到恐懼？這是因爲他們能持守住純和之氣，外物不能傷害他，做到了與物性合一、物我齊一，進入天道

〔註95〕見郭慶藩輯：《莊子集釋》（台北：華正書局，1994 年 8 月），頁 300。

自然的境界，這和聰明、技巧和勇敢這些東西沒有關係。物雖是有形有聲的，這些只不過是物的外在表徵而已。物與物之間爲什麼有那麼大的距離，又有先後的區別？有形來自於無形，而停止在不受外物的變化所影響，這樣外物也不曾留止於其中。至人就是這樣，止於所承受的大道，而藏於無端崖之際，在萬物的始終間「遊」，因爲這是無形的渾沌。與道同一的精神狀態和人生境界，即是關尹告訴列子的「純氣之守」。

因此，《莊子》與《列子》的哲學，可以說是在追求一種體道的人生境界。至人，代表了最高的人格境界，他超越了存亡、得失、是非與利害等等。他猶如「病忘」一樣，「蕩蕩然不覺天地之有無」（〈周穆王〉），從而能「大同於物」（〈黃帝〉），「游乎萬物之所終始」。〔註96〕

《莊子·大宗師》中提到女偊所說的學道功夫中，其基本方法就是「守」。書中其他篇章也曾多次出現：

> 審乎無假而不與物遷，命物之化而守其宗也。（〈德充符〉）

> 我守其一以處其和。（〈在宥〉）

> 天下奮揀而不與之偕，審乎無假而不與利遷，極物之眞，能守其本，
> 故外天地，遺萬物，而神未嘗有所困也。（〈天道〉）

> 是純氣之守也，非知巧果敢之列。（〈達生〉）

> 謹脩而身，愼守其眞，還以物與人，則無所累矣。（〈漁父〉）

「守」是對某種已知對象的體驗、歸依，而不是對某種未知對象的確認，是一種修養功夫，而不是一種認識活動。從道的根本立場看，世俗的是非、道德規範、外物的爭奪，都是束縛人性的鎖鍊。但是對於修道、體道的人來說，這些皆不足以牽累。他能處於無待之境，不爲利益所誘惑，能持守根本，甚至不將天地萬物放在心上，平心靜氣，排除雜念，使自己的精神不受任何困擾，從而達到與天地萬物自然變化且協調一致。我與萬物皆順自然而行，悠遊自在地過生活，這樣的人生才是快樂逍遙的。

《列子·黃帝》中記載「處石入火」的故事，趙襄子帶領十萬徒眾到中山打獵，焚毀山林，忽然有一個人從石壁中走出來，若無其事的樣子。魏文侯聽到這件事問子夏此爲何人，子夏說他曾聽孔子說過：「和者大同於物，物無得傷閡者，游金石，蹈水火，皆可也。」得道之人，水火無法傷害，可見

〔註96〕見許抗生：《老子與道家》（北京：新華出版社，1993年12月），頁49。

他們對環境的適應遠超出人的生理承受能力。為什麼能達到這種境界，因為「是純氣之守也，非智巧果敢之列。」所以能固守內心的純和之氣，是對精神的錘鍊。同篇中又說：

> 壹其性，養其氣，含其德，以通乎物之所造。夫若是者，其天守全，其神無郤，物奚自入焉？夫醉者之墜於車也，雖疾不死。骨節與人同而犯害與人異，其神全也，乘亦弗知也，墜亦弗知也，死生驚懼不入乎其胷中，是故遻物而不慴。彼得全於酒而猶若是，而況得全於天乎？聖人藏於天，故物莫之能傷也。

當人與物齊一時，忘卻自我，心神純全，得自然之道，外物又如何能侵入他呢？《列子》這裡所說與老子有相通之處，《老子》說：

> 蓋聞善攝生者，陸行不遇虎兕，入軍不被甲兵。兕無所投其角，虎無所措其爪，兵無所容其刃。夫何故？以其無死地。（〈五十章〉）
>
> 神得一以靈。（〈三十九章〉）

專氣致柔，聖人抱一，達於無知之境。《莊子‧秋水》也說：

> 知道者必達於理，達於理者必明於權，明於權者不以物害己。至德者，火弗能熱，水弗能溺，寒暑弗能害，禽獸弗能賊，非謂其薄之也，言察乎安危，寧於禍福，謹於去就，莫之能害也。

這裡所說與《列子‧黃帝》中，關尹所論「純氣之守」一段，意思相同。一個人修養自身，不追逐外物，自然不會遭受外物的傷害。《莊子‧田子方》說：「其神經乎大山而無介，入乎淵泉而不濡。」雖然經歷艱難與險阻，卻能安然無恙。當人不存內外之分、物我之別時，才能與道同體，往來無傷。《列子‧黃帝》中也提到商丘開能夠「復從而泳之」、「入火往還，埃不漫，身不焦」，不論是入水取珠寶或入火取錦布，水火的深熱，對他都沒影響。《列子‧力命》引黃帝之書說：

> 「至人居若死，動若械。」亦不知所以居，亦不知所以不居；亦不知所以動，亦不知所以不動。亦不以眾人之觀易其情貌，亦不謂眾人之不觀不易其情貌。獨往獨來，獨出獨入，孰能礙之？

這裡所說，即「忘乎物，忘乎天，其名為忘己。忘己之人，是之謂入於天」（《莊子‧天地》）之義。能精神專一，神氣不變，不為外物干擾，則死生驚懼不入於心。忘掉外物、自然，甚至忘掉自己，那麼就可與自然融為一體。

（二）理想人格

理想人格是一個人或一種文化的人生追求與最高理想的人格化，是指一個人或一種文化基於對其人生價值的深刻理解和把握而在思想行爲上表現出的某種突出的品格。每一種理想人格都反映了一個人或一種文化的人生追求、人生態度和人生價值。〔註 97〕以下分別列舉二書中的理想人格形象，先看《莊子》書中的至人、神人形象：

> 不離於眞，謂之至人。（〈天下〉）
>
> 夫至人者，上闚青天，下潛黃泉，揮斥八極，神氣不變。（〈田子方〉）
>
> 至人之於德也，不修而物不能離焉，若天之自高，地之自厚，日月之自明，夫何脩焉。（〈田子方〉）
>
> 至人神矣……死生無變於己，而況利害之端乎？（〈齊物論〉）
>
> 子獨不聞夫至人之自行邪？忘其肝膽，遺其耳目，芒然彷徨乎塵垢之外，逍遙乎無事之業。（〈達生〉）
>
> 至人潛行不窒，蹈火不熱，行乎萬物之上而不慄。（〈達生〉）
>
> 至人神矣！大澤焚而不能熱，河漢沍而不能寒，疾雷破山飄風振海而不能驚。若然者，乘雲氣，騎日月，而遊乎四海之外。（〈齊物論〉）
>
> 藐姑射之山，有神人居焉，肌膚若冰雪，綽約若處子；不食五穀，吸風飲露；乘雲氣，御飛龍，而遊乎四海之外。其神凝，使物不疵癘而年穀熟。（〈逍遙遊〉）
>
> （苑風謂諄芒）曰：「願聞神人。」（諄芒）曰：「上神乘光，與形滅亡，此謂照曠。致命盡情，天地樂而萬事銷，萬物復情，此之謂混冥。」（〈天地〉）

再看《列子》書中的至人、神人形象：

> 至人潛行不空，蹈火不熱，行乎萬物之上而不慄。（〈黃帝〉）
>
> 夫至人者，上闚青天，下潛黃泉，揮斥八極，神氣不變。（〈黃帝〉）
>
> 天下之身，公天下之物，其唯至人矣！（〈楊朱〉）
>
> 列姑射山在海河洲中，山中有神人焉，吸風飲露，不食五穀；心如

〔註97〕見李霞：《生死智慧──道家生命觀研究》（北京：人民出版社，2004 年 5 月），頁 343。

> 淵泉，形如處女。不偎不愛，仙聖爲之臣；不畏不怒，愿愨爲之使；
> 不施不惠，而物自足；不聚不斂，而己無愆。陰陽常調，日月常明，
> 四時常若，風雨常均，字育常時，年穀常豐。而土無札傷，人無夭
> 惡，物無疵厲，鬼無靈響焉。（〈黃帝〉）

至人超越了自我、生死、利害的束縛，超越了常人的侷限。神人在容貌、飲
食、力量各方面都與一般人不同，具有無限的超越性。神人則是能超凡脫俗，
圓滿自足，不假外求，與萬物相通，從而獲得絕對自由。

《莊》《列》在道的基礎下，建構了理想人格的形象。《莊子‧知北遊》
說：「天不得不高，地不得不廣，日月不得不行，萬物不得不昌。此其道與！」
《列子‧仲尼》說：「善若道者，亦不用耳，亦不用目，亦不用力，亦不用心。
欲若道而用視聽形智以求之，弗當矣。」道先於天地萬物而存在，本性自然
無爲，無法以感官得知，卻能超越一切。方東美在《原始儒家道家哲學》一
書中說：

> 至人修養成功，即成爲眞正之聖人，聖人體道之神奇妙用，得以透
> 視囊括全宇宙之無上眞理，據不同之高度，依不同之角度或觀點，
> 而觀照所得之一切局部表相，均一一超化之，化爲象徵天地之美之
> 各方面，而一是皆融化於道體之大全。一切觀點上之差別，皆調和
> 消融於一統攝全局之最高觀點，形成一大實質相對、相反相成之無
> 窮系統，遍及一切時空範疇，視宇宙一切莫非妙道之行。〔註98〕

《莊子》與《列子》筆下的至人、神人等理想人格的代表，即是具備了道所
具有的自然、無爲和超越的特性，同時體現了對其所嚮往的人生追求。而《莊
子》書中對理想人格分得更仔細，說得更清楚。〔註99〕

《莊》《列》二書中還提出了「眞人不夢」的觀點，認爲不做夢才是眞正
具備道性。《莊子》依其對人的生理與精神現象的深刻觀察與體驗，對有關夢
的許多重要問題，從理論上做了深刻的討論與闡發。〈大宗師〉說：

> 古之眞人，其寢不夢，其覺無憂，其食不甘，其息深深。眞人之息
> 以踵，眾人之息以喉。屈服者，其嗌言若哇。其嗜欲深者，其天機
> 淺。

眞人沒有情慾，寡欲心靜，心性舒緩、沈靜，不爲外來刺激所動，氣息始終

〔註98〕見方東美：《原始儒家與道家》（台北：黎明文化，1983 年 9 月），頁 244。
〔註99〕請參見筆者碩士論文《《莊子》寓言及其美學義涵研究》第四章第一節。

平暢。正因為真人的精神是自由自在、無拘無束、順應自然、合於天道的，其精神境界是排除雜念、高度淨化的，因此真人不夢。《莊子》在正面論述真人無夢時，還以與之相對的眾人來加以對比。真人不悅生惡死，不計成敗得失，一切任其自然。反之，那些覺有憂，情慾深的人，當然就會寢而有夢。《莊子‧刻意》說：

> 循天之理，故無天災，無物累，無人非，無鬼責。其生若浮，其死若休。不思慮，不豫謀，光矣而不耀，信矣而不期。其寢不夢，其覺無憂，其神純粹，其魂不罷。

既然無災、無累、無非、無責、無憂、無邪，神全魂健，自然也就會「其寢不夢，其覺無憂」。成玄英疏說：

> 夢者，情意妄想也。而真人無情慮，絕思想，故雖寢寐，寂泊而不夢，以至覺悟，常適而無憂也。〔註100〕
>
> 真人心性和緩，智照凝寂，至於氣息，亦復徐遲。〔註101〕

真人順應自然，不受外物影響，不辨是非，無所紛擾，天災人禍皆不能累之。所以，總是能安然入睡，不會做夢。世俗之人則不同，《莊子‧齊物論》說：

> 其寐也魂交，其覺也形開；與接為搆，日以心鬥。

世俗之人睡覺時不安穩，就連醒來時形體也不得安寧，整日勾心鬥角，不擇手段。夢可以反映出人在白天時的思維活動，晚上睡覺時做夢，如此疲憊不堪，心神不寧，是與外在環境、事物不相協調的結果。《列子‧周穆王》說：

> 故神凝者想夢自消。信覺不語，信夢不達；物化之往來者也。古之真人，其覺自忘，其寢不夢，幾虛語哉？

人們希望能夠擺脫心靈和形體的累贅，像真人一樣，可以做到「神凝者想夢自消」、「其覺自忘，其寢不夢」，白天不多想念，夜晚睡覺不做夢，神凝無慮，回到生命的本真狀態。

（三）人生如夢

夢，作為創造重要的推動力之一，並不只是表現於一些帶有虛幻色彩的傳說中，更重要的是表現於實際的創作中。中國古代夢文學的主要表現形式之一就是「夢喻之作」，這類作品的特點是以夢為喻，去狀物寫景，抒情議論，以表現被夢幻化了的某種現實生活，表達作者的思想情志、願望、理想等，

〔註100〕見郭慶藩輯：《莊子集釋》（台北：華正書局，1994 年 8 月），頁 228。

〔註101〕同註 100。

說明某種道理。〔註 102〕「通過夢，衝破人類現實生命的拘限，領悟到宇宙和人生的眞相。」〔註 103〕諸子散文的創作，經常運用文學的手法和語言，編造一些生動形象的寓言故事，其中也包括夢寓言故事，從而使理論形象化，以增強理論的說服力，由此使不少著作具有文學性，如《莊子》與《列子》。

《莊子》對生理和精神現象有深刻觀察體驗。在這些記夢的故事裡，借助於夢、覺把現實生活點化。首先《莊子·齊物論》以夢中夢的狀態，來說明人的現實生活有可能只是一場浮華之夢：

> 夢飲酒者，旦而哭泣；夢哭泣者，旦而田獵。方其夢也，不知其夢也。夢之中又占其夢焉，覺而後知其夢也。且有大覺而後知此其大夢也，而愚者自以爲覺，竊竊然知之。君乎，牧乎，固哉！丘也與汝，皆夢也；予謂汝夢，亦夢也。是其言也，其名爲弔詭。萬世之後而一遇大聖，知其解者，是旦暮遇之也。

飲酒、田獵是樂事，哭泣是苦事；夜夢樂者，可能旦而有苦，夜夢苦者，可能旦而有樂，夜夢與旦覺之間，苦樂變化的結果可能是完全相反。成玄英疏說：「夫死生之變，猶覺夢之異耳。」〔註 104〕按此種觀點去論夢，則夢樂者未必樂，夢苦者未必苦。從前者來看，可以引起夢樂者的警惕；從後者來看，可以解除夢苦者內心的憂懼，具有明顯的心理調節作用。當人在做夢時，夢境中的一切是那樣的眞實，所見所聞，所言所行，不僅一如親躬，甚至連七情六欲也隨之產生。成玄英疏說：

> 夫人在睡夢之中，謂是眞實，亦復占候夢想，思度吉凶。〔註 105〕

從「夢之中又占其夢」正可反證夢者以夢境爲眞實的存在。夢是虛幻的，但對夢者卻是眞實的，在現實中得不到的可以在夢中得到，即使覺後知其爲夢，也可以得到暫時的滿足與慰藉，但也不可過度沈溺於夢幻之中。若說人生如同一場夢境，那麼沈湎於夢境中，不知醒悟的人，是可悲的。但是若自以爲覺醒，認爲自己不再處於夢中，也未必正確。因爲有可能實際上並沒有眞正地覺醒，仍然處於夢中。將夢境誤以爲是清醒狀態，也是一種可悲。只有「大覺」者，才知夢之爲夢，才會知道對於人生來說，保有自然本性才是最重要

〔註 102〕見傅正谷：《中國夢文學史》（北京：光明日報出版社，1993 年 5 月），頁 9。
〔註 103〕見張廣保：〈原始道家道論的展開──道家形而上的夢論與生死論〉，《中國哲學史》第 3 期，2002 年，頁 96。
〔註 104〕見郭慶藩輯：《莊子集釋》（台北：華正書局，1994 年 8 月），頁 105。
〔註 105〕同註 104。

的，而不是斤斤計較生死、利害之別。《列子・周穆王》中以故事的形式，提出了類似的問題：

> 鄭人有薪於野者，遇駭鹿，御而擊之，斃之。恐人見之也，遽而藏諸隍中，覆之以蕉。不勝其喜。俄而遺其所藏之處，遂以爲夢焉。順塗而詠其事。傍人有聞者，用其言而取之。既歸，告其室人曰：「向薪者夢得鹿而不知其處。吾今得之，彼直眞夢矣。」室人曰：「若將是夢見薪者之得鹿邪？詎有薪者邪？今眞得鹿，是若之夢眞邪？」夫曰：「吾據得鹿，何用知彼夢我夢邪？」薪者之歸，不厭失鹿。其夜眞夢藏之之處，又夢得之之主。爽旦，案所夢而尋得之。遂訟而爭之，歸之士師。士師曰：「若初眞得鹿，妄謂之夢。眞夢得鹿，妄謂之實。彼眞取若鹿，而與若爭鹿。室人又謂夢認人鹿，無人得鹿。今據有此鹿，請二分之。」以聞鄭君。鄭君曰：「嘻！士師將復夢分人鹿乎？」訪之國相。國相曰：「夢與不夢，臣所不能辨也。欲辨覺夢，唯黃帝孔丘。今亡黃帝孔丘，孰辨之哉。且恂士師之言可也。」

依照人們的生活習慣，是將睡眠時精神所從事的活動稱爲「夢」，而將覺醒之後的現實生活狀態稱爲清醒，也就是「覺」，這分法是一般人所了解的狀況。但是《莊子》與《列子》在這裡提出一個問題：如何完全準確地判斷何時爲夢？何時爲覺？我們之所以將夢判定爲夢，是因爲我們在白天會清醒，如果我們沒有醒過來的時候，又如何判定我們的夢呢？有時在夢中又會做夢，那麼由夢中之夢，我們是不是可以合理地推斷出我們通常所認定的覺醒狀態，其實是一場更大的夢境呢？夢遮蔽了人，使人無法看清生命的眞相。夢覺難辨，夢與覺無法明確區分，就如同萬物幻化生滅，千變萬化，沒有定型。只有體道者才能眞正實現對生命的徹底醒悟。

人生如夢，夢裡夢外，眞眞假假。與其陷溺於塵世的紛擾中無法自拔，不如使精神心靈輕鬆舒適些，過著自由自在的生活。《莊子》與《列子》書中，皆出現過寫夢的作品。如《莊子・齊物論》中「莊周夢蝶」的故事，表現了對生命的關懷之情：

> 昔者莊周夢爲胡蝶，栩栩然胡蝶也，自喻適志與！不知周也。俄然覺，則蘧蘧然周也。不知周之夢爲胡蝶與，胡蝶之夢爲周與？周與胡蝶，則必有分矣。此之謂物化。

「栩栩然胡蝶也」，是說夢境對於夢者來說，是非常眞實且形象是生動鮮明

的；「自喻適志」，說明夢境引起了做夢者在感情上的無比愉快；「蘧蘧然」，描寫的是覺醒後的驚奇之感；「不知周之夢爲胡蝶與，胡蝶之夢爲周與」，則是強調夢的恍惚迷離。究竟是莊周夢爲蝴蝶，還是蝴蝶夢爲莊周。莊周的蝶化，象徵人與外物的契合交感。莊周夢爲蝴蝶，感覺快意是因爲「不知周也」。因爲「不知周」，所以當下的蝴蝶，即是他本身，所以能「自喻適志與」。當物化之後，自己與外物沒有分別，自然冥合而成爲一體。所以宇宙萬象，何者爲眞實，何者又爲虛妄，要如何明確區分呢？要能泯除物我的隔離，以獲致精神的絕對自由。

大道化爲人的精神，人的精神在寐中化爲夢，夢則可以將人化爲蝶，這正是從變化的角度說明夢的特點。「莊周夢蝶」的寓言故事，爲後世文學家引用，以喻人生的短促。如唐代李商隱〈錦瑟〉說：「莊生曉夢迷蝴蝶，望帝春心託杜鵑。」南宋辛棄疾〈蘭陵王〉說：「尋思人世，只合化，夢中蝶。」元代馬致遠〈雙調夜行船・秋思〉說：「百歲光陰如夢蝶，重回首，往事堪嗟。」「莊周夢蝶」一詞，成爲追求物我、生死齊一的人生理想境界的表現。

《列子・黃帝》中則記載黃帝「晝寢而夢，遊於華胥氏之國……黃帝既寤，怡然自得……又二十有八年，天下大治，幾若華胥氏之國。」華胥氏這個國家，沒有教師、君長；人民沒有慾望、好惡、利害的觀念，一切聽任自然。而黃帝在夢遊華胥之國後，天下大治，幾乎像華胥國一樣。這「華胥氏之國」代表著理想境界，因此夢遊華胥國便有著安寧祥和之意。後人亦將其運用於文學作品，如黃庭堅〈減字木蘭花〉說：「陶陶兀兀，尊前是我華胥國。爭名爭利休休莫。雪月風花，不醉怎生得。」表現的便是一種隱逸之樂。《莊子》的「莊周夢蝶」與《列子》的「夢遊華胥國」二則寓言，當中的人物，都是通過做夢進入理想境界，從而獲得精神的自由，這是以夢作爲一個重要媒介，也點出其理想性。

《莊》《列》還試圖將有限的人生，放置於無限廣大的時空背景裡去。《莊子・齊物論》說：

> 方生方死，方死方生。

萬物的變化是隨生隨滅，隨滅隨生，隨時處在變化之中，在產生後必定走向終滅，但是在終滅之後，又產生了新的生命。對於人來說，也是同樣的情形。《莊子・知北遊》說：

> 人生天地之間，若白駒之過郤，忽然而已。

人生幾十年的歲月，由生到死的全部過程，就像快馬從縫隙中奔馳而過一樣，瞬間就過去了。光陰易逝，人生易老。人生和夢幻都是短暫的，此正為其共同點，所謂浮生若夢。《莊子・刻意》說：

> 其生若浮，其死若休。

把人的生存看成是浮游，把死亡視為休息。《列子・天瑞》中記載子貢倦學，希望能休息一下，孔子告訴他人活著是不能休息的。他說：

> 有焉耳。望其壙，睾如也，宰如也，墳如也，鬲如也，則知所息矣。

人在死了之後，才能算是徹底的休息。不論是君子或小人，死後葬於墳墓裡，才是永遠的休息之處。這裡說明了生為徭役，死為休息的道理。從這些論述看來，《莊》《列》二書在以夢境比況人生時，是有其類似的文學表現方式。傅正谷在《中國夢文學史》一書中說：

> 夢雖然不就是等於文學創作，但夢卻可以滲入於一切形式的文學創
> 作之中，成為文學創作重要的、有生命力的組成部分。〔註106〕

長期以來，我們一直認為清醒時所做的事才是真實的，而睡夢中所做的事是虛假的，但是這樣的思維真的沒有問題嗎？誰說清醒時不會做夢，而做夢時沒有半點真實呢？覺與夢、真與假之間如何判別，《莊子》與《列子》提出不同的思維觀點，讓我們突破傳統的限制，重新思考這個問題。

第二節　生死觀

生老病死是每個人必經的人生歷程，既然有生命的形成，必將有面對死亡的一天。一般人想到死，第一個反應便是感到驚恐，進而設法逃避死亡，甚至冀望長生不老。人因為對生的執著而害怕死亡，偏偏死亡又是難以避免，於是如何看待生與死，便成為了人生哲學中的一個重要問題。

人的生命是有限的，但作為宇宙最根本的道卻是超越於時間之外的永恆。《老子・六章》說：「谷神不死，是謂玄牝。玄牝之門，是謂天地之根。」谷神、玄牝、天地之根，皆造化之別稱，天道即造化之道，其本體不生不化，不見其形，然而其用無窮。〔註107〕《莊子・大宗師》說：「殺生者不死，生生者不生。」道既是「殺生者」，又是「生生者」。人因有生才有死，有死才有

〔註106〕見傅正谷：《中國夢文學史》(北京：光明日報出版社，1993年5月)，頁27。

〔註107〕見周紹賢：《列子要義》(台北：臺灣中華書局，1983年7月)，頁22。

生，而道是超越生死的。《列子・天瑞》說：「不生者能生生，不化者能化化。」所謂「不生者」、「不化者」便是比具體事物更為根本的東西，亦即「道」。「道」在永恆的循環運動中化生萬物，而本身則無增無減，獨立不改。〔註108〕

要達到通達生死的境界，就必須超越個體生命的生死現象本身，站在道的高度上去觀察，宇宙的自然現象不斷地循環著，生死問題也同樣遵循自然的規律變化。所以人們的生死存亡，就像春夏秋冬四時的更替，也是一種自然而然的現象。生命的消失不過是形態上的轉變，是將個體的有限生命融入到宇宙的無限生命中去了。因此，無須對生命的消逝感到悲傷哀痛。人們的心靈本來是虛明寧靜的，卻被私欲所蒙蔽。所以我們要努力使它回復原來狀態，這就是復歸本性，也就是自然的常道。而生命的終結，也就是對宇宙之道的復歸，就是回到生命的根源處。

但是一般人的普遍心理是「樂生惡死」，覺得生命是可喜的，而死亡是令人厭惡的。其實死後的世界並不可知，人們卻對死感到恐懼，這就是源自於對生的執著。要想消除對死的恐懼，必須斷絕對生的執著。《莊子》與《列子》試著告訴人們，不論生或死，都不過是大化流行中的一種存在方式，沒有永遠固定的一種方式。所以，沒有永遠的長生不死，也沒有永遠的消滅敗亡。正因為生死存亡皆是道所呈現的不同樣貌，才成就其生生不息。他們將生看作是適時而來，將死看作是適時而去，並以道通為一的廣博胸襟去齊一生死。鄔昆如說：

> 在「道」的運作之下，一切都能「道通為一」，因此，「生」與「死」的現象，在「道」的而上觀下，是沒有分別的，是合一的，是一體的。〔註109〕

世俗的人群，莫不生活在死生倒懸的狀態下。人們如果能夠將死生置於度外，不受俗情所牽累，便像懸解一樣。達到這種心境的人，視死生如一，對生不喜不厭，對死不懼不樂，安然悠適地生活在天地間，這樣才是真正打開生命的空間。徐復觀在《中國人性論史》中說：

> 莊子認為人馳心於死生的問題，也和馳心於是非的問題一樣，是精神的大束縛；所以他要解除思想問題的束縛，同時也要解除死生問

〔註108〕見嚴北溟、嚴捷：《列子譯注》（台北：書林出版社，1995年8月），頁8。
〔註109〕見鄔昆如：〈莊子的生死觀〉，《中國哲學會哲學年刊》第10期，1994年6月，頁2。

題的束縛。〔註110〕

徐復觀在此處說明《莊子》生死觀的同時，也說明了《列子》生死觀的要義。大道產生萬物是一個不斷變化的過程，一時將物變爲這種樣式，一時又將物變成那種樣式。因此，要視生死爲變化過程的一種自然現象，同時要人培養一種坦然的胸懷去面對死。當死生觀念無所拘執時，便是人生最高境界的表現了。《莊子》與《列子》正是在道的基礎上，對生死問題經過深沈的反覆思索，而得出與世俗價值觀截然不同的超越的生死觀，也就是自然的生死觀。這種超越且自然的生死觀，對死亡的自然態度，帶給後人深遠的影響。使人能以曠達的心胸，以回歸大自然的態度對待死亡。

一、《莊子》生死觀

《莊子》的生死觀，是透過揭示出生死本質的無差異性，以超越一般人悅生惡死的通性。希望人們在爲生命誕生喜悅的同時，也能坦然面對死亡，通過對死亡價值的呈顯，使人們了解任何人都無法脫離死亡，進而思考如何使生命變得有意義、有價值。「當一個人認眞思考生死問題的時候，他實際上已經在作哲學的思考。」〔註111〕生死是自然的造化，死生爲氣的聚合與流散，所以死可視爲人生的歸宿，不足也不必悲傷。人要能順應自然的變化，因爲不論生或死都是隨物變化的情形，要能怡然處之。

（一）生死迷思

人應該如何對待生死，這是所有人所要面對的問題。悅生惡死，似乎是人之常情。因爲悅生，所以凡是可以延續生命的方法，便竭盡所能去尋求。因爲惡死，所以凡是可能致死的情況，亦極力去逃避。人們終其一生，便在生與死之間，展開一場又一場的追逐與逃避戰。在《莊子》看來，眞正能通達生死之理的人很少，一般人難免會爲生死之變而產生好惡之情。人生最大的困擾，既然是來自這悅生惡死的心理狀態，那麼生眞的具有使人們執著的價值嗎？〈齊物論〉中說：

> 予惡乎知悦生之非惑邪！予惡乎知惡死之非弱喪而不知歸者邪！麗
> 之姬，艾封人之子也。晉國之始得之也，涕泣沾襟；及其至於王所，

〔註110〕見徐復觀：《中國人性論史》（台北：臺灣商務印書館，1969 年 1 月），頁 405。
〔註111〕見羅安憲：《虛靜與逍遙 —— 道家心性論研究》（北京：人民出版社，2005年 9 月），頁 267。

> 與王同匡牀，食芻豢，而後悔其泣也。予惡乎知夫死者不悔其始之
> 蘄生乎！

人對於死後的情形一無所知，且不可能有過死的經驗，又要根據什麼去判斷生是一種樂事，而死卻是一件苦事呢？因此惡死是沒有理由的。誰能預知死後不會有更多生前所求之不得的享受，也許死後還更快樂。假設人生能夠不斷地延續下去，真的會使人感到快樂嗎？當人生面對種種苦難時，還會覺得快樂嗎？也許反而會覺得死才是從苦難中被解救出來。其實不論生或死都是大道往來的過程，來時如生，往時如死，根本上沒有什麼差別。所以生沒有什麼值得高興的，死也沒有可以悲傷的。站在道的角度來看時，死生沒有差別，又如何區別生與死的差異與價值的不同。

但是一般人體驗不到這一點，往往把生死看得很重，結果就產生了類似麗姬悔泣一事，產生了「惡乎知夫死者不悔其始之蘄生乎」的困惑？而無論是歡樂或是愁苦也好，都是自尋煩惱。衰老和死亡本是人們害怕而感到不幸的事，何不換個角度思考，視衰老和死亡為自然對人的恩澤，使人們能夠安息。〈至樂〉中有一則「髑髏樂死」的寓言：

> 莊子之楚，見空髑髏，髐然有形，撽以馬捶，因而問之，曰：「夫子
> 貪生失理，而為此乎？將子有亡國之事，斧鉞之誅。而為此乎？將
> 子有不善之行，愧遺父母妻子之醜，而為此乎？將子有凍餒之患，
> 而為此乎？將子之春秋故及此乎？」於是語卒，援髑髏，枕而臥。
> 夜半，髑髏見夢曰：「子之談者似辯士。諸子所言，皆生人之累也，
> 死則無此矣。子欲聞死之說乎？」莊子曰：「然。」髑髏曰：「死，
> 無君於上，無臣於下；亦無四時之事，從然以天地為春秋，雖南面
> 王樂，不能過也。」莊子不信，曰：「吾使司命復生子形，為子骨肉
> 肌膚，反子父母妻子閭里知識，子欲之乎？」髑髏深矉蹙頞曰：「吾
> 安能棄南面王樂而復為人閒之勞乎！」

故事中藉著莊子與髑髏的對話，對生之累與死後的情景進行了描述。人活著時有哪些憂患困擾，包括亡國之事、斧鉞之誅、凍餒之患等，都是屬於生之累。人死之後就沒有這些牽掛，擺脫了世俗的瑣事，消除了一切煩惱，融於大自然中，無所分別，回歸自在。整個宇宙渾然一體，沒有上下、君臣、四季之別，當然也就沒有生死的區分。正因為不把死亡看作是一件痛苦的事，反而是件樂事，所以當莊子要讓髑髏死而復生時，髑髏面帶憂色加以拒絕。

生存本是令人喜愛的，現在竟不願擁有它，視之為畏途，可見現實苦難是多麼地殘酷嚴苛。死亡不等於生命的消失，而是對人生負累的解除。〈至樂〉說：

> 人之生也，與憂俱生。壽者惛惛，久憂不死，何苦也！

人們為了追求富有、高貴，累積財富、權貴，夜以繼日地拚命勞作，使身體遭受無比的痛苦。其實在這不斷的追逐當中，憂慮已由此而生，這不就是一種「失」了。《莊子》從生存是一種負累，死亡反而是一種安息的角度，突顯死亡在生命過程中的意義。人們在討論生死問題時不要反被問題本身所困惑了。郭象注說：「生時安生，死時安死，生死之情既齊，則無為當生而憂死耳。」〔註112〕實在不需要因貪生怕死，而整天為死憂愁。

（二）生死物化

所謂「化」就是要打破各種界限和分際，讓精神不受精神時空限制，自由翱翔。如果能「化」，有限的「我」就可以「與物無終無始」，成為無限世界的一部份，進入永恆與不朽。或者也可以說，「我」是在不斷的「化」中實現了永恆的不化。〔註113〕《莊子‧則陽》說：

> 冉相氏得其環中以隨成，與物無終無始，無幾無時。日與物化者，
> 一不化者也。

郭象注說：「日與物化，故常無我，常無我，故常不化也。」〔註114〕成玄英疏說：「順於日新，與物俱化者，動而常寂，故凝寂一道，嶷然不化。」〔註115〕又說：「無始，無過去；無終，無未來也；無幾無時，無見在也。體化合變，與物俱往，故無三時也。」〔註116〕宇宙萬物都在持續變化之中，人生也不能例外，所以人要與宇宙萬物同步變化，不能抗拒，也不能停留，而且自己化為什麼，便安於什麼。徐復觀《中國人性論史》說：「隨物變化，自己化成了什麼，便安於是什麼，而不固執某一生活環境或某一目的，乃至現有的生命，這即所謂物化。」〔註117〕〈齊物論〉中描寫了一則「莊周夢蝶」的故事：

> 昔者莊周夢為胡蝶，栩栩然胡蝶也，自喻適志與！不知周也。俄然

〔註112〕見郭慶藩輯：《莊子集釋》（台北：華正書局，1994 年 8 月），頁 619。
〔註113〕見徐克謙：《莊子哲學新探 ── 道‧言‧自由與美》（北京：中華書局，2005 年 9 月），頁 149。
〔註114〕同註 112，頁 885。
〔註115〕同註 112
〔註116〕同註 112。
〔註117〕見徐復觀：《中國人性論史》（台北：臺灣商務印書館，1969 年 1 月），頁 392。

覺，則蘧蘧然周也。不知周之夢爲胡蝶與，胡蝶之夢爲周與？周與
胡蝶，則必有分矣。此之謂物化。

從前莊周夢見自己變爲蝴蝶，快樂地飛舞著，彷彿眞是蝴蝶。悠然自在地遨
遊四方，根本不知道自己原來是莊周。一會兒覺醒了，意識到自己竟是莊周。
不知道是莊周在夢中變爲蝴蝶？還是蝴蝶在夢中變爲莊周呢？莊周與蝴蝶固
然是有區別的，但不過都是道的存在方式罷了。時而莊周，時而蝴蝶，這種
轉變就叫「物化」。物化，就是齊物我，是指大道可以變化爲萬物，或是說萬
物皆大道所化成。「自喻適志與！不知周也」，這是自得自樂的寫照。將我融
於物中，不再分物我彼此，並以此心面對天地自然，則所得爲「至美至樂也」
（〈知北遊〉），這是一種精神上的超凡脫俗。

　　在《莊子》看來，宇宙萬物都是有區別的，變化無常的，但又同爲大道
所化成，在本源上都是同一。爲了說明這個道理，編造了夢蝶的寓言。通過
夢蝶來說明物化之理，以精鍊的語言、鮮明的形象闡述一個深奧的哲理。莊
周與蝴蝶本是有區別的，但通過做夢，卻使莊周變成蝴蝶，使人化爲物，物
我爲一，再難區分。莊周與蝴蝶皆大道所化，故其本源是齊同的，是可以互
變的。徐復觀說：

> 物化的境界，完全是物我一體的藝術境界。因爲是物化，所以自己
> 生存於一境之中，而儻然與某一物相遇，此一物一境，即是一個宇
> 宙，是一個永恆。〔註118〕

當了解到萬物皆爲一，那麼個體的區分便失去意義，因爲物物之間是可以轉
化的，可以由此到彼，也可以由彼到此。道是永恆不變的，萬物的形體卻是
變化不定的。萬物皆出於道，莊周與蝴蝶在形體上雖有差異，但是就道而言，
是沒有分別的。因此，莊周可以爲蝴蝶，蝴蝶可以爲莊周。王先謙說：

> 謂周爲蝶可，謂蝶爲周方可，此則一而化矣。〔註119〕

宣穎《莊子南華經解》說：

> 周可爲蝶，蝶可爲周，可見天下無復彼物此物之　，歸於化而已。
> 我一物也，物一我也，我與物皆物也，然我與物又皆非物也，故曰
> 物化，夫物化則傾耳而聽，登目而觀，果宜有物乎哉，果且無物乎
> 哉？執之爲物子人可得，乃且有不齊之論乎哉？乃且有不齊之論而

〔註118〕見徐復觀：《中國藝術精神》（台北：臺灣學生書局，1998年5月），頁110。
〔註119〕見王先謙：《莊子集解》（台北：世界書局，1983年2月），頁18。

我以齊之乎哉？〔註120〕

從「物化」的基礎而言，生物與生物之間，既然可以相互地轉化，則一切彼此、尊卑、貴賤的分別，自然有著齊同等視的可能。〈大宗師〉中借孔子向顏回談及孟孫才母死不哀的事時說：

> 仲尼曰：「……且汝夢爲鳥而屬乎天，夢爲魚而沉於淵，不識今之言者，其覺者乎？其夢者乎？」

世人總是以爲具有身軀形體的我，就是我了，眞是這樣嗎？如果你夢爲鳥而飛到天上，又夢爲魚而深入於水，那麼正在說話的是醒著的人，還是夢中的人呢？因爲時空的交錯，哪裡知道現在的我不是鳥、不是魚呢？孟孫才卻能理解形體改變、軀殼轉化而無損本性的道理。不管是顏淵、是鳥、是魚，都是「道」的不同展現，其實是同一主體。〈大宗師〉中又藉子輿之口說：

> 浸假而化予之左臂以爲雞，予因以求時夜；浸假而化予之右臂以爲彈，予因以求鴞炙；浸假而化予之尻以爲輪，以神爲馬，予因而乘之，豈更駕哉！

子輿化「雞」、爲「彈」、爲「輪」、爲「馬」的比喻，即是物化的境界。而軀體的變化範圍，已不限於生物，而是擴及於無生物，如爲彈、輪等。子輿能夠與時俱化，所以能「懸解」，獲得人生的大解脫，也反映《莊子》中萬物爲一體而歸於平等的思想。

在《莊子》一書中，事物變化的原因在於其自身，稱之爲「自化」。道運行不息，萬物變滅不定，說到萬物的變動時，用自化來解釋。郭象注說：「變化日新」，〔註121〕萬物的變化並沒有什麼他力的促使，乃是各物依據著自身的狀態而運行而發展。「固將自化」，便是說萬物原本是自行變化的。〈秋水〉說：

> 物之生也，若驟若馳，無動而不變，無時而不移，何爲乎，何不爲乎？夫固將自化。

有生命的萬物，生活在宇宙之中，表面看似無所更易，其實，卻無時無刻不在變化之中，萬物的本身，自然地會產生無窮的變化。這種說法，顯然是強調了萬物的自發性。〈達生〉說：「合則成體，散則成始。」萬物包括我在其中，皆自然而生，自然而化，就算形體消失了，仍舊存在於天地之間。這和

〔註120〕見宣穎著、王輝吉校：《莊子南華經解》（台北：宏業書局，1977 年 6 月），頁 34。
〔註121〕見郭慶藩輯：《莊子集釋》（台北：華正書局，1994 年 8 月），頁 587。

「自化」的觀點是一貫的。〈田子方〉說：「天之自高，地之自厚，日月之自明」，事物存在的形式和性質的根據就在於事物自身。在〈天道〉也有類似的說法：

> 天道運而無所積，故萬物成；帝道運而無所積，故天下歸；聖道運
> 而無所積，故海內服。明於天，通於聖，六通四避於帝王之德者，
> 其自爲也。

自然規律的運行從沒有停留過，所以萬物得以生成。帝王之道的運行從沒有停滯過，所以天下歸向。明白於自然，順任事物運行，即是要任物自然而爲。同篇中又說：

> 天地固有常矣，日月固有明矣，星辰固有列矣，禽獸固有群矣，樹
> 木固有立矣。……循道而趨，已而至矣。

「天地固有常」的「固」，便是說明了本來就是如此，表示自身的自發性與自然性。各物的自發性、自然性就是「道」。循道而行，就是依自然而行。〈在宥〉說：

> 汝徒處無爲，而物自化。墮爾形體，吐爾聰明，倫與物忘，大同乎
> 涬溟，解心釋神，莫然無魂。萬物云云，各復其根，各復其根而不
> 知；渾渾沌沌，終身不離；若彼知之，乃是離之。無問其名，無闚
> 其情，物固自生。

萬物本來就是自然生長的，是自生自化的，不必追問它的名字，不必探究它的情狀，只要順任自然無爲就可以了。〈則陽〉中說：

> 雞鳴犬吠，是人之所知；雖有大知，不能以言讀其所自化，又不能
> 以意其所將爲。

雞鳴狗叫，這是人經常遇到的事情。即使是有大智慧的人，也不能用語言來說明它們所以會鳴叫的原因，也不能用心意去推測它們還會如何動作。這是說人們對於事物「自化」是不能認識的，只要順其變化就可以了。《莊子》追求物我合一的境界，而達到這種境界的根本途徑，就是把人看作是自然的一部份。〈齊物論〉說：

> 天下莫大於秋毫之末，而太山爲小；莫壽於殤子，而彭祖爲夭。天
> 地與我並生，萬物與我爲一。

事物具相對性，天下什麼東西都可以稱大，因爲總有比它小的東西，所以說「天下莫大於秋毫之末」。天下什麼東西都可以稱小，因爲有比它大的東西，

所以說「太山爲小」。壽夭亦是同理，所以說「莫壽於殤子」、「彭祖爲夭」。
既然大小、壽夭等等，都沒有什麼差別，則可達到「天地與我爲生，萬物與
我爲一」的境界。郭象注說：

> 夫以形相對，則大山大於秋毫也。若各據其性分，物冥其極，則形
> 大未爲有餘，形小不爲不足。苟各足於其性，則秋毫不獨小其小而
> 大山不獨大其大矣。〔註122〕

成玄英疏說：

> 夫物之生也，形氣不同，有小有大，有夭有壽。若以性分言之，無
> 不自足。是故以性足爲大，天下莫大於毫末，無餘爲小，天下莫小
> 於大山。大山爲小，則天下無大；豪末爲大，則天下無小。小大既
> 爾，夭壽亦然。是以兩儀雖大，各足之性乃均；萬物雖多，自得之
> 義唯一。〔註123〕

萬物各有其天然本性，若從廣大的宇宙空間來考量，是同樣並存於宇宙天地
間的。在天地自然中，萬物不再有高低、尊卑的差異，人與萬物，同樣都是
來自於自然，也都將走向於自然，回歸於自然。而齊物我的觀點又與齊死生、
齊是非有什麼關係？憨山《莊子內篇注》說：

> 以夢覺觀世人，則舉世無覺者，以顯是非之辯者，皆夢中說夢耳。
> 〔註124〕
> 故如蝶夢之喻，則物我兩忘，物我忘，則是非泯。〔註125〕

人若能知「莊周夢蝶」中「物化」的意義，能忘懷物我，則是非之辯，如同
夢中說夢，就沒什麼好爭辯的。陳壽昌《南華眞經正義》說：

> 意謂爲蝶爲周，忽夢忽覺，在己者且無以辨，又何論外來之是非，
> 於彼於此，曷有曷無，勘徹物相，同歸於化而已。〔註126〕

從「物化」的觀點而言，是莊周夢爲蝴蝶？還是蝴蝶夢爲莊周？誰爲夢誰爲
覺，尚且難以分辨，又如何能夠判斷自身以外的是非？馬其昶《定本莊子故》
說：

> 至人深達造化之原，絕無我相，故一切是非、利害、貴賤、死生，

〔註122〕見郭慶藩輯：《莊子集釋》（台北：華正書局，1994年8月），頁81。
〔註123〕同註122，頁82。
〔註124〕見憨山：《莊子內篇注・齊物論》（台北：廣文書局，1973年6月），頁68。
〔註125〕同註124，頁88。
〔註126〕見陳壽昌輯：《南華眞經正義》（台北：新天地書局，1977年7月），頁43。

不入胸次。忘年、忘義，浩然與天地精神往來。〔註127〕

陳啓天《莊子淺說》也說：

> 萬物既皆自化而歸於齊一，則物我、是非與生死之別，自無須爭辯
>
> 矣。〔註128〕

萬物既然可以自然轉化，就無物我彼此之分，則死生、是非難於肯定，其中
的差異也就無須爭辯了。因此在「齊物我」之後，方能「齊是非」及「齊死
生」。

（三）生死一體

　　《莊子》從生死物化的觀點出發，得出生死一體的結論。〈齊物論〉在談
論否定是非、可不可之間的對立關係時，也否認有無、生死之間存在著對立：

> 彼出於是，是亦因彼。彼是方生之說也。雖然，方生方死，方死方
>
> 生。方可方不可，方不可方可；因是因非，因非因是。是以聖人不
>
> 由，而照之于天。

彼與是爲相互依存的相對關係，生與死之間的關係也是如此。生命體產生後
死去，死又可視爲一種新生，這種超越的思想爲的是要擺脫由生與死所帶來
的束縛。生與死是互相轉化的，無絕對的鴻溝。物的生死瞬時轉化，無固定
的界限，人們無須辨別生與死，應聽其自然，即「照之于天」。〈德充符〉說：

> 死生存亡，窮達貧富，賢與不肖毀譽，飢渴寒暑，是事之變，命之
>
> 行也。日夜相代乎前，而知不能規乎其始者也。

死生有如日夜的運行，是自然規律。把生死看作一種自然現象，那麼人就不
應該爲生而高興，爲死而悲哀。既然死和生是不依人的意志爲轉移的自然現
象，那麼，人就應該克制死亡所帶給人的悲痛，不使哀傷過份傷身。成玄英
疏說：

> 夫旦明夜闇，天之常道；死生來去，人之分命。天不能無晝夜，人
>
> 焉能無死生。故任變隨流，我將於何係哉！……而流俗之徒，逆於
>
> 造化，不能安時處順，與變俱往，而欣生惡死，哀樂存懷，斯乃凡
>
> 物之滯情，豈是眞人之通智也！〔註129〕

〔註127〕見馬其昶撰、馬茂元編次：《定本莊子故》（合肥：黃山書社，1989 年 11 月），
　　　　頁 21。

〔註128〕見陳啓天：《莊子淺說》（台北：臺灣中華書局，1971 年 7 月），頁 44。

〔註129〕見郭慶藩輯：《莊子集釋》（台北：華正書局，1994 年 8 月），頁 241。

《莊子》認為命是一種非人力所能干預的客觀必然性，包括人的生死存亡、貧富窮達，都是由它決定的。人若只想有生存而沒有死亡，實際上是不可能辦到的。〈大宗師〉說：「求其為之者而不得也。然而至此極者，命也夫！」從自然天地齊一的觀點上來看，生命的變化不過是軀體的消亡、復有。人之生乃是適時，死亡乃是順應。能夠安心適時而順應變化的人，哀樂的情緒就不會侵入到心中。這就是人們最終所追求的解脫，即不被外物所束縛。所以《莊子》主張以死生為一體，〈德充符〉說：

> 胡不直使彼以死生為一條，以可不可為一貫者，解其桎梏，可乎？

劉鳳苞《南華雪心編》說：

> 無死無生，無可無不可，冥然無迹，乃不受羈絆於名物。〔註130〕

「以死生為一條」便是基於對生死物化的認識，而對生死無別所做的說明。生死本為一體，有生則有死，有死則有生，生死相互依存，構成生命的完整過程。這種情況在任何一個生命體都是相同的，〈知北遊〉說：

> 死生有待邪？皆有所一體。

「有待」即是指互相依存。生死互相依存，不可能單獨存在，因此結成一體。〈大宗師〉中說：

> 死生，命也，其有夜旦之常，天也。人之有所不得與，皆物之情也。

《莊子》認為生死作為一種物化現象，生命的開始與結束，都不是人所能決定的，所謂「生之來不能卻，其去不能止」（〈達生〉）。人有死生，如同天有晝夜一樣，是自然而必然的「常」，不是人力所能改變的。若是樂生惡死，是「遁天倍情」（〈養生主〉），有違自然之道。以道觀之，生死不過是大道流轉的程序，沒有本質上的區別。人們之所以生而喜，死而悲，產生種種情感，原因在於受了塵世物欲的牽制。郭象注說：

> 夫真人在晝得晝，在夜得夜，以死生為晝夜，豈有所不得！人之有
> 所不得而憂娛在懷，皆物情耳，非理也。〔註131〕

人的死與生都是不可避免的，就像永遠有黑夜和白天，是自然的規律。所以不必為死而憂懼哀痛，否則只是徒然傷生害命罷了。《莊子》生死觀的價值在於，不僅看到生的價值，也看到死的價值。這對一般人好生惡死的觀點，

〔註130〕見劉鳳苞：《南華雪心編》，嚴靈峰編輯：《求無備齋莊子集成初編》（台北：藝文印書館，1972 年 5 月），頁 199。

〔註131〕見郭慶藩輯：《莊子集釋》（台北：華正書局，1994 年 8 月），頁 241。

是極大的省思。〈大宗師〉中從自然觀的角度說明了以死生爲一體的觀點：

> 子來有病，喘喘然將死，其妻子環而泣之。子犁往問之，曰：「叱！
> 避！無怛化！」倚其戶與之語曰：「偉哉造物！又將奚以汝爲？將奚
> 以汝適？以汝爲鼠肝乎？以汝爲蟲臂乎？」子來曰：「父母於子，東
> 西南北，唯命之從。陰陽於人，不翅於父母，彼近吾死而我不聽，
> 我則捍矣，彼何罪焉？夫大塊載我以形，勞我以生，佚我以老，息
> 我以死。故善吾生者，乃所以善吾死也。今之大冶鑄金，金踴躍曰
> 「我且必爲鏌鋣邪」，大冶必以爲不祥之金。今一犯人之形，而曰「人
> 耳人耳」，夫造化者必以爲不祥之人。今一以天地爲大鑪，以造化爲
> 大冶，惡乎往而不可哉！成然寐，蘧然覺。

子來病危，他的妻子兒女圍在旁邊哭泣，子犁前往探視，阻止了他們的行爲。
子犁認爲人死也是屬於自然造化，是大化流行中的變化之一，實在不必爲這
造化的改變而感到悲傷難過。否則就像是鑪中的鐵大喊大叫，非得要人將其
鑄成鏌鋣邪寶劍一樣，它本身就是不祥之物。人們如果能把天地當成大鑪，
視造化爲大冶，那麼處在這之中「惡乎往而不可哉」，順自然之變化即可。因
此，死亡不一定就是件令人哀傷悲痛的事。這就像生是勞，死是息，從這個
意義上講，死未嘗不是一件值得高興慶幸的事。成玄英疏說：

> 大塊者，自然也。夫形是構造之物，生是誕育之始，老是耆艾之
> 年，死是氣散之日。但運載有形，生必勞苦；老既無能，暫時閒
> 逸；死滅還無，理歸停憩；四者雖變而未始非我，而我坦然何所
> 惜耶！〔註132〕

大地承載著人的形體，人們辛勤勞苦地生存著，年紀大時方得安逸，到了死
亡才能讓人徹底休息。造物主對於人們的生與死皆給予了恰當的安排。劉武
說：

> 人每樂生，不知大塊乃以生勞我也；每畏老，不知大塊乃以老使我
> 得逸也；每惡死，不知大塊乃以死使我得息也。然則生亦何必樂！
> 不必樂，則不必善矣。生與死同，善生，直善死耳。〔註133〕

天地造化萬物，如同大冶鑄金一樣，無所選擇，有鑄成人、物的，有的五官
不全、殘廢的，這都是出於自然的安排，不能因此而怨恨造化者。生與死都

〔註132〕見郭慶藩輯：《莊子集釋》（台北：華正書局，1994 年 8 月），頁 243。
〔註133〕見劉武：《莊子集解內篇補正》（北京：中華書局，1987 年 10 月），頁 156。

是出於自然，沒有什麼好留戀或厭惡。懂得此番道理，便能從死亡中得到解脫，而眞人便是能忘卻死生的人。〈大宗師〉說：「古之眞人不知悅生，不知惡死。」憨山注說：

> 此則言眞人不但忘利害，而且超死生，以與大道冥一。悟其生本不
> 生，故生而不悅；悟其死本不死，故不惡其死。〔註134〕

眞人有如此妙悟，故能以死生爲一體。生與死都是自然變化的狀態之一，接受生那麼也就該接受死，若只選擇接受其中之一，那是違背了陰陽造化的自然程序，會受到自然的懲罰。《莊子》中描寫了一批能夠坦然面對死亡的人，他們以死生存亡爲一體，把死亡看成是生命本身不可或缺的一部份。〈大宗師〉中「四人爲友」的故事，講的就是這個道理：

> 子祀子輿子犁子來四人相與語曰：「孰能以無爲首，以生爲脊，以死
> 爲尻，孰知死生存亡之一體者，吾與之友矣。」四人相視而笑，莫
> 逆於心，遂相與爲友。俄而子輿有病，子祀往問之。曰：「偉哉夫造
> 物者，將以予爲此拘拘也！曲僂發背，上有五管，頤隱於齊，肩高
> 於頂，句贅指天。」陰陽之氣有沴，其心閒而無事，跰𨇤而鑑于井，
> 曰：「嗟乎！夫造物者又將以予爲此拘拘也！」子祀曰：「汝惡之乎？」
> 曰：「亡，予何惡！浸假而化予之左臂以爲雞，予因以求時夜；浸假
> 而化予之右臂以爲彈，予因以求鴞炙；浸假而化予之尻以爲輪，以
> 神爲馬，予因而乘之，豈更駕哉！且夫得者，時也，失者，順也；
> 安時而處順，哀樂不能入也。此古之所謂縣解也。而不能自解者，
> 物有結之。」

故事中提到以無有爲腦袋，以活著爲脊柱，以死亡爲尾骨。腦袋、脊柱、尾骨爲身體的不同部位，以此暗喻無有、活著、死亡爲一體。無有就是自然，也就是什麼都不執著，什麼也都有可能。事物之間沒有區別，回到宇宙原初的狀態；也不追求事物，更沒有對事物進行分別的念頭，順應著自然界自然而然的程序變化。「不祥之人」之所以不祥，就是因爲他違背了這一道理，以做人爲喜悅，以不做人爲怨恨。不能順隨造化，而以自己的主觀欲求替代自然造化。

子輿雖天生畸形，對自己的身軀形體並不感到不滿，並沒有怨天尤人，反而是樂觀以對。認爲化左臂以爲雞，化右臂以爲彈丸，化臀以爲輪子，也

〔註134〕見憨山：《莊子內篇注・大宗師》（台北：廣文書局，1973 年 6 月），頁 10。

沒有什麼不好。生命並非個人想久生便能如願，死亡也並非個人不想死就能逃避得了。最好的方法就是，生時則安於生，死時則順於死。子輿明白自然造化之理，所以無論造物者將其鑄造成什麼模樣，也無論造物者讓其生或死，都能坦然面對與接受。成玄英疏說：

> 夫人起自虛無，無則在先，故以無爲首；從無生有，生則居次，故以生爲脊；既生而死，死最居後，故以死爲尻，亦故然也。尻首雖別，本是一身；而死生乃異，源乎一體。〔註135〕

生死雖有次序上先後的差別，但是死生爲一體，皆源自於「無」。成玄英疏又說：

> 得者，生也，失者，死也。夫忽然而待，時應生也；倏然而失，順理死也。是以安於時則不欣於生，處於順則不惡於死。既其無欣無惡，何憂樂之入乎？〔註136〕

憨山注說：

> 言眞人忘形適眞，形神俱妙，不以得失干心。安時處順，無往而不自得，故哀樂不能入。如此，是古之所謂縣解者也。言生累如倒縣，超乎死生，則倒縣解矣，故云縣解。〔註137〕

以死生爲一體，不必區別生與死，這樣便能從生死的束縛中解脫出來。〈德充符〉中莊子與惠施論辯人是否有情時說：「吾所謂無情者，言人之不以好惡內傷其身，常因自然而不益生也。」「常因自然」即順從生死的自然轉化，不必人爲地去延長壽命。從事物盈虛消長的過程，去觀察人的生死問題，並認識此種流轉過程爲事物變易的規律，是「萬物之理」（〈秋水〉），就可從好生惡死的情感中擺脫出來。成玄英說疏：「處順忘時，蕭然無繫，古昔至人，謂爲縣解。若夫當生慮死，而以憎惡存懷者，既內心不能自解，故爲外物結縛之也。」〔註138〕呂惠卿說：

> 生之來不能知，則得者時也，其去不能禦，則失者順也；安時處順，哀樂不能入，則無所懸，此所以爲解也。若非時而求，當順而逆，則是物有結之而不能自解者也。〔註139〕

〔註135〕見郭慶藩輯：《莊子集釋》（台北：華正書局，1994年8月），頁258。
〔註136〕同註135。
〔註137〕見憨山：《莊子內篇注・大宗師》（台北：廣文書局，1973年6月），頁40。
〔註138〕同註135。
〔註139〕見褚伯秀：《南華眞經義海纂微》卷十七引，張繼禹主編：《中華道藏》第十

安時處順，則哀樂不能入，而能外物，進而能保守心靈之自由與寧靜。〈大宗師〉說：

> 知天之所爲，知人之所爲者，至矣。知天之所爲者，天而生也；知
> 人之所爲者，以其知之所知，以養其知之所不知，終其天年而不中
> 道夭者，是知之盛也。

郭象注說：「知天人之所爲者，皆自然也；則內放其身而外冥于物，與眾玄同，任之而無不至者也。」〔註140〕懸解，即是無所牽掛、無所束縛，即是讓心靈獲得自由與寧靜。我們是在造化之中的存在，我們的活動是造化中的安排，對於生命要將其視爲自然的安排來看待，那還有什麼好計較的。所以懂得生活的人，就要懂得死亡的平常，在面對生命終止的時候依然保持自適。〈大宗師〉中說：

> 泉涸，魚相與處於陸，相呴以濕，相濡以沫，不如相忘於江湖。與
> 其譽堯而非桀也，不如兩忘而化其道。

大道對人來說，就像江湖對魚一樣。回歸大道，一切順隨自然的安排，用不著區別堯的聖明和桀的暴虐，用不著追求仁愛和逃避迫害，這樣才能活得自然自在。「兩忘而化其道」，是指在面對生死的問題時，隨變化而變化，使物我兩忘而融合在道的境界中。憨山注說：

> 此言世人不知大道，而以仁義爲至，故以仁愛親，以死事君，此雖
> 善，不善，故如泉涸而魚以濕沫相呴濡也。若能渾然悟其大道，則
> 萬物一體，善惡兩忘，故如魚之相忘於江湖。如此乃可謂知天知人，
> 天人合德，而能超乎生死之外，故在生在死，無不善之者也。〔註141〕

能知天知人，又能天人合德，進一步能超乎生死，才是眞人。同篇中又說：

> 夫藏舟於壑，藏山於澤，謂之固矣。然而夜半，有力者負之而走，
> 昧者不知也。藏小大有宜，猶有所遯，是恆物之大情也。

人們把大大小小的東西東藏西藏，或許有些是妥當的、有些是不妥當的，但仍有其風險，因爲人世中不可計算的外在因素太多。如果我們對人世的利害無所奢求，那我們所擁有的就是無限，就像藏天下於天下，永遠不會有所虧損和丟失。我們未嘗看過自然在隱藏自己，人們又何必要藏住什麼，就讓一切順於自然。能破除對生死的偏執，便不會因死生問題而擾動生命的本眞。《老

四冊（北京：華夏出版社，2004 年 1 月），頁 113。
〔註140〕見郭慶藩輯：《莊子集釋》（台北：華正書局，1994 年 8 月），頁 224。
〔註141〕見憨山：《莊子內篇注‧齊物論》（台北：廣文書局，1973 年 6 月），頁 21。

子》中說：

> 難得之貨令人行妨。(〈十二章〉)
>
> 夫唯無以生爲者，是賢於貴生。(〈七十五章〉)
>
> 聖人後其身而身先，外其身而身存。(〈七章〉)

愈是看重生命，反而造成生命的滯礙，反之，則生命得以逍遙自在。生死變化都是大道的體現。大道原本就是同一無別的，所以生死物我也就沒有區別。將自己的一切安然地「藏於天下」，把自己安放在宇宙裡面，安放在無所不包的大道之中，不再拘泥於自我的形軀情感，而與大道共存共遊。

（四）安時處順

既然死生都是那麼自然的事，當我們面對死生時自當安時處順，又何必以人爲的方式去求生避死，自尋煩惱。〈大宗師〉中講了一則有關子桑戶、孟子反、子琴張三人爲友的故事。子桑戶、孟子反、子琴張三人，他們共同對生活世界的看法就是統貫爲一，在無所執著的情境中進行著一切，平淡無華，從而使生命悠遊於自然齊一之境中，生死兩忘，遊於無窮。這些都是《莊子》中得道者對於生命的看法，他們既然生死兩忘，那麼對於喪禮的態度自然是持哀樂不施，安然於化的態度。生死變化既然是一種自然現象，又有什麼值得擔憂。〈大宗師〉中說：

> 子桑戶、孟子反、子琴張三人相與友，曰：「孰能相與於無相與，相爲於無相爲？孰能登天遊霧，撓挑無極，相忘以生，無所終窮？」三人相視而笑，莫逆於心，遂相與爲友。莫然有間而子桑戶死，未葬。孔子聞之，使子貢往侍事焉。或編曲，或鼓琴，相和而歌曰：「嗟來桑戶乎！嗟來桑戶乎！而已反其眞，而我猶爲人猗！」子貢趨而進曰：「敢問臨尸而歌，禮乎？」二人相視而笑曰：「是惡知禮意！」子貢反，以告孔子，曰：「彼何人者邪？脩行無有，而外其形骸，臨尸而歌，顏色不變，無以命之，彼何人者邪？」

子桑戶、孟子反、子琴張三人因有共同的修養，進入渾然一體、沒有分界的精神境界。進入這種境界就什麼分別也沒有了，無所謂生、死、終、始。既沒有生死終始之別，也就沒有生喜死悲、始歡終戚的情感區別，更不用去爲死生制定、實行禮節。子貢對於孟子反與子琴張臨尸而歌，很不理解，因爲他不了解人死不過是返回到原來的本眞狀態。能回到原來的本眞狀態，回到

自然大道的懷抱，是值得高興的事，孟子反與子琴張相和而歌以表達內心的
喜悅，同時也感嘆起自己仍暫寄於人世間，無法回歸自然之憾。

在一般人心中，死亡是痛苦、可怕的，《莊子》卻把死亡看作是自然造化
的現象，沒有本質的區別。《莊子》認為生死皆自然造化，對於人來說，死亡
是休息安歇，根本不需要厭惡和恐懼。〈大宗師〉中孔子曾有這樣一段話：

> 彼，遊方之外者也；而丘，遊方之內者也。外內不相及，而丘使汝
> 往弔之，丘則陋矣。彼方且與造物者爲人，而遊乎天地之一氣。……
> 惡知死生先後之所在！假於異物，託於同體，忘其肝膽，遺其耳目；
> 反覆終始，不知端倪；芒然彷徨乎塵垢之外，逍遙乎無爲之業。

宇宙由氣構成，因此人的死生不過是氣的不同變化罷了，總的來說都是由氣
的聚散造成，實在沒有什麼差別。「彼」可指得道之人，在此指的是孟子反、
子琴張一類的人，方外指的是塵世之外。站在這樣的角度來看，孟子反、子
琴張的不哭反歌，反而是進入方外的境界；而自以爲合宜懂禮的子貢，反而
顯得失禮了。生死只是天地之氣造化萬物的不同形式罷了，何不把人所依賴
的耳目、所標榜的膽肝，加以遺棄，讓生死順著自然而反覆循環。

《莊子》認爲人是由充滿天地的氣積聚而成的，死亡即是回歸大自然，
回到人成爲生命以前的狀態。生與死都是那麼自然而然，所以莊子將死時，
堅決反對弟子爲他舉行厚葬，〈列禦寇〉中說：

> 吾以天地爲棺槨，以日月爲連璧，星辰爲珠璣，萬物爲齎送。吾葬
> 具豈不備邪？何以加此？弟子曰：「吾恐烏鳶之食夫子也。」莊子曰：
> 「在上爲烏鳶食，再下爲螻蟻食，奪彼與此，何其偏也！」

文中莊子對死亡抱持一種曠達樂觀的態度，死只是回歸於自然，因此他反對
厚葬。人死是隨著天地萬物的變化而變化，順著自然的變化而變化。既然如
此，也就什麼都具備了。鳥食其肉、蟻食其肉都是自然而然的事情，都是一
樣的，用不著厚此薄彼。成玄英疏說：

> 莊子妙達玄道，逆旅形骸，故棺槨天地，鑪冶兩儀，珠璣星辰，變
> 化三景，資送備矣。門人厚葬，深乖造物也。〔註142〕

生死不過是一種自然現象。莊子能達觀死生，故可遊於自然變化的境界。〈至
樂〉中也有一則寓言，可看出其對生死持豁達的看法：

> 支離叔與滑介叔觀於冥伯之丘、崑崙之虛，黃帝之所休。俄而柳生

〔註142〕見郭慶藩輯：《莊子集釋》（台北：華正書局，1994 年 8 月），頁 1063。

其左肘，其意蹶蹶然惡之。支離叔曰：「子惡之乎？」滑介叔曰：「亡，予何惡！生者，假借也；假之而生生者，塵垢也。死生爲晝夜。且吾與子觀化而化及我，我又何惡焉！」

人的生命來自於大自然，如同借自於大自然一樣，將來老死之後，仍將還給大自然，如同借物之後，也要歸還一樣。生命的產生以至死亡的轉變，可以比喻爲「晝夜」的運行，都是一種自然的現象。人們只要在生存與死亡時，善於安適身心，也就可以了，別讓害怕擔心死亡的憂懼，成爲人生最大的困擾。〈秋水〉說：

明乎坦途，故生而不悅，死而不禍。

人要把自己從物的牽繫中超脫出來，將自己從倒懸中解救出來，以達到自由自在。生死是人生中不可避免的事，《莊子》主張追求精神的自由自在，所以對待生死問題不可過於拘執，使自身陷於利害關係之中，而應該坦然面對生死之化，才算眞正領悟生命的眞諦。《莊子》書中說：

死生無變於己，而況利害之端乎？（〈齊物論〉）

死生亦大矣，而無變乎己，況爵祿乎！（〈田子方〉）

老聃死，秦失弔之，三號而出。弟子曰：「非夫子之友邪？」曰：「然。」「然則弔焉若此，可乎？」曰：「然。始也吾以爲其人也，而今非也。向吾入而弔焉，有老者哭之，如哭其子；少者哭之，如哭其母。彼其所以會之，必有不蘄言而言，不蘄哭而哭者。是遁天倍情，忘其所受，古者謂之遁天之刑。適來，夫子時也；適去，夫子順也。安時而處順，哀樂不能入也，古者謂是帝之縣解。」（〈養生主〉）

這裡藉秦失之口將人的出生看作是應時而來，將人的死亡看作是順物之化。人若能安時處順，順應生死之變，哀樂就能不進入心中，也就不會爲自己帶來許多痛苦煩惱，這就是解除倒懸之苦的方法。「安排而去化，乃入於寥天一」（〈大宗師〉），安於自然造化的安排，隨順生死的變化，與大道合同爲一。劉武說：

謂始也，吾以爲老子乃世俗之人也，如爲世俗之人，吾當以世俗弔喪之禮哭之。而今非世俗之人也，其死，亦非死也，乃是帝之懸解也，吾何爲以世俗之禮哭焉？〔註143〕

〔註143〕見劉武：《莊子集解內篇補正》（北京：中華書局，1987年10月），頁82。

對於生死看不開的人，甚至為死亡而感到哀傷悲痛者，為「遁天倍情，忘其所受」，為「遁天之刑」。劉武說：「是逃遁乎天然之倫，倍加於常人之情，而忘乎其所受也。……倍加常情，過於哀哭，足以傷生損性，無異受刑，故曰『遁天之刑』。遁天者，逃遁自然之天性也。」〔註144〕何謂懸解？郭象注說：

> 以有繫者為縣，則無繫者縣解也，縣解而性命之情得矣。〔註145〕

成玄英疏說：

> 帝者，天也。為生死所繫者為縣，則無死無生者縣解也。夫死生不能繫，憂樂不能入者而遠古聖人謂是天然之解脫也。〔註146〕

林希逸說：

> 縣者，心有係著也。帝者，天也。知天理之自然，則天帝不能以死生係著我矣。言雖天亦無奈我何也。故曰帝之縣解。〔註147〕

不以生死為念，不以憂樂為懷，「安時而處順，哀樂不能入也」。對於死亡一事，《莊子》表現出的是不拒絕，亦不畏懼。因為拒絕死是不可能的，而不知道死後的狀況，畏懼亦為不必要，且會使心靈遭受更多的壓迫，連活著時都感到痛苦而不能好好生活。秦失的表現與其他世人不同，正是為得道之士。一個人出生是順應自然變化而出現，死亡則是順應自然變化而歸去。所以出生不用歡喜，死亡無須悲傷。郭象注說：

> 夫哀樂生於得失者也。今玄通合變之士，無時而不安，無順而不處，冥然與造化為一，則無往而非矣，將何得何失，孰死孰生哉！故任其所受，而哀樂無所錯其間矣。〔註148〕

成玄英疏說：

> 安於生時，則不厭其生；處於死順，則不惡其死。千變萬化，未始非吾，所適斯適，故憂樂無錯其懷矣。〔註149〕

能將生死得失置之度外，不再受外物牽絆，從外物的束縛中解脫出來，這就是懸解。憨山注說：

〔註144〕見劉武：《莊子集解內篇補正》（北京：中華書局，1987年10月），頁83。
〔註145〕見郭慶藩輯：《莊子集釋》（台北：華正書局，1994年8月），頁129。
〔註146〕同註145。
〔註147〕見林希逸：《南華真經口義》卷四，張繼禹主編：《中華道藏》十三冊（北京：華夏出版社，2004年1月），頁732。
〔註148〕同註145，頁129。
〔註149〕同註145。

言生則安其時，死則順其化，又何死有哀，而生可樂耶？達其本無
死生故也。〔註150〕

死生爲自然的變化，故能與造化爲一。生死不是人所能決定的，所以在面對
生死，最好的態度便是「安時而處順」。安生順死，冥然如一，正如宣穎所說：
「養生者惟恐至於死，不知生不因吾樂之而來，死亦不因吾哀之而不去，是
生死吾無所與之也。」〔註151〕《莊子》對於生死所持的態度，正是建立在精
神的自由自在與心靈的和諧寧靜上。

二、《列子》生死觀

　　道所發揮的功能稱爲造化，萬物在這自然造化中變化，是一種自然現象。
人也是宇宙中的一物，也是陰陽氣化所產生，是自然的存在。〈天瑞〉說：「有
生則復於不生，有形則復於無形。不生者，非本不生者也；無形者，非本無
形者也。」「有」自「無」生，又化而爲無，有無之間不斷變化，無窮無盡，
所以說「萬物皆出於機，皆入於機」（〈天瑞〉）。其實萬物皆在天地一氣變化
之中，根本無所謂生死。《老子‧五十章》說：「出生入死。」一切都是自然
造化的現象，而以不同的形式呈現。生死變化是人們生命的自然現象，應當
坦然面對宇宙的造化，以求精神的自由。如果過度拘泥固執於生命的擁有，
那就是不明自然天道的人。

（一）生命歷程

　　宇宙的生化過程，是有形之物生於無形，這無形便是道。人爲萬物之一，
即是有形之物，也當從道而生出。而這生出的原則是自然而然，且不得不然
的，並有一形成的過程，〈天瑞〉說：

子列子曰：「昔者聖人因陰陽以統天地。夫有形者生於無形，則天地
安從生？故曰：有太易，有太初，有太始，有太素。太易者，未見
氣也；太初者，氣之始也；太始者，形之始也；太素者，質之始也。
氣形質具而未相離，故曰渾淪。渾淪者，言萬物相渾淪而未相離也。
視之不見，聽之不聞，循之不得，故曰易也。易無形埒，易變而爲
一，一變而爲七，七變而爲九。九變者，究也；乃復變而爲一。一

〔註150〕見憨山：《莊子內篇注‧養生主》（台北：廣文書局，1973 年 6 月），頁 14。
〔註151〕見宣穎著、王輝吉校：《莊子南華經解》（台北：宏業書局，1977 年 6 月），
　　　　頁 39。

者，形變之始也。清輕者上爲天，濁重者下爲地，沖和氣者爲人；
故天地含精，萬物化生。

天地是經過太易、太初、太始、太素四個階段演化而成，從無形、無氣的太
易開始，而後由太易產生氣，由氣產生形，由形產生質。所以，天地的開始
可以說是由形、氣、質三者而來，三者相聚而後形成萬物。變化之中，清虛
輕盈之氣，上升成爲天；渾濁沈重之氣，下沈變爲地；沖和之氣在其間成爲
人。所以說天地之間充滿了氣，萬物便得以化育生長。

人的生命，由存而亡，有著四個階段的變化，包括嬰孩、少壯、老耄、
死亡四個時期，並且有不同的特徵。〈天瑞〉說：

人自生至終，大化有四：嬰孩也，少壯也，老耄也，死亡也。其在
嬰孩，氣專志一，和之至也。物不傷焉，德莫加焉。其在少壯，則
血氣飄溢，欲慮充起；物所攻焉，德故衰焉。其在老耄，則欲慮柔
焉；體將休焉，物莫先焉。雖未及嬰孩之全，方於少壯，間矣。其
在死亡也，則之於息焉，反其極矣。

《列子》在這裡探討生命的歷程，也就是人自生至死的演變過程。將人生分
爲四個階段：嬰孩時期神氣貫注，心志專一，外物無法傷害他，是身心最和
諧的時期。也就是《老子‧十章》所謂「專氣致柔，能嬰兒乎」，與〈五十五
章〉所謂「含德之厚，比於赤子。蜂蠆虺蛇不螫，猛獸不據，攫鳥不搏。骨
弱筋柔而握固，未知牝牡之合而全作，精之至也。終日號而不嗄，和之至也」
的進一步發揮。少壯時期，血氣方剛，各種慾望與思慮增加，與外物競相爭
奪，原有的德逐漸衰亡下來。老耄時期，慾望與思慮漸漸減少，不與外物相
爭。這時期的德雖比不上嬰孩時期完備，但比起少壯時期卻安閒恬淡許多。
死亡時期，是生命回到最初的狀態。

這裡描寫了各個階段所具有的特徵，也可看出生命在大化之中的轉變過
程。對於這四個階段，一般人大都喜愛生命的新生與少壯的強健，對於年老
與死亡則多所畏懼，尤其是死亡一事，更是爲人所抗拒與煩憂。這是因爲世
人過於重視生時之樂，卻忽略了生時也有許多的勞苦憂愁。世人只看到了年
老時衰弱的體貌，卻沒想過年老或死亡反而可以讓身心得到安息的機會。其
實這四個階段是一自然現象，且循環往復，有新生命的誕生，接著成長茁壯，
繼而長成趨衰，衰老而亡，而後又開始另一新的循環。所以實在不必拘執於
生的喜悅，而視死亡爲畏途，否則實爲不明事理之人。

（二）生死幻化

生死不斷循環是一種自然的規律。宇宙生命爲一整體，大化運行，有無相生，萬物相互依存，生命不能自主。〈天瑞〉說：

> 生者不能不生，化者不能不化。故常生常化。常生常化者，無時不生，無時不化。陰陽爾，四時爾。

被產生的萬物不得不被產生，被變化的萬物不得不發生變化。因此萬物經常產生經常變化，也就是無時無刻不產生不變化，連陰陽、四季都是如此。我亦爲萬物中的一物，我的生死即天地變化的一端。《列子‧天瑞》引《黃帝書》說出生化的原理，乃是道的循環：

> 黃帝書曰：「形動不生形而生影，聲動不生聲而生響，無動不生無而生有。」形必終者也；天地終乎？與我偕終。終進乎？不知也。道終乎本無始，進乎本不久。有生則復於不生，有形則復於無形。不生者，非本不生者也；無形者，非本無形者也。生者，理之必終者也。終者不得不終，亦如生者之不得不生。而欲恆其生，畫其終，惑於數也。

形體運動，不產生形體，而產生影子。聲音運動，不產生聲音，而產生回響。虛空運動，不產生虛空，而產生實有。形體必然有終結的時候，只有道本無開始，也無所謂終結，本無形態，也無所謂窮盡。只要是有形體的事物，最後會走向消亡，這是一必然的趨勢，正如同生者「不得不生」是一樣的道理。所以「有形」與「無形」之間，並不存在絕對不可逾越的界限，而是可以相互轉化的。天地萬物有產生，就會有終結。人亦是如此，有生就有死。生死有無，按照自然法則，不斷往復循環，不需要任何條件作爲憑藉，是自然而然且不得不然的。如果想讓生命永久存在，認爲生命不會有終結之日，這是不懂自然運行之理。而萬物的生死循環正是由於道的運轉，〈周穆王〉說：

> 老成子學幻於尹文先生，三年不告，老成子請其過而求退。尹文先生揖而進之於室，屏左右而與之言曰：「昔老聃之徂西也，顧而告予曰：『有生之氣，有形之狀，盡幻也。造化之所始，陰陽之所變者，謂之生，謂之死。窮數達變，因形移易者，謂之化，謂之幻。造物者其巧妙，其功深，固難窮難終。因形者其巧顯，其功淺，故隨起隨滅。知幻化之不異生死也，始可與學幻矣。』吾與汝亦幻也，奚須學哉？」老成子歸，用尹文先生之言，深思三月，遂能存亡自在，

　　　　憣校四時，冬起雷，夏造冰。飛者走，走者飛。終身不著其術，故
　　　　世莫傳焉。子列子曰：「善爲化者，其道密庸，其功同人。五帝之德，
　　　　三王之功，未必盡智勇之力，或由化而成。孰測之哉？」

《列子》提出生死如同幻化的觀點，二者都是順隨自然的變化。老成子向尹
文子學幻術，學了三年仍無所成，老成子請教原因並打算放棄回家。尹文以
老子的話來說明人皆是幻化的道理：一切具有形體外貌的東西，都是虛幻不
眞實的。自然造化的開始，陰陽的變化，叫做生或死；窮究宇宙大道循環的
自然規律，通達變化的根本，依據事物形狀的不同而隨之變化的，叫做化或
幻。自然造化的巧妙，是難以窮盡與探究的。懂得幻化和死生沒有什麼差別
的人，才可以學習幻術。換個角度來說，每個人的存在，也都是一個幻象，
如此，又何必學什麼幻術呢？老成子聽完之後，經三個月的思索，竟能自在
地掌握存亡的命運，隨心地變動四時，使大地冬天打雷，夏天結冰，使地上
走的天上飛，使天上飛的地上走，但終其一身不顯露這個道術。

　　列子對此評論說：善於幻化的人，他的幻術雖潛藏不用，卻是暗暗地發
生作用，他的功跡看上去，也同一般人差不多。就像五帝的德行，夏商周的
治績，不一定是憑智慧和勇力而來，或許是憑藉幻化的作用所造成的，誰又
能推測呢？《列子》反對事物的消亡就是絕對不存在的觀點，指出它們實際
上是「隨起隨滅」，僅是存在方式的轉換。〔註152〕「造物者」難以窮盡，「因
形者」隨起隨滅，後者相對於前者，可謂幻化。萬事萬物隨時處於變化中，
生死只是萬物的幻化現象，隨起隨滅，沒有永遠的存在與消亡。人們不要爲
事物表面的紛紜變化所迷惑，而須把握道的本質，明白生死之道反覆循環，
不需樂生惡死，一切人爲均爲多餘，則人爲的幻術更不足以道。

（三）順任生死

　　人不知道什麼時候會死，也不知道死後是什麼情形，所以不需要時時刻
刻擔心著死亡，甚至對死亡感到恐懼害怕。人生天地之間，身心寄藏於自然
之中，一切只當順任自然即可。有生所以有死，有死所以有生。〈天瑞〉說：
「故生不知死，死不知生；來不知去，去不知來。」生死皆一任自然，以其
爲天理之常道，如《老子・十六章》所言「知常曰明，不知常，妄作，凶」。
能明瞭這種天道自然的常理，可以稱爲明智。如果昧於事理而求有所作爲，

〔註152〕見強昱：《知止與照曠──莊學通幽》（北京：宗教文化出版社，2004 年 10
　　　　月），頁 506～507。

就是違反常道，就要產生禍害了。〈黃帝〉說：

> 死生驚懼不入乎其胷中，是故逆物而不慴…聖人藏於天，故物莫之
> 能傷也。

死生的想法如果不存在人的心中，就算和外物相接觸也無所傷害。對死亡採取任其自然的態度，在大自然中自由自在地生活，忘記自己所由來。而當生命該結束時就讓它結束，不需要恐懼哀傷，回到自然的懷抱中，也就是最安穩的歸宿。《列子》在〈天瑞〉中以榮啟期和林類的故事，具體而形象地說明順任生死，不憂不懼的生活態度。先看榮啟期的生活態度：

> 孔子遊於太山，見榮啟期行乎郕之野，鹿裘帶索，鼓琴而歌。孔子
> 問曰：「先生所以樂，何也？」對曰：「吾樂甚多：天生萬物，唯人
> 爲貴。而吾得爲人，是一樂也。男女之別，男尊女卑，故以男爲貴。
> 吾既得爲男矣，是二樂也。人生有不見日月不免襁褓者，吾既已行
> 年九十矣，是三樂也。貧者士之常也，死者人之終也，處常得終，
> 當何憂哉？」孔子曰：「善乎！能自寬者也。」

榮啟期雖身穿粗布衣服，腰間用草繩捆著，卻悠閒自得地行走，一面唱歌，一面彈琴，並說自己有三種快樂，那就是生而爲人、生而爲男和行年九十。這三件讓他快樂的事，卻是一般人認爲微不足道的事，此正足以顯現榮啟期的樂天知命。榮啟期雖然年紀大了，內心覺得十分充實，也能安於自己的窮困，等待死亡的到來。這種豁達開朗，順隨生死，不憂不懼的態度，正是《列子》心目中的理想。〔註153〕

〔註153〕「天生萬物，唯人爲貴」看似與道家主張不同，其實是藉此說明《列子》豁
達的生死觀。陳鼓應認爲《列子》持有天生萬物爲人唯貴的思想，正是其「樂
生」觀的原因之一。這種人生態度比老莊要積極。見陳鼓應：《老莊新論》（香
港：中華書局，1991年4月），頁120。何淑貞認爲「天生萬物，唯人爲貴」
二句，不僅反映出活著的意義，且看到了自我存在的價值。見何淑貞：《展現
生命芬芳的神話傳說——列子的智慧》（台北：圓神出版社，2006年3月），
頁16。強昱則認爲《列子》中有一基本判斷，「天生萬物，唯人爲貴」（〈天
瑞〉）。人之可貴，在於人類可以通過理性認識能力，主動地適應世界。如果
宇宙離開了人類的活動，世界的存在無意義。作者對精神活動的機制，與功
能進行了分析，力圖揭示自我本質存在的價值。見強昱：《知止與照曠——莊
學通幽》（北京：宗教文化出版社，2004年10月），頁510。陳德安將此說法
歸於《列子》「貴生觀」，認爲人得宇宙渾淪中和之氣而生，是天地之間最寶
貴的東西，爲萬物之靈。自然生育各種飛禽走獸、昆蟲魚蝦只有人最尊貴。
能爲人，是一種最大的快樂。見陳德安：《〈列子〉的世界觀與人生觀教育》，

榮啓期所說的「快樂」，並不是致力於追求外物，而是能接受自身存在的狀態，在面對貧窮與死亡的時候，能將之視爲常情，獲得心境上的自由與超越，這也正是《列子》所揭示的人生價值所在。人的一生總是有喜有憂，有的人因憂而感人生痛苦，有的人卻能從樂觀處去看。能於常人不覺快樂的地方體會到快樂，也就更難能可貴了。同篇中接著描寫了林類的生活情形：

> 林類年且百歲，底春被裘，拾遺穗於故畦，竝歌竝進。孔子適衛，望之於野。顧謂弟子曰：「彼叟可與言者，試往訊之！」子貢請行。逆之壠端，面之而歎曰：「先生曾不悔乎，而行歌拾穗？」林類行不留，歌不輟。子貢叩之不已，乃仰而應曰：「吾何悔邪？」子貢曰：「先生少不勤行，長不競時，老無妻子，死期將至，亦有何樂而拾穗行歌乎？」林類笑曰：「吾之所以爲樂，人皆有之，而反以爲憂。少不勤行，長不競時，故能壽若此。老無妻子，死期將至，故能樂若此。」子貢曰：「壽者人之情，死者人之惡。子以死爲樂，何也？」林類曰：「死之與生，一往一反。故死於是者，安知不生於彼？故吾知其不相若矣？吾又安知營營而求生非惑乎？亦又安知吾今之死不愈昔之生乎？」

林類認爲自己快樂的原因在於：年少時多保養，使自己身強體健。壯年時少與人爭鬥，慾望少，心無所牽掛。老年雖沒有妻子兒女，反而可以來去自如，自由自在，即使面臨死亡，同樣感到快樂。依照世俗的價值觀，「少不勤行，長不競時」是爲人所厭惡、憂心的，林類在面對這些狀況時，卻能自在地拾穗而歌，以之爲樂，反映了《列子》對世俗價值的批判。談到生死問題，子貢以爲「壽者人之情，死者人之惡」的看法，正是一般人面對生死的態度。

　《列子》則透過林類之口提出它的生死觀：「死之與生，一往一反」。死和生往復循環，一死一生，一去一來，人在這死去，卻又在那裡生了出來。如果能把生死看透，不論是生時或死亡來臨時，都能坦然面對，那麼人生便會減去許多痛苦。這種將自我形軀的生死視爲「一往一反」的自然狀態，正可以用來消解對生死的悅惡之情。林類雖然珍惜生命，但對死亡絕不逃避，而是採取因任自然的態度，以一種超越、超然的態度去面對。〈力命〉說：

> 魏人有東門吳者，其子死而不憂。其相室曰：「公之愛子，天下無有。今子死不憂，何也？」東門吳曰：「吾常無子，無子之時不憂。今子

死，乃與嚮無子同，臣奚憂焉？」

魏人東門吳子死而不憂，是因為他了解人既有了形體，生死疾患都是必然的現象。既然皆是由自然而生，以坦然的態度處之，則哀樂之情不生，也就沒有可憂之處。

有些人生時享受著功名、富貴、權勢等等，因此他們畏懼死亡，害怕死亡的來臨，祈求能長生不死或延長壽命。有些人與此情形剛好相反，他們活著時遭遇了許多的困挫、苦痛，感嘆生命的不如意，甚至以人為的做法結束生命。《列子》認為這兩種人都是不明生死之理，不理解生死是一種自然現象，不可能依憑個人的好惡或主觀意願而改變。〈楊朱〉說：

> 孟孫陽問楊朱曰：「有人於此，貴生愛身，以蘄不死，可乎？」曰：
> 「理無不死。」「以蘄久生，可乎？」曰：「理無久生。生非貴之所
> 能存，身非愛之所能厚。且久生奚為？五情好惡，古猶今也；四體
> 安危，古猶今也；世事苦樂，古猶今也；變易治亂，古猶今也。既
> 聞之矣，既見之矣，既更之矣，百年猶厭其多，況久生之苦也乎？」
> 孟孫陽曰：「若然，速亡愈於久生；則踐鋒刃，入湯火，得所志矣。」
> 楊子曰：「不然，既生，則廢而任之，究其所欲，以俟於死。將死，
> 則廢而任之，究其所之，以放於盡。無不廢，無不任，何遽遲速於
> 其閒乎？」

《列子》透過孟孫陽與楊朱的對話，說明人的生死遵循著自然規律，因此不論是祈求長生不死或延壽久生，在現實生活中是根本不可能實現。生命並不會因為刻意珍重它就能存在，身體並不因為倍加愛護它就能健康。對於人生來說，歡樂苦短，憂患苦多，活一百年猶嫌太過。因此追求長生不老，讓人生經歷更多的痛苦憂患，豈不是作繭自縛、自尋煩惱。

人想要求長生不死是不可能的，若想以人為的作法結束生命也不應該。「踐鋒刃，入湯火」，用刀劍自殺，或者投入開水烈火中自殺，也是不對的，同樣有悖情理，違反了生死的自然規律。正確對待生死的態度是不執生而惡死，既不求長生亦不求速死，也無須樂死而厭生。活著時就自由自在地活，面對死亡時就坦然以對。一切順任生死，不以人為力量做任何的干預。同篇中又說：

> 楊朱曰：「人肖天地之類，懷五常之性，有生之最靈者人也。人者，
> 爪牙不足以供守衛，肌膚不足以自捍禦，趨走不足逃利害，無毛羽

> 以禦寒暑，必將資物以爲養性，任智而不恃力。故智之所貴，存我
> 爲貴；力之所賤，侵物爲賤。然身非我有也，既生，不得不全之；
> 物非我有也，既有，不得而去之。身固生之主，物亦養之主。雖全
> 生身，不可有其身；雖不去物，不可有其物。」

人的生命爲氣之所聚，形體身軀不過是暫寄於天地之間，想求久生長生是不可能的事。況且生活在這人世間，有許多的苦痛，又有什麼好眷戀的。遵循著自然規律，死時亦安於死，將其視爲永恆的家園，讓身心得以安息，所以也無須厭惡死亡。《列子》對於生死所持的態度是，對於生命不執著，但也不故意去加以摧殘。當人們活著時，通常會感到歡樂時光十分短暫，但是憂愁困苦卻像影子一般，時時纏繞著人們。〈楊朱〉說：

> 百年，壽之大齊。得百年者千無一焉。設有一者，孩抱以逮昏老，
> 幾居其半矣。夜眠之所弭，晝覺之所遺，又幾居其半矣。痛疾哀苦，
> 亡失憂懼，又幾居其半矣。量十數年之中，逌然而自得亡介焉之慮
> 者，亦亡一時之中爾。

在人群之中，能活到一百歲的人並不多。假如有個人活到一百歲，那麼，他處在孩童和衰老的時間幾乎佔了一半，睡眠與覺醒的時間，又幾乎佔了一半。遭受痛苦與憂懼的時間，又差不多佔了一半。這樣，剩下能舒適自得，無憂無慮的日子還有多少呢？既然如此，追求不死與久生的意義到底是什麼呢？〈楊朱〉中接著說：

> 萬物所異者生也，所同者死也。生則有賢愚貴賤，是所異也；死則
> 有臭腐消滅，是所同也。雖然，賢愚貴賤非所能也，臭腐、消滅亦
> 非所能也。故生非所生，死非所死；賢非所賢，愚非所愚，貴非所
> 貴，賤非所賤。然而萬物齊生齊死，齊賢齊愚，齊貴齊賤。十年亦
> 死，百年亦死。仁聖亦死，凶愚亦死。生則堯舜，死則腐骨；生則
> 桀紂，死則腐骨。腐骨一矣，孰知其異？且趣當生，奚遑死後？

人生在世，十年也好，百年也好，是有德的賢人還是凡夫俗子，是聰明還是愚笨，是富貴還是貧賤，最後終不免一死，死後就是白骨一堆，再也沒有什麼差別。縱使像舜禹周孔等聖人，「死有萬世之名」；像桀紂等暴君，「死被愚暴之名」，也都是「同歸於死」。而死後「雖稱之弗知，雖賞之不知，與株塊無以異矣」（〈楊朱〉）、「死者人之終也」（〈天瑞〉），人有生必有死，人同歸於死。

有人生前享盡榮華富貴，有人卻受盡災害苦難。人生在世的差異如此之大，可是，卻面臨著共同的結局——死亡。不管生前是位賢臣還是窮愁潦倒，也不管是賢明的聖主堯舜還是荒淫的暴君桀紂，最終都免不了「臭腐、消滅」，化成一堆腐骨或一抔黃土。儘管人們心理極不願意，但也無法阻止死亡的來臨。既然不論賢或愚都會死，壽命不論長或短也都會死，那麼，何必要汲汲追求生前的功名利祿和身後的是非毀譽？再說，人死後的事又如何得知，那麼連自己的屍體如何處置都不必去想：「既死，豈在我哉？焚之亦可，沈之亦可，瘞之亦可，露之亦可，衣薪而棄諸溝壑亦可，袞衣繡裳而納諸石槨亦可，唯所遇焉」（〈楊朱〉）。《列子》認為生死問題，並不是人能以自己的想法或能力加以控制干預的，告誡人們不要去追求虛幻的長生不老，也不必害怕死亡，更不需有意摧殘生命，而應以冷靜、理性的態度對待生死。

（四）自生自化

《列子》認為道體自然且不得不然地運轉而生化萬物，萬物自然而然也不得不然地起生滅變化。在「自生」的原則下，生者自生，化者自化，同時生者不得不生，化者不得不化。人的生死存亡，也是由於「自生」，也就是在自然而然，且不得不然的情形下發生的，沒有任何外界因素或需要依憑任何條件。〈天瑞〉說：

> 不生者能生生，不化者能化化。生者不能不生，化者不能不化。故常生常化。常生常化者，無時不生，無時不化。
>
> 終者不得不終，亦如生者之不得不生。
>
> 故生物者不生，化物者不化。自生自化，自形自色，自智自力，自消自息。謂之生化形色智力消息者，非也。

在《列子》看來，一切形色智力消息等變化，都是自然而然，且不得不然的。生者不得不生，化者不得不化。所以人的生死存亡也都是自生的現象，〈天瑞〉中記載：

> 子列子適衛，食於道，從者見百歲髑髏，攓蓬而指，顧謂弟子百豐曰：「唯予與彼知而未嘗生未嘗死也。此過養乎？此過歡乎？」

列子到衛國的途中看見多年的枯骨，便撥草指著它對學生百豐說：「只有我和他知道並沒有生，也沒有死。」活著不一定就是快樂的，死亡也不一定就要悲傷，知生死都在造化之中，也沒有什麼快樂和悲傷的分別了。世人多以生

命是可喜的，以死亡為可畏懼的，貪死怕生，自尋苦惱，可是最後的結果仍逃避不了死亡。其實生死是相互轉化的，沒有一方是永遠固定不變的，若是固執於其中一端，皆是迷惘之人。《列子》在〈力命〉中說明，人的生死厚薄都是「自生自死，自厚自薄」，都是自然而然的。文中說：

> 生非貴之所能存，身非愛之所能厚；生亦非賤之所能夭，身亦非輕之所能薄。故貴之或不生，賤之或不死；愛之亦不厚，輕之或不薄。此似反也，非反也；此自生自死，自厚自薄。或貴之而生，或賤之而死；或愛之而厚，或輕之而薄。此似順也，非順也；此亦自生自死，自厚自薄。鬻熊語文王曰：「自長非所增，自短非所損。算之所亡若何？」老聃語關尹曰：「天之所惡，孰知其故？」

對於人的生死厚薄有兩種不同的情形：一種情形是生命並沒有因為使盡方法去企求而能長生、富貴，也沒有因為輕賤忽略，而使生命消失枯萎。另一種情形是，珍惜生命的真使生命存活下來了，輕視生命的就死去了，努力追求富貴的得到了富貴，不努力的便貧窮了。這兩種情形雖有極大的差異，但都是自然而然，都是自生的現象。

萬物的生長，並不是有所增加；萬物的消減，也不是有所損失。「天之所惡，孰知其故」，一切皆由自然，沒有任何原因，任何的謀畫算計在此都是沒有作用的，「聖人恃道化而不恃智巧」（〈說符〉）。萬物都是自然生存、自然死亡，人的生命也是如此，若有人想要改變自然規律，將是徒勞無功的。那麼，形軀生命的演變可以察覺嗎？〈天瑞〉說：

> 運轉亡已，天地密移，疇覺之哉？故物損於彼者盈於此，成於此者虧於彼。損盈成虧，隨世隨死。往來相接，閒不可省，疇覺之哉？凡一氣不頓進，一形不頓虧；亦不覺其成，亦不覺其虧。亦如人自世至老，貌色智態，亡日不異；皮膚爪髮，隨世隨落，非嬰孩時有停而不易也。閒不可覺，俟至後知。

萬物運動變化從未停止，是一個無窮無盡的過程，這是無法透過人的感官去察覺的。因此萬物的生死轉化，也難以被人具體察覺出來。因為這些現象是隨時都在產生，也隨時都在消亡的。這就像人一樣，外在的身軀從出生至年老，面貌、膚色、智慮、心態等，無時無刻不在變化之中；皮膚、指甲、頭髮等，隨時都在生長脫落，並非從嬰兒時期就停止了改變。因此，我們知道事物總是累積到某一種程度時，才為人所發現察覺。而這不斷改變的過程

裡，人們是無法加以阻止的。《列子》在此藉人體的變化，強調生死循環的自然而然，不得不然的道理。

「然而生生死死，非物非我，皆命也」（〈力命〉），生死皆出於自然，非貴之所能存，亦非賤之所能亡。不管是遵循生之道而得生，或遵循生之道而不幸夭折；遵循死亡之道而死，或遵死亡之道而僥倖得生，都是天道之常，非人力智力所能改變。〈仲尼〉說：

> 無所由而常生者，道也。由生而生，故雖終而不亡，常也。由生而亡，不幸也。有所由而常死者，亦道也。由死而死，故雖未終而自亡者，亦常也。由死而生，幸也。故無用而生謂之道，用道得終謂之常；有所用而死者亦謂之道，用道而得死者亦謂之常。

「自生自化」乃自然之道。無所憑藉而生存的叫做道，依從道的規律而死亡叫做常理。有所憑藉而死亡的也叫做道，依從道的規律而死亡也叫做常理。自然之道，非人事所能干涉。「由生而生，故雖終而不亡，常也」、「由死而死，故雖未終而自亡者，亦常也」，常生常化，無時不生，無時不化，即所謂「生之徒」與「死之徒」（《老子‧五十章》）。

「由生而亡，不幸也」，順從這條生存規律應該生存的而卻死亡的，這是出於不幸的原因。老子說「人之生，動之死地」、「以其生生之厚」（〈五十章〉）。「由死而生，幸也」，根據這條死亡之道，應該死亡，卻得以生存的，是由於幸運而已。所謂「善攝生者，陵行不遇兕虎，入軍不被甲兵。兕無所投其角，虎無所措其爪，兵無所容其刃。夫何故？以其無死地」（〈五十章〉）。了解自然運行之道，順應自然而行，則外物無法傷人。《列子》的「自生」是用來解說萬物生化的現象狀態。萬物皆由道而生，無一例外。萬物在此涵蘊下，自生自化，這種情形是自然而然且不得不然的。萬物表面看似無所更易變動，其實是無時無刻不在變化，這裡強調了萬物的自發性。

三、《莊》《列》生死觀比較

人生最大的悲哀不在於形體的枯亡，而在精神也隨著形體一同衰弱，甚至消失無影無蹤。對任何人來說，形體的存在形式終有衰老死亡的一天，這是人生的大限。但如何從這大限中超脫出來，便是《莊子》與《列子》所思考的問題與努力的方向。他們在「天地與我並生，萬物與我為一」（《莊子‧齊物論》）、「天地萬物與我並生，類也」（《列子‧說符》）等觀點的基礎下，

提出自然的生死觀，希望能爲世人找到一條脫離這人生困境的道路。

（一）生命演化

《莊子》認爲道是通過氣而化生萬物，且人的生死相互轉化，也是以「氣」的概念加以說明，〈至樂〉說：

> 察其始而本無生，非徒無生也而本無形，非徒無形也而本無氣。雜乎芒芴之間，變而有氣，氣變而有形，形變而有生，今又變而之死，是相與爲春秋冬夏四時行也。

《莊子》中的「芒芴之間」，既是生命的孕育地，又是生命的復歸處。人類對「渾沌」的追求，不論是想回到原初時的社會生活狀態，或是回到那玄冥曠邈的生命根源之處，都表達了對「初始之完美」的無限嚮往與追求。生命的形成是氣的聚合，而生命的死亡是氣的消散。氣之聚合之後有消亡，而消亡之後又再度聚合，依此形式進行，則表面上雖有著生死之別，實則皆由氣所致。所謂的生死存亡全是一氣之轉，都與氣有著密切的關係。所以，生命從產生到死亡，都是氣化所致，是氣的不同形態的轉變，生命現象就是氣化現象。死亡並不代表生命的消失，而是生命又復歸於氣，氣經過變化，又將形成新的生命。如此周而復始，就像春夏秋冬四時更替一樣，自然而然又無窮無盡。

在《列子》中同樣也提到了生命的形成，並認爲人的生命，以氣爲精神，屬天；以形、質爲骨骸，屬地。〈天瑞〉說：

> 精神者，天之分，骨骸者，地之分。屬天清而散，屬地濁而聚。精神離形，各歸其眞，故謂之鬼。鬼，歸也，歸其眞宅。黃帝曰：「精神入其門，骨骸反其根，我尚何存？

人的精神意志屬於天，是「天之分」所賦予，天的性質爲清輕，所以精神可以離形而飄散。人的骨骸、形體、相貌屬於地，是「地之分」所恩賜，地的特質爲濁重，所以肉體會有毀壞。生命必須是精神與形體的結合，一旦處於分離狀態，即各自回歸到本來狀態，也就是回到本源「眞宅」去，這種狀況叫做「鬼」。鬼，就是回歸的意思，歸返元氣之本。萬物是如此，人爲萬物之一，所謂「號物之數謂之萬，人處一焉」（《莊子·秋水》），其生化情形自然也是如此。

「精神入其門，骨骸反其根，我尚何存」，說明精神一旦進入自己的家門——天，骨骸返回自己的根源——地，個人就一無所存了。所以天道陰陽變化，因形而起，即謂之生，至形滅而返，就稱之爲死。一切「生物」從生到

死，只不過是一個成長的過程而已。人既生之後，復將藉由死亡的過程而返歸於天地，因此古人稱人死爲「鬼」。「鬼」即是「歸」之意。讓人返回天地，「歸其眞宅」。人的精神將還歸於天，骨骸返於大地。於是又恢復到無「我」的狀態。《莊子·達生》說：

> 合則成體，散則成始。

天地陰陽和合而成精神骨骸，進而形成人之形體，此形體隨道的流轉而改變，不必堅持此形體爲個人所有，所以不必執著貪戀現狀與久生長生。陰陽之氣既散之後，「我尙何存」？相合便形成體，離散便成爲另一物體結合的開始。「散則成始」，返歸本源之始，歸於宇宙之總體，亦即「歸其眞宅」。萬物所具有的形體，不過都是暫時存在，時間一到，將會返其所從來之處，回歸於道體，回歸於虛靜。「以死生爲一條」（《莊子·德充符》）、「知生死存亡之一體」（《莊子·大宗師》），回歸於天地之本源，生命本來之出處，便是那自然眞常之道。

（二）天地委形

自然界的萬物，哪裡是某個人所能私自擁有的。所以包括個人的身體、生命，甚至是後代子孫，都不是自己的，而是天地自然暫時所寄託委付的。如此，則一切均交付自然，而無自我的偏執存在。但一般人卻認爲自己的身體即爲自己所有，從而好生惡死，希望能求生命的長存，此則是不明白天地造化之理。《莊子·知北遊》記載著舜與丞的對話，從自然的角度看待人的死亡：

> 舜問乎丞曰：「道可得而有乎？」曰：「汝身非汝有也，汝何得有夫道？」舜曰：「吾身非吾有也，孰有之哉？」曰：「是天地之委形也；生非汝有，是天地之委和也；性命非汝有，是天地之委順也；孫子非汝有，是天地之委蛻也。故行不知所往，處不知所持，食不知所味。天地之彊陽氣也，又胡可得而有邪？」

《列子·天瑞》中亦有相類似的記載。如果一個人連自己的身體都無法私有，更何況是道呢？作爲一個存在的個體，所有的一切來源於天地自然，都是天地自然所賦予的，又哪裡有什麼可以說是自己的擁有物呢？人是由天地而來，死後復歸於天地，所以有生命形體的現象，不過是氣的變化，是由於「陰陽之和以成若生，載若形」（《列子·天瑞》）的。人的生命既是天地透過氣所暫時委託的現象，那麼與其他萬物同屬於道的一種運行現象。《列子·天瑞》

說：

> 若一身庸非盜乎？盜陰陽之和以成若生，載若形，況外物而非盜哉？
>
> 誠然，天地萬物不相離也。認而有之，皆惑也。

人生天地之間，其形體不過是道落在現象上的不同表現形式，萬物本源皆同，又哪裡有「我」的存在。生命形體皆僅是暫託於世，既然如此，又何必過份執著。人是如此，其他有形質的物體，也終有滅亡之時，就連天地也不例外，「天地亦物也」(《列子·湯問》)，既為物定是有終盡之時。但是一般人卻企盼能長生不死，則是有所惑了。

《列子》認為由於道的運轉，而後產生天地。天地的開始，是由氣、形、質三者而來，天地形成之後化生萬物，人便生於其中。因此，人也不過是自然所暫託於世的形體，形體一旦消滅，就回歸到本來即自然狀態，並無「我」之生或死的問題。此即《列子》對人的生命的基本認知，此認知與宇宙論是一脈相承相續的。人之生命既為氣聚而成，則我在宇宙天地之間不曾離去，即便形體上有所變化，仍與天地同為一氣。因此，我之生命實同宇宙之生命，永恆不朽，綿延不絕，又何必拘泥於形體上的存在才是真實的存在。《列子·天瑞》說：

> 天地終乎？與我偕終。終進乎？不知也。道終乎本無始，進乎本不
> 久。有生則復於不生，有形則復於無形。

道本無終始，所以無所謂終結；本無形態，所以無所謂窮盡。每個人都必須經過生死存亡的歷程，沒有任何人是例外的。生命的生滅是循環往復，不斷重複著的，一切皆是自然而然又是不得不然。人們若是能從此一思考角度上去超越，則能體現道之恆常性，終使人生境界獲得最高的自由。這也反映了與《莊子》中「天地與我並生，萬物與我為一」(〈齊物論〉)相同的思想，也就是〈大宗師〉中所說的「同於大通」，即「墮肢體，黜聰明，離形去知」的坐忘功夫。一個人如果連自己都忘了，還有什麼不能忘的，一個人連死生都看破了，還有什麼看不破的。《列子·天瑞》又說：

> 死之與生，一往一反。故死於是者，安知不生於彼？故吾知其不相
> 若矣？吾又安知營營而求生非惑乎？亦又安知吾今之死不愈昔之生
> 乎？

死亡與出生，猶如一來一往，所以在這裡死了，將會在另一個地方出生。也就是說生命是由氣所構成，人的生與死是氣的聚與散。《莊子·大宗師》中「孟

孫才哭母」的故事可以為例：

> 顏回問仲尼曰：「孟孫才，其母死，哭泣無涕，中心不慼，居喪不哀。
> 無是三者，以善喪蓋魯國。固有無其實而得其名者乎？回壹怪之。」
> 仲尼曰：「夫孟孫氏盡之矣，進於知矣。唯簡之而不得，夫已有所簡
> 矣。孟孫氏不知所以生，不知所以死；不知就先，不知就後；若化
> 為物，以待其所不知之化已乎！且方將化，惡知不化哉？方將不化，
> 惡知已化哉？吾特與汝，其夢未始覺者邪！且彼有駭形而無損心，
> 有旦宅而無情死。孟孫氏特覺人哭亦哭，是自其所以宜也。」且也，
> 相與吾之耳矣，庸詎知吾所謂吾之乎？且汝夢為鳥而厲乎天，夢為
> 魚而沒於淵，不識今之言者，其覺者乎，夢者乎？造適不及笑，獻
> 笑不及排，安排而去化，乃入於寥天一。」

孟孫才的母親死了，他哭泣時沒有流眼淚，守喪時並不悲哀。顏回知道後覺
得奇怪，心生疑惑，去問了孔子。孔子告訴他，孟孫才是真正了解生死變化
之理的人，而「吾特與汝，其夢未始覺者邪」！故事中借孔子回答顏淵的問
題，把特意去分辨生死、是非的人看作是處在夢中，所說的是夢話。正因為
孟孫才將生死看為一物，認為生死並無區別，因此生死對他來說並沒有什麼
不同。《莊子》藉此寓言說明生死物化的道理。不論是生或是死，都是造化的
自然現象。氣聚則人生，氣散則人死，所謂「已化而生，又化而死」（〈知北
遊〉）。所以，生死之變實際上是氣之聚散的轉變。陳景元說：

> 哭泣居喪，事死之禮，無涕不哀，達死之道，此能盡行而進於知者
> 也。〔註154〕

生死都是物的變化，沒有什麼本質的區別，順任自然變化，來不必迎，去不
必送，生無可喜，死亦無可悲。孟孫氏了解變化的道理，了解生死的真相，
認為造成形體變化的氣是不變的。「彼有駭形而無損心，有旦宅而無耗精」，
人有形體的變化而沒有心神的損傷，有軀體的轉化而沒有精氣的死亡。一切
界限打破了，處於同一的境界，人就能超脫出來，視死生存亡為一體，即能
真正體會道，達到了道的最高境界，所謂「入於寥天一」。《莊子‧至樂》中
也藉「鼓盆而歌」的故事，表達了同樣的觀點：

> 莊子妻死，惠子弔之，莊子則方箕踞鼓盆而歌。惠子曰：「與人居，

〔註154〕見褚伯秀：《南華真經義海纂微》卷十八引，張繼禹主編：《中華道藏》十四
　　　　冊（北京：華夏出版社，2004年1月），頁122。

> 長子老身，死不哭亦足矣，又鼓盆而歌，不亦甚乎！」莊子曰：「不
> 然。是其始死也，我獨何能無慨然！察其始而本無生，非徒無生也
> 而本無形，非徒無形也而本無氣。雜乎芒芴之間，變而有氣，氣變
> 而有形，形變而有生，今又變而之死，是相與爲春秋冬夏四時行也。
> 人且偃然寢於巨室，而我噭噭然隨而哭之，自以爲不通乎命，故止
> 也。」

莊子妻死，他箕踞鼓盆而歌，惠子前往弔喪，看到此現象後責備莊子太不近人情。莊子卻認爲，人死後是回歸自然的懷抱，回到最本源的狀態，是一件幸福的事，當然爲妻子高興喝采，哭哭啼啼才是不明事理。《莊子》在此表達了對死亡所持的達觀態度，它認爲死亡不是真正的消失毀滅，而是造化中的自然轉變，是可以永久安樂的場所。人來自於自然，又復歸於自然，這就同春夏秋冬四時的變化沒什麼不同，實在不必要哭哭啼啼。更何況人死正是以天地爲安息的場所，能遠離喧囂的塵世，獲得永久的安寧，並不是一件令人悲痛的事。人的生死的本質是氣的聚散過程，是「比形於天地而受氣於陰陽」(《莊子‧秋水》)的。當人們愈加爲死感到悲傷時，反而是不通達生死的道理了。

在這裡，《莊子》將生命的轉變以至於死亡的現象，譬喻爲「春秋冬夏」四時的運行一般，是一個自然而必然的現象。《莊子》以爲宇宙間有生命的萬物，其自身的變化，以至於物與物之間的變化，是由「氣」在作主宰的。生命由無而有、由老而死，全是一種變化。正如春夏秋冬，時間一到，自然變化。生與死也是自然中的一種變化，原本就不需去傷悲。人不可固執在不變上，因爲那就是一種哀傷。成玄英疏說：

> 從無出有，變而爲生，自有還無，變而爲死，而生來死往，變化循環，
> 亦猶春秋冬夏，四時代序，是以達人觀察，何哀樂之有哉？〔註155〕

生死是自然的變化，就像有黑夜和白天一樣，都是大自然循環過程中的一環。有生便有死，生與死的變化是自然而然的，人死就是回歸大自然，在天地這個大臥室中安然入睡。能通曉此道理的人，能隨自然的流轉自在逍遙，不受死生喜悲情緒的影響，不會將精神耗費在趨生避死上。

在對待生與死的態度上，《莊子》與《列子》採取因任自然的態度。人若能知「生之來不能卻，其去不能止」(《莊子‧達生》)的道理，一切遵循自然法則，隨大化流行，還會不明白於事理嗎？更遑論死生存亡之理，又如何會

〔註155〕見郭慶藩輯：《莊子集釋》台北：華正書局，1994年8月，頁615。

不明瞭？《莊子‧大宗師》說：

> 與其譽堯而非桀也，不如兩忘而化其道。

　　大道對人來說，就像江湖對魚一樣。回歸大道，一切順隨自然的安排，用不著區別堯的聖明和桀的暴虐，用不著追求仁愛和逃避迫害，這樣才能活得自然自在。「兩忘而化其道」，是指在面對生死的問題時，隨變化而變化，使物我兩忘而融合在道的境界中。《列子‧仲尼》中「季梁之死」一段，說明有關生死的規律：

> 由生而生，故雖終而不亡，常也。由生而亡，不幸也……季梁之死，
> 楊朱望其門而歌；隨梧之死，楊朱撫其尸而哭。隸人之生，隸人之
> 死，眾人且歌，眾人且哭。

季梁與隨梧死了，楊朱去弔唁，對前者的家門高歌，卻對後者撫屍痛哭。因為季梁是屬於「雖終而不亡」，盡生順死的得道者。人因道而生，亦因道而死，這就是所謂的常道。但若未至死期，而因有某種常道之價值而為之用，並因之而死，則謂之殉道，雖死亦猶生也，其死之價值，亦與常道一致，可謂有道之人。〔註156〕而隨梧是屬於「由生而亡」，是生之不幸的人。楊朱對季梁之死高歌，對隨梧之死痛哭，完全是順性的作為。

　　一般人對生死的處理，都是出生的時候為他歌唱，死亡的時候為他哭泣，這些都是世俗的人情。萬物生死都是一種自然現象，一切都是由於道的運轉而產生的作用，不需要任何憑藉而能夠永遠生存的只有道。「道包容萬物，主宰眾生，但它本身不像具體存在物那樣有生有死，而是以無限的時間作為存在方式，永遠也不會消亡。」〔註157〕所以除了道，一切萬物都在生死變化之中不斷反覆循環。《莊子》中亦可見這種因任生死的態度：

> 古之真人，不知悅生，不知惡死。其出不訴，其入不距。翛然而往，
> 翛然而來而已矣。不忘其所始，不求其所終；受而喜之，忘而復之。
> 是之謂不以心捐道，不以人助天，是之謂真人。（〈大宗師〉）
>
> 適來，夫子時也；適去，夫子順也。安時而處順，哀樂不能入也，
> 古者謂是帝之縣解。（〈養生主〉）

〔註156〕見楊汝舟：〈列子神秘思想之意旨〉（三），《中華易學》第4卷，1983年8月，頁27。

〔註157〕見李炳海：《道家與道家文學》（長春：東北師範大學出版社，1992年5月），頁299。

「不知悅生，不知惡死」，也就是視生死如一。從道的觀點來看，一個人出生，那是他順應著自然的變化出現；一個人死亡，那是他順應著自然的變化而歸去。所以，不論是出生或死亡，無所謂歡喜與悲傷。將生死得失置之度外，不再受外物的牽絆，就能從外物的束縛下解放出來，這就是懸解。老聃應時而生，該去時就順理而死。安於時命而順應變化，哀樂之情就不能入於心中，古時候把這叫做自然的解脫。

萬物都在變化，在產生之後必將歸於消亡，也因有消亡，才又有了新生，所以說「方生方死，方死方生」（《莊子·齊物論》）。生與死是互相轉化的，無絕對的鴻溝。人們無須辨別生與死，應聽其自然。《列子·楊朱》中借楊朱之口表達了「不悅生，不惡死」的思想：

> 既生，則廢而任之，究其所欲，以俟於死。將死，則廢而任之，究其所之，以放於盡。無不廢，無不任，何遽遲速於其間乎？

《列子》既反對人們追求長生不老，又反對人們人為地結束自己的生命。因為不論是追求長生，或是有意地結束生命，都不屬於自然，而是人為造作。既是人為造作，就是違反自然之道。當人有了形軀，接著有了主觀意念，便想向外追求。而順著自己的成心發展，為求達成目的，便不斷與外物發生擠撞、摩擦，馳驅奔走，不知道心的歸宿在哪裡，也就沒有停下來的時候。《莊子》針對世人好生惡死的情形，做了辛辣的嘲諷。文中說：

> 一受其成形，不亡以待盡。與物相刃相靡，其行盡如馳，而莫之能止，不亦悲乎！終身役役而不見其成功，苶然疲役而不知其所歸，可不哀邪！人謂之不死，奚益！其形化，其心與之然，可不謂大哀乎？人之生也，固若是芒乎？其我獨芒，而人亦有不芒者乎？（〈齊物論〉）

> 特犯人之形而猶喜之，若人之形者，萬化之未始有極也，其為樂可勝計邪！故聖人將遊於物之所不得遯而皆存。善夭善老，善始善終，人猶效之，又況萬物之所係，而一化之所待乎！（〈大宗師〉）

《莊子》立足於道的高度看人生，將人的生命現象看做是宇宙自然中的一種現象。生命從生到死或從死到生，不過是外在形態的轉化而已。萬物皆是道的產物，都是「天地之委形」，隨自然而生。人當然包括其中，不過成為人形，並沒有什麼特別可喜的。因此，天下物類，皆平等齊一。

《列子》中也揭露對人們的生命造成損害的四大因素，〈楊朱〉說：

生民之不得休息，爲四事故：一爲壽，二爲名，三爲位，四爲貨。
有此四者，畏鬼，畏人，畏威，畏刑：此謂之遁民也。可殺可活，
制命在外。不逆命，何羨壽？不矜貴，何羨名？不要勢，何羨位？
不貪富，何羨貨？此之謂順民也。天下無對，制命在內。故語有之
曰：人不女昏宦，情欲失半；人不衣食，君臣道息。

人生在世，總是不由自主地追求各種外在的物質，造成人們不得休息的原因，
正是因爲長壽、名譽、地位、錢財這些事情。爲了追求這些東西，一刻不得
休息，終日奔波忙碌，受到外物的役使，違反自然的本性。人們在追逐的過
程中十分疲累、緊張，到頭來卻可能是一場空。即使一時僥倖得手，未必保
證帶來永遠的幸福快樂，說不定是埋下更大的禍害。更何況人的欲望無窮，
那麼這種追逐也將無止盡，直到耗盡最後的精神與氣力。人活著的意義，在
這種追逐中完全被扭曲了。很少有人能清醒地看到，他們追逐的東西本質上
是轉瞬即逝、很難眞正把握住的。《莊子・徐無鬼》中記載：

濡需者，豕蝨是也，擇疏鬣自以爲廣宮大囿。奎蹄曲隈，乳間股腳，
自以爲安室利處。不知屠者之一旦鼓臂布草操煙火，而己與豕俱焦
也。

這些不擇手段拼命追逐外物的人們，就像豬身上的蝨子一樣。他們選擇了豬
鬣稀疏毛長一點的地方，就自以爲是廣闊的宮室和寬大的庭園。在蹄邊胯下，
乳腹股腳之間，就以爲是安全、便利的住處。想不到有朝一日屠夫捲起袖子，
排好柴草，點起大火，豬與蝨子同被燒焦。人終生庸庸碌碌、勞心勞力，卻
不見得有什麼成功。人們應該珍惜生命，愛護身體，保持自己最自然的本性。

（三）死生氣化

從無生、無形、無氣再到有氣，這之間存在著一個從無到有，從無氣到
有氣的過程。這與《老子・四十章》說的「天下萬物生於有，有生於無」的
思想是一致的。《莊子・則陽》說：

天地者，形之大者也；陰陽者，氣之大者也；道者爲之公。

這裡明確地指出，道比產生天地萬物的陰陽之氣更爲根本。這氣的概念，可
以用來說明無爲無形的道產生萬物的過程，也爲物質世界裡萬物間的相互演
變和轉化，提供了一個共同的基礎。氣的基本性質有陰陽兩種，「陰陽者，氣
之大者也」，陰陽二氣交感產生了萬物。《莊子》書中記載：

至陰肅肅，至陽赫赫；肅肅出乎天，赫赫發乎地，兩者交通成和而

　　物生焉。(〈田子方〉)

　　陰陽於人，不翅於父母。(〈大宗師〉)

至陰寒冷，至陽炎熱，寒冷出於天，炎熱出於地，兩物互相交融而萬物化生。
人也是陰陽二氣相合而產生的。陰陽二氣在體內不和諧，人就會生病，所謂
「陰陽錯行，則天地大絃」(〈外物〉)，「陰陽之氣有沴」(〈大宗師〉)。此外，
陰陽二氣的流通也是很重要的，「交通成和」(〈田子方〉)，生命才能保持健康。
若以道來觀照生命，則死亡乃是生命的合理歸宿，是一種返真返自然之舉。《莊
子・庚桑楚》說：

　　古之人，其知有所至矣。惡乎至？有以為未始有物者，至矣，盡矣，
　　弗可以加矣。其次以為有物矣，將以生為喪也，以死為反也，是以
　　分已。其次曰始無有，既而有生，生俄而死；以無有為首，以生為
　　體，以死為尻；孰知有無死生之一守者，吾與之為友。

人的生死出自氣又歸於氣，這樣的思想使我們能有超越人類有限性的開闊胸
襟，對迎送死生抱持自然的態度，視生來死歸為自然變化的必然結果。既不必
悅生，也不必懼死，逍遙自在地來去。《莊子・知北遊》中則將死亡稱為「大歸」：

　　人生天地之間，若白駒之過郤，忽然而已。注然勃然，莫不出焉；
　　油然漻然，莫不入焉。已化而生，又化而死，生物哀之，人類悲之。

　　解其天弢，墮其天袠，紛乎宛乎，魂魄將往，乃身從之，乃大歸乎！

人生非常短暫，如同陽光從狹小的隙縫中穿過一樣，轉眼即逝，只是大道變
化的一個瞬間。人生於世，不過是順著自然的變化而生，又順著自然的變化
而死。人的死亡，形神俱散為氣，是回到本根，實在沒有悲傷的必要。生生
死死，都是大道流變的自然過程。有鑑於此，人們就應該從對死亡的哀傷和
悲痛中解脫出來，順隨生物的自然變化，保持內心的平靜祥和。做到了這一
點，也就達到了至理，回歸了大道。《列子》將死亡稱為是生命永恆安息的狀
態，〈天瑞〉說：

　　子貢倦於學，告仲尼曰：「願有所息。」仲尼曰：「生無所息。」子
　　貢曰：「然則賜息無所乎？」仲尼曰：「有焉耳。望其壙，皋如也，
　　宰如也，墳如也，鬲如也，則知所息矣。」子貢曰：「大哉死乎！君
　　子息焉，小人伏焉。」仲尼曰：「賜！汝知之矣。人胥知生之樂，未
　　知生之苦。知老之憊，未知老之佚。知死之惡，未知死之息也。晏
　　子曰：『善哉，古之有死也。仁者息焉，不仁者伏焉。』死也者，德

之徵也。古者謂死人爲歸人。夫言死人爲歸人，則生人爲行人矣。

行而不知歸，失家者也。一人失家，一世非之：天下失家，莫知非

焉。有人去鄉土，離六親，廢家業，遊於四方而不歸者，何人哉？

世必謂之爲狂蕩之人矣。又有人鍾賢世，矜巧能，脩名譽，誇張於

世而不知已者，亦何人哉？世必以爲智謀之士。此二者，胥失者也。

而世與一不與一，唯聖人知所與，知所去。」

　　子貢對學習感到厭倦，跑去告訴孔子，希望能休息一下。孔子告訴他，人活著是不能休息的。那麼什麼時候才能休息呢？人死亡之後也就能休息了，而且不論是君子或小人，均得在此休息。一般人只知道活著的快樂，卻不知道活著的痛苦；只知道老年疲弱多病，不知道老年的安逸；只知道死亡的可怕，而不知道死亡是一種難得的休息。死，就像一個人找到歸宿一樣，因此古人把死人叫做歸人。活著的人汲汲營營，勞苦奔忙，不就像是迷失方向不知返家的人。有一種人離開家鄉，拋棄親友，浪遊四方，世人譏其爲放蕩之人。另外一種人，爭名奪利，自恃炫耀，修飾名譽，世人譽之爲智謀之人。這兩種人皆沈溺於慾壑中而不能自拔，雖然世人的毀譽有別，其實兩者皆昧於眞理。只有聖人知道什麼是該讚許的，什麼是該擯棄的，能不爲物慾所役，即《莊子・大宗師》所說「與造物者爲人，而遊乎天地之一氣」。

　　這裡借子貢與仲尼的問答，提出對死亡的看法：生爲徭役，死爲休息。死亡對所有存在的生命來說，是一必然且都會歷經的過程，所謂「君子息焉，小人伏焉」，正揭示出死亡的普遍性。「死也者，德之徼也」，死亡是萬物對道的一種回歸。由於對生的執著，才使我們無法眞正理解死亡的意義。人活在這世上，奔波勞碌一生，經歷了各種人生歷練，年老體衰後，也該好好休息了，而死亡正是最徹底的休息。人來自自然，又復歸自然，死後等於回家一樣，怎麼不是一件喜事呢？「生無所息」，唯有「死」才能眞正放下一切，才是人類最後的歸宿。

　　《列子》從大自然的生息和人類社會的遞嬗發展來看待人的死亡，認爲如果前人皆不會死，怎會有後人立身之處。〈力命〉中有一則「齊景公泣牛山」的故事：

齊景公游於牛山，北臨其國城而流涕曰：「美哉國乎！鬱鬱芊芊，若

何滴滴去此國而死乎？使古無死者，寡人將去斯而之何？」史孔梁

丘據皆從而泣曰：「臣賴君之賜，疏食惡肉可得而食，駑馬稜車可得

而乘也。且猶不欲死，而況吾君乎？」晏子獨笑於旁。公雪涕而顧
晏子曰：「寡人今日之游悲，孔與據皆從寡人而泣，子之獨笑，何也？」
晏子對曰：「使賢者常守之，則太公桓公將常守之矣。使有勇者而常
守之，則莊公靈公將常守之矣。數君者將守之，吾君方將被蓑笠而
立乎畎畝之中，唯事之恤，行假念死乎？則吾君又安得此位而立焉？
以其迭處之迭去之，至於君也，而獨為之流涕，是不仁也。見不仁
之君，見諂諛之臣。臣見此二者，臣之所為獨竊笑也。」景公慙焉，
舉觴自罰，罰二臣者各二觴焉。

這裡以國君之位的繼承，說明死亡的自然現象。由於有前任國君的離開讓位，
才有現任國君的繼位，依此類推。如果做國君的都不想死，後人無法繼承，
這就是不仁之君。對於人的存在也是一樣的，如果人人都會死，怎會有後代
子孫的繁衍傳承。因此，《列子》把不願死之人稱為不仁之人。死並不可怕，
死亡正是使形體生命獲得休息的方式，若能以平常心看待生命的存在與死亡
的到來，則使身心獲得解脫安頓。《莊子·大宗師》說：

夫大塊載我以形，勞我以生，息我以死。故善吾生者，乃所以善吾
死也。

人的死生存亡實為一體，無從逃避也無須逃避，只要順任自然即可。「善吾
生」、「善吾死」，將生死等同視之。天地無窮，人的生命有限，人們要做的就
是順著自然規律。能真正認識到死亡的意義，是使生命獲得休息，而不是生
命的毀滅，就能破除對死亡的恐懼，能感受體會死亡的真正意義。《列子·力
命》說：

可以生而生，天福也；可以死而死，天福也。可以生而不生，天罰
也；可以死而不死，天罰也。可以生，可以死，得生得死有矣；不
可以生，不可以死，或死或生，有矣。然而生生死死，非物非我，
皆命也。智之所無奈何。

可以生存而生存，可以死亡而得以死亡，都是上天的恩賜，是天福。可以生
存而不得生存，可以死亡而不得以死亡，都是上天的懲罰，是天罰。上述情
形皆有可能發生，然而不論是哪一種狀況，都不是可以任隨己意或憑智力加
以更改的。生與死為生命現象的不同形態，都是自然而然且不得不然的，人
們對生死表現出喜悅快樂或憂慮恐懼，並不能有任何的改變，那麼又何必耗
費心力，企圖去改變些什麼。了解生死之理，順應自然的變化，才能從容地

享受生命的樂趣。《莊子‧知北遊》闡述此義說：

> 生也死之徒，死也生之始，孰知其紀！人之生，氣之聚也；聚則爲
> 生，散則爲死。若死生爲徒，吾又何患？故萬物一也，是其所美者
> 爲神奇，其所惡者爲臭腐；臭腐復化爲神奇，神奇復化爲臭腐。故
> 曰「通天下一氣耳」。聖人故貴一。

「生也死之徒，死也生之始」，生的過程也就是死的過程，生死相互轉化。《莊子》所說的「死生爲一條」（〈德充符〉）、「死生存亡之一體」（〈大宗師〉），就是把生死視爲一體。一般人將美好的事物視爲神奇，醜惡的就視爲臭腐。其實臭腐與神奇是能相互轉化的。宇宙內存生的萬物，根本上都可以相互融合爲一的，不過是以不同形狀變化著。不論是美麗的或是醜陋的，都是萬物形體的一種。這形體的變化，並不是一成而不變的，是時時刻刻在反覆地循環變化的。生死是個體在其流動過程中所經歷的不同階段，生轉化爲死，死轉化爲生，「始卒若環」（〈寓言〉）。如此循環不已，完全出於自然，「方生方死，方死方生」（〈齊物論〉），生死始終處於相互轉化之中。

　　《莊子》對生與死的本質分析與海德格爾很類似，他們都是把死亡視爲必然的過程，爲生命表現的一種現象。《莊子》說「死有所乎歸」（〈田子方〉），「予惡乎知惡死之非弱喪而不知歸者邪」（〈齊物論〉），「乃身從之，乃大歸乎」（〈知北遊〉）。海德格爾說：「死亡作爲此在（人的在）的終結乃是此在最本己的、無所關聯的、確知的，而作爲其本身則是不確定的、超不過的可能性」。〔註158〕如果生有其存在意義，那麼死同樣具有意義。生死皆爲道的轉換，不過形態不同，本質上並未有差異。因此，對待生死，不應有所差別，更不應該以生爲樂爲喜，以死爲苦爲悲。海德格爾甚至把死作爲人最本眞的存在方式，他說：

> 向死亡存在，就是先行到這樣一種存在者的能在中去：這種存在者
> 的存在方式就是先行本身。在先行者把這種能在揭露出來這回事
> 中，此在就爲它本身而向著它的最極端的可能性開展著自身。把自
> 身籌畫到最本己的能在上去，這卻是說：能夠在如此揭露出來的存
> 在者的存在中領會自己本身：生存。〔註159〕

〔註158〕見海德格爾：《存在與時間》（北京：生活‧讀書‧新知三聯書店，1987年12月），頁310。

〔註159〕同註158，頁314～315。

人只有面臨死亡時，才能最深刻地體會到自己的存在。人的死是最本己的，不可替代的。當一個人瀕臨死亡時，周圍的一切都消失了，惟有自我存在著，誰也幫不了我。此時，人才會把自己與他人、社會完全分離開來，才能讓自己眞正突顯出來，明白自己與其他存在者的不同。這時人才會突然醒悟，眞正清楚生的意義，重新發現自己的價値，使自己成爲自己。〔註160〕氣聚而爲形體，形體消亡時則氣散，氣散之後，又將重新凝聚，而生出另一個體。因此，個體的死生，實是氣的相互循環，且是無止盡的循環過程。從宇宙整體去看待生命，根本沒有所謂生死，有的只是一氣流通的變化而已。成玄英疏說：

> 夫氣聚爲生，氣散爲死，聚散雖異，爲氣則同。今斯則死生聚散，
> 可爲徒伴，既無其別，有何憂色。〔註161〕

王先謙注說：

> 死生循環無窮。
>
> 萬物之生死，總一氣也。〔註162〕

在天地之間，人的生命主要是氣的聚散，是氣的轉化，所以說「通天下一氣耳」。既然氣聚則生，氣散則死，則生爲一形式，死亦爲一形式。由生至死，不過是形式上的轉變而已。人們不必樂生而惡死，應該採取順應自然的態度。生命的出現與消失是自然變化中的一個環節而已，人沒有必要爲生而高興，爲死而哀傷。生與死是相關聯的，生而有死，死後有生，生死其實就是一回事，沒有區別。《莊子·天地》說：

> 萬物一府，死生同狀。

生與死本質上沒有區別，既然沒有區別，人又何必「悅生而惡死」（〈人間世〉），讓這生死成爲人生最大的桎梏。執著留戀於生而懼怕逃避死，是沒有必要且可笑的。人們應超脫這生死的枷鎖，將自己從倒懸中解救出來，以達到眞正的自由。成玄英疏說：「安於生時，則不厭其生；處於死順，則不惡其死。千變萬化，未始非吾，所適斯適，故憂樂無錯其懷矣。」〔註163〕《莊子·田子方》說：「死生亦大矣，而無變乎己，況爵祿乎！」〈齊物論〉說：「死生無變於己，而況利害之端乎！」當死生都不能影響自己時，還有什麼能使之動搖

〔註160〕見王凱：《逍遙游：莊子美學的現代闡釋》（武漢：武漢大學出版社，2003年12月），頁246。

〔註161〕見郭慶藩輯：《莊子集釋》（台北：華正書局，1994年8月），頁733。

〔註162〕見王先謙：《莊子集解》（台北：世界書局，1983年2月），頁138。

〔註163〕同註161，頁129。

呢？如果死後能得永遠的安息，不再有煩惱、憂愁、悲傷與苦痛，這不是爲逍遙的人生做了最好的準備。

（四）萬物皆化

　　萬物生於世上，無時無刻不處在變化之中，只是這種變化，人們在一時之間不易察覺而已。《莊子・至樂》與《列子・天瑞》皆有「種有幾」一段的描述，描寫了生物循環變化的過程。先看《莊子》中的描述：

> 種有幾，得水則爲䌓，得水土之際則爲䵷蠙之衣，生於陵屯則爲陵舄，陵舄得鬱棲則爲烏足。烏足之根爲蠐螬，其葉爲胡蝶。胡蝶胥也化而爲蟲，生於竈下，其狀若脫，其名爲鴝掇。鴝掇千日爲鳥，其名爲乾餘骨。乾餘骨之沫爲斯彌，斯彌爲食醯。頤輅生乎食醯，黃軦生乎九猷，瞀芮生乎腐蠸。羊奚比乎不筍，久竹生青寧；青寧生程，程生馬，馬生人，人又反入於機。萬物皆出於機，皆入於機。

這段文字主要說明萬物的生成過程。天地萬物都只是暫存的現象，在外在形式上會不斷反覆變化。當處於「生」的階段時，各有各的形貌；當處於「死」的階段時，精神會與形體分離，而回歸到原來的狀態，回到宇宙道體之中。這樣的宇宙生化、物種演變的觀點，與「天地與我並生，萬物與我爲一」（《莊子・齊物論》）的思想，相互貫通的。莊萬壽釋此文時說：〔註164〕

> 大意說物種有極微小的物質元素「幾」（機），在水中是水舄，在濕地是蝦蟆衣，在丘陵地是陵舄，然後變爲烏足草，又化金龜子的幼蟲蠐螬，再變蝴蝶、蟋蟀……果蠅、蛾繭、蚊、螢火蟲……鶡、鷃、布穀鳥、燕、蛤蜊、田鼠、鶉、母羊、猿猴、大黃蜂、細腰蜂……蜻蛉、青寧蟲……最後「馬主人」，又歸化爲「幾」。〔註165〕

這裡顯示人與萬物有著相同的物質元素，可以相互循環、依頓。從道的高度來觀照人們的生命，人的生命有限，而自然造化無窮，將人放置於宇宙自然之中，以無限涵容有限，則人們對生死的執著便消解掉了。此時人們所能獲得的是極大的精神自由，這就是以道合一的體道。《列子・天瑞》中藉著列子與弟子百豐的問答，來探討生命流轉的情形。文中說：

〔註164〕見莊萬壽：《莊子史論》（台北：萬卷樓，2000年8月），頁113。

〔註165〕見莊萬壽：〈莊子列子「種有機」章的新解〉，《大陸》雜誌五十九卷第2期，1979年8月。

子列子適衛，食於道，從者見百歲髑髏，攓蓬而指，顧謂弟子百豐
曰：「唯予與彼知而未嘗生未嘗死也。此過養乎？此過歡乎？」種有
幾：若圭黿爲鶉，得水爲䔍，得水土之際，則爲蛙蠙之衣。生於陵
屯，則爲陵舄。陵舄得鬱栖，則爲烏足。烏足之根爲蠐螬，其葉爲
胡蝶。胡蝶胥也，化而爲蟲，生竈下，其狀若脱，其名爲鴝掇。鴝
掇千日，化而爲鳥，其名爲乾餘骨。乾餘骨之沫爲斯彌，斯彌爲食
醯頤輅，食醯頤輅生乎食醯黃軦，食醯黃軦生乎九猷，九猷生乎瞀
芮，瞀芮生乎腐蠸。羊肝化爲地皋，馬血之爲轉鄰也，人血之爲野
火也。鷂之爲鸇，鸇之爲布穀，布穀久復爲鷂也，燕之爲蛤也。田
鼠之爲鶉也。朽瓜之爲魚也。老韭之爲莧也。老羭之爲猨也。魚卵
之爲蟲。亶爰之獸自孕而生曰類。河澤之鳥視而生曰鶂。純雌其名
大腰，純雄其名穉蜂。思士不妻而感，思女不夫而孕。后稷生乎巨
跡，伊尹生乎空桑。厥昭生乎溼，醯雞生乎酒。羊奚比乎不筍，久
竹生青寧，青寧生程，程生馬，馬生人，人久入於機。萬物皆出於
機，皆入於機。

列子認爲生與死並沒有什麼不同，因爲生死的變化是萬物都不能避免的。生
死變化不可測，生於此的或許正好死於彼，人死了只是重返無窮變化之中，
那又何必斤斤計較生死的事呢？若能明白「生不常存」、「死不永滅」的道理，
就不會樂生懼死。萬形的變化最後都歸於不化，因此「萬物皆出於機，皆入
於機」。張湛注說：

夫生死變化，胡可測哉？生於此者，或死於彼；死於彼者，或生於
此。而形生之生，未嘗暫無。是以聖人知生不常存，死不永滅；一
氣之變，所適萬形。萬形萬化而不化者，存歸於不化，故謂之機。
機者，群有之始，動之所宗，故出無入有，散有反無，靡不由之也。
〔註166〕

「機」是萬物的本源。萬物都有能變能化的「機」，在不同情況之下，就能產
生變化，而化爲不同形狀的物體。因此，萬物可以相互地變化，這是一種自
然也是必然的現象。吳瑞文在〈《列子・天瑞篇》義理結構試詮〉一文中說：

這裡探討了不同物種之間相互轉化的現象，然而其中心主旨卻是對
生死問題的探究。「機」一方面是萬物出入的門户，是萬物所從出及

所返回的歸宿；一方面指涉萬物在宇宙論上氣形質未相離的「渾淪」
狀態，因此是萬物所必從出的門戶與返回的歸宿。總言之，「種有機」
在揭示物化之能力，並從宇宙論的觀點指出物化之形上理據爲「氣」
的變化、流轉。〔註167〕

《列子・說符》中舉「鮑氏之子」的故事，說明萬物與人皆處在無止盡的生
化循環中。文中說：

> 齊田氏祖於庭，食客千人。中坐有獻魚雁者，田氏視之，乃歎曰：「天
> 之於民厚矣！殖五穀，生魚鳥以爲之用。」眾客和之如響。鮑氏之
> 子年十二，預於次，進曰：「不如君言。天地萬物與我並生，類也。
> 類無貴賤，徒以小大智力而相制，迭相食；非相爲而生之。人取可
> 食者而食之，豈天本爲人生之？且蚊蚋噆膚，虎狼食肉，非天本爲
> 蚊蚋生人虎狼生肉者哉？」

《列子》認爲生死是一種自然現象，是一種氣化過程。所謂生死，不過是陰
陽之氣的表現形式。從大道運作或氣化的角度來看，生死是不同形式的表現，
本質上並沒有不同。萬物皆一氣之轉，所謂「陰陽之所變者，謂之生，謂之
死」（《列子・周穆王》）。萬物形體雖有變遷，並沒有眞正的死亡可言。《列子・
天瑞》說：

> 死之與生，一往一反。故死於是者，安知不生於彼？故吾知其不相
> 若矣？吾又安知營營而求生非惑乎？亦又安知吾今之死不愈昔之生
> 乎？

以氣的觀點來說，物我彼此間可透過氣相互轉化，物可以化爲我，我也可以化
爲物，我和物是氣的不同表現形式。以生命的生長、壞滅過程來說，經歷嬰孩、
少壯、老耄、死亡四個過程後又重新循環，如此周而復始。因此，在這一氣之
轉下，並無眞正的死亡可言，所以說「未嘗生未嘗死」（《列子・天瑞》）。

　　《莊》《列》從萬物皆出於機，皆入於機的天道自然出發，認爲萬物雖外
在形體有所不同，本質上沒有不同。以此看待人的生死，則生死亦無差異。《莊
子・寓言》說：「萬物皆種也，以不同形相禪，始卒若環，莫得其倫。」萬物
有不同的種類，以不同的形相來轉換，每一點是起點也同樣是終點。《列子・
天瑞》中說：「誠然，天地萬物不相離也。」同樣反映了萬物與天地一體、與

〔註167〕見吳瑞文：〈《列子・天瑞篇》義理結構試詮〉，《哲學與文化》第 28 卷第 11
　　　　期，2001 年 11 月，頁 1064。

造化同流的思想。因此，我們說《莊子》與《列子》二者的生死觀在本質上是相通的，是與一般世俗價值觀念不同的，對於生死採因任自然的態度，不悅生亦不惡死，使人處在這苦難的人間世，能以更豁達的心胸，更寬廣的視野去面對，從而獲得更多的生存力量與人生價值。同樣對死亡問題予以高度關注，把它作爲人生意義問題之一加以思考。對生死的超越，標誌著人生覺悟內容的充實，對於現實的人生就不會流於虛僞的說教。道家的自然主義對人生的態度，由此有了更爲具體的表現。〔註168〕

第三節　認識論

世間的事物雖存在著差異，但這種差異不是絕對的，會因著許多因素而改變，所以沒有一定的標準可以作爲判斷。世人卻常以各自所定的價值標準作爲判斷依據，每個人立場看法不同，加上自身的種種侷限，又如何公正且客觀地看待所有的人、事、物。因此，實在沒有必要以一己所見批評他人，做出種種區別，甚至連這種區別之心都不要有，以消除彼此的對立。進而認識到是非本無別，名實本無絕對的關聯性，一般的知識是有限的，只有眞知才是眞正的智慧。

一、《莊子》認識論

道的運行無窮無盡，「天道運而無所積」（〈天道〉），而人與萬物只是短暫寄託於其中，生死皆爲其過程，所謂「人生天地之間，若白駒之過郤，忽然而已」、「物之生也，若驟若馳，無動而不變，無時而不移」（〈秋水〉）。《莊子》以快馬馳過空隙爲喻，說明人生的全部過程，像是轉眼之間的事，來自於自然，又回歸於自然。萬物的生長也不例外，無時無刻不在變化著，就如快馬奔馳般急速。因此，所有的萬物，根本沒有固定的形態可言，如果只是看到表象，便要加以區別，那又如何區別得盡呢？所以，齊一萬物成爲必然的趨勢。在萬物齊一的狀態下，認識到事物只具相對性，而不具絕對性，則一切分別心皆可泯除，競逐心皆可沈澱，能以更爲寬廣之心胸與視野，來重新認識這個世界。

〔註168〕見強昱：《知止與照曠——莊學通幽》（北京：宗教文化出版社，2004 年 10月），頁 99。

（一）是非難定

　　道原本是完整和諧的，從道的角度去看，萬物齊一。但是，人們硬要將本質上沒有分別的事物做出區別，於是損害了道的整全。〈齊物論〉說：「是非之彰也，道之所以虧也。」當有是非善惡之分時，也就是對道的破壞。《莊子》便認為世上不存在判定是非的標準，〈齊物論〉中有一段關於「辯無勝」的論述，說明人所說是非界限是無法確定的。文中說：

　　　　既使我與若辯矣，若勝我，我不若勝，若果是也，我果非也邪？我
　　　　勝若，若不吾勝，我果是也，而果非也邪？其或是也，其或非也邪？
　　　　其俱是也，其俱非也邪？我與若不能相知也，則人固受其黮闇。
　　　　吾誰使正之？使同乎若者正之？既與若同矣，惡能正之？使同乎我
　　　　者正之？既同乎我矣，惡能正之？使異乎我與若者正之？既異乎我
　　　　與若矣，惡能正之？使同乎我與若者正之？既同乎我與若矣，惡能
　　　　正之？然則我與若與人俱不能相知也，而待彼也邪？

個體自身無法證明自己的認識正確與否，到底誰是真「是」，誰是真「非」，沒有人可以斷定。每個人以自己的主觀作為標準，則共同的標準無從建立。只要是由人來做判斷，就會受主觀意識的影響，就算請出第三者，也不能解決問題，因為第三者也有其立場。以此類推，永遠沒有一個最後的決斷者，當然也就沒有一個判定是非的標準。誰是誰非，都不是絕對的真理。如果能放棄自己的主觀成見，超越彼此的對立關係，爭論才有消解的可能。

　　在《莊子》看來，世間的一切，本無是非的差別，因為有了「成心」，便生出這許多差別。「成心」指的是成見、偏見，即個人主觀的意見，這會因著價值觀的不同，對事物有不同的看法。〈齊物論〉說：

　　　　未成乎心而有是非，是今日適越而昔至也。是以無有為有。

因為每個人都有各自的主觀意見，且以自己的看法為當作標準，於是產生是非，引起許多不必要的爭論困擾。《莊子》以「今日適越而昔至也」為喻，說明在沒有統一標準的情況下，就要判定是非，那就同今天出發去越國，而昨天就已經到達一樣，是不可能發生的事情。所以，有了成心，便有了這許許多多的是非。成玄英疏說：

　　　　吳越路遙，必須積旬方達，今朝發途，昨日何由至哉？欲明是非彼
　　　　我，生自妄心。言心必也未定，是非從何而有？故先分別而後是非，

先造途而後至越。〔註169〕

所以一切的是非，都根源於成心，根源於一己的偏見。既然是非難以論定，
不過徒增困擾，引來更多紛爭，因此，對於這些經由世俗的價值觀，所判斷
出來的是非，便得採取一種超然的態度。〈齊物論〉說：

> 故有儒墨之是非，以是其所非而非其所是。欲是其所非，而非其所
> 是，則莫若以明。物无非彼，物无非是。自彼則不見，自知則知之。
> 故曰：彼出於是，是亦因彼。彼是方生之說也。雖然，方生方死，
> 方死方生。方可分不可，方不可方可。因是因非，因非因是。是以
> 聖人不由，而照之于天，亦因是也。是亦彼也，彼亦是也。彼亦一
> 是非，此亦一是非。果且有彼是乎哉？果且無彼是乎哉？彼是莫得
> 其偶，謂之道樞。樞始得其環中，以應無窮。是亦一無窮，非亦一
> 無窮也，故曰：莫若以明。

人們生活的世界中，無論是非、大小、壽夭、死亡等觀念，都是相對的。有
彼則有此，有此則有彼。這彼與此的分別，正顯示出人們在認識事物時的不
完整性，也說明事物的依存關係。既然事物的判斷標準只具相對性，那麼這
標準也是流變不定的，「因是因非，因非因是」，也就不必固執於某一標準與
觀點，也無須因追逐這不明確的標準而心生惶恐憂懼。同篇中又說：

> 勞神明爲一，而不知其同也，謂之朝三。何謂朝三？狙公賦芧，曰：
> 「朝三而暮四」，眾狙皆怒。曰：「然則朝四而暮三」，眾狙皆悅。名
> 實未虧而喜怒爲用，亦因是也。是以聖人和之以是非，而休乎天鈞，
> 是之謂兩行。

朝三暮四與朝四暮三有什麼差別呢？從道的觀點去看，雖然作法有所不同，
結果卻是一樣的。人們勞神明去明辨是非，不是與猴子的行爲差不多嗎？眞
正具有智慧的人，在面對繁瑣的事務時，採取的態度便是「兩行」，即不去區
分是非。王夫之說：「兩行，兩端皆可行也。適得而已。」〔註170〕又說：

> 故以天爲照，以懷爲藏，以兩行爲機，以成純爲合，而去彼之所謂
> 明，以用吾眞知之明；因之而生者，因之而已，不與之同，不與之
> 異，唯用是適；則無言可也，雖有言以曼衍窮年，無不可也。不立
> 一我之量，以生相對之耦，而惡有不齊之物論乎？此莊生之所以凌

〔註169〕見郭慶藩輯：《莊子集釋》（台北：華正書局，1994 年 8 月），頁 62。
〔註170〕見王夫之：《莊子解》（台北：河洛圖書，1974 年 10 月），頁 19。

轢百家而冒其外者也。〔註171〕

一有言論的爭辯，有了是非之別，便是落入對待之中。「類與不類，相與爲類」（〈齊物論〉），都是有了分別之意。因此，要怎樣才能做到不分別事物，那就要隨物自然，「和以天倪」。〈齊物論〉說：

> 何謂和之以天倪？曰：是不是、然不然，是若果是也，則是之異乎不是也，亦無辯；然若果然也，則然之異乎不然也，亦無辯。化聲之相待，若其不相待，和之以天倪，因之以曼衍，所以窮年也。忘年忘義，振於無竟，故寓諸無竟。

郭象注說：「天倪者，自然之分也。」〔註172〕在自己的心中消除了是非的界限，那也就無所謂是非了。人們身陷價值判斷的泥淖中，無法認清事物的眞相。〈秋水〉說：

> 昔者堯舜讓而帝，之噲讓而絕；湯武爭而王，白公爭而滅。由此觀之，爭讓之禮，堯桀之行，貴賤有時，未可以爲常也。梁麗可以衝城，而不可以窒穴，言殊器也；騏驥驊騮，一日而馳千里，捕鼠不如狸狌，言殊技也；鴟鵂夜撮蚤，察毫末，晝出瞋目而不見丘山，言殊性也。

堯的禪讓成就了美名，噲的讓位卻造成了亡國。商湯、武王因爭奪而成就功業，白公勝卻因爭奪而身亡。同樣是讓位與爭奪，卻造成了截然不同的結果，這正說明世俗價值的不確定性。在不同的時空背景下，價值所呈現的意義竟有如此大的差異。棟梁可以用來衝撞城牆，但不可以用來堵塞小洞。騏驥驊騮能日行千里，但捕鼠比不上貓和黃鼠狼。貓頭鷹夜間比白日看得更清楚。這些都是自然天性，是無法判定高低的。要了解物的差別是隨時空轉換而變化消失，因此無須專注於事物的差別性。以「通天下一氣」（〈知北遊〉）的觀點出發，萬物在本質上是相通、相同的。《莊子》書中表述了這一觀念：

> 萬物皆出於機，皆入於機。（〈至樂〉）

> 萬物皆種也，以不同形相禪，始卒若環，莫得其倫（〈寓言〉）

萬物雖然有形態上的差異，根本上都可以相互融合爲一的，不過是以不同形狀變化著，所謂「萬物以形相生」（〈知北遊〉）、「萬物皆化」（〈至樂〉），萬物間的界限是相對的、暫時的。因此，世俗中所有的差異，包括是非、生死、

〔註171〕見王夫之：《莊子解》（台北：河洛圖書，1974年10月），頁10。
〔註172〕見郭慶藩輯：《莊子集釋》（台北：華正書局，1994年8月），頁109。

善惡、美醜等相對觀念，便在萬物殊性、萬物皆一的觀念中，獲得理解而消融了。

（二）認知有限

《莊子》中對作爲具體的、個別的事物的認知相對性的論述，是從寬廣深遠的根本方面，描述了對具體事物感性認識相對性的情景，同時也在某種程度上揭示了造成這種相對性的原因。〔註173〕由於認識能力的侷限，人沒有辦法認識事物的眞相。《莊子》說：

> 故視而可見者，形與色也；聽而可聞者，名與聲也。悲夫，世人以形色名聲爲足以得彼之情！夫形色名聲果不足以得彼之情，則知者不言，言者不知，而世豈識之哉！（〈天道〉）
>
> 大公調曰：「雞鳴狗吠，是人之所知；雖有大知，不能以言讀其所自化，又不能以意其所將爲。」（〈則陽〉）

眼睛可以看到的是形體和顏色，耳朵可以聽見的是名辭和聲音。這些使用感官所能得到的，並不代表事物的眞實。同樣，雞鳴狗吠是人們所知道的，即使有大智慧的人，並不能用語言來說明爲什麼會這樣的原因，也無法臆測出下一步會做些什麼。所以，人們雖然知道了事物的現象，但並不了解眞相爲何。再說，人的認知能力因著先天條件的不同有了限制。〈齊物論〉說：

> 民溼寢則腰疾偏死，鰌然乎哉？木處則惴慄恂懼，猨猴然乎哉？三者孰知正處？民食芻豢，麋鹿食薦，蝍蛆甘帶，鴟鴉嗜鼠，四者孰知正味？猨猵狙以爲雌，麋與鹿交，鰌與魚游。毛嬙麗姬，人之所美也；魚見之深入，鳥見之高飛，麋鹿見之決驟。四者孰知天下之正色哉？

萬物有其不同的先天條件，對於不同主體的認識是受到限制的，就以人、魚、鳥、獸來說，所謂的正處、正味、正色的標準是不可能一致的，也難以體會對方所謂的正處、正味、正色。那麼要依著誰的標準才是正確的，答案是沒有絕對的標準。所以，不要以爲自己所見所知即爲正確，即是標準，更不要強不知以爲知。《莊子》認識到人的認知能力本就有所不足，非全面性的，而且這是無法改易的事實。書中說：

> 夫知遇而不知所不遇，知能能而不能所不能。無知無能者，固人之所不免也。夫務免乎人之所不免者，豈不亦悲哉！（〈知北遊〉）

〔註173〕見崔大華：《莊學研究》（北京：人民出版社，1992年7月），頁270。

> 故目之於明也殆，耳之於聰也殆，心之於殉也殆。凡能其於府也殆，
>
> 殆之成也不給改。禍之長也茲萃。（〈徐無鬼〉）

對於感官心思過度地依賴追求，將為自己招來危殆災禍，也就離道更遠了。
人無法全知、全能，總是有不知道及不能做到的事情。《莊子》說：

> 萬物有乎生而莫見其根，有乎出而莫見其門。（〈則陽〉）
>
> 仲尼曰：「化其萬物而不知其禪之者，焉知其所終？焉知其所始？」
>
> （〈山木〉）

人所認識到的只是生成變化的現象，而不是其根本原因。同樣，人們所知道
的也只是事物的變化，而不是使其變化的背後因素。個人的生命是短暫的，
心智的能力是有限的，加以被認識的對象無限，任其花再多的精力也無法認
識事物所有的真相。因此，要獲得真知是一件十分困難的事情，〈秋水〉說：

> 計人之所知，不若其所不知；其生之時，不若未生之時；以其至小
>
> 求窮其至大之域，是故迷亂而不能自得也。

以有限的生命及知能去追求無限的知識，當然會覺得疲憊不堪。而在了解兩
者的關係之後，仍執著於知識的追求，則過於愚昧不知變通。因此知識的探
求超出限度的範圍之外，則應適可而止。對於能力所不能達到的事物，應安
於無知。吳怡在《逍遙的莊子》一書中說：

> 莊子的思想是要追求智慧，而揚棄知識的，在莊子全書中，論知的
>
> 地方很多，我們把它們概括起來，有以下的關係：知（智慧）─知
>
> （知識）。按照層次來說，上一層是智慧，下一層是知識。〔註174〕

人的認識往往受到時空、環境等因素的影響，是有限且局部的，其所認識到
的對象及其性質也是相對的。〈秋水〉中藉北海若之口對河伯說：

> 井蛙不可以語於海者，拘於墟也；夏蟲不可以語於冰者，篤於時也；
>
> 曲士不可以語於道者，束於教也。今爾出於涯涘，觀於大海，乃知
>
> 爾醜，爾將可與語大理矣。

人們使用知識所能理解的事是極其有限的，因為「拘於墟」、「篤於時」、「束
於教」的關係，難以把握全面的真理。所以，要達到「可與語大理」之前，
必須先走出狹小的認識範圍，打破感官經驗的限制。卡爾‧波普爾說：「我們
知識只能是有限的，而我們的無知必定是無限的。」〔註175〕任何知識都是有

〔註174〕見吳怡：《逍遙的莊子》（台北：東大圖書，1991年10月），頁61。
〔註175〕見卡爾‧波普爾著、傅季重等譯：《猜想與反駁》（上海：上海譯文出版社，

限的，〈外物〉中講了一個「神龜刳腸」的故事，表述了知有所困的思想。文中說：

> 宋元君夜半而夢人披髮闚阿門，曰：「予自宰路之淵，予爲清江使河
> 伯之所，漁者余且得予。」元君覺，使人占之，曰：「此神龜也。」
> 君曰：「漁者有余且乎？」左右曰：「有。」君曰：「令余且會朝。」
> 明日，余且朝。君曰：「漁何得？」對曰：「且之網得白龜焉，其圓
> 五尺。」君曰：「獻若之龜。」龜至，君再欲殺之，再欲活之，心疑，
> 卜之，曰：「殺龜以卜，吉。」乃刳龜，七十二鑽而无遺筴。仲尼曰：
> 「神龜能見夢於元君，而不能避余且之網；知能七十二鑽而无遺筴，
> 不能避刳腸之患。如是，則知有所困，神有所不及也。雖有至知，
> 萬人謀之。」

神龜托夢於宋元君，本在求生，不料反致於死。神龜雖能測事，卻不能自測，能告人以吉凶，不能知自己的吉凶。能托夢卻不能避漁網、能預測事情卻不能測出將遭殺身之禍。神龜托夢，看似明智，但結果反而死了，實是不智。智慧也有窮困莫展的時候，一個人若知道自己的智慧能力是有限的，可順其所知而避其所不知，如此方能免患。世界上的智者都有其不智之處，而這正是其不免於禍的原因。怎樣才能獲得真正的大智，唯一的辦法就是去智，這種無智即是大智。神龜不正是由於它可用於占卜，而且每卜必驗，才被刳腸而死的。

人的認知有限，在自己所知之外的未知，實在是太多了，就像「朝菌不知晦朔，蟪蛄不知春秋」（〈逍遙遊〉）一樣。《莊子》並不贊同人們過份追求知識，〈胠篋〉說：

> 上誠好知而無道，則天下大亂矣！何以知其然邪？夫弓弩畢弋機變
> 之知多，則鳥亂於上矣；鉤餌罔罟罾笱之知多，則魚亂於水矣；削
> 格羅落置罘之知多，則獸亂於澤矣；知詐漸毒、頡滑堅白、解垢同
> 異之變多，則俗惑於辯矣。故天下每每大亂，罪在於好知。

很多人只「知求其所不知，而莫知求其所已知者，皆知非其所不善，而莫知非其所已善者」（〈胠篋〉）。成玄英疏說：「夫忘懷任物，則宇內清夷，執跡用智，則天下大亂。故知上下昏昏，由乎好智。」〔註176〕天下人只知道追求他們所不知道的，只知道批評他們所不喜歡的，而不知檢討自我，自以爲是，

1986），頁40～41。

〔註176〕見郭慶藩輯：《莊子集釋》（台北：華正書局，1994年8月），頁362。

天下如何會不亂呢？《莊子》在〈齊物論〉中慨然嘆道：

> 自我觀之，仁義之端，是非之塗，樊然殽亂，吾惡能知其辯！

如果每個人都只照自己的觀點評判事物，那所謂的仁義、是非標準錯雜紛亂，又該如何公正而正確地做判斷。在這裡《莊子》很明確地點出，人們在面對事物所具有的相對性時，經常是困惑而難以跳脫出限制的。

（三）語言問題

《莊子》認為語言不能表達事物的眞相，反而是對「眞」的遮蔽。〈齊物論〉中對語言的本質做了一番深刻的考察：

> 夫言非吹也，言者有言，其所言者特未定也。果有言邪？其未嘗有言邪？其以爲異於鷇音，亦有辯乎？其无辯乎？道惡乎隱而有眞僞？言惡乎隱而有是非？道惡乎往而不存，言惡存而不可？道隱於小成，言隱於榮華。

人們的言論與大風吹出的聲音或鳥獸的聲音不同，必須表達某種意思。但是由於認識對象處於變動不居的狀態，人們無法確切地表達其眞實情況。因此，對事物的認識侷限於片面，無法了解事物的眞相，各自執著於自己的成見，語言便成爲了巧辯的工具。〈秋水〉說：

> 可以言論者，物之粗也；可以意致者，物之精也；言之所不能論，意之所不能察致者，不期精粗焉。

道是超越性的存在，並非語言的對象。所以說可以用語言表達的，只是物可見的形象部分，這是語言本身的侷限性。語言本身的障蔽及使用者的成心，使得客觀的標準無法建立，語言便成爲了是非爭論的源由。王夫之《莊子解》說：

> 使言而僅如吹歟？洪纖雖殊而不相爭軋。言者有立言之旨，是非相競而其亂滋甚。乃其所言之是非，爲氣所激，以淫於知而無定理，則固可視之如鷇音，一氣至而鳴耳，是非奚足論哉！」〔註177〕

言論被華麗的詞藻所遮蔽，事實的眞相被片面的認識所隱蔽，對於事情眞相的迷惑不清，產生了是非。成玄英疏說：

> 小成者，謂仁義五德。小道而有所成得者，謂之小成也。世薄時澆，惟行仁義，不能行于大道，故言道隱于小成，而道不可廢也。故老

〔註177〕見王夫之：《莊子解》（台北：河洛圖書，1974年10月），頁16。

> 子云：「大道廢，有仁義。」榮華者，謂浮辯之辭，華美之言也。只
> 爲滯于華辯，所以蔽隱至言。所以老子云：「信言不美，美言不信」。
> 〔註178〕

語言成爲是非爭論的工具，對與自己意見相左者進行攻訐，造成「喜怒相疑，愚知相欺，善否相非，誕信相譏」（〈在宥〉）的情形。這也是語言的矛盾處，人們溝通交流時須通過語言表達，但是在語言表達出來之後，又產生了不完整的現象。〈齊物論〉說：

> 天地與我並生，而萬物與我爲一。既已爲一矣，且得有言乎？既已
> 謂之一矣，且得無言乎？一與言爲二，二與一爲三。自此以往，巧
> 歷不能得，而況其凡乎？故自無適有以至於三，而況自有適有乎？
> 無適焉，因是已。

道家所說的道不是客觀形態的道，名之爲「一」，只是爲了方便說明。沒有「言」的時候，天地萬物齊一，爲沒有分別的的整體，叫做「一」。有了「言」便打破了那齊一。成玄英疏說：

> 夫玄道冥寂，理絕形聲，又引迷途，稱謂斯起。故一雖玄統，而猶
> 是名教。既謂之一，豈曰無言乎！〔註179〕

彼此的對待，只是人們所站的角度不同，角度發生變化，彼此的對待關係也就隨之變化。如果一定要爭論出誰是誰非，那是永遠沒有定論的。更何況天下事物何其多，若每個事物都有其是非，那麼天下就有無窮盡的是非。既然如此，辨別是非還有什麼意義嗎？《莊子》中指出語言無法傳達出眞實的道，〈天道〉說：

> 桓公讀書於堂上，輪扁斲輪於堂下，釋椎鑿而上，問桓公曰：「敢問，
> 公之所讀者何言邪？」公曰：「聖人之言也。」曰：「聖人在乎？」
> 公曰：「已死矣。」曰：「然則君之所讀者，古人之糟魄已矣！」桓
> 公曰：「寡人讀書，輪人安得議乎！有說則可，無說則死。」輪扁曰：
> 「臣也以臣之事觀之。斲輪，徐則甘而不固，疾則苦而不入。不徐
> 不疾，得之於手而應於心，口不能言，有數存焉於其間。臣不能以
> 喻臣之子，臣之子亦不能受之於臣，是以行年七十而老斲輪。古之
> 人與其不可傳也死矣，然則君之所讀者，古人之糟魄已矣！」

〔註178〕見郭慶藩輯：《莊子集釋》（台北：華正書局，1994 年 8 月），頁 64。
〔註179〕同註 178，頁 82。

書中用語言記錄下來的，只是所謂「陳迹」，陳迹是無法完全等同於所言者之
意的，與「夫六經，先王之陳迹也」(〈天運〉)的意思一樣。言說既無法呈現
出所言者之意，更遑論於道。書上的語言只是道的糟粕而已，真正的道，即
使是親如父子也無法傳授的，必須求道者親身的體驗，才能獲得。言既然不
能盡意，《莊子》提出了「得意忘言」的看法。〈外物〉說：

> 筌者所以在魚，得魚而忘筌；蹄者所以在兔，得兔而忘蹄；言者所
> 以在意，得意而忘言。吾安得夫忘言之人而與之言哉！

言說的目的在表達說明某種意義或道理，但言本身並非是意，它就像筌蹄在
幫助人們獲得魚兔一樣，當工作完成時，便不再拘泥於工具。所以人們在得
「意」之後，必須忘言而不固執於己說。〈則陽〉中，《莊子》借孔子之口表
達了對楚國市南宜僚的讚賞。文中說：

> 是聖人僕也。是自埋於民，自藏於畔。其聲銷，其志无窮，其口雖
> 言，其心未嘗言，方且與世違而心不屑與之俱。

「其口雖言，其心未嘗言」，意味著言者不固執於己見，也不強加己見於他人，
表現出對言的謹慎與認識。道不是語言所能表達的，真知是無言的，《莊子》
在書中多次表達這樣的觀念：

> 道不可言，言而非也。知形形之不形乎！道不當名。(〈知北遊〉)
> 夫大道不稱，大辯不言。(〈齊物論〉)
> 夫知者不言，言者不知，故聖人行不言之教。(〈知北遊〉)

道通為一，語言卻是變化不斷的。「言者，風波也」(〈人間世〉)，語言就像變動
不居的風波。正由於道的無窮無盡和語言的變化不定，決定了道不可言，不適
合言的特性。如果一定要為道畫出界限，道也就不稱為道了。〈齊物論〉說：

> 夫道未始有封，言未始有常，為是而有畛也，請言其畛：有左，有
> 右，有倫，有議，有分，有辯，有競，有爭，此之謂八德。

大道是完整一體的，不容分割。只要一有分別心，大道即成為支離破碎的認
知對象。「畛」就是界限，就是是非的分界，一旦開始了區別，便只能無止盡
地繼續下去，心靈活動那裡會有停止的一刻，人心當然疲憊不堪。崔宜明說：

> 道是不知其然而然，言是知其然而未然。因此，道不可說，倘一定
> 要說，即使你的言說意指的是「道」，而說出來的卻只能是「物」。

〔註180〕

〔註180〕見崔宜明：《生存與智慧——莊子哲學的現代闡釋》(上海：上海人民出版社，

爲了以有限的語言表達道，又爲了克服語言本身的困境，《莊子》主張要以非言非默的態度來面對。〈則陽〉說：

> 道不可有，有不可無。道之爲名，所假而行。或使莫爲，在物一曲，
> 夫胡爲於大方？言而足，則終日言而盡道；言而不足，則終日言而
> 盡物。道物之極，言默不足以載；非言非默，議有所極。

關於道不當言，不可言的特性，前文中已做過陳述。依此特性，則語言所表達的是無法通達於道的境界的。但是爲讓世人了解，又不得不言，於是《莊子》提出一種特殊的表達形式，稱爲「非言非默」，也就是言無言。〈寓言〉說：

> 言無言。終身言，未嘗言。終身不言，未嘗不言。

郭象注說：「言彼所言，故雖有言而我竟不言。」〔註181〕言，是因爲要對道有所說明，所以姑且言之。無言，是因爲眞道是不可言說的，所以避免主觀的論述。「非言非默」的方式，便是要人們跳脫出語言符號的侷限與陷阱，透過哲理深刻、形象鮮明的文字藝術，讓人去自由體證道的境界。

二、《列子》認識論

《列子》認爲生死並不是人所能任意左右的，是非、善惡、美醜、壽夭等等，也不是人所能明確加以區分的。千萬別以爲所看到的表象，所認定的是非、美醜標準，就是確實的眞相，就是絕對不變的準則，否則將產生患得患失的情形，反而帶來了無窮盡的煩惱。

（一）是非無別

世上的一切事物與規範，如是非、善惡、美醜、壽夭等等，都是相對產生的。人們爲區分其差別，必然有了分別之心，這分別之心正是一切煩惱憂愁之端。可是，人們往往不能自覺，在是非、善惡這些觀念中不斷追逐，甚至認爲自己的追求是眞實且正確的。其實，一切相對待而生的事物，都是不眞實的，常在變化中。《列子》要人們泯除是非差別，〈周穆王〉說：

> 宋陽里華子中年病忘，朝取而夕忘，夕與而朝忘。在塗則忘行，在
> 室則忘坐。今不識先，後不識今。闔室毒之。謁史而卜之，弗占；
> 謁巫而禱之，弗禁；謁醫而攻之，弗已。

1996 年 12 月），頁 20。

〔註181〕見郭慶藩輯：《莊子集釋》（台北：華正書局，1994 年 8 月），頁 950。

宋國有個叫華子的人，中年時得了健忘症。早上拿的東西，到了晚上就忘了；晚上給的東西，隔天早上就又忘記了。在道路上忘記行走，在屋子裡忘記就坐。現在記不起過去，以後又記不起現在；不認識先後的順序，不知道古今的差異。全家人為他的病而苦惱，請卜師為他占卜，請巫師為他祈禱，請醫生為他診治，全都無效。魯國有位儒生自稱能好華子的病，家人只好讓他試一試：

> 於是試露之，而求衣；飢之，而求食；幽之，而求明。儒生欣然告
> 其子曰：「疾可已矣。然吾之方密，傳世不以告人。試屏左右，獨與
> 居室七日。」從之。莫知其所施為也，而積年之疾一朝都除。

儒生把華子放在露天裡，他冷了就要衣服穿；讓他餓肚子，他餓了就要東西吃；幽禁在暗處，他看不見就要求光亮。之後，儒生告訴子華的兒子，子華的病可以治得好，但方法不得告訴外人，要與子華單獨待在屋裡七天。家人照儒生的吩咐去做，不久，果然治好子華的病：

> 華子既悟，迺大怒，黜妻罰子，操戈逐儒生。宋人執而問其以。

子華醒悟之後，卻大發雷霆，斥責怪罪家人，甚至拿著戈憤而驅趕儒生。大家覺得莫名其妙，子華卻說：

> 曩吾忘也，蕩蕩然不覺天地之有無。今頓識既往，數十年來存亡、
> 得失、哀樂、好惡，擾擾萬緒起矣。吾恐將來之存亡、得失、哀樂、
> 好惡之亂吾心如此也，須臾之忘，可復得乎？

以前華子患健忘症時，過得渺渺茫茫、坦坦蕩蕩，覺得天地的有無都與其無關。現在突然恢復了所有的記憶，幾十年來的往事，包括生死得失，哀樂好惡等等，一下子全湧上心頭，心中千頭萬緒，情緒紛亂不已。將來這些生死得失、哀樂好惡，還會不斷地擾亂心境，如果想再忘記，就算只是短暫的時間，已是不可能的了。

華子把一切世事全都忘記，沒有是非好惡等差別心，心境反而更加寧靜。但看在一般人的眼裡，卻認為是得了重病，此實是以世俗的價值觀來加以判斷。華子的健忘，對外在是非的差別均不在意，一任自然，過著自在自如的生活，正如《老子·二十八章》所說：「復歸於嬰兒。」回復到嬰兒的狀態，就是回到最自然、純真，最富生命力的狀態。既已達如此之境，當然不願恢復到過去那俗事纏心，慮多思苦的生活。華子之能忘，非有高深的修養者無法做到，亦難以為世俗之人所理解，所以有「子貢聞而怪之」的舉動，也難

怪孔子說他「此非汝所及乎」，則子貢尚未能體悟華子的境界。由「陽里華子病忘」一事，可以得知世間的價值判斷沒有一定的標準，所以是非當然也沒有一定的標準。〈周穆王〉說：

> 秦人逢氏有子，少而惠，及壯而有迷罔之疾。聞歌以爲哭，視白以爲黑，饗香以爲朽，嘗甘以爲苦，行非以爲是；意之所之，天地四方，水火寒暑，無不倒錯者焉。楊氏告其父曰：「魯之君子多術藝，將能已乎？汝奚不訪焉？」其父之魯，過陳，遇老聃，因告其子之證。老聃曰：「汝庸知汝子之迷乎？今天下之人皆惑於是非，昏於利害。同疾者多，固莫有覺者。且一身之迷不足傾一家，一家之迷不足傾一鄉，一鄉之迷不足傾一國，一國之迷不足傾天下。天下盡迷，孰傾之哉？向使天下之人其心盡如汝子，汝則反迷矣。哀樂、聲色、臭味、是非、孰能正之？且吾之言未必非迷，而況魯之君子迷之郵者，焉能解人之迷哉？」

秦國逢氏有個兒子，自幼聰慧，到了中年卻得了一種「迷惘」的怪病。不僅常常把東西認錯了，做錯事卻以爲是正確的。全家爲此十分苦惱，逢氏欲帶他前往魯國治病，途中遇到老聃，便將情形說給老聃聽。老聃聽完後告訴這個人，你怎麼知道你的兒子迷惘呢？現在天下人都分不清什麼是非，被利害的問題弄得顛三倒四。如今患這種病的人多得很，根本就沒有一個人是清醒的。況且一個人迷惑，不一定使全家都迷惑；全家都迷惑，不一定使全鄉都迷惑；全鄉都迷惑，也不一定使全國都迷惑；全國都迷惑，也不一定使全天下都迷惑。假使天下人都迷惑了，還有誰來指正呢？如果天下人的心神都像你兒子，那迷惑的人反而是你了。而且我的這番言論，也許也是一種迷惑。那麼，魯國那些君子迷惑更深，又怎能治好別人的迷惑呢？

故事中藉老子之口，說出了逢氏以自己的觀念作爲標準，認爲兒子患了迷惘病。其實換個角度來想，如果逢氏之子的行爲是代表傳統、一般的價值觀，那麼真正得病的不就是逢氏自己了。這裡要說明的是，是非利害本就沒有恆定的標準，迷惘與清醒也是相對的，天下人的價值觀，也有可能通通是倒錯的。「聞歌以爲哭，視白以爲黑，饗香以爲朽，嘗甘以爲苦」，歌哭、白黑、香朽、甘苦都是相對的，會因個人的習慣及生理需要而有不同，所以並無絕對的標準可言，又何必強求個人必須服膺眾人所認可的是非利害。因此，當我們在看待這些相對待的東西及觀念、名稱時，要先做到泯除差別心。〈周

穆王〉說：

> 夢與不夢，臣所不能辨也。欲辨覺夢，唯黃帝孔丘。今亡黃帝孔丘，孰辨之哉。

對於事物或現象不能分別，因為根本沒有用以區別的標準。這裏是偽托聖人，認識到區別事物的關鍵是要有一個標準，但的確沒有一個普遍有效的標準存在，也不可能提出這樣一個標準。〈力命〉中寫道西門子與北宮子出身、言行皆一樣，而賤貴、貧富不相同，北宮子不明白：

> 西門子曰：「予無以知其實。汝造事而窮，予造事而達，此厚薄之驗歟？而皆謂與予竝，汝之顏厚矣。」北宮子無以應，自失而歸。中塗遇東郭先生曰：「汝奚往而反，偊偊而步，有深愧之色邪？」北宮子言其狀。東郭先生曰：「吾將舍汝之愧，與汝更之西門氏而問之。」曰：「汝奚辱北宮子之深乎！固且言之。」西門子曰：「北宮子言世族、年貌、言行與予竝，而賤貴、貧富與予異。予語之曰，予無以知其實。汝造事而窮，予造事而達，此將厚薄之驗歟？而皆謂與予竝，汝之顏厚矣。」東郭先生曰：「汝之言厚薄不過言才德之差，吾之言厚薄異於是矣。夫北宮子厚於德，薄於命；汝厚於命，薄於德。汝之達，非智得也；北宮子之窮，非愚失也。皆天也，非人也。而汝以命厚自矜，北宮子以德厚自愧。皆不識夫固然之理矣。」

北宮子與東郭先生便是從不同的角度來定其標準，即世俗的與得道的。以世俗標準看來，雖然得出不同的結果；但是用得道的標準看，是沒什麼分別的。天下本就沒有一個絕對的標準，若硬要去區別，則「皆不識夫固然之理矣」。

〈黃帝〉中描述了列子學於老商的歷程，說明修心須先從遣除是非做起。文中說：

> 自吾之事夫子友若人也，三年之後，心不敢念是非，口不敢言利害，始得夫子一眄而已。五年之後，心庚念是非，口庚言利害，夫子始一解顏而笑。七年之後，從心之所念，庚無是非；從口之所言，庚無利害，夫子始一引吾竝席而坐。九年之後，橫心之所念，橫口之所言，亦不知我之是非利害歟，亦不知彼之是非利害歟；亦不知夫子之為我師，若人之為我友，內外進矣。而後眼如耳，耳如鼻，鼻如口，無不同也。心凝形釋，骨肉都融，不覺形之所倚，足之所履，隨風東西，猶木葉幹殼。竟不知風乘我邪，我乘風乎？

列子經過三、五、七、九年循序漸進的學習之後，眼睛的作用就像耳朵，耳朵的作用就像鼻子，鼻子的作用就像嘴巴，全身各部位都沒有什麼不同。心神凝聚到忘我的境界，骨肉與自然融爲一體。列子泯除所有的差異性，對任何事物不帶有差別對待之心，能做到如此，則是非利害不入於心，哀樂悲喜也不能傷其心。〈仲尼〉說：

> 吾鄉譽不以爲榮，國毀不以爲辱。得而不喜，失而弗憂。視生如死，視富如貧，視人如豕，視吾如人。處吾之家，如逆旅之舍；觀吾之鄉，如戎蠻之國。凡此眾疾，爵賞不能勸，刑罰不能威，盛衰利害不能易，哀樂不能移。

泯除是非、無差別，即是和同於物，不於物起分別心。〈黃帝〉又說：

> 其民無嗜欲，自然而已。不知樂生，不知惡死，故無夭殤；不知親己，不知疏物，故無愛憎；不知背逆，不知向順，故無利害；都無所愛惜，都無所畏忌。入水不溺，入火不熱。斫撻無傷痛，指擿無痛癢。乘空如履實，寢虛若處牀。雲霧不硋其視，雷霆不亂其聽，美惡不滑其心，山谷不躓其步，神行而已。

生死一事，對於一般人來說，是最爲重視的問題。眾人難免樂生惡死，以生爲樂，以死爲苦，因此在執著的同時也帶來許多煩惱與痛苦。「不知樂生，不知惡死」，連對生死的好惡都要加以泯除，視生與死沒有不同。對於親疏利害關係亦是如此，「不知親己，不知疏物」，無親疏物我之分，也就沒有利害可言了。《列子》主張泯除一切的差異，泯除差異，則物我無別，人能與物和同，外物自然無從傷之。所以能夠「入水不溺，入火不熱」，這也就是達於道的境界。

（二）言意關係

「至言去言，至爲無爲」，《列子》認爲最精深的言論，是不能用語言來表達的，最崇高的行爲是無所行動的。〈說符〉說：

> 白公問孔子曰：「人可與微言乎？」孔子不應。白公問曰：「若以石投水，何如？」孔子曰：「吳之善沒者能取之。」曰：「若以水投水，何如？」孔子曰：「淄澠之合，易牙嘗而知之。」白公曰：「人故不可與微言乎？」孔子曰：「何爲不可？唯知言之謂者乎！夫知言之謂者，不以言言也。爭魚者濡，逐獸者趨，非樂之也。故至言去言，至爲無爲。夫淺知之所爭者末矣。」

張湛注說：「謂者所以發言之旨趣。發言之旨趣，則是言之微者。形之於事，則無所隱。」又說：「言言則無微隱。」〔註182〕語言無法完全表達實在的意義，就像「名」無法等同於「實」一樣。〈楊朱〉說：「實無名，名無實。名者，偽而已矣。」又說：「名者，固非實之所取也。」名所指稱的無法完全反映出實質涵義，名實之間並沒有絕對的關聯性。因此，《列子》認為「唯知言之謂者乎」，只有知道語言本身意義的人才懂得使用語言，而這種人又不依靠語言來表達，所謂「不以言言也」。如同《老子‧二十五章》所言：

> 有物混成，先天地生，寂兮寥兮，獨立不改，周行而不殆，可以為
> 天下母。吾不知其名，字之曰道，強為之名曰大。

說話的目的當然是要能與人溝通，讓對方清楚了解自己所要表達的意思，這也是語言最主要的功能。雖然語言的本身，並不完全等同於意義的本身，但是人與人之間的往來仍然無法避免語言的使用，透過語言的傳達，仍具有溝通、聯繫雙方思想的作用。人們在使用語言時，必須先認識語言的這種限制性。既然了解名與實之間並不存在必然的關係，那麼在現實生活中，人與人接觸時所使用的語言，是否能確實掌握其中的深意？是否會產生名實不符、言意相違的現象？答案是極有可能的。因此，《列子》針對儒家的仁義之說指出其可能的危害性。〈楊朱〉說：

> 忠不足以安君，適足以危身；義不足以利物，適足以害生。安上不
> 由於忠，而忠名滅焉；利物不由於義，而義名絕焉。

若是在名與實之間未能取得共通，則名與實不符的情況也就出現了，不僅不利於人，將有害於己。〈仲尼〉說：

> 子列子曰：「南郭子貌充心虛，耳無聞，目無見，口無言，心無知，
> 形無惕。往將奚為？雖然，試與汝偕往。」閱弟子四十人同行。見
> 南郭子，果若欺魄焉，而不可與接。顧視子列子，形神不相偶，而
> 不可與群。南郭子俄而指子列子之弟子末行者與言，衍衍然若專直
> 而在雄者。子列子之徒駭之。反舍，咸有疑色。子列子曰：「得意者
> 無言，進知者亦無言。用無言為言亦言，無知為知亦知。無言與不
> 言，無知與不知，亦言亦知。亦無所不言，亦無所不知，亦無所言，
> 亦無所知。如斯而已，汝奚妄駭哉？」

人們在生活中，為求交流溝通，語言是最常使用的工具。但是在交流溝通的

〔註182〕見楊伯峻：《列子集釋》（台北：華正書局，1987 年 9 月），頁 250。

目的達成後，語言的作用就消失了，進入了「無言」的狀態。「無言」與「無知」是「無所不言」、「無所不知」的心靈領會，與世界真誠地交流著。當悟者知其然時，語言成了多餘，此時，不言才是大言。不僅知其然，還知其所以然，超越一般知識的限制，所以為「進知者」，達到了悟道的境界。亢倉子提到自己的修道過程時說：

> 我體合於心，心合於氣，氣合於神，神合於無。（〈仲尼〉）

這是一種自我心靈的淨化過程，是心靈自由的實現，也是悟道者「無言」與「無知」的境界。此時，心靈回到最原初本然的狀態，在這樣的情形下，消除一切是非差別，忘懷一切紛擾煩憂，做到無心無念，實現了無差別的同一。

三、《莊》《列》認識論比較

事物原本就只是事物本身，並沒有什麼是非之分。人們卻因著自己各自的主觀意見，強加以區分是非善惡，費盡了心力卻終究得不出共同的價值標準，反而造成種種紛爭，無端惹出許多禍事，如此情形一再反覆，豈不可悲！因此，只有每個人放棄自己的主觀成見，不再執著於事物表面的差別相，了解其共同的根源皆來自於道，人們所要做的便是依順於自然之道，方能停止所有的紛紛擾擾，重新認識人生的價值與意義所在。《莊》《列》便是在這樣的基礎上，希望能將世俗價值觀這枷鎖予以擺脫，把一切相對的差別、標準徹底忘掉，重新回歸本源，回到道的自然懷抱中，使人的精神獲得自由。

（一）泯除差異

世間的所有事物，包括天地，都是道所呈現的方式之一，因此要想做一絕對性的解釋或區分，並無實質的意義。《莊子》主張去成心，齊同物我。〈天下〉說：

> 獨與天地精神往來，而不傲倪於萬物，不譴是非，以與世俗處。

在《莊子》看來，是非彼此之爭，乃是世俗的陋見，要做到不傲視萬物，不拘泥於是非，才有可能達到精神與道合而為一的境界。所以從道的角度來看，無所謂是非之分，既不說「是」，也不說「非」。〈秋水〉說：

> 因其所然而然之，則萬物莫不然；因其所非而非之，則萬物莫不非。

世俗的價值判斷既然沒有一定的標準，若一定要人們從所謂的是非、彼此中做出選擇，是不必要且多餘的。「蓋師是而無非，師治而無亂乎？是未明天地

之理，萬物之情者也」（〈秋水〉），所以《莊子》是不固執於「是非彼此」之分的。除了是非、彼此，包括生死、貴賤、大小、是非、善惡、美醜、榮辱、得失等等，都是人們心中的成見，都只是相對性的概念，不具有絕對的意義，是人們被自己有限的認知能力蒙蔽所導致的結果。《莊子》一書中說：

> 物无非彼，物无非是。自彼則不見，自知則知之。故曰：彼出於是，是亦因彼。彼是方生之說也。雖然，方生方死，方死方生。方可不可，方不可方可。因是因非，因非因是。是以聖人不由，而照之于天，亦因是也。是亦彼也，彼亦是也。彼亦一是非，此亦一是非。果且有彼是乎哉？果且無彼是乎哉？彼是莫得其偶，謂之道樞。（〈齊物論〉）

> 知東西之相反而不可以相無。（〈秋水〉）

彼此、是非、生死、美醜等概念，都是相比較、相對而言的，不是絕對的。正因為有彼才有此，有此才有彼，其他是非、生死等觀念的情形皆如此。《列子》的看法與《莊子》相近，通過寓言的方式，表達其對世俗價值觀的不認同。以生死觀念為例，〈天瑞〉說：

> 列子聞而笑曰：「言天地壞者亦謬，言天地不壞者亦謬。壞與不壞，吾所不能知也。雖然，彼一也，此一也。故生不知死，死不知生；來不知去，去不知來。壞與不壞，吾何容心哉？」

生死去來，正如是非彼此一樣，都是存在相對性的概念，只是特定時空下的相對差別，所以不存在絕對的價值。盧重玄解說：

> 夫天地者，物之大者也；形體者，物之細者也。大者亦一物也，細者亦一物也。有物必壞，何用辯之哉？且人生不知死，死不知生；來去不自知，成壞不能了。近取諸己，且未能知；亦何須用心於天地而憂辯於物外耶？〔註183〕

只要是宇宙中的萬物，不論至大或至小，一定會有毀壞的一天，這是理之必然而無須辯論的。更何況我們連身邊的事都還未能完全弄清楚，又何必憂心那麼遙遠的事。人應該保持閒適平和的心境，自由自在地生活。從道的觀點來看，萬物其實並沒什麼不同，所以說「彼是莫得其偶，謂之道樞」（〈齊物論〉）。成玄英疏說：

〔註183〕見楊伯峻：《列子集釋》（台北：華正書局，1987年9月），頁33。

> 偶，對也。樞，要也。體夫彼此俱空，是非兩幻，凝神獨見而無對
> 于天下者，可謂會其玄極，得道樞要也。〔註184〕

任何對立的觀點都只是事物的一面，只是一面當然不能代表完整的全部。若
要勉強以這不整全的一面去作爲絕對的標準，當然無法獲得絕對的肯定，勢
必會引起紛爭。所以，不要以主觀的成見去看待任何事物，只要順著事物發
展的自然規律就可以了，這就是道樞。站在道的角度去審視萬物時，物與物
之間的差別將消失不見。萬物皆出於道，亦皆回歸於道，《莊子》與《列子》
同樣以道來消除相對性觀念所帶來的差異性。

　　《列子・周穆王》中提到宋國的陽里華子中年患健忘症，且病得不輕，「朝
取而夕忘，夕與而朝忘。在塗則忘行，在室則忘坐。今不識先，後不識今」。
後來，他的病被一位儒者治癒。華子醒悟以後，「迺大怒，黜妻罰子，操戈逐
儒生。」別人問他原因，華子回答說：

> 曩吾忘也，蕩蕩然不覺天地之有無。今頓識既往，數十年來存亡、
> 得失、哀樂、好惡，擾擾萬緒起矣。吾恐將來之存亡、得失、哀樂、
> 好惡之亂吾心如此也，須臾之忘，可復得乎？

患了健忘症，反而是將世俗紛擾、是是非非完全擺脫，不受外物所累，這才
是人生眞正的幸福。當然這是與一般世俗觀念完全不同的見解，世人普遍認
爲患了健忘症是不幸的，應該予以治療，於是竭盡所能地請人醫治陽里華子
的病。但是幫人治病的儒者，本身卻是爲世俗所困之人，這不是一種矛盾困
惑嗎？

　　同篇中另外有一則「迷惘之族」的寓言故事，秦人逢氏的兒子患有迷惘
之疾，「聞歌以爲哭，視白以爲黑，饗香以爲朽，嘗甘以爲苦，行非以爲苦；
意之所之，天地四方，水火寒暑，無不倒錯者焉」。於是準備到魯國找人醫治，
路途中遇見老子，老子對他說：

> 汝庸知汝子之迷乎？今天下之人皆惑於是非，昏於利害。同疾者多，
> 故莫有覺者。

在世俗人看來，逢氏之子黑白顛倒，是非混淆，是患了精神錯亂的疾病，必
須接受治療。其實，逢氏之子對於事物的判斷標準不過是不同於一般人，若
萬物之間彼此沒有分別，沒有固定的標準，那我們還能說逢氏之子是患了迷
惘之症嗎？眞正迷惘者，是不懂大道通同爲一，而對所有事物妄加分別的人。

〔註184〕見郭慶藩輯：《莊子集釋》（台北：華正書局，1994 年 8 月），頁 68。

有了分別心，便是破壞了一體的道，就是對天性的損害。可悲的是，世俗之人早已習慣把忘形世俗之心看成病。〈仲尼〉也記載文摯爲龍叔治病的故事：

> 龍叔謂文摯曰：「子之術微矣。吾有疾，子能已乎？」文摯曰：「唯命所聽。然先言子所病之證。」龍叔曰：「吾鄉譽不以爲榮，國毀不以爲辱。得而不喜，失而弗憂。視生如死，視富如貧，視人如豕，視吾如人。處吾之家，如逆旅之舍；觀吾之鄉，如戎蠻之國。凡此眾疾，爵賞不能勸，刑罰不能威，盛衰利害不能易，哀樂不能移。固不可事國君，交親友，御妻子，制僕隸。此奚疾哉？奚方能已之乎？」文摯乃命龍叔背明而立，文摯自後向明而望之。既而曰：「嘻！吾見子之心矣，方寸之地虛矣。幾聖人也。子心六孔流通，一孔不達。今以聖智爲疾者，或由此乎！非吾淺術所能已也。」

龍叔說自己得了怪病，說出自己的病徵：被人稱讚並不感到光榮；被人毀謗時，並不感到恥辱；得到並不感到高興，失去也不覺得憂愁。把活著看成和死了一樣，認爲富有和貧困並無分別。對於人與豬、住家裡與住旅社、看待家鄉與落後地方等問題，都覺沒有差別。不論是爵祿和名位、刑罰和懲戒、利益和害處、悲傷和快樂，都無法使之改變、動搖。文摯聽完後說龍叔的內心已經空虛了，快成聖人了。

　　龍叔認爲自己生病，其實不過是與世俗的看法不同而已。世俗之人，重視事物的利害關係，引起情緒上的哀樂，對身心來說反而是種損害。龍叔的「病」正是他能超越榮辱、喜憂、生死、富貴等對立概念，消泯所有一切的差異性，進而達到物我兩忘，達到「幾聖人也」的原因。能夠看開毀譽喜樂，不爲名位爵祿所惑才是聖者的作法，如果把這些當作病的話，天下就沒有救治的希望了。對生命的處理，必須順性自然，任遇忘懷，才算合乎道。由於世俗的標準均是主觀的，所以對於是非等評價，無所謂正確與否。〈湯問〉說：

> 越之東有輒木之國，其長子生，則鮮而食之，謂之宜弟。
>
> 楚之南有炎人之國，其親戚死，其肉而棄，然後埋其骨，迺成爲孝子。

在越國的東邊有個輒木之國，那裡的人習慣上會把第一胎的孩子，剖開後吃掉，認爲這樣有利於弟弟的生長。楚國的南方有炎人之國，他們的父母去世後，會把屍體上的肉割下來扔掉，然後埋葬骨頭，說這樣才能成爲孝子。各地民風習俗的不同，竟有如此大的差異。所以一方認爲「是」的，也許對另

一方來說卻是「非」的。《列子》用各地生老病死的習俗來說明，世事的是非利害，並無一定的準則可言，因爲人的主觀判斷會帶來不同的結果。如此，還有什麼所謂的標準要追求？〈說符〉有「蘭子獻技」的故事：

> 宋有蘭子者，以技干宋元，宋元召而使見。其技以雙枝，長倍其身，
> 屬其踁，竝趨竝馳，弄七劍迭而躍之，五劍常在空中。元君大驚，
> 立賜金帛。又有蘭子又能燕戲者，聞之，復以干元君。元君大怒曰：
> 「昔有異技干寡人者，技無庸，適値寡人有歡心，故賜金帛，彼必
> 聞此而進復望吾賞。」拘而擬戮之，經月乃放。

蘭子以技藝求見宋元君，宋元君觀賞後感到非常驚奇，馬上贈送他金帛。另外，又有一位蘭子同樣以技藝求見宋元君，宋元君聽後大怒，把他抓起來關進牢裡。對於這兩個蘭子來說，同樣是以技求見宋元君，爲什麼結果差異如此大。原來第一位蘭子正好碰到宋元君高興的時候，所以就算是不出色的技藝表演也能得到賞賜。而第二位蘭子的運氣可就差多了。人的智巧再高，也難以捉摸君王的喜怒。此可見所謂的是非利害並無一定的準則。

（二）言論平等

宇宙人生之道無處不在，任何思想言論都是對道的某種體認，都有其特定價值。同時，任何思想言論也僅是體認了道的某一部份，有其侷限性。因而任何思想言論都沒有理由排斥或誹謗其他思想言論，在道面前，各種思想言論都是平等的，它們各有所得，也各有所失，沒有高低優劣之分。〔註185〕關於人們在言論上的爭論不休，《莊子·齊物論》中有一段詳細的描寫：

> 大知閑閑，小之間間；大言炎炎，小言詹詹。其寐也魂交，其覺也
> 形開；與接爲構，日以心鬪：縵者，窖者，密者。小恐惴惴，大恐
> 縵縵。其發若機栝，其司是非之謂也；其留如詛盟，其守勝之謂也。
> 其殺如秋冬，以言其日消也；其溺之所爲之，不可使復之也；其厭
> 也如緘，以言其老洫也；近死之心，莫使復陽也。喜怒哀樂，慮歎
> 變熱，姚佚啓態。樂出虛，蒸成菌。日夜相代乎前，而莫知其所萌。
> 已乎，已乎！旦暮得此，其所由以生乎！

人們靠著有限的認知經驗及語言文字，是無法完全表達客觀存在的萬事萬物的，這就是言論的侷限性。但是，人們卻無法體會此點，總是以自己的主觀

〔註185〕見李霞：《生死智慧──道家生命觀研究》（北京：人民出版社，2004 年 5
月），頁337。

成見大放厥詞，批評異己者，沈溺於所作所爲之中難以自拔。不僅情緒上經常有極大的起伏，心靈上亦遭受沈重壓力，內心難以平靜，逐漸步向敗亡。憨山《莊子內篇注・齊物論》說：

> 此一節形容舉世古今之人，未明大道，未得無心。故矜其小知以爲是，故其所言若仁義、若是非，凡所出言皆機心所發，人人執之，至死而不悟。言其人之形器，雖似眾竅之不一，其音聲亦似眾響之不同，但彼地籟無心，而人言有心，故後文云：言非吹也。因此各封己見，故有是非。〔註186〕

「與接爲搆，日以心鬥」，描寫了辯者們的各種醜態。這些人一有機會便爭辯不休，情緒受論辯左右，喜怒不定，精神與生氣的耗損是非常多的。但是他們卻無法自拔，深陷於所作所爲之中。在這場論辯的攻防戰中，沒有誰是贏家，所有的言論爭辯不過像「樂出虛，蒸成菌」般地稍縱即逝。《列子・說符》有一則「歧路亡羊」的故事，也有類似的看法。文中說：

> 楊子之鄰人亡羊，既率其黨，又請楊子之豎追之。楊子曰：「嘻！亡一羊，何追者之眾？」鄰人曰：「多歧路。」既反，問：「獲羊乎？」曰：「亡之矣。」曰：「奚亡之？」曰：「歧路之中又有歧焉，吾不知所之，所以反也。」楊子戚然變容，不言者移時，不笑者竟日。門人怪之，請曰：「羊，賤畜，又非夫子之有，而損言笑者，何哉？」楊子不答。門人不獲所命。

這個故事巧妙地說明了大道以多歧亡羊，學者以多方喪生的道理。這裡反映了學者對百家爭鳴，道多歧義的憂慮。唐人盧重玄解說：「羊以喻神，守神不失爲道也。一失其羊，而奔波歧路，不可得矣。但守其神爲無喪無得而爲無待也。多方於仁義者亦若是矣。」〔註187〕一切學派，都是本同末異，歧中又有歧，使求道者每誤其方向。楊子的「戚然變容」，應是心中有所感想，雖然未說出來，但似乎一切盡在不言中了。所以結尾處說「楊子不答」，實在是寫得含蓄而又餘味無窮。

（三）名實難符

其實名和實並沒有因爭論而改變，大家只是各自堅持於自己的認識標準而已。在《莊子》看來，名不過是一個符號，語言所代表指稱的對象、內容

〔註186〕見憨山：《莊子內篇注》（台北：廣文書局，1973年6月），頁15。
〔註187〕見楊伯峻：《列子集釋》（台北：華正書局，1987年9月），頁267。

通常是約定俗成的。〈天道〉中借老子之口表達了對名實的體認，他說：

> 昔者子呼我牛也而謂之牛，呼我馬也而謂之馬。

如果按照約定俗成的名來指稱實，那就是名與實相符，反之，則名實不符。但是這名也不過是約定俗成，是會因時因地而有所不同的。所以，也就沒有固定不變的名稱，名只是實派生出來的次要東西，既然是次要的東西，又何必追求執著。《莊子》書中提到：

> 名者，實之賓也，吾將爲賓乎？（〈逍遙遊〉）

> 有名有實，是物之居；無名無實，在物之虛。（〈則陽〉）

成玄英疏說：「實以生名，名從實起，實是內是主，名便是外是賓。捨主取賓，喪內求外，既非隱者所喪，故云：吾將爲賓乎。」〔註188〕《莊子》逍遙自適，不崇尚虛名，所以說「聖人無名」（〈逍遙遊〉）。〈齊物論〉說：

> 道行之而成，物謂之而然。

「物謂之而然」，王先謙注說：「凡物稱之而名立，非先固有此名也。」〔註189〕萬物本無名，一切固定的名稱，都是因爲人的稱呼而成立。〈至樂〉說：

> 故先聖不一其能，不同其事。名止於實，義設於適，是之謂條達而
> 福持。

名義要限於與實際相符，事情的做法要適宜於本性。成玄英疏說：「因實立名，而名以召實，故名止於實，不用實外求名。」〔註190〕此「名止於實」也就是說名實相符。而引起紛爭的原因是什麼，〈人間世〉中認爲主要出於對名聲的追求：

> 名也者，相軋也。

名聲就是互相傾軋。又說：

> 昔者桀殺關龍逢，紂殺王子比干，是皆修其身以下傴拊人之民，以
> 下拂其上者也，故其君因其修以擠之。是好名者也。

關龍逢、比干都是大臣，皆因忠諫而失去了生命，這是好名的結果。求名必行善，行善必多事，引起他人沽名釣譽的疑慮，自然引來殺身之禍。因此，《莊子》主張「不爲名尸」（〈應帝王〉），不要去享受社會聲名，不要成爲名譽的寄託，絕棄求名的心思，不因獵取名聲而使自身受害。

〔註188〕見郭慶藩輯：《莊子集釋》（台北：華正書局，1994年8月），頁25。

〔註189〕見王先謙：《莊子集解》（台北：世界書局，1983年2月），頁10。

〔註190〕同註188，頁623。

　　《列子》一書中也提到名與實的關係，認為所謂名實問題乃是具體事物與其名稱概念的關係問題。〈楊朱〉說：

　　　　實無名，名無實。名者，偽而已矣。

偽者，即是人的作為，出於人的作為，便不是自然。實本來就是實質的存在，沒有什麼名稱，但是人們為了讓人明白所言之實為何，於是加上了名，方使二者發生了聯繫，但是這是出於人為，名與實本無絲毫聯繫。既然名與實本無絲毫聯繫，無相通之處，那麼名、實可以各自獨立，而無須相互依恃。〈楊朱〉說：

　　　　名者，固非實之所取也。雖稱之弗知，雖賞之不知，與株塊無以異
　　　　矣。

　　　　實者，固非名之所與也，雖毀之不知，雖稱之弗知。

實是本身的存在，這客觀的存在本來就沒有名稱，只是因自己而存在。實並不是名所給予的，也不會因為名的稱讚、損毀而有實質的改變，所以對實來說，名是不起任何作用的。對於名來說也是如此，名所指稱的無法完全反映表達實質的存在，它只是人為所賦予的存在。所以，名不是實所需要的，實也不是名所賦予的，二者之間實在沒有什麼必然的關聯性。名實既然不同，在實際生活中便可以將之區分開來。《列子‧說符》有一則「爰旌目餓於道」的故事：

　　　　東方有人焉，曰爰旌目，將有適也，而餓於道。狐父之盜曰丘，見
　　　　而下壺餐以餔之。爰旌目三餔而後能視，曰：「子何為者也？」曰：
　　　　「我狐父之人丘也。」爰旌目曰：「譆！汝非盜邪？胡為而食我？吾
　　　　義不食子之食也。」兩手據地而歐之，不出，喀喀然，遂伏而死。
　　　　狐父之人則盜矣，而食非盜也。以人之盜因謂食為盜而不敢食，是
　　　　失名實者也。

爰旌目餓倒於路途中，遇到狐父的強盜給他食物救了他。爰旌目醒了之後，知道對方是強盜後，堅持不吃強盜給予的食物，要將吃下去的東西吐出來，咳不出，終於趴在地上死了。這個救助爰旌目的人雖然是強盜，但是他的食物並不是搶來的。因為給食物的人是強盜，就認為他的食物也是強盜而不敢吃，這實在是分不清楚名實關係的人。

　　《列子》批評爰旌目是失名實者，認為道德規範亦是造成名實難符的原因，狐父的強盜從前所為的確不義，但當下的救人之心卻也是真實，兩者互

不相關。名是名，實是實，食物是實，強盜是名，名與實相異，彼此之間並無關聯，若因給食物者是強盜，而認爲食物也是強盜，那麼是「失名實者也」。爰旌目卻因爲救助者爲強盜的身份不食而死，是不明白名與實的關係，也是犯了認識上的錯誤。〈周穆王〉說：

> 燕人生於燕，長於楚，及老而還本國。過晉國，同行者誑之；指城
> 曰：「此燕國之城。」其人愀然變容。指社曰：「此若里之社。」乃
> 喟然而歎。指舍曰：「此若先人之廬。」乃涓然而泣。指壠曰：「此
> 若先人之冢。」其人哭不自禁。同行者啞然大笑，曰：「予昔給若，
> 此晉國耳。」其人大慚。及至燕，眞見燕國之城社，眞見先人之廬
> 冢，悲心更微。

有一個燕國人，生在燕國，卻長在楚國。年紀大了之後想回到故鄉，走到晉國，同路的人騙他，指著眼前所見的城鎮、廟宇、房子、墳墓等，說這些都是燕國的。這個人聽後心有所感，流下淚來，放聲大哭。之後，同路的人卻告訴他說都是騙他的。後來眞的到了燕國，那種悲哀的情緒已經十分淡了。由名來理解實，會像返國的燕人一樣，過於信任名而有錯誤的認識或反應。〈說符〉中有一則「藏契者」的故事：

> 宋人有游於道，得人遺契者，歸而藏之，密數其齒。告鄰人曰：「吾
> 富可待矣。」

張湛注說：「假空名以求實者，亦如執遺契以求富也。」〔註191〕假空名所求得的實，只不過是實利實惠，絕不會是實才實學。追求浮名，並陶醉於浮名的人，必然是貪鄙之徒，不論其外表僞裝得多麼清高。〈說符〉說：

> 人有亡鈇者，意其鄰之子，視其行步竊鈇也；顏色，竊鈇也；言語，
> 竊鈇也；作動態度，無爲而不竊鈇也。俄而抇其谷而得其鈇，他日
> 復見其鄰人之子，動作態度無似竊鈇者。

表面現象是難以分辨且容易產生誤會，尤其涉及個人利害時，人的認識會不停改變，而顯得猶疑不定，此時如何認識何爲眞、何爲假？人們觀察人事物，常帶有主觀成見，則客觀事實之原貌將遭到扭曲。一切只從個人的角度出發，自己認爲好的就覺得好，反之，則可能看什麼都不舒服。那麼人的心不就時常受著這個成見的侷限困擾，那麼要想做出眞正的是非判斷又如何可能？名實既然不相關，那麼想要經由名來求實，是存在疑惑的，甚至會帶來危險性。

〔註191〕見楊伯峻：《列子集釋》（台北：華正書局，1987年9月），頁271。

〈說符〉中記載了一則「楊布打狗」的故事：

> 楊朱之弟曰布，衣素衣而出。天雨，解素衣，衣緇衣而反。其狗不
> 知，迎而吠之。楊布怒，將扑之。楊朱曰：「子無扑矣！子亦猶是也。
> 嚮者使汝狗白而往，黑而來，豈能無怪哉？」

楊布有一天穿了白布衣服出門，正好碰到下雨，他就脫下白布衣服，穿著黑色衣服回家。一回到家中，家裡的狗竟認不得他，對著他吠叫不停。楊布生氣要打狗，哥哥楊朱勸他，告訴他如果狗出門時是白色的，回家時變成黑色，難道不覺得奇怪嗎？由名來理解實，會像「楊布打狗」，過於信任名而有錯誤的認識或反應。張湛注說：

> 此篇明己身變異，則外物所不達。故有是非之義，不內求諸己而厚
> 責於人，亦猶楊布服異而怪狗之吠也。〔註192〕

名與實是各自獨立、毫無聯繫的，但是在現實生活中，為了方便眾人的溝通、言說，名實之間仍有一定程度的聯繫。所以必須進一步確定二者的主從地位，究竟何者為主為根本，何者為從為附屬，是必須加以分明的。這樣，在實際生活中面對此問題時，就不會手足無措。〈楊朱〉中引老子之言說：

> 名者實之賓。

所謂的「賓」，指的就是從屬的位置。名既然為實之賓，表示實才是處於主的地位，實的客觀存在決定著名為何。也就是說，《列子》認為名只是實的附屬，實才是根本的真實存在。〈說符〉說：

> 行善不以為名，而名從之；名不與利期，而利歸之；利不與爭期，
> 而爭及之；故君子必慎為善。

既然名為實之賓，則「名」處於從屬地位，行善不是為了名譽，但名譽會隨之而來。《列子》反對為了獵取虛名而不符合實際，認為這是虛偽不實的，甚至認為這是人生所以產生悲劇的禍源。因此，它對當時的時勢進行了批判。〈楊朱〉說：

> 而悠悠者趨名不已……但惡夫守名而累實。守名而累實，將恤危亡
> 之不救，豈徒逸樂憂苦之間哉？

守名而累實的人，終日處於憂患之中，對於自然本性造成極大的損傷。《列子》引用鬻子的話，表明對待這個問題的態度——「去名者無憂」（〈楊朱〉），能夠摒棄名聲的人，將無所憂慮。《列子》並不是否認實際事物沒有名稱概念，

〔註192〕見楊伯峻：《列子集釋》（台北：華正書局，1987年9月），頁267。

而是告訴人們名稱概念乃是人們自己造作出來的,在社會生活中毫無實際意義。人們應該「從心而動,不違自然所好⋯⋯從性而游,不逆萬物所好」(〈楊朱〉),若是執著拘泥於名稱概念而虧累實,那無疑是本末倒置。〈楊朱〉說:

> 伯夷叔齊實以孤竹君讓而終亡其國,餓死於首陽之山。實偽之辯,
> 如此其省也。

伯夷、叔齊,互相禮讓君位,雖是博得謙讓高潔的美名,國家卻也滅亡了。周武王滅商,恥食周粟,最後餓死於首陽山。這就是「守名而累實」所付出的代價,損害的正是人的自然本性。《莊子・駢拇》中也提到:

> 伯夷死名於首陽之下,盜跖死利於東陵之上。二人者,所死不同,
> 其於殘生傷性均也,奚必伯夷之是而盜跖之非乎!

伯夷為博取虛名而死,盜跖為求利益而亡。以世俗價值觀而言,伯夷似乎在層次上較高,故一般人皆讚譽伯夷而指責盜跖。但是《莊子》指出二人對於殘害生命、損傷本性來說都是一樣的。林疑獨說:

> 伯夷為清之名而身死焉,盜跖為貪之利而身死焉。二人皆未知名與
> 利孰親,身與貨孰多,而所逐者惟外之塵垢粃糠耳!夫首陽之名長
> 在,而伯夷之身孰存;東陵之貨常積,而盜跖之魄孰有。故曰其于
> 殘生傷性,均也。如是則伯夷奚必是,盜跖奚必非,此道之所以一
> 也。伯夷,聖之清,莊子深詆之者,以其迹見于世而與盜跖為對。
> 故言此以矯當時襲伯夷之弊,以刻意尚行者也。其名雖與盜跖為對,
> 而神與孔子同游,學者不可不知也。夫天下盡徇,苟不徇仁義以求
> 名,則必徇貨財以適欲。天下之大致,不離乎利名之間,所徇仁義
> 則世俗謂之君子,而不知己為天下之小人;所徇貨財則世俗謂之小
> 人,而不知與世所謂君子者均矣。徇仁義者,損其分而益其性;徇
> 貨財者,損其性而益其分。皆能安其性命之情,則天之君子非俗君
> 子,俗之小人經所謂人之小人是也。〔註193〕

不管是為了任何理由,而「以身為殉」,對於「殘生傷性」此一結果來說,都是相同的。褚伯秀說:

> 夫伯夷之清,盜跖之汙,萬世之下昭若白黑。漆園混而一之者,以
> 所徇而言,舉不免乎有迹,聖人猶不逃評議而況跖乎?治道之在天

〔註193〕見褚伯秀:《南華真經義海纂微》卷二十四引,張繼禹主編:《中華道藏》第
　　　　十四冊(北京:華夏出版社,2004年1月),頁151～152。

下，若權衡抑彼所以揚此，其勢不得不然，惟求其平而已。使天下
無徇而免殘生傷性之患，則聖人、盜跖固有間矣。然其所以善，所
以惡，又當超乎仁義聖知之外觀之。〔註194〕

個人生存的意義，就在個人本身，而不在任何外在於人的東西。人不是爲了
他人而存在，也不是爲了某一目的而存在，爲了求得利益與名聲，使自己淪
爲工具性的器具，失去了身爲人所具有的價值與意義。生命本性遭受毀壞踐
踏，那麼，就算有再多的世俗成就，又有什麼意義呢？《莊子·駢拇》中還
以臧與穀牧羊的故事進一步說明：

臧與穀，二人相與牧羊而俱亡其羊。問臧奚事，則夾筴讀書；問穀
奚事，則博塞以遊。二人者，事業不同，其於亡羊均也。

丟失羊的原因有不同，但結果都是一樣。人們受外物所累，形式上雖有不一，
但以丟失本性來說，皆是背離人的本性，離人的眞情愈來愈遠。〈駢拇〉說：

天下盡殉也，彼其所殉仁義也，則俗謂之君子；其所殉貨財也，則
俗謂之小人。其殉一也，則有君子焉，有小人焉；若其殘生損性，
則盜跖亦伯夷已，又惡取君子小人於其間哉！

天下的人都爲了某種目的而損傷本性，雖然目的各有不同，卻都傷害了本性，
又何必去區分所殉的對象孰高孰低，又哪裡有君子小人之分。人生最重要的
不是虛名外物的追求，而是保持性命的眞情，使之不背離人的本性。追求名
聲的結果，不僅有害於人的身心性命，使人整天處於憂愁焦慮之中，「矜一時
之毀譽，以焦苦其神形，要死後數百年中餘名，豈足潤枯骨？何生之樂哉？」
（〈楊朱〉）辛苦追求的結果，並不能使人生活得更快樂，反而帶來更多的愁
苦煩憂，那麼汲汲於名聲的追求，又何必呢？

　　《莊》《列》主張人不要違背自然本性，不爲虛名所累，不要把自己囚禁
在虛名的牢籠裡。這一番言論，對那些終日追逐物欲、虛名，甚至不惜犧牲
自然本性與生命的人，猶如當頭棒喝，是多麼大的警惕。

（四）肯定眞知

　　在普通的知識之外，是否還有更高層次的眞知存在呢？《莊子》認爲普
通知識只能認識到事物的表面現象，更何況人的生命及認知能力皆是有限，
知識卻是浩瀚無邊沒有限度。〈養生主〉說：「吾生也有涯，而知也無涯。以

〔註194〕見諸伯秀：《南華眞經義海纂微》卷二十四，張繼禹主編：《中華道藏》第十
　　　　四冊（北京：華夏出版社，2004年1月），頁152。

有涯隨無涯，殆已！」只有眞知，才能破除世人運用知識於分別事物上的迷惘；獲得眞知，人們才能獲得絕對的自由。《莊子・齊物論》中提出「以明」的方法：

> 是亦彼也，彼亦是也。彼亦一是非，此亦一是非。果且有彼是乎哉？
> 果且無彼是乎哉？彼是莫得其偶，謂之道樞。樞始得其環中，以應
> 無窮。是亦一無窮，非亦一無窮也。故曰：莫若以明。

「以明」是以透徹的智慧及開闊的胸襟，來面對紛紜的議論，這樣不僅可以解消爭論的衝突，同時是通向絕對智慧的根本途徑。王夫之說：

> 明與知相似，故昧者以知爲明。明猶日也，知猶燈也。日無所不照，
> 而無待於煬。燈則或煬之，或熄之，照止一室，而燭遠則昏。〔註195〕

用「知」的時候，就像燈光一樣，只能照射到部分的地方。可是「明」就像是日光，無處不被照射到。用「以明」去排除一切成見，使心靈更爲開闊豁達，無所偏地去觀照萬物。勞思光說：

> 一切理論之建立，皆受一定之限制。……故每一理論皆表一有限之
> 知識，亦爲一未完成之知識。……此種知識既無絕對性，則依之而
> 立之肯定與否定自亦無絕對性。……理論建立是一「小成」，而如此
> 之「小成」，正足使心靈偏限於此，而不能觀最後之眞或全體之眞。
>
> 〔註196〕

不憑藉自矜於自己的小知小成，而以開放的心去照見事物的眞相。〈大宗師〉說：

> 知天之所爲，知人之所爲者，至矣。知天之所爲者，天而生也；知
> 人之所爲者，以其知之所知，以養其知之所不知，終其天年而不中
> 道夭者，是知之盛也。雖然，有患。夫知有所待而後當，其所待者
> 特未定也。庸詎知吾所謂天之非人乎？所謂人之非天乎？且有眞人
> 而後有眞知。何謂眞人？古之眞人，不逆寡，不雄成，不謨士。若
> 然者，過而弗悔，當而不自得也。若然者，登高不慄，入水不濡，
> 入火不熱。是知之能登假於道者也若此。

「天」是自然，「人」是人的知識，「知天」、「知人」雖是「知之盛」，是盡知識之能事，但仍然有所待。因此，還有一種眞知，是能上達於道，就是眞人

〔註195〕見王夫之：《莊子解》（台北：河洛圖書，1974 年 10 月），頁 17。
〔註196〕見勞思光：《新編中國哲學史（一）》（台北：三民書局，1991 年 1 月），頁 267。

所掌握的眞知。郭象注說：

> 有眞人，而後天下之知皆得其眞而不可亂也。〔註197〕
>
> 故夫生者，豈生之而成哉！成者，豈成之而成哉！故任之而無不至
> 者，眞人也，豈有概意於所遇哉！〔註198〕

眞人能突破感官上的侷限，具有超乎常人的思維能力，能認識到「知之所不知」
這種超越感官體驗的事物。徐克謙《莊子哲學新探——道・言・自由與美》說：

> 這「眞」並不是認識論意義上的「眞理」，而是存在論意義上的本眞。
> 「眞」不待符合某個對象而「眞」，「眞」就是自在的「存在」自身，
> 是存在的澄明、去蔽狀態，是原初渾沌的同一。〔註199〕

這個「眞」，是無待的絕對，所以《莊子》有時說到「眞知」、「眞其實知」，
其實指的就是無知、不知。〈知北遊〉的一段寓言故事，便說明了這個道理：

> 知北遊於玄水之上，登隱弅之丘而適遭無爲謂焉。知謂無爲謂曰：「予
> 欲有問乎若：何思何慮則知道？何處何服則安道？何從何道則得
> 道？」三問而無爲謂不答也，非不答，不知答也。知不得問，反於
> 白水之南，登狐闋之上，而睹狂屈焉。知以之言也問乎狂屈。狂屈
> 曰：「唉！予知之，將語若，中欲言而忘其所欲言。」知不得問，反
> 於帝宮，見黃帝而問焉。黃帝曰：「無思無慮始知道，無處無服始安
> 道，無從無道始得道。」
>
> 知問黃帝曰：「我與若知之，彼與彼不知也，其孰是耶？」黃帝曰：
> 「彼無爲謂眞是也，狂屈似之；我與汝終不近也。夫知者不言，言
> 者不知，故聖人行不言之教。道不可致，德不可至。仁可爲也，義
> 可虧也，禮相僞也。故曰：『失道而後德，失德而後仁，失仁而後義，
> 失義而後禮。禮者，道之華而亂之首也』。故曰：『爲道者日損，損
> 之又損之以至於無爲，無爲而無不爲也』。今已爲物也，欲復歸根，
> 不亦難乎！其易也，其爲大人乎！生也死之徒，死也生之始，孰知
> 其紀！人之生，氣之聚也；聚則爲生，散則爲死。若死生爲徒，吾
> 又何患？故萬物一也，是其所美者爲神奇，其所惡者爲臭腐；臭腐

〔註197〕見郭慶藩輯：《莊子集釋》（台北：華正書局，1994 年 8 月），頁 226。

〔註198〕同註 197，頁 227。

〔註199〕見徐克謙：《莊子哲學新探——道・言・自由與美》（北京：中華書局，2005
年 9 月），頁 72。

復化爲神奇，神奇復化爲臭腐。故曰『通天下一氣耳』。聖人故貴一。」
知謂黃帝曰：「吾問無爲謂，無爲謂不應我。非不我應，不知應我也。
吾問狂屈，狂屈中欲告我而不我告，非不我告，中欲告而忘之也。
今予問乎若，若知之，奚故不近？」黃帝曰：「彼其眞是也，以其不
知也；此其似之也，以其忘之也；予與若終不近也，以其知之也。」
狂屈聞之，以黃帝爲知言。

知先後向無爲謂、狂屈、黃帝三人請教要如何做才能「知道」、「安道」、「得
道」？無爲謂三問而不答，不答是因爲根本就不知所以答。狂屈說他知道，
但一轉眼卻「忘其所欲言」，把想說的話忘記了。黃帝則做了回答：「無私無
慮始知道，無處無服始安道，無從無道始得道。」那麼，到底誰才眞正了解
道？黃帝認爲無爲謂眞的正確（眞是），無爲謂即是自然之道的擬人化，其本
身就是超越語言而存在的概念，所以黃帝認爲是道的本眞。狂屈則近似於道，
欲言而忘言。黃帝則說他自己與知於道則差得遠了，用語言說出來的道就不
是眞正的道了。因爲「知者不言，言者不知」，就算說得再多，道從根本上來
說仍是不可言說的。「眞知」是像無爲謂那樣，不僅不言，而且根本就不知何
所言。「言」得愈多，離「眞知」反而越遠。

〈知北遊〉還有「齧缺問道」的故事，說明了「眞知」的狀態：

齧缺問道乎被衣。被衣曰：「若正汝形，一汝視，天和將至，攝汝知，
一汝度，神將來舍。德將爲汝美，道將爲汝居，汝瞳焉如新生之犢
而無求其故！」言未卒，齧缺睡寐。被衣大悅，行歌而去之，曰：「形
若槁骸，心若死灰，眞其實知，不以故自持，媒媒晦晦，無心而不
可與謀，彼何人哉！」

所謂「眞其實知」，其實就是完全不用知，停止人爲的心知活動，形體像枯槁
的骸骨一動不動，心神像熄滅的灰燼平靜無息。齧缺睡去，便是進入了道的
境界，此時本然的「眞」顯現，「天和將至」、「神將來舍」。「彼何人哉」，說
的是得道前後的齧缺判若兩人與〈齊物論〉中隱几而坐的南郭子綦，「仰天而
噓，嗒焉似喪其耦」的形象是相近的，所以說「今之隱几者，非昔之隱几者」。
《莊子》認爲若要體道、得道，就不可逞智弄巧，而應像「新生之犢」一樣
童蒙未開，毫無智巧之心，只有在這種渾沌的初始狀態中才有可能幾近於道。

但是世俗之人只知道追求所不知道的外在知識，只知道去批評自以爲不
好的事物，使「知」成爲利益爭奪傾軋的工具，「知也者，爭之器也」（〈人間

世〉)。智慧的運用正是人們拿來引起爭端的武器,「天下每每大亂,罪在於好知」(〈胠篋〉)。要實現人與人的協調,就要去智,不存機心,而是純任自然天性。〈天地〉說:

> 子貢南遊於楚,反於晉,過漢陰見一丈人方將爲圃畦,鑿隧而入井,抱甕而出灌,搰搰然用力甚多而見功寡。子貢曰:「有械於此,一日浸百畦,用力甚寡而見功多,夫子不欲乎?」爲圃者卬而視之曰:「奈何?」曰:「鑿木爲機,後重前輕,挈水若抽;數如泆湯,其名爲槔。」爲圃者忿然作色而笑曰:「吾聞之吾師,有機械者必有機事,有機事者必有機心,機心存於胷中,則純白不備,純白不備,則神生不定,神生不定者,道之所不載也。吾非不知,羞而不爲也。」

子貢到楚國,看見一個老人正在菜圃種菜,「鑿隧而入井,抱甕而出灌」。子貢建議老人使用「槔」,可以省去不少力氣,卻能獲得極大的功效。老人加以拒絕,並告訴子貢,因爲覺得有「機心」,所以連「機械」也「羞而不爲也」。有了機械,就會產生機謀巧變的心思,進而喪失本來的天性,也就離道越遠了。《莊子》借老人之語表達其否定機心的看法,認爲機心將會迷亂人的自然本性,使人身陷其中不可自拔。成玄英疏說:

> 夫有機關之器者,必有機動之務;有機動之務者,必有機變之心。機變存乎胸府,則純粹素白不圓備矣。純粹素白不圓備,則精神縣境,生滅不定。不定者,至道不載也,是以羞而不爲。〔註200〕

機心破壞了人的純樸自然的本性,「功利機巧,必忘夫人之心」(〈天地〉),這對人來說正是最大的煩擾,所以應予以否定。鍾泰說:

> 蓋機巧能利人,即能害人,而在當時,以之利人者少,用之害人者多,故聖哲學之士每爲危之,欲以杜人之賊心而啓其愧悔,亦應時之藥言。〔註201〕

一個徹底通透人生的人,絕不會讓巧智去擾亂心靈與本眞。因此,要能「無攖人心」(〈在宥〉),不要讓智巧功利機心擾亂人心,要能保持心靈之虛靜無爲,方能將所有外物阻絕於外,不入於心,使心能自由自在地活動。

《列子》書中也有「眞知」之說,〈仲尼〉說:

> 仲尼閒居,子貢入侍,而有憂色。子貢不敢問,出告顏回。顏回援

〔註200〕見郭慶藩輯:《莊子集釋》(台北:華正書局,1994年8月),頁434。
〔註201〕見鍾泰:《莊子發微》(上海:上海古籍出版社,2002年4月),頁271。

琴而歌。孔子聞之，果召回入，問曰：「若奚獨樂？」回曰：「夫子
奚獨憂？」孔子曰：「先言爾志。」曰：「吾昔聞之夫子曰：『樂天知
命故不憂』，回所以樂也。」孔子愀然有閒曰：「有是言哉？汝之意
失矣。此吾昔日之言爾，請以今言爲正也。汝徒知樂天知命之無憂，
未知樂天知命有憂之大也。今告若其實脩一身，任窮達，知去來之
非我，亡變亂於心慮，爾之所謂樂天知命之無憂也。曩吾脩詩書，
正禮樂，將以治天下，遺來世，非但脩一身，治魯國而已。而魯之
君臣日失其序，仁義益衰，情性益薄。此道不行一國與當年，其如
天下與來世矣？吾始知詩書禮樂無救於治亂，而未知所以革之之
方。此樂天知命者之所憂。雖然，吾得之矣。夫樂而知者，非古人
之謂所樂知也。無樂無知，是眞樂眞知。故無所不樂，無所不知，
無所不憂，無所不爲。詩書禮樂，何棄之有？革之何爲？」

孔子過去以樂天知命教導學生，但是樂天知命也有它值得擔憂的地方。孔子
整理詩書，製作禮樂，本來是欲以所學輔佐治理國家。可是，魯國風氣逐漸
敗壞，社會秩序混亂，仁義更加衰敗，這才發現詩書、禮樂的作用不大，可
見樂天知命並不見得能永保無憂。那麼，如何才能獲得眞正的知與樂，無樂
無知，才是眞樂眞知。能「無樂無知，眞樂眞知」，才能無所不樂，無所不知；
能「無所不樂，無所不知」，才能無所不憂，無所不爲。唯有無樂無知，才是
眞正順任自然。那麼詩書禮樂，不過是隨時隨宜而施用，還有什麼必要拋棄
呢？爲什麼還要改革它呢？

　　眞正的樂天知命，沒有樂沒有知，是對這些東西的超越，以致於根本沒
有樂與不樂，知與不知的分別，這才是眞正的樂與知。道通爲一，泯除了一
切差別性，這才是「眞知眞樂」。雖然知道「理無不死」，生命當然不可能永
遠長存，且「理無久生」（〈楊朱〉），人的年壽有一定的期限。如果獲得「眞
知眞樂」的人生自由，那怕人生再短促，也不會有絲毫的遺憾與不安。能使
生命的意義和價值相統一，在面對現實生活時，內心完全沒有任何悲喜憂戚，
而是與道同遊。《列子》認爲人生的眞知眞樂，應是體現爲「無所不樂，無所
不知，無所不憂，無所不爲」，達此境界，心靈獲得絕對自由。進而了解天地
萬物本質皆同，皆本於道，能夠順應自然，才是「眞樂眞知」。〈天瑞〉說：

舜問乎蒸曰：「道可得而有乎？」曰：「汝身非汝有也，汝何得有夫
道？」舜曰：「吾身非吾有，孰有之哉？」曰：「是天地之委形也；

> 生非汝有，是天地之委和也；性命非汝有，是天地之委順也；孫子
> 非汝有，是天地之委蛻也。故行不知所往，處不知所持，食不知所
> 以。天地強陽，氣也，又胡可得而有邪？」

天地運動全都是氣，有其自身的規律，這規律就是道，所有的東西，圍繞著宇宙大道在運行，又怎能獲得並據有這道呢？一個透悟生命的人，必須對自己抱持「忘我」的狀態。認識到這層道理，我們就不會過於貪戀某些東西，看得淡泊些，不讓心受累。《列子》藉孔子之口所說的真樂真知，與《莊子》所說真人的真樂真知，是能和光同塵以與世俗處，深徹達生之道者，故能解脫世俗之憂。《莊子·達生》說：

> 達生之情者，不務生之所無以為；達命之情者，不務知之所無奈何。

真正對人生意義自覺的人，不去追求生命存在之外的東西。真正對命運領會的人，不去過問知性無法解決的問題。人的才智有限，有永遠不可知的事情，不要去做沒有意義且不需要的事情。人是自然的存在，唯自然才是人的本分，在自然之外，別無真實可言。《莊子》在提到「真知」時，以「有真人而後有真知」（〈大宗師〉）來說明「真知」的標準，就是要人能超越感官、外在形式，要將天地萬物的形象聲色，從心裡徹底消除掉，並以此去深刻體驗人生。而獲得真知後，就如同真人能「登高不慄，入水不濡，入火不熱」一樣，具有超越常人的能力，方能通達於道。

　　《莊子》以理想境界的代表人物——真人來加以說明，更明確地點出「真知」與一般知識的不同，及獲得「真知」所到達的境界，《列子》於此則較少言及。世俗的價值標準不一，人的認知能力有限，萬物的現象多變化，面對如此紛繁的人間世，只有以「萬物齊死，齊賢齊愚，齊貴齊賤」（《列子·楊朱》）的態度，去超越一切的差別與限制，才能順利而安寧地「歸其真宅」（《列子·天瑞》）。章太炎說：

> 其真自證，乃以不知知之。如彼《起信論》說：「若心起見，則有不
> 見之相，心性離見，即是遍照法界義故。」《大宗師篇》云：「有真
> 人而後有真知」。此為離絕相見對待之境，乃是真自證爾。〔註202〕

真知，就是對道、對世界整體的認識，對生命的意義和價值、對人的自由的認識。「真知」就是對於道的體認，也是理想人格的達成。當主體生命自覺與

〔註202〕見章太炎：《章太炎全集·齊物論釋》卷六（上海：上海人民出版社，1986年），頁46。

自證，了解智巧對於道來說不過是小知，不再追求智巧，也不爲無知而苦惱，生命將獲得更多的自由。

第四節　命　觀

「命」的存在代表著人的存在，人存在於世間，必然受著自身及其以外事物的影響，也包括著時間與空間的限制。個人的命服從於天道的運行，是道通過個人進行的自我展現。命從道的角度講，既是對人的規範和限制，也是寓居於人的表現方式，是人自由或不自由的依據。因此，人不能逃避天命，更不能違背天命，要順從命，安於命。順命、安命，等於順於道、安於道。〔註203〕

一、《莊子》命觀

天地萬物皆由道而生，道是宇宙萬物生成之理。道之運動，產生萬物。其生循環不息，其力不可抗拒，唯有順應大道之自然變化，方能盡其天年，逍遙人世。我們的生命與形體，皆天所賦予，非人爲所能隨便變易。《莊子》所說的「命」不只包括人的才能（如賢與不肖），也包括任何已發生的人爲或自然事件，甚至人的道德成就亦不例外。〔註204〕命具有必然性的含義，〈天地〉說：

> 物得以生，謂之德；未形者有分，且然無間，謂之命。

任何事物的存在皆來自於道，得道而生成，所以稱爲「德」。即使沒有形成形體的事物，也有其自我規定性「有分」，這種必然性與同一性就是命。而「命不可變，時不可止」（〈天運〉），命不可變更，時間不可停留。萬物的生滅現象乃是永恆的定理，任何力量都不能使之改變，亦不能阻礙其變化，這就是不可抗拒的必然性。所以說，命是一種造化的功能，是人力所不能改變的。在道的面前，萬物包括人類，都是渺小如滄海一粟。〈秋水〉說：

> 吾在於天地之間，猶小石小木之在大山也。

人在天地之間，渺小如小石頭小樹木在大山之中一樣，微不足道。如果強要違背自然之道，不去順從和適應命，將會遭遇不幸和痛苦。《莊子》認爲命運和自由並不是相互矛盾的，要把安命守分一事，視爲極高的道德修養，不要因爲勉

〔註203〕見王凱：《逍遙游：莊子美學的現代闡釋》（武漢：武漢大學出版社，2003年12月），頁213。

〔註204〕見徐復觀：《中國人性論史‧先秦篇》（台北：臺灣商務印書館，1999年9月），頁375。

強去做了難以改變的事情，而使自己哀樂動心，有違本性自然。〈至樂〉說：

> 「褚小者不可以懷大，綆短者不可以汲深。」夫若是者，以爲命有
> 所成而形有所適也，夫不可損益。

命運的安排，如同袋子小的裝不進大的東西，繩索短的無法汲深井的水一樣，這些都是無法改變的，這類情況是命中注定的。人既秉受於天命，自有其形成的道理，而形體也各有它適宜的地方，這是不能改變的，所以要能任自然而安之。因此，人們只要成就其命之所成，便可以獲得自由。對所有人而言，大自然是一種人力無可奈何的存在，所以也可稱之爲命。〈德充符〉說：

> 受命於地，唯松柏獨也正，在冬夏青青；受命於天，唯堯舜獨也正，
> 在萬物之首。

松柏與堯舜，皆受命而生，所以能四季常青，爲眾人之表率，這些都是非人力所能左右。〈大宗師〉說：

> 子輿與子桑友，而淋雨十日。子輿曰：「子桑殆病矣！」裹飯而往食
> 之。至子桑之門，則若歌若哭，鼓琴曰：「父邪！母邪！天乎！人乎！」
> 有不任其聲而趨舉其詩焉。子輿入，曰：「子之歌詩，何故若是？」
> 曰：「吾思夫使我至此極者而弗得也。父母豈欲吾貧哉？天無私覆，
> 地無私載，天地豈私貧我哉？求其爲之者而不得也。然而至此極者，
> 命也夫！」

子輿與子桑爲友，子桑家貧，遭十日不歇之雨，貧病交迫，子輿裹飯前去探望。到時聽見子桑鼓琴而歌，歌聲聽來又似哭泣之聲。子輿問子桑何以唱出此調，子桑回答，自己並非怨天，而是感嘆自身的命運。父母難道要我如此貧窮嗎？天地沒有偏私，又怎會獨使我如此貧窮？那麼使我處於貧困之境的就是所謂的命吧。

　　父母、天地皆不會使人貧窮，使人貧窮的原因在於命。命，是不知其所以然而然的必然性，也就是自然的變化，「不知吾所以然而然，命也」（〈達生〉）。郭象注說：

> 故人之生也，非誤生也；生之所有，非妄有也。天地雖大，萬物雖
> 多，然吾之所遇適在於是，則雖天地神明，國家聖賢，絕力至知而
> 弗能違也。故凡所不遇，弗能遇也，其所遇，弗能不遇也；所不爲，
> 弗能爲也，其所爲，弗能不爲也；故付之而自當矣。〔註205〕

〔註205〕見郭慶藩輯：《莊子集釋》（台北：華正書局，1994 年 8 月），頁 213。

成玄英疏說：

> 使我至此窮極者，皆我之賦命也，亦何惜之有哉？〔註206〕

人的一生中會有許多不確定、不可把握的情況，這不確定、不可把握的情況往往會造成人們的恐懼、不安。因此，人生在世的種種不自由，就是因爲這「命」。要解決人的自由問題，就必須對這個「命」加以安頓。最好的方法便是安命，以曠達的態度來接受這個命，安於自然的變化流行，即「安其性命之情」（〈在宥〉）。韓林合說：

> 作爲整體的世界或道本來構成了人的本質和內在的命運，但是隨著
> 人心的認識官能的成熟，人們逐漸背離了這種本質和內在的命運，
> 這樣內在的命運變成了完全外在的命運。因而要回歸於道，只有再
> 次將這個似乎是外在的命運內在化，無條件地接受它──無條件地
> 接受發生於世界之內的任何事情，也即安命。如果一個人眞正地做
> 到了這點，那麼他便與作爲整體的事界或道同而爲一了。〔註207〕

命，就是一種非人力所能干預的必然性，也可說是人生中不可抗拒的變化，如生死壽夭便是如此。〈大宗師〉說：

> 死生，命也，其有夜旦之常，天也。人之有所不得與，皆物之情也。
> 彼特以天爲父，而身猶愛之，而況其卓乎！人特以有君爲愈乎己，
> 而身猶死之，而況其眞乎！

人有死生，如同晝夜交替與四季推移的變化一樣，是自然而必然的「常」，任何人或其他萬物，皆不能干預改變或逃脫其中。有人以天爲父，有人因國君地位超過自己，敬愛效忠天與國君，這些人哪裡會知道自然的變化。以道觀之，生死不過是大道流轉的過程，沒有本質區別。人們若是樂生惡死，則將受塵世物欲的牽制，又如何達到自由之境。

《莊子》思想中命的作用，不僅影響人的生死大限，包括社會的倫常規範與貧富窮達，皆與其有關。人生在世，必須遵循的價值準則有二，一是命，一是義。〈人間世〉說：

> 天下有大戒二：其一，命也；其一，義也。子之愛親，命也，不可
> 解於心。臣之事君，義也，無適而非君也，無所逃於天地之間。是

〔註206〕見郭慶藩輯：《莊子集釋》（台北：華正書局，1994 年 8 月），頁 286。
〔註207〕見韓林合：《虛己以游世──《莊子》哲學研究》（北京：北京大學出版社，2006 年 1 月），頁 40。

之謂大戒。是以夫事其親者，不擇地而安之，孝之至也。夫事其君
者，不擇事而安之，忠之盛也。

人生有兩種大戒，一是命，一是義。命是自然而然且必然，就像子女親愛父
母，是人類的天性。義則是人為的必然，與命相對，如臣子事奉君主，是無
可逃脫的重擔，也是不得不然的天經地義，稱之為「義」。成玄英疏說：

戒，法也。寰宇之內，教法極多，要切而論，莫過二事。〔註208〕

既為戒為法，則人們要能遵行奉守，也不能不遵守。在《莊子》看來，孩子
愛父母，這就是命，是人與生俱來的本能。「父母於子，東西南北，唯命之從」
（〈大宗師〉）。臣子侍奉君主，盡臣之責，是義。人必有父，臣必有君，命為
人生之不可逃，義為人世之所當為。既然人生有「大戒」，有不可擺脫、與生
俱來的責任，那麼將一切禍福置之度外，才可以使自己的心情獲得平衡。這
也就是要知命，知命之無可奈何。〈人間世〉說：

知其不可奈何，而安之若命，德之至也。

每個人皆有其命，人既無法亦無力抗拒命運，只能以一種泰然自若的態度去
對待命運的安排。成玄英疏說：

夫為道之士而自安其心智者，體違順之不殊，達得喪之為一，故能
涉哀樂之前境，不輕易使，知窮達之必然，豈人情之能制！是以安
心順命，不乖天理。自非至人玄德，孰能如茲也。〔註209〕

可知能虛心以順命者，乃至德之人。這樣高的修養境界，只有有德者能做到。
張岱年《中國哲學大綱》說：「到無可奈何的時候，只當安之若命。『安之若
命』的『若』字最有意義，不過假定為命而已。」〔註210〕《莊子》中寫道：

我（孔子）諱窮久矣，而不免，命也……知窮之有命……吾命有所
制矣。（〈秋水〉）

天無私覆，地無私載，天地豈私貧我哉？求其為之者而不得也。然
而至此極者，命也夫！（〈大宗師〉）

貧富窮達有其定則，所以說「知窮之有命」、「吾命有所制」。成玄英疏說：「夫
時命者，其來不可拒，其去不可留，故安而任之，無往不適也。」〔註211〕《莊

〔註208〕見郭慶藩輯：《莊子集釋》（台北：華正書局，1994年8月），頁155。
〔註209〕同註208，頁156。
〔註210〕見張岱年：《中國哲學大綱》（台北：藍燈文化，1992年4月），頁454。
〔註211〕同註208，頁596。

子》藉孔子之口說明，能明白安命道理，雖窮亦能自適其樂。郭象注說：「夫安於命者，無往而非逍遙矣，故雖匡陳羑里，無異於紫極閒堂也。」〔註212〕個體生活在這人間世，面對著存在的事實，有哪些是可以改變的，而哪些又是不可改變的呢？〈德充符〉說：

> 死生存亡，窮達富貴，賢與不肖毀譽，飢渴寒暑，是事之變，命之行也。日夜相代乎前，而知不能規乎其始者也。故不足以滑和，不可入於靈府。使之和豫通而不失於兌，使日夜無郤而與物為春，是接而生時於心者也。

人生活在這世上，經常會遇到關於死生、窮達、貧富、賢與不肖、毀譽等情形，這些都是自然的變化，有如日夜的交替運行。這些是命運的安排，不是人為力量可以改變、左右。人應該不為「事之變」與「命之行」，動搖心靈的平靜。因此，只有安命地坦然面對，處之泰然，順應萬物，才能與外界保持和諧，從而使心靈獲得安適自得。一切事物客觀的變化，是命運之自然流行。郭象注說：

> 其理固當，不可逃也。故人之生也，非誤生也；生之所有，非妄有也。天地雖大，萬物雖多，然吾之所遇適在于是，則雖天地神明，國家聖賢，絕力至知而弗能違也。故凡所不遇，弗能遇也，其所遇，弗能不遇也；凡所不為，弗能為也，其所為，弗能不為也。故付之而自當矣。〔註213〕

命之謂命，當然是人力所不能為、所無法改變。死生、存亡、窮達、貧富、賢與不肖、毀譽、飢渴、寒暑等等現象均是作為整體的物化過程——即世界整體或道或命運——之諸部分的不同的階段，它們在我們面前日夜更替，但是我們的心智不足以認識它們的最終的根據或來源（即作為整體的世界或道）。既然如此，它們便不足以擾亂我們的原初的和合狀態，便無法進入我們的本然之心。〔註214〕

　　死生存亡，得志失意，貧富賢愚，恥辱榮耀，飢渴寒暑，這些都是事情的變化，天命的運行。眼前是日夜的交替，而心智是不能探知它的根本。所以，不能擾亂心性的和順，不能使之進入心靈。成玄英疏說：「並是事物之變，

〔註212〕郭慶藩輯：《莊子集釋》（台北：華正書局，1994 年 8 月），頁 597。

〔註213〕同註 212，頁 213。

〔註214〕見韓林合：《虛己以游世——《莊子》哲學研究》（北京：北京大學出版社，2006 年 1 月），頁 50。

天命之流行，而留之不停，推之不去，安排任化。」〔註215〕命既推之不去，
唯有順其變化，而安之若命，方能任物逍遙。郭象注說：「苟知性命之固當，
則雖死生窮達，千變萬化，淡然自若而和理在身矣。」〔註216〕若能隨形任化，
安命之固當，而泰然自若，憂患自不能入於心靈。

　　知命，知命之有窮通，而人對此窮通則無能爲力。知命之不可違抗，知
人在命運面前無能爲力，既不抗拒亦不怨憤、頹廢，而是以一種恬然達觀的
態度來對待自己所遭受的一切，正是精神修養達到極致的表現。〔註217〕〈德
充符〉中描述申徒嘉是一位斷了腳的人，與鄭國執政大夫子產同時師事伯昏
無人。子產看不起申徒嘉，不願與其同行同坐。子產對申徒嘉說：

　　「我先出則子止，子先出則我止。」其明日。又與合堂同席而坐。
　　子產謂申徒嘉曰：「我先出則子止，子先出則我止。今我將出。子可
　　以止乎，其未邪？且子見執政而不違，子齊執政乎？」

子產以富貴顯達驕人，以貌取人，謂申徒嘉曰：「子既若是矣，猶與堯爭善，
計子之德，不足以自反邪？」以其無德，並該深自反省，語氣含有譏諷之意。
申徒嘉答曰：

　　自狀其過，以不當亡者眾，不狀其過，以不當存者寡，知不可奈何，
　　而安之若命，唯有德者能之。遊於羿之彀中。中央者，中地也；然
　　而不中者，命也。人以其全足笑吾不全足者眾矣，我怫然而怒；而
　　適先生之所，則廢然而反。不知先生之洗我以善邪？吾與夫子遊十
　　九年矣，而未嘗知吾兀者也。今子與我遊於形骸之內，而子索我於
　　形骸之外，不亦過乎！

遭受形殘之處罰的人，經常爲自己做解釋，認爲自己不應受罰卻不幸受罰。
而不爲自己解釋的人，實在是少之又少。成玄英疏說：

　　夫自顯其狀，推罪于他，謂己無愆，不合當亡，如此之人，世間甚
　　多。不顯過狀，將罪歸己，謂己之過，不合存生，如此之人，世間
　　寡少。〔註218〕

子產雖然位高權重，卻以驕傲的態度對人，足見其修養之不足。申徒嘉雖然身

〔註215〕見郭慶藩輯：《莊子集釋》（台北：華正書局，1994年8月），頁596。
〔註216〕同註215。
〔註217〕見羅安憲：《虛靜與逍遙──道家心性論研究》（北京：人民出版社，2005
　　　　年9月），頁256。
〔註218〕同註215，頁199。

體有殘缺，卻能處之泰然，不爲自己的遭遇做任何解釋，能以此爲自然之命，而安之若命，實爲難得之處。申徒嘉的腳殘，不過是殘於形，卻能安於無可奈何之事如自然之命運。不受限於自己外形上的缺憾，相較於子產的四肢健全卻受限於形骸之外，申徒嘉可謂得命之理者。「安之若命」，成玄英疏說：

> 若，順也。夫素質形殘，稟之天命，雖有知計，無如之何，唯當安而順之，則所造皆適。〔註219〕

羿是百發百中的神射手，若是進入羿的射程之內，而且正處於中心位置，那是一定會被射中的。但是，卻沒有被射中，那就是所謂的命。認識到這一切都是無可奈何而能順任自然，坦然面對，只有修養高深的人才能做到。〈秋水〉說：

> 當堯舜之時而天下無窮人，非知得也；當桀紂而天下無通人，非知失也；時勢適然。

因爲了解自己所遭遇的這一切爲命之自然，所以無須作任何多餘的辯解，也不需因之感到榮辱或喜悲。而是以平靜的心，對待、接受自己所遭受的一切。〈列禦寇〉說：

> 達大命者隨，達小命者遭。

處於人間世中，當然會有遭遇順境與逆境之時，重要的是能夠泰然處之。遭遇挫折，陷入困境之時，能夠不怨天尤人，不排斥抗拒；功成名就，飛黃騰達之時，也不過度欣喜，一切以自然之態度處之。〔註220〕王先謙注說：

> 大命，爲天命之精微，達之則委隨于自然而已。小命，謂人各有命，達之則安于所遭，亦無怨懟。〔註221〕

《莊子》安命的主張，即安於命運的必然性，不做非分之想，不爲非分之事，使人的精神不因非分的種種作爲而遭受損害，從而獲得心境的安寧平和。所謂「達命之情者，不務知之所無奈何」（〈達生〉），通達命運實情的人，不求改變命中注定無法改變的事情，能安時處順，哀樂不入於心。〈養生主〉說：

〔註219〕見郭慶藩輯：《莊子集釋》（台北：華正書局，1994年8月），頁199。

〔註220〕徐復觀說：「莊子所說的命，並無運命與天命的分別，他把賢不肖也屬之於命，把儒家劃歸到人力範圍的，也劃分到命的範圍裡面去，於是莊子所謂命，乃與他所說的德，所說的性，屬於同一範圍的東西，即是把德在具體化中所現露出來的『事之變』，即是把各種人生中人事中的不同現象，如壽夭貧富等，稱之爲命；命即是德在實現歷程中對於某人某物所得的限度；這種限度稱之爲命，在莊子乃說明這是命令而應當服從，不可改易的意思。」見徐復觀：《中國人性論史》（台北：臺灣商務印書館，1969年1月），頁376。

〔註221〕見王先謙：《莊子集解》（台北：世界書局，1983年2月），頁285。

公文軒見右師而驚曰：「是何人也？惡乎介也？天與，其人與？」曰：
「天也，非人也。天之生是使獨也，人之貌有與也。以是知其天也，
非人也。」

成玄英疏說：「凡人之貌，皆有兩足共行，稟之造物，故知我之一腳，遭此形
殘，亦無非命也。」〔註222〕人的形體，乃稟賦自然之命，人事亦無非天命，
故知右師介其足，亦是由於命，能安之若命，順自然之變化，無往而不適。《莊
子》何以要對命持這樣一種態度，因為只有以恬然達觀的態度來對待一切，
才能使現實的人生得到安頓，以保持心靈的寧靜、淡泊與自由。能自由地去
感受體會生活中的一切，才是自在遨遊的人生，也才是美的人生。〔註223〕《莊
子》所倡導的就是自由、自在而淡泊的人生。

二、《列子》命觀

　　人生活在現實社會中，會面臨到許多無法改變，卻又不可抗拒的事情，
這種限制人們的力量，就是所謂的「命」。《列子・力命》中通過力與命的對
話，描述了力與命的概念及關係。周紹賢《列子要義》說：

　　《列子》的「命」，乃事之必至，理之固然。其來不可逆，其去不可
　　止，是造化之不測，陰陽之神功。〔註224〕

這命是指道所統攝宇宙萬有的自然力量，任何人皆無法抵抗，一切禍福成敗
受其支配著。另外有一種力量，與「命」相對待者，謂之「力」；即人之意志、
智慧、才幹、作為……等的力量。〔註225〕事物發展的成敗關鍵，究竟是人力
所為，還是規律作用造成，決定因素在於力與命的關係。〈力命〉中「季梁得
病」的故事說明了這個問題：

〔註222〕見郭慶藩輯：《莊子集釋》（台北：華正書局，1994 年 8 月），頁 126。
〔註223〕蒙培元：「如果把莊子的自由境界僅僅理解為消極的逃避，那是一種誤解。在
　　　　先秦，在整個中國哲學史上，沒有哪一個思想家具有莊子這樣深沈的憂患意
　　　　識，也沒有哪一個思想家具有莊子這樣深刻的批判精神，更沒有哪一個思想家
　　　　像莊子這樣對自由充滿渴望。他的憂患，不僅在於現實層面，而且在於心靈深
　　　　處；他的批判精神，不僅在於歷史層面，而且在於生命的存在方式；他所渴望
　　　　的『逍遙』，是對心靈自由的呼喚，而他所提倡的『齊物』，則是對平等權利的
　　　　追求。」見蒙培元：《心靈超越與境界》（北京：人民出版社，1998 年），頁 225。
〔註224〕見周紹賢：《列子要義》（台北：臺灣中華書局，1983 年 7 月），頁 36。
〔註225〕見張成秋：《先秦道家思想研究》（台北：臺灣中華書局，1971 年 4 月），頁
　　　　283。

楊朱之友曰季梁。季梁得疾，七日大漸。其子環而泣之，請醫。季
梁謂楊朱曰：「吾子不肖如此之甚，汝奚弗爲我歌以曉之？」楊朱歌
曰：「天其弗識，人胡能覺？匪祐自天，弗孽由人。我乎汝乎！其弗
知乎！醫乎巫乎！其知之乎？」其子弗曉，終謁三醫。一曰矯氏，
二曰俞氏，三曰盧氏，診其所疾。矯氏謂季梁曰：「汝寒溫不節，虛
實失度，病由飢飽色欲。精慮煩散，非天非鬼。雖漸，可攻也。」
季梁曰：「眾醫也。亟屏之！」俞氏曰：「女始則胎氣不足，乳湩有
餘。病非一朝一夕之故，其所由來漸矣，弗可已也。」季梁曰：「良
醫也。且食之。」盧氏曰：「汝疾不由天，亦不由人，亦不由鬼。稟
生受形，既有制之者矣，亦有知之者矣。藥石其如汝何？」季梁曰：
「神醫也。重眖遣之。」俄而季梁之疾自瘳。

決定事物發展方向的是某種不可抗拒的必然性，人力的作用是有限的。人力
雖可對事物施加影響，但仍是有限的。故事中季梁生了重病，他的兒子請來
三個醫生，季梁對三位醫生的態度說明了這點。第一位醫生矯大夫認爲人的
病起於個人因素，將季梁的病歸因於身體的變化，可以用人力治好，由此得
出了藥石可治的結論。他是人力作爲可以改變事物命運的代表。被季梁視爲
庸醫而斥退。

第二位醫生俞大夫認爲人的病起於先天後天的失調，不是人力所能醫
治。將病因歸於季梁胎氣不足，先天羸弱，但後天的生活也有一定的影響。
他代表了命是主要的，力也有一定作用的觀點。季梁視爲良醫而設宴款待。
第三位醫生盧大夫認爲人的生命形體是由天命決定，生了病不是藥石所能醫
治的。將病因歸之於先天形制，人承受了上天給予的生命和形體就必然有病，
病因在於生命本身，藥石是不起作用的。他是命決定一切，力難以有所作爲
的代表。他這種論調正合季梁的心意，因此視之爲神醫，獲得重金答謝。很
快的季梁的病不藥而癒。

《列子》認爲事物的發展是由必然規律決定的，人的力量難與之抗衡，
最好的作法莫過於順任自然，泰然無爲。故事中第三位醫生告訴季梁，他的
病不從天來，也不是來自於人，更不是來自於鬼。而是秉承自然成就人形，
藥物針砭是不起什麼作用的。於是季梁不受藥石，任其發展，疾病自然痊癒，
便是代表了這種觀點。人之壽命長短，並不是天所能庇佑，亦不是人所能干
涉，無論壽夭、窮達、貴賤、貧富，一切都是在秉生受形的刹那，已經注定

了。所以，事物的一切發展，都得遵從道的自然規律。〈天瑞〉說：「生生死死，非物非我，皆命也。」除了生死是命，其他如壽夭、窮達、貴賤、貧富等等，都是冥冥中早已決定的，人的智力無法改變。〈力命〉說明了天命不可違，人力無法勝天的道理：

> 力謂命曰：「若之功奚若我哉？」命曰：「汝奚功於物而欲比朕？」
> 力曰：「壽夭窮達，貴賤貧富，我力之所能也。」命曰：「彭祖之智不出堯舜之上，而壽八百；顏淵之才不出眾人之下，而壽四八。仲尼之德不出諸侯之下，而困於陳蔡。殷紂之行不出三仁之上，而居君位。季札無爵於吳。田恆專有齊國。夷齊餓於首陽，季氏富於展禽。若是汝力之所能，奈何壽彼而夭此，窮聖而達逆，賤賢而貴愚，貧善而富負惡邪？」

如果人力可以改變，那麼為什麼才智低者反而長壽，才智高者反而命短；有仁德的人處境艱困，殘暴的人反而居高位。可見這一切都是自然而然，是人力所無可奈何的。同篇中接著又說：

> 力曰：「若如若言，我固無功於物，而物若此邪，此則若之所制邪？」
> 命曰：「既謂之命，奈何有制之者邪？朕直而推之，曲而任之。自壽自夭，自窮自達，自貴自賤，自富自貧，朕豈能識之哉？朕豈能識之哉？」

人力與天命爭辯，萬物的生命成長究竟是怎麼回事？「力」認為壽夭、窮達、貴賤、貧富等等，都是自己的力量所成就。盧重玄解說：

> 命者，天也；力者，人也。命能成之，力能運之。故曰命運也。

〔註226〕

壽夭、窮達、貴賤、貧富這些東西，都是各自有命的，無法以人力去干預，並舉世間事情的結果與願相違的事實去加以證明。〈力命〉中還有「北宮子與西門子」的故事，記北宮子與西門子同族同仕，而一般人以為西門子為尊為貴。這兩人年貌、言行都一樣，可是並仕而一貴一賤，並商而一貧一富，並事而一順一逆。北宮子不服氣，責問西門子，你為什麼總是傲然待我？你自以為德行超過我嗎？西門子說，你遇事總是失敗，我遇事總是成功，這不是德行厚薄的證明嗎？北宮子無以應，愧而歸，途遇東郭先生。東郭先生說：我與你再去見他。乃謂西門子曰：

〔註226〕見楊伯峻：《列子集釋》（台北：華正書局，1987年9月），頁194。

> 汝之言厚薄不過言才德之差，吾之言厚薄異於是矣。夫北宮子厚於
> 德，薄於命；汝厚於命，薄於德。汝之達，非智得也；北宮子之窮，
> 非愚失也。皆天也，非人也。而汝以命厚自矜，北宮子以德厚自愧。
> 皆不識夫固然之理矣。

北宮子抱怨自己與西門子生活在同一時代，富貴貧賤卻大不相同，西門子認
為是由於才德厚薄不同的關係。北宮子厚於德而薄於命，西門子厚於命而薄
於德，命乃由天而非人，所以北宮子無須羞愧，西門子無須驕傲。《列子》借
東郭先生之口，說明德與命之厚薄並無因果關聯。北宮子窮困並非由於無能，
西門子顯達也並非才智過人，這是命定的，不是人力所能改變。這些現象都
是自然而然的事，並不是人事巧拙所造成的。

如果說有主宰，則兩人年貌、世族、職業等條件相同，貴賤應相同。如
說是由人為努力所致，則兩人的努力相同，結果也應一致。今兩人貴賤懸殊，
可見窮達是自然而然的，並不是智慧與人力所可奈何的。現在西門子因命厚
而驕傲，自以為了不得，北宮子卻因德厚命薄而自慚形穢，兩個人同樣是不
懂自然之理。西門子聽完東郭子的話之後，「不敢復言」。北宮子聽完回家後，
以往的觀念有了重大的轉變。文中說：

> 北宮子既歸，衣其緼褐，有狐貉之溫；進其茙菽，有稻粱之味；庇
> 其蓬室，若廣廈之陰；乘其蓽輅，若文軒之飾。終身逌然，不知榮
> 辱之在彼也，在我也。東郭先生聞之曰：「北宮子之寐久矣，一言而
> 能寤，易悟也哉。」

北宮子返家後，生活雖依舊貧窮，然心情有如富貴，一生怡然自得。窮達、
貧富、貴賤皆在於命，顯達者不需要感到驕傲，窮困者不必感覺慚愧，彼此
各安其命即可。《列子》在說明一切窮達貴賤都是自然而然地發生之後，下文
中又藉著鮑叔管仲的交情及鄧析與子產的事情，說明窮達貴賤不僅是自然而
然，而且是不得不然的。〈力命〉說：

> 管夷吾鮑叔牙二人相友甚戚，同處於齊。管夷吾事公子糾，鮑叔牙事
> 公子小白。齊公族多寵，嫡庶竝行，國人懼亂。管仲與召忽奉公子糾
> 奔魯，鮑叔奉公子小白奔莒。既而公孫無知作亂，齊無君，二公子爭
> 入。管夷吾與小白戰於莒，道射中小白帶鉤。小白既立，脅魯殺子糾，
> 召忽死之，管夷吾被囚。鮑叔牙謂桓公曰：「管夷吾能，可以治國。」
> 桓公曰：「我讎也，願殺之。」鮑叔牙曰：「吾聞賢君無私怨，且人能

爲其主，亦必能爲人君。如欲霸王，非夷吾其弗可。君必舍之。」遂
召管仲。魯歸之，齊鮑叔牙郊迎，釋其囚。桓公禮之，而位於高國之
上，鮑叔牙以身下之，任以國政，號曰仲父。桓公遂霸。管仲嘗歎曰：
「吾少窮固時，嘗與鮑叔賈，分財多自與；鮑叔不以我爲貪，知我貧
也。吾嘗爲鮑叔謀事而大窮困，鮑叔不以我爲愚，知時有利不利也。
吾嘗三仕，三見逐於君，鮑叔不以我爲不肖，知我不遭時也。吾嘗三
戰三北，鮑叔不以我爲怯，知我有老母也。公子糾敗，召忽死之，吾
幽囚受辱，鮑叔不以我爲無恥，知我不羞小節而恥名不顯於天下也。
生我者父母，知我者鮑叔也。」此世稱管鮑善交者，小白善用能者。
然實無善交，實無用能也。實無善交實無用能者，非更有善交，更有
善用能也。召忽非能死，不得不死。鮑叔非能舉賢，不得不舉。小白
非能用讎，不得不用。及管夷吾有病，小白問之，曰：「仲父之病疾
矣，可不諱。云至於大病，則寡人惡乎屬國而可？」夷吾曰：「公誰
欲歟？」小白曰：「鮑叔牙可。」曰：「不可。其爲人也，潔廉善士也，
其於不己若者不比之人，一聞人之過，不可。其爲人也，潔廉善士也，
其於不己若者不比之人，一聞人之過，終身不忘。使之理國，上且鈎
乎君，下且逆乎民。其得罪於君也，將弗久矣。」小白曰：「然則孰
可？」對曰：「勿已，則隰朋可。其爲人也，上忘而下不叛，愧其不
若黃帝而哀不己若者。以德分人謂之聖人，以財分人謂之賢人。以賢
臨人，未有得人者也；以賢下人者，未有不得人者也。其於國有不聞
也，其於家有不見也。勿已，則隰朋可。」然則管夷吾非薄鮑叔也，
不得不薄；非厚隰朋也，不得不厚。厚之於始，或薄之於終；薄之於
終，或厚之於始。厚薄之去來，弗由我也。

世人對於管仲與鮑叔一事，多重其知己之交，及管仲輔佐桓公稱霸於天下之
事，還有桓公不計恩怨，任用人才的寬大胸襟。但是《列子》中引此事，卻
是以其說明「命」對於人的重要性與影響力。它認爲世上並無「善於交友」、
「善用賢才」一事，而是命運「不得不」的發展，是人力所不能控制的。所
以，召忽的爲主殉死，鮑叔牙的舉賢，小白的任用管仲，都是命運在「不得
不」的情形下，所發展出的結果。而管仲對待鮑叔與隰朋的態度不同，也是
命不得不薄、不得不厚的結果。同篇中又說：

鄧析操兩可之說，設無窮之辭，當子產執政，作竹刑，鄭國用之。

> 數難子產之治。子產屈之。子產執而戮之，俄而誅之。然則子產非
> 能用竹刑，不得不用。鄧析非能屈子產，不得不屈。子產非能誅鄧
> 析，不得不誅也。

管仲不薦鮑叔而薦隰朋，子產殺鄧析而用其竹刑，這些都是不得已，都是不
得不如此。既然一切都是不得不如此，也就無所謂善交善用。《列子》進一步
說明何謂不得不？〈力命〉說：

> 農赴時，商趣利，工追術，仕逐勢，勢使然也。然農有水旱，商有
> 得失，工有成敗，士有遇否，命使然也。

農夫必須配合時令，商人必然追求利潤，工人一定講究技術，當官的人肯定爭
奪權位，這是社會發展的必然結果。然而務農會有水旱災害，經商有得失賠賺，
做工有成功失敗，當官有遇與不遇，這是命造成的結果。總之，安命知命，順
自然而行，這是合乎自然之道的。既知命非人力所能改變，即當順天理識時務，
不必有所強求，以免招致煩憂災禍，陷於痛苦之中。《列子》認為人世間的禍福
得失，存在著人力所無法改變，或不可抗拒的力量。〈力命〉說：

> 可以生而生，天福也；可以死而死，天福也。可以生而不生，天罰
> 也；可以死而不死，天罰也。可以生，可以死，得生得死有矣；不
> 可以生，不可以死，或死或生，有矣。然而生生死死，非物非我，
> 皆命也。智之所無奈何。故曰：「窈然無際，天道自會；漠然無分，
> 天道自運。」天地不能犯，聖智不能干，鬼魅不能欺。自然者默之
> 成之，平之寧之，將之迎之。

《列子》在這裡所指的天福、天罰，乃是在於人自身觀念上的解說，而不是
另外有一個「天」在主宰。﹝註227﹞應該生存而得到生存，應該死掉而果真死
掉，這都是天命該有的福分。本來可以生存卻沒有生存，應該死亡卻沒有死
亡，這都是天命對人的懲罰。死亡對人來說，是永恆的休息。生死是自然界
永恆的現象，不是個人意願、智力或其他萬物可以改變、干預，因此稱為「命」。
周紹賢《列子要義》說：

> 生死之理，窈漠無涯，乃天道自然運行，自然會合，二氣相聚則生
> 形，氣散形滅，則還歸本源……天地之大，人心之智，妖邪之鬼祟，
> 皆不能違反自然……天地萬物生滅不已，誰知其故？實乃自然之

﹝註227﹞見陳永華：〈列子思想研究〉，《輔仁大學哲學研究所碩士論文》，1971 年 5 月，
頁 32。

　　力，造化之功，在冥冥中生成之，安定之，暑來寒往，生死幻化，
　　彷彿送舊新，去來有序，一切皆受自然之安排，有一定之規律，不
　　知所以然而然，故稱之曰天命。〔註228〕

知命安命的人，順道自然運行之理，當生則生，當死則死；不能知命安命的
人，不可以生而妄求生，不可以死而枉尋死，違逆天道自然。知命安命的人
與不知命安命的人，正代表著明智與愚昧的差別。如果擔憂生死現象，則是
憂慮過多了。〈力命〉說：

　　生非貴之所能存，身非愛之所能厚；生亦非賤之所能夭，身亦非輕
　　之所能薄。故貴之或不生，賤之或不死；愛之亦不厚，輕之或不薄。
　　此似反也，非反也；此自生自死，自厚自薄。或貴之而生，或賤之
　　而死；或愛之而厚，或輕之而薄。此似順也，非順也；此亦自生自
　　死，自厚自薄。

人的生命不會因為自己的珍惜而長久，身體不會因為愛護備至而永保強健；
生命也不會因為輕忽就夭折，身體也不會因為輕視就衰弱。生命與身體各有
其自然發展的規律，這不是人力可以知道或左右的。物質財富的力量、社會
的地位、壽命的長短、情感慾望，不能使生命價值增長與貶損。「自生自死，
自厚自薄」，領會了宇宙真實的意義，適性順性而為，不逆性傷己害物，才能
使平凡有限的人生活出無限的意義。《列子》從實際的人生遭遇，去解釋生活
中所存在的差別現象，並試圖說明其原因。〈力命〉說：

　　死生自命也，貧窮自時也。怨夭折者，不知命者也；怨貧窮者，不
　　知時者也。當死不懼，在窮不戚，知命安時也。其使多智之人量利
　　害，料虛實，度人情，得亦中，亡亦中。其少智之人不量利害，不
　　料虛實，不度人情，得亦中，亡亦中。量與不量，料與不料，度與
　　不度，奚以異？唯亡所量，亡所不量，則全而亡喪。亦非知全，亦
　　非知喪。自全也，自亡也，自喪也。

死生皆來自命，貧富則與時機有關。埋怨壽命夭折與家境貧窮的人，都是不
懂天命與時機的作用。生死變化是不可抗拒的必然規律，「理無不死」（〈楊
朱〉）。不論是生死，亦或是貧富貴賤，都是自然的變化在個人命運中的反映，
絕不可能因個人的偏愛或厭惡而有所改變。既然生死是一氣之轉化，窮達貧
富都是暫存的表象，若是執著於追逐表象而犧牲自然本性，只是為自己帶來

〔註228〕見周紹賢：《列子要義》（台北：臺灣中華書局，1983年7月），頁39。

更多的困擾、悲傷而已。才智超群的人，「量利害，料虛實，度人情，得亦中，亡亦中」，不違逆自然之道，循著自然之理，完成人生的旅程。因為有命，因為每個人的命不同，所以看到的事實呈現是：仁智者未必長壽，凶愚者必夭，勤儉者未必富貴，奢惰者未必貧窮。壽夭貧富無法由個人意志所決定，由此亦可看出命的影響。張湛注說：

> 若其非命，則仁智者必壽，凶愚者必夭，而未必然也。若其非時，
> 則勤儉者必富，而奢惰者必貧，亦未必然。〔註229〕

正因為人為的努力未必與所期望的結果相符，所以可知有命的作用在其中。既然有命，也了解命為人無法掌控，那麼人們所能做的所要做的，就是要安於命，要能知命安時，安命知命而後能處順。盧重玄解說：「知命安時，德之大也。時來不可拒，命至不可卻，故曰安時而處順，憂樂不能入。迷生於肖似，戚生於不知時焉。」〔註230〕因此，對命要先有一定的認識，而後能安命知命，便是能順天性自然，而不做違反自然的事。〈力命〉說：

> 老聃語關尹曰：「天之所惡，孰知其故？」言迎天意，揣利害，不如
> 其已。

與其窺測迎合天意，揣測利害得失，徒勞而無功，不如停止這所有的作為。對於分外之事，不要多做妄想，坦然自在面對人生，至於生死禍福亦能泰然處之。〈湯問〉記載「夸父追日」的故事：

> 夸父不量力，欲追日影，逐之於隅谷之際。渴欲得飲，赴飲河渭。
> 河渭不足，將走北飲大澤。未至，道渴而死。棄其杖，尸膏肉所浸，
> 生鄧林。鄧林彌廣數千里焉。

這裡突顯夸父悲劇英雄的形象，並討論「力」的問題。夸父不甘受先天的限制，以一己的力量加以挑戰，這就是力與命的問題。張成秋說：

> 夸父逐日飲澤，是不量力；不量力則功不成而深受其殃。〔註231〕

對於任何一件事，應量力而為，不可恃才傲物，否則就算犧牲了自己也無濟於事，那是沒有意義的。與其勉強而毫無成效，倒不如依順自然，使其各得其所。〔註232〕既然一切都是自然而然，且不得不然，那麼要如何處世，〈力命〉

〔註229〕見楊伯峻：《列子集釋》（台北：華正書局，1987年9月），頁212。
〔註230〕同註229。
〔註231〕見張成秋：《先秦道家思想研究》（台北：臺灣中華書局，1971年4月），頁284。
〔註232〕後世解釋「夸父追日」故事時，多以其為歌頌人類勇於向自然挑戰的無畏精

中有一段對話，可以反映出《列子》的態度。文中說：

> 楊布問曰：「有人於此，年兄弟也，言兄弟也，才兄弟也，貌兄弟也；
> 而壽夭父子也，貴賤父子也，名譽父子也，愛憎父子也。吾惑之。」
> 楊子曰：「古之人有言，吾嘗識之，將以告若。不知所以然而然，命
> 也。今昏昏昧昧，紛紛若若，隨所爲，隨所不爲。日去日來，孰能
> 知其故？皆命也夫。信命者，亡壽夭；信理者，亡是非；信心者，
> 亡逆順；信性者，亡安危。則謂之都亡所信，都亡所不信。眞矣愨
> 矣，奚去奚就？奚哀奚樂？奚爲奚不爲？黃帝之書云：『至人居若
> 死，動若械。』亦不知所以居，亦不知所以不居；亦不知所以動，
> 亦不知所以不動。亦不以眾人之觀易其情貌，亦不謂眾人之不觀不
> 易其情貌。獨往獨來，獨出獨入，孰能礙之？」

所謂「信命」、「信理」、「信心」、「信性」即是指順自然，也就是要安於命。
若能任其自壽自夭，自窮自達，那麼一切的禍福皆不入胸中，這些外物完全
無法影響自己，那麼對自己來說，也就無所謂壽夭、窮達可言。所以說：「信
命者，亡壽夭；信理者，亡是非；信心者，亡逆順；信性者，亡安危。」人
們安時而處順，泯除壽夭、是非、逆順的區別，做到「奚哀奚樂」、「奚爲奚
不爲」，無論哀樂皆無所動心，進而忘懷所有的利害得失。

　　至道之人的處世態度爲「居若死，動若械」，形如槁木，心如死灰，不爲
外物所誘所動心。不爲外物所誘所動心，則不爲非分之想，不做非份之事，
任物無心，而能達到「亦不知所以居，亦不知所以不居；亦不知所以動，亦
不知所以不動」的境界。人世間總有許多難以理解或改變的事情，也有著許
多的不公平。對於這一切，人們雖想要了解，終究是無法了解，由此而產生
了關於「命」的觀念。一切順自然之理，知命安命，不強求有所作爲，或想
要改變些什麼，那麼，或許可以使我們的心靈獲得安頓，使精神可以更爲逍
遙自適。

三、《莊》《列》命觀比較

　　戰國時代，正是整個社會發生急遽變革的時代。雖然社會生產提高，但
是人民依舊擺脫不了與日遽增的剝削和壓迫，生活在一片愁雲慘霧之中。《莊

神，寄託著人民對英雄人物的欽仰敬慕之情。以夸父代表著古人爲理想而奮
鬥的形象。

子·庚桑楚》說：「胥靡登高而不懼，遺死生也。」那是怎樣的一個時代，讓人連登到高處也不害怕，連生死都可以置之度外。成玄英在〈莊子序〉中說：

> 當戰國之初，降周之末，嘆蒼生之業薄，傷道德之陵夷，乃慷慨發憤，爰著斯論。〔註233〕

生長在這樣混亂的時代，實在是有苦也無處訴。《莊子》與《列子》敏銳地觀察到這些現象，將人世間不可改變或抗拒的事端，視為天命自然，人是無法違抗，也無需違抗的。人們可以做的便是知命安命，依順於自然之道，以尋求精神上的解脫。人們通常在兩種相關的意義上來理解命，一是認為「命」是指那種預先決定什麼樣的事件發生或不發生以及一個事件如何發生的力量；二是認為「命」是指由這樣的力量所預先決定不可避免的或者說是人力所不能左右的事件或事件進程。〔註234〕對每一個個體而言，都是在這兩種意義上，道構成了其命。

《莊子》安命之意，指安於自然之變化，以求心靈之逍遙，非所謂的宿命論。宿命論是指萬物於冥冥之中早有安排，非人力所能改變。《莊子》所說與此不同，不可混為一談。〈達生〉中記載呂梁丈人蹈水的故事：

> 孔子觀於呂梁，縣水三十仞，流沫四十里，黿鼉魚鱉之所不能游也。見一丈夫游之，以為有苦而欲死也，使弟子並流而拯之。數百步而出，被髮行歌而游於塘下。孔子從而問焉，曰：「吾以子為鬼，察子則人也。請問，蹈水有道乎？」曰：「亡，吾無道。吾始乎故，長乎性，成乎命。與齊俱入，與汩偕出，從水之道而不為私焉。此吾所以蹈之也。」孔子曰：「何謂始乎故，長乎性，成乎命？」曰：「吾生於陵而安於陵，故也；長於水而安於水，性也；不知吾所以然而然，命也。」

呂梁丈人生在丘陵邊因而安於其生活習慣，此謂「始於故」。其天性中本就有善於游泳的資質，又在河水邊長大，此謂「長乎性」。天天在水邊玩，卻不知道自己為什麼能夠如此善於游泳，可能是命吧，所以就安於這種命，此謂「成乎命」，即「不知吾所以然而然，命也」。郭象注說：

> 言人有偏能，得其所能而任之，則天下無難矣。用夫無難，以涉乎

〔註233〕見郭慶藩輯：《莊子集釋》（台北：華正書局，1994 年 8 月），頁 30。
〔註234〕見韓林合：《虛己以游世——《莊子》哲學研究》（北京：北京大學出版社，2006 年 1 月），頁 40。

生生之道，何往而不通也。〔註235〕

呂梁丈人能和漩渦一起沒入，和湧流一起浮出，順著水勢不由自己，只是去順應它。經由內直外曲，順任自然消除為物所累、拘泥僵化的自我，才能獲得更高層次的自我。這不僅是對自然本性的保持，也是樸素天性的自然流露。《莊子》認為能順任自然，任其所能，則能安之若命，以適其性。〈大宗師〉說：

> 求其為之者而不得也。然而至此極者，命也夫！

命，是人的生存已「至此極」，即處在不可忍受的邊緣狀態，在不可忍受的痛苦之中呈示出來。這種不可忍受的痛苦又沒有原因可追尋，所謂「求其為之者而不得」，即「不知吾所以然而然，命也」。

《列子‧黃帝》中亦載呂梁丈人蹈水一事，提到「不知吾所以然而然，命也」。人生的禍福，有幸與不幸，這是時機與條件的不同而造成，這時機與條件不是人力所能任意決定的，是命定之事。《莊子‧人間世》說：

> 知其不可奈何，而安知若命。

事雖莫可奈何，然仍有定理在其中，只要循此理去做也就可以了，不必節外生枝，產生悅惡的疑惑。如果沒有悅惡的情感產生，就不會因執著於悅惡之情，而招致傷身之禍。也就是說，只要能循理去做，就不會招惹事端，不招惹事端就不會有禍患。如程兆熊所言：

> 有事之患，即有為之患。不知其不可奈何，而不安之若命，則為之而有，即為有為。有為有事，即不能無患。於此，知其不可奈何而安之若命，則為而若無，即為無為。無為無事，即不復有患。而由有為有事，一轉而為無為無事，即為有德。〔註236〕

讓心虛靈清通，讓一切莫可奈何之事還其本來面貌，則能遊於人間世。《莊子》認為任何事物均需順於大化流行，不要以人為強加改變，那反而會造成身心的壓力，而無法獲得精神上的解脫。

《列子》的安命思想近於《莊子》的主張，認為凡是存在既成的任何事物，都是必然合理的，人力不能、也不必去改變。所以，當然與宿命論有所不同。《列子》的安於命，同時是要知命，才能忘懷壽夭、榮辱、安危。不為冀求長生或枉尋死亡，而違反自然之理。「壽夭窮達，貴賤貧富」都不是人力

〔註235〕見郭慶藩輯：《莊子集釋》（台北：華正書局，1994 年 8 月），頁 658。
〔註236〕見程兆熊：《道家思想》（台北：明文書局，1985 年 12 月），頁 240。

智力所能創造的或改變的，這一切都是「命」。〈力命〉說：

> 既謂之命，奈何有制之者邪？朕直而推之，曲而任之。自壽自夭，
> 自窮自達，自貴自賤，自富自貧。

正因爲這一切都是自然而然，所以會有「彭祖之智不出堯舜之上，而壽八百；
顏淵之才不出眾人之下，而壽四八」、「夷齊餓於首陽，季氏富於展禽」（〈力
命〉）的結果。如果是人力能夠改變的，那麼對於世族、年貌、言行相同的北
宮子和西門子來說，爲什麼貴賤貧富的差異如此大，這一切現象都是「命」。
同篇中說：

> 死生自命也，貧窮自時也。怨夭折者，不知命者也；怨貧窮者，不
> 知時者也。當死不懼，在窮不戚，知命安時也。其使多智之人量利
> 害，料虛實，度人情，得亦中，亡亦中。其少智之人不量利害，不
> 料虛實，不度人情，得亦中，亡亦中。量與不量，料與不料，度與
> 不度，奚以異？唯亡所量，亡所不量，則全而亡喪。亦非知全，亦
> 非知喪。自全也，自亡也，自喪也。

不論是怨恨夭折或怨恨貧窮的人，都是不安於命不知時之人。面臨死亡能不
畏懼，遭遇窮困能不憂慮，這才是安命知時之人。對於事情的利害得失，使
智者加以衡量，結果各佔一半。使愚者加以衡量，結果亦各佔一半。那麼，
彼此之間究竟有什麼差別？倒不如無論智愚，均不出智力，而是聽其自然。
盧重玄解說：「假使勤心苦志，料得其半，則不如無料而全其生。勞思慮者不
知命，無所料者不知力。不知力者乃近於道矣，故去彼取此而已。」〔註 237〕
同篇中又說：

> 可以生而生，天福也；可以死而死，天福也。可以生而不生，天罰
> 也；可以死而不死，天罰也。可以生，可以死，得生得死有矣；不
> 可以生，不可以死，或死或生，有矣。然而生生死死，非物非我，
> 皆命也。智之所無奈何。故曰：「窈然無際，天道自會；漠然無分，
> 天道自運。」天地不能犯，聖智不能干，鬼魅不能欺。自然者默之
> 成之，平之寧之，將之迎之。

生死皆有所定，天道運行自有其規律，生死之理涵攝於天道之中，故亦需遵
循自然之道。否則福禍錯置，反而傷性害身。最理想的情況當然是將生死等
同視之，不樂生惡死，不樂迎生之到來，不阻卻死之來臨，一切任其自然，

〔註 237〕見楊伯峻：《列子集釋》（台北：華正書局，1987 年 9 月），頁 212。

安命知命。盧重玄解說：

> 居可生之時而得其生者，爲天福也；居可死之時而得其死者，亦天
> 福也。〔註238〕

> 居榮泰之地，處崇高之位，是可以生而不得生，如董賢之類是也。
> 居困辱之地，處屯苦之中，是可以死而不得死，如人彘之類是也。
> 求之不遂，皆爲天罰也。〔註239〕

世間人事雖變化紛繁，仍得合於自然運行之道。天道深遠無邊際且廣大無邊
際，聖智不能干涉，鬼怪不能欺詐。一切順任自然，無爲自成。盧重玄解說：
「若合道成命，天地不能違，聖智不能干；運用合理，應變如神，鬼魅所不
能欺；何況於人事乎？」〔註240〕所謂天福、天罰，乃就是否隨順此一氣遷化
之自然而論。所言之天與「天道自會」、「天道自運」之天，皆是就恆常之大
化而言。死生非人力所能奈何，是「命」。人對此應該安順。《列子》由此彰
顯出安命的思想。

　　《莊子》與《列子》所謂的安命思想，主要用於人生處世方面，強調的
是順性自然，而不是憑主觀意願去改造自然或現實。人們生活與精神上的苦
痛，當然與當時社會的混亂有極密切的關係。處在如此黑暗的社會現實中，
憑著個人之力是難以改變的，生活中所出現的種種障礙又無法一一排除，在
無可奈何時將其視爲命的安排，就可以部分地放下生存的重負，讓自己可以
走出另一條不同的路。

〔註238〕見楊伯峻：《列子集釋》（台北：華正書局，1987年9月），頁202。
〔註239〕同註238，頁203。
〔註240〕同註238，頁204。